2015 교육과정에 따른 초등수학 교수법

저자
강홍재 (진주교육대학교)
권성룡 (공주교육대학교)
김성준 (부산교육대학교)
김수환 (청주교육대학교)
신준식 (춘천교육대학교)
이대현 (광주교육대학교)
이종영 (전주교육대학교)
최창우 (대구교육대학교)

2015 교육과정에 따른 초등수학 교수법

東明社

초판 발행 2018년 8월 10일
2쇄 발행 2020년 2월 21일
지은이 강홍재, 권성룡, 김성준, 김수환, 신준식, 이대현, 이종영, 최창우
펴낸이 최국주
펴낸곳 동명사
출판등록 1950년 11월 1일(제1-76호)
주소 (우 10881) 경기도 파주시 회동길 50(문발동)
전화 031-955-7200(대표)~2, 7203(편집부), 7204(물류)
팩스 031-955-7205
전자우편 webmaster@dmsbook.com
홈페이지 www.dmsbook.com

ISBN 978-89-411-8193-4 93370
값 23,000원

머리말

20~30년 전에 현재의 모습은 공상 과학에서나 상상할 수 있었을 듯이 우리 사회는 획기적이고 급속하게 발전하고 있어 내일의 모습을 예상하기도 어려울 지경이다.

미래는 지식 정보화 사회라고 하였는데 이는 4차 산업혁명이 그 핵심이라고 할 수 있을 것이다. 1차 산업이 농업, 2차 산업이 공업, 3차 산업이 서비스업이 중심이 되었다면 4차 산업은 인공지능(AI), 사물 인터넷, 빅데이터 등 정보통신 기술이 중심이다. 4차 산업은 새로운 산업이 아니고 기존의 산업에 정보 통신 기술, 인공 지능, 나노 기술, 로봇 공학 등이 결합되어 한층 더 발전된 산업이다.

과거 산업 혁명에서도 기계가 사람의 일자리를 없앤다는 말이 많이 있었지만 사라지는 일자리보다는 새로운 일자리가 생기면서 그런 논란은 많이 사그라졌다. 4차 산업 혁명을 앞둔 지금에서 속단하기는 이르지만 분명 사라지는 능력이나 직업이 있을 것이고 반대로 필요한 능력이나 직업이 생겨날 것이다. 새로운 직업은 기계나 컴퓨터를 움직이게 하는 능력과 같이 인간만이 할 수 있는 능력을 요구할 것이므로 학교에서는 이런 측면에 더 많은 노력을 기울여야 하는데 수학은 여전히 그 중심 역할을 할 것이므로 수학교육의 중요성은 더욱더 강조된다.

학교 교육이 학생들에게 미래 사회에 적극 대처할 수 있는 능력을 길러주고, 미래 산업에 필요한 인재를 공급하는 일이 의무이고 역할이라고 한다면 이 점에 대하여 수학교육자로서 심각하게 고민하지 않을 수 없을 것이다.

수학의 중요성은 다시 언급할 필요는 없지만 4차 산업에 적극 대처할 수 있는 인재를 양성하기 위해서는 그 중요성이 더욱더 커지고 있으며, 그에 따라 학교에서 이루어지는 수학교육의 중요성이 뒤따른다.

수학을 가르치는 교사는 수학에 대한 내용을 알아야 하는 것은 당연하지만 그것으로 충분하지 않다. 교사는 수학을 가르치는 활동과 관련된 특별한 지식도 알고 수행할 수 있어야 한다. 예를 들어, 학생들이 저지르기 쉬운 오류의 발생 원인과 해결 방법, 학생들이 수학적 개념을 이해하는 과정, 학생들의 인지 양식 등을 알고 있어야 한다. 이런 지식을 교육 실천 연구자인 슐맨(Shulman, 1986)은 수학 교사가 수학을 가르치기 위해서는 교과 내용 지식(SMK; Subject Matter Knowledge)뿐 아니라 교수법적 내용 지식(PCK; Pedagogical Content Knowledge)도 필요하다고 하였다. 교수법적 내용지식은 가르치고자 하는 지식과 이를 지도하기 위한 교수법을 통합한 것으로서 그 본질은 교사가 가르치려고 하는 지식을 학생들이 이해할 수 있는 형태로 내용을 변환시킬 수 있는 능력과 방법이라고 할 수 있다. 즉, 수학적 지식과 학생의 이해를 연결시켜주는 것이라고 할 수 있다. 특히, 내용과 교수법에 대한 지식(KCT; Knowledge of Contents and Teaching)은 예비교사에게 필수적인 내용과 능력이라고 할 수 있다. 예비교사들이 초등수학의 내용을 모를 리는 없겠지만 이를 지도하는 데 가장 적절할 뿐 아니라 초등학생이 그 내용을 학습하는 데 도움을 줄 수 있는 최선의 수업 실천 방안과 실천 능력과 관련된 내용으로 교사 양성 기관인 교육대학의 과정에서 충분히 학습해야 할 부분이다.

따라서 본 교재에서는 초등학교에서 수학을 더욱더 잘 가르치는 데 필요한 내용 지식과 방법을 제공하려고 노력하였다.

1장에서는 교재 연구와 수업모형을 다루었는데 초등수학의 모든 영역을 가르칠 때 필요한 내용이다. 교재 연구에서는 교수학적 변환론과 수학교사 지식을 다루었다. 특히, 2015 교육과정에서 강조하는 핵심역량에 대하여 자세하게 설명하여 현장 교사에게도 도움이 될 수 있도록 하였다. 수업모형은 교수방법에 대한 하나의 해결 방안(solution)으로 수학 교과의 핵심인 개념, 원리·법칙, 문제해결을 지도하는 기본적인 틀을 제시하였다.

2장부터 7장에서는 초등수학의 내용을 '2015 수학과 교육과정'에서 분류한 내용 영역에 따라 이론적 배경과 지도의 실제를 제시하였다. 초등학교에서는 수와 연산 영역의 내용이 많아서 이를 자연수와 유리수(분수, 소수)로 분리하여 설명하였다. 이론적 배경에서는 초등수학의 내용을 가르칠 때 요구되는 배경지식으로 교과 내용 지식(SCK; Subject Matter Knowledge)을 다루었다. 지도의 실제에서는 2015 수학과 교육과정에 제시된 성취기준을 중심으로 교수학적 내용 지식(PCK; Pedagogical Content Knowledge)을 다루었다.

학년군별로 성취기준을 중심으로 교수학적 내용을 다루었기에 학년간 연결과 범위를 알아보는 데 편리할 것으로 생각되고, 소규모 학교의 경우 1~2학년, 3~4학년, 4~5학년의 복식 학급으로 수학을 지도할 때 의미있게 활용될 수 있을 것으로 생각된다.

각 장마다 연구문제를 제시하였는데 전체 또는 소집단으로 토의하거나 협력하여 문제를 해결하면서 동료들과 수학적 아이디어를 공유하고, 수학적 의사소통 능력을 발달시킬 수 있는 기회가 되기를 바란다.

전국 교육대학교 수학교육과 교수들이 모여 집필하면서 다양한 교수학적 아이디어를 제시하고, 수준 높은 교재를 만들려고 노력하였지만 늘 부족한 면이 드러나게 되어 부끄럽기도 하다. 본 교재를 활용하면서 부족한 부분은 개정판에서 수정·보완할 것을 약속한다.

끝으로, 본 교재가 우리나라 초등학교 수학 교육의 길잡이와 등대가 되기를 기대하며, 출판을 위해 아낌없이 노력해주신 동명사 편집부와 관계자 여러분께 감사 말씀을 드린다.

2018년 7월

저자 일동

목차

Chapter

01

초등학교 수학과 교재연구

교육의 질은 교사의 질을 능가할 수 없다. 수학교육 전문가로서의 훌륭한 교사가 갖추어야 할 지식은 무엇인가? 수학 지식을 많이 알고 있는 교사는 수학교육 전문가인가? 좋은 수업을 실천하는 교사는 다양한 능력과 수준을 가진 학급 구성원들이 각자의 성장 발전에 도움이 되는 조화로운 음악이 연주될 수 있도록 지휘하는 오케스트라의 지휘자에 비유할 수 있을 것이다. 이러한 교사로 성장하는 데 필요한 수학교사 지식과 수업계획안 작성을 위한 대표적인 모형 등에 대하여 살펴보기로 한다.

이 장의 탐구문제

1. 나는 지금까지 최소한 초등학교 6년, 중학교 3년, 고등학교 3년, 대학교 2년간 수학을 공부해왔다. 그리고 대학에서 2~3주일 정도의 교육 실습 경험도 있다. 그 동안의 수학 공부와 교육실습 경험을 토대로 전문가로서의 수학 교사가 가져야 할 지식이란 무엇인지 생각해 봅시다.
   (1) 보통 내용 지식
   (2) 전문화된 내용 지식
   (3) 폭넓은 지식
   (4) 수학 내용과 교수 지식
   (5) 수학 내용과 학생 지식
   (6) 교육과정 지식

2. 수업모형이 무엇이고, 필요한 이유에 대하여 서로 이야기해보자. 또, 다음 3가지 수업모형에 대하여 아는 대로 말해봅시다.
   (1) 개념학습 모형
   (2) 발견학습 모형
   (3) 문제해결 모형

☞ 위의 탐구문제를 자신의 지금까지의 교육 경험 과정에서 예를 들어 설명해보고, 다른 친구들의 사례와 함께 토론해 보시오.

이 장에서 다루는 주요 개념: 수학 교사 지식, 수학 수업모형

1 수학과 교재 연구

교사는 학교에서 학생들에게 수학을 가르친다. 그런데 교사가 학교에서 학생들에게 가르치는 수학, 즉 학교 수학과 수학자들이 처음 구성해낸 수학, 즉 학문으로서의 수학 사이에는 무시할 수 없는 차이가 존재한다.

학문으로서의 수학 모두를 학교에서 가르칠 수 있는 것이 아니다. 학문으로서의 수학 중에서 어떠한 내용을 선정하여 초등학교, 중학교, 고등학교에서 가르치게 된다. 초·중등학교에서 가르치고 배울 수학 내용의 범위, 계열성 등을 명시한 것이 '수학과 교육과정'이다. 수학과 교육과정 개발자들은 심리적, 사회적, 철학적, 간학문적 측면을 고려한다. 학교별, 학년별 학생의 인지발달 단계와 다른 교과와의 연계성, 도구 교과로서 수학에 부과되는 사회적 요구 등을 고려하고 다른 나라의 교육과정과도 비교 연구한다.

수학과 교육과정이 개발됐다고 해서 학교에서 그 모습 그대로 가르칠 수 있는 것이 아니다. 그렇기 때문에 그러한 내용을 학생에게 가르칠 수 있는 모습으로 바꾸는 작업 즉, 교수-학습을 염두에 두고 선정된 내용을 좀 더 정교화시키는 과정이 필요하다. 여기서 학문으로서의 수학의 외양은 변형을 겪지만, 그 본질이 달라져서는 안 된다. 이렇게 학문으로서의 수학 고유의 정신을 지키면서 내용을 어떻게 초등화시켜 학생의 이해가 용이하도록 변모시킬 수 것인지를 연구하는 것을 수학과 교재연구 또는 수학과 교재론이라고 한다. 좀 더 단순하게 이야기하면, 교재연구는 '학생들에게 무엇을 가르쳐야하며, 어떻게 가르쳐야 하는지를 연구하는 것'이라고 할 수 있을 것이다.

> 다음 수학에 대한 자신의 생각을 말해보자.
> - 학문으로서의 수학
> - 교육과정의 수학
> - 교과서 수학
> - 교사의 수학
> - 학생의 수학
> - 일상의 수학

수학 교과서는 이러한 수학과 교재연구의 전형적인 산물이라고 할 수 있다. 학교 수학에서 가르쳐야할 수학의 대부분의 내용은 수학과 교육과정과 교과서에 의하여 전체적인 내용뿐만 아니라 전개되는 순서와 그 내용의 깊이 등이 미리 정해진 것으로 볼 수 있다. 그래서 수학 교사는 교육과정에 유의하며, 교육과정에 준하여 만들어진 교과서의 내용과 순서를 따라 학생들에게 가르치면 된다는 식의 소극적인 생각을 하기 쉽다. 그러나 교사는 이러한 수동적인 사고방식에서 벗어나, 교육과정이나 교과서에 대해 나름대로의 비판적 시각과 견해를 나타낼 수 있어야 하고, 가르치고자

하는 내용에 대한 적극적이고 능동적인 판단과 교육적 변환을 꾀할 수 있는 능력을 갖추어야 한다. 수학자가 구성한 모습 그대로 학생들에게 전달하는 것이 이상적이겠지만, 가르치는 과정에 학생들의 인지적, 정의적 요인 등을 고려하여 가르치고자하는 형태로 적절하게 변환할 수 있어야 한다. 이러한 교수학적 변환 작업은 필수적이면서도 다양한 연구 노력이 필요한 중요한 내용적 연구 대상이라고 할 수 있다.

탐구문제 1

학문으로서의 수학인 유클리드 원론에서는 원을 '1개의 선으로 둘러싸인 평면도형으로서, 그 도형의 내부에 있는 한 점에서 그것에 그은 모든 선분이 서로 같은 도형'이라고 정의하고 있다. 초등학교에서는 원을 어떻게 초등화 시켜 정의하는지를 찾아보시오.

(1) 교수학적 변환론

다음은 이러한 변환의 과정을 좀 더 세밀하게 관찰한 프랑스 슈발라르(Y. Chevallard)의 교수학적 변환론에 대하여 살펴보기로 하자. 슈발라르는 학문으로서의 수학이 학교수학으로 변환되는 일련의 과정에 주목하고 있다. 그는 학교수학을 교육과정 개발자, 교과서 저자, 교사가 대상으로 하는 '가르칠 지식'과 학생을 대상으로 하는 '가르쳐진 지식' 으로 더 세분하고 있다(이경화, 1996). 가르칠 지식은 교육 내용으로 선정되어 재조직된 지식을 의미하며, 가르쳐진 지식은 교육이 이루어진 후에 학습자에게 구성되어 있는 지식을 의미한다. 교수학적 변환 과정은 다음 **[그림 1.1]**과 같이 나타낼 수 있다.

교수학적 변환론의 목표는 교수학적 변환의 과정을 이해하고 올바른 방

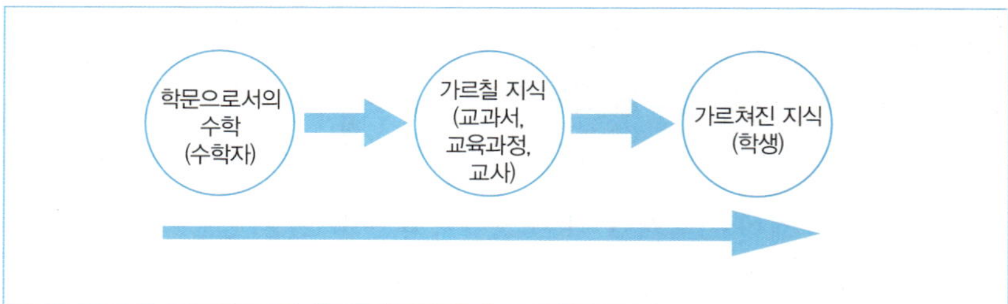

[그림 1.1] 교수학적 변환 과정

삼원적 교수체계란 무엇인가?

향으로 이끌어가는 것이다. 즉, 교육과정 개발, 교과서 구성, 수업 등과 같은 교수 현상을 관찰하고 분석함으로써 건전한 교수학적 변환의 방향을 꾀하려는 것이다. 수학 교사의 입장에서 봤을 때 학생들이 학습된 수학이 학문으로서의 수학의 의미를 보존하지 못하고 어떤 측면을 왜곡하고 있지는 않는지, 왜곡은 어떤 식으로 일어나고 있는지에 주목하는 것이다. 이경화(1996)는 교수학적 변환론의 두 가지 문제를 지적하고 있다. 하나는 '삼원적 관계로서의 교수체계'이고 또 하나는 '지식의 파손성' 문제이다.

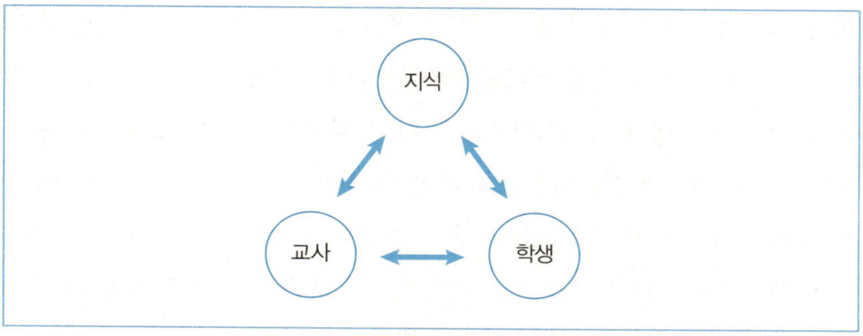

[그림 1.2] 삼원적 관계로서의 교수체계

첫째, 교수체계는 이원적 관계가 아니라 삼원적 관계라는 것이다. 슈발라르는 기존의 수학 교육 연구에서는 두 가지 요소, 즉 '교사'와 '학생'의 이원적 관계만을 강조하고 '지식'이라는 제3의 요소를 간과하였다고 주장한다. 그는 교사와 학생의 상호작용을 교육적으로 해명하는 일도 중요하지만, 그 상호작용을 지식의 관점에서 이해하는 것도 그에 못지않게 중요한 것으로 본다. 그는 본래 가르치고 배우기 어려운 지식을 마치 가르치고 배우기 쉬운 것처럼 다루는 동안 수학적인 의미가 왜곡되고, 실제로 가르치고 배우는 내용은 수학이라고 보기 어려운 경우가 적지 않다는 것을 지적하고 있다. 이것이 수학과 교재연구를 할 때 주목해야 할 점이다.

앞서 설명한대로 지식과 학생의 연결고리를 만드는 수학과 교재연구는 학생이 쉽게 이해하도록 내용을 초등화시키되 '학문으로서의 수학 고유의 정신'을 지키는데 신경을 써야한다.

또 슈발라르는 수학적 지식의 이면에 들어있는 광범위한 아이디어가 새로운 지식을 다룰 때에는 유용하지 않더라도 본래의 지식이 가지는 의미를 설명하는 데는 큰 도움을 주는 것으로 보고, 광범위한 아이디어를 찾기 위해서 최초로 그 지식이 발생된 맥락을 되살려낼 필요가 있음을 주장한다. 수학과 교재연구에서 각 주제별로 역사적 발생 과정을 살펴볼 이유이기도 하다.

슈발라르는 동일한 내용이라도 교사와 학생이 지식에 접하는 과정이 동일하지 않음도 주목하고 있다. 교사는 이미 과거에 학습한 내용을 다루면서 보다 수준 높은 사고를 하기 때문에 동일한 내용에 대해서라도 학생보다 다양하고 정교한 관점을 취하게 된다. 교육은 특정한 지식에 대하여 많이 알고 있는 주체와 거의 알지 못하는 주체의 만남을 그 특징으로 한다고 할 수 있다. 그러므로 이미 이해하고 있는 지식을 다른 사람의 이해를 돕기 위하여 다루는 것에 대한 논의가 필요하다. 각 내용별로 학생들의 그 내용에 대한 심리적 발생 상태를 살펴볼 필요가 있는 것이다. 요컨대, 이해한 지식을 변형하여 표현함으로써 다른 사람의 이해를 도모하는 활동(곧 교사의 지식에 대한 활동)에 관한 직접적이고 세부적인 교재 연구가 필요하다. 아는 것과 가르치는 것은 별개라는 오래된 속담이 주는 교훈처럼 지식을 아는 과정과 가르치는 과정에는 분명한 차이가 있으며, 그 과정을 지식의 변환이라는 측면에 탐구할 필요가 있다는 것이다.

교수학적 변환론의 문제점은 무엇인가?

교수학적 변환론의 두 번째 문제의식은 지식의 파손성에 대한 것이다. 슈발라르는 지식은 주의 깊게 다루지 않으면 본래의 의미가 손상되기 쉽다고 주장한다. 가르치려는 의도에 따라 지식을 변형할 때에 지식이 손상될 수 있음에 주목해야 한다는 것이다. 가르치기에 적합하도록 지식을 변환하는 동안 본래의 지식의 의미가 왜곡된다면, 그 교육은 잘못된 것이고 학생들에게 잘못된 지식을 소유하게 함으로써 그 다음 단계를 발전하는데 악영향을 미치게 될 것이다. 그는 지식의 의미의 손상에 주의하면서 교수학적 변환 과정을 제대로 알기 위해서 학문적 지식의 발생, 발전 과정에 대한 이해가 필요하다고 보았다.

교수학적 변환론에 대한 논의를 통해 수학과 교재연구의 내용이 어떠해야 하는 지에 대한 시사점을 찾아볼 수 있다. 교사는 학문으로서의 수학과 그 역사적, 심리적 발생 과정을 알아야한다. 이를 위해 이 책에서는 초등학교 수학과 각 영역의 이론적 배경을 통해 초등학교에서 지도하고 있는 각 주제에 대한 역사적 발전 과정, 각 주제의 의미 등을 먼저 살펴볼 것이다. 다음으로는 초등학교에서 지도되는 각 주제가 어떻게 초등화 되는지를 알기 위해 수학과 교육과정과 지도서 등을 참고하여 교과서를 분석하고, 실제 수업과정에 도움이 되는 구체적인 방법에 대하여 알아볼 것이다.

여기서 교실 수업과정에서 교수학적 변환을 시도하다가 지식의 표현 형태나 의미가 왜곡되는 극단적인 교수 현상에 대해 알아보자.

첫째, 초등학교 수업에서는 학생들의 흥미를 끌기 위해 여러 가지 교구를 활용하다가 원래 수학의 의미를 훼손하는 메타인지적 이동이 일어나는 경우가 많다. 이는 교수학적 노력의 초점이 수학적 지식 자체보다는 이를 용이하게 하기 위해 도입된 교수학적 보조 수단으로 옮겨가는 것을 의미한다. 예를 들면 수학을 가르치는 수단으로 교구나 계산기, 컴퓨터 등을 도입했을 때 학생들의 관심이 수학적 지식의 본질보다는 그 이해를 돕기 위한 보조 도구로 옮겨가는 현상이 메타인지 이동이다.

둘째, 형식적 고착은 메타인지 이동과는 반대로 공식화된 지식의 논리적 표현에만 의존하여 수학적 지식의 형태를 연습시키고 지식의 은유적 사용을 억제하는 것을 말한다. 예컨대, Mathematica나 Maple과 같은 기호 조작 소프트웨어에서는 이용되는 문자나 대수식에 대한 어떠한 배경지식 없이도 인수분해, 두 다항식의 곱, 미분, 적분, 극한값 등을 계산할 수 있다. 문자나 변수에 대한 의미 충실한 이해 없이 이런 조작들을 컴퓨터 환경에서 수행한다면 형식적 고착 현상이 일어날 가능성이 높다.

극단적 교수현상

1) 메타 인지적 이동
2) 형식적 고착
3) 토파즈 효과
4) 죠르단 효과

셋째, 토파즈 효과는 교사는 가르쳐야 하고 학생은 배워야 한다는 소위 교수학적 계약에 의한 압박에서 일어나는 전형적인 현상을 말한다. 즉, 학생이 학습할 수 있는 환경을 교사가 방해하거나 제거하는 것을 말한다. 예를 들면 학생이 어떤 문제를 해결하는데 어려움을 겪고 있을 때, 교사가 학생에게 문제에 대한 명백한 힌트를 주면서 일련의 유도 질문을 통하여 답을 가르쳐 주는 것을 들 수 있다. 컴퓨터 환경에서 이러한 현상은 최근에 유행하고 있는 웹 기반 교수 환경에서 쉽게 볼 수 있다. 웹 기반 환경에서 수학적 지식, 과제 등은 흔히 문제와 함께 쉽게 도움을 구할 수 있는 힌트 버튼과 정답 버튼이 있어, 학생들이 주어진 과제를 해결하기 위해 심사숙고하기보다는 도움과 정답을 쉽게 구할 수 있기 때문에 학습의 기회가 사라져 버릴 수 있다.

넷째, 죠르단 효과는 교사가 학생들의 사소한 반응이나 행동을 보고 그들이 마치 특정한 수학 지식을 형성했다고 잘못 판단하는 경우를 말한다. 컴퓨터 환경에서 학생들이 컴퓨터가 안내하는 대로 특정 조작을 수행하여 원하는 결과를 얻었을 때, 그런 조작 이면에 들어 있는 수학적 개념을 학생들이 이해했다고 할 수 없음에도 불구하고, 학생들이 수학 개념을 이해했다고 판단하는 경우가 죠르단 효과에 해당된다.

(2) 수학교사지식

교육 실천 연구자인 슐맨(Shulman, 1986)은 수학 교사가 교실에서 오케스트라를 지휘하는 것처럼 좋은 수학 수업을 효율적으로 실천하는 데 필수적인 '교수를 위하여 필요한 수학 지식(MKT)'은 교과 내용 지식(SMK) 뿐 아니라 교수학적 내용 지식(PCK)도 필요로 한다고 주장하였다. 볼과 그의 동료들(Ball, Thames, & Phelps, 2008)은 슐맨의 연구를 수학 교육 분야로 도입하여 위의 **[그림 1.3]**과 같이 수학 교수를 위한 수학 지식(MKT)의 여러 가지 측면을 구체화시켰다.

(1) SMK: Subject Matter Knowledge
(2) PCK: Pedagogical Content Knowledge
(3) CCK: Common Content Knowledge
(4) SCK: Specialized Content Knowledge
(5) HCK: Horizon Content Knowledge
(6) KCS: Knowledge of Content and Students
(7) KCT: Knowledge of Content and Teaching
(8) KCC: Knowledge of Content and Curriculum

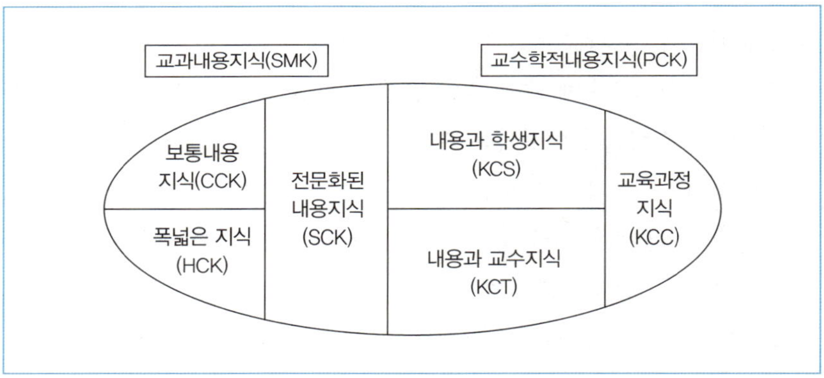

[그림 1.3] 수학 교수를 위한 수학 지식(MKT)

1) 수학 내용 지식

교사가 필요로 하는 교과 내용 지식(SMK)은 수학 교과로 말하자면 수학 내용 지식(MCK)이며, 수학 내용 지식(MCK)은 수학 교과의 본질적인 부분, 즉 수학에 대한 지식으로 수학의 필수적인 개념, 정의, 원리, 절차, 표상, 연결성, 아이디어 등을 다양한 수준에서 여러 형태로 표현할 수 있는 지식이다. 이는 보통 내용 지식(CCK)과 전문화된 내용 지식(SCK), 그리고 수학적 식견으로서의 폭넓은 지식(HCK)을 포함한다. 수학 교과 내용 지식은 수학교사가 대학에서 학습했던 내용학 수업이나 대학수학능력평가 결과로 평가 가능하지 않으며, 수학에 대한 원리와 본질에 관한 지식의 이해, 사회 문화적인 수학에 대한 지식, 수학 교과에 대한 성향 등을 포함시킬 수 있는 것이다.

첫째, 보통 내용 지식(CCK)이란 잘 교육 받은 성인이면 알고 있는 수학의 기능, 절차, 개념 등을 기본적으로 이해하는 것으로 정의될 수 있다. 즉, 간단한 계산, 또는 수학 문제를 정확하게 해결하는 데 필요한 지식이다. 수학 교사가 아니어도 수학을 아는 사람이면 누구나 답할 수 있는 지식을 말한다.

```
     54
 ×   36
 ------
     24
    30
    12
   15
 ------
   1944
```

[그림 1.4] 보통 내용 지식(CCK)의 예: 세로 곱셈의 표준 알고리즘

둘째, 전문화된 수학 지식(SCK)은 교수와 학습과 특별히 관련된 수학 기능, 절차, 그리고 개념을 보다 심오하고 풍부하고 발전적으로 이해하는 것으로, 수학적 아이디어를 정확하게 표상하기, 수학적 규칙과 절차에 대한 개념적 설명, 대안적인 풀이 방법 이해하기 등을 포함한다. 예를 들어,

수학내용지식이란?
- 보통내용지식
- 전문화된 수학 지식
- 폭넓은 지식

(1) 학생 1

```
     54
 ×   36
 ------
     24
    300
    120
   1500
 ------
   1944
```

(2) 학생 2

```
     54
 ×   36
 ------
    144
 + 1800
 ------
   1944
```

(3) 학생 3

```
     54
 ×   36
 ------
    324
 + 1620
 ------
   1944
```

(4) 학생 4

```
54 ×  1 =   54
54 ×  2 =  108
54 ×  4 =  216        216
54 ×  8 =  432
54 × 16 =  864
54 × 32 = 1728       1728
--------------------------
                     1944
```

(5) 학생 5

```
  54 × 36
 108 × 18
 216 × 9         216
 432 × 4
 864 × 2
1728 × 1        1728
--------------------
                1944
```

(6) 학생 6

	5	4	×
1	1 / 5	1 / 2	3
9	3 / 0	2 / 4	6

[그림 1.5] 전문화된 수학 지식(SCK)의 예 : 곱셈의 여러 가지 방법 해석 능력

학생의 오류 분석, 예상치 못한 풀이, 주장에 대한 평가, 적절한 정의의 선택 및 사용, 여러 가지 표현 및 풀이 사이의 관계 해석 할 수 있는 수학 교사의 지식을 말한다. 공통 내용 지식(CCK)은 교사가 아닌 다른 성인들도 지니고 있을법한 수학 지식인 반면, 전문화된 내용 지식(SCK)은 전문성을 지닌 교사들이 가지고 있는 지식을 말한다.

셋째, 수학적 식견으로서의 폭넓은 지식(HCK)은 현재의 교수 상황에 놓여 있는 것보다 더 큰 수학적 관점을 이해하는 것을 인식하는 것으로 정의할 수 있다. 수학 교과의 위계적 특성상 낱낱의 수학 지식, 개념, 원리 등이 하나하나 떨어져 있는 것이 아니라 연결망으로 연계되어 있는 학습 위계도나 선행조직자에 해당하는 것으로 볼 수 있다. 교수 과정에서 교수 내용을 둘러싸고 있는 수학적 상황에 대한 감각, 수학 내용 영역의 아이디어와 구조, 중요한 수학적 교수 활동, 핵심적인 수학 가치와 민감성 등이 여기에 해당된다.

산수의 곱셈은 대수의 배분법칙과 연계되어 있으며
두 자리 수의 곱셈 방법은 세 자리수의 곱셈 방법과도 연계되어 있다.

$$54\times 36 = (50+4)(30+6) = 1500+120+300+24 = 1944$$
$$(a+b)(c+d) = ac+bc+ad+bd$$

[그림 1.6] 수학적 식견으로서의 폭넓은 지식(HCK)의 예

결국 전문가로서의 수학 교사는 수학 교육과정 상의 내용을 잘 지도하는 역량을 갖출 뿐 아니라, 학습자의 다양한 문제해결 시도와 전략을 해석하는 전문화된 수학 내용지식과 더불어 이러한 여러 가지 수학 개념이나 원리 등이 서로 어떻게 연계되어 있는 지에 대한 폭넓은 수학에 대한 식견을 구비하여야 한다.

2) 교수학적 내용 지식

교수학적 내용지식(PCK)은 다양한 수준을 가진 학생들에게 적절한 방법으로 묘사할 수 있고 표현할 수 있는 능력, 교과를 다양하게 표현하는 지식과 학생들의 연령과 발달 정도에 따라 적절한 개념이 무엇인지 아는 지식으로, 교육과정 지식(KC), 내용과 교수에 대한 지식(KCT), 내용과 학생에 대한 지식(KCS)을 포함한다.

첫째, 교육과정 지식(KC)은 학생들의 성장을 고려한 초·중·고등학교에서 다루는 학교수학의 위계적 배열에 해당하는 국가 교육과정 문서에 담긴 내용이다. 각, 교육과정마다 나름의 철학과 지향하는 바가 분명하게 드러난다. 2015 교육과정에서는 창의·융합형 인재 양성과 미래 사회에 대비하기 위한 핵심 역량 함양 등이 강조되는 것으로 이해할 수 있다. 수학 교과의 핵심 역량으로는, 문제해결, 추론, 의사소통, 창의·융합, 정보처리, 태도 및 실천 역량 등이 해당된다. 이에 대해서는 3) 수학교과의 핵심역량에을 참고서 살펴보기로 한다.

교수학적 내용지식은?

- 교육과정 지식
- 내용과 교수에 관한 지식
- 내용과 학생에 대한 지식

탐구문제 2

우리나라 초등학교 수학과 교육과정이 개정될 때마다, 각의 정의가 어떻게 변해왔는지를 조사하시오. 각의 정의가 이렇게 바뀌게 된 배경은 무엇이라고 생각하는가?

둘째, 내용과 교수에 대한 지식(KCT)은 어떤 구체적인 수학 내용을 지도하는데 가장 적절할 뿐 아니라 학습자가 그 내용을 학습하는데 도움을 줄 최선의 수업 실천 방안이 무엇인 지를 결정하는데 필수적인 지식이다. 대체로 현장 수업 실천 경험이 적은 예비교사들이 경력 교사들에 비하여 부족하기 쉬운 영역이다. 수업을 위한 최적의 전략과 교구 탐색, 학습자의 요구 충족을 위한 문제 상황의 변환, 학습자의 학습 촉진을 위한 내용의 재배열, 서로 다른 표상에 대한 찬성과 반대 의견 조율, 관련 수업 내용의 차시 수업실천 개선 방안 탐색 등이 이러한 지식의 함양을 위하여 필요하다. 예비교사의 교생실습 경험이나 초·중·고등학교 시절의 개인적인 경험을 떠올려 토론함으로써 좋은 점은 계승하고 부족했던 부분은 개선해나가도록 할 필요가 있다.

뺄셈	덧셈	곱셈	곱셈
63	27	36	16
− 28	39	× 23	× 17
45	+ 76	108	742
	132	72	16
		180	902

[그림 1.7] 내용과 학생에 대한 지식(KCS)예: 사칙 연산 여러 가지 오류 유형

3) 수학 교과의 핵심역량

급격하게 변화하는 미래 사회에 적극적으로 대비하기 위하여 초중등 학생들의 미래 핵심역량을 전문적으로 연구하기 위해 조직된 미국의 Partnership for 21st Century Skills(P 21)에서는 미래 사회에의 적응과 성공을 위해 필요한 핵심역량을 진로, 학습과 혁신, 그리고 정보·매체·테크놀로지의 세 영역으로 제시하고 있다.

2015교육과정 핵심역량

1) 진로 역량
2) 학습과 혁신
3) 정보·매체·테크놀로지

첫째, 진로(life and career skills) 역량은 자신에 대한 이해를 바탕으로 삶과 진로에 관심을 갖고 진로를 탐색하고 개척할 수 있는 기본 역량을 말한다. 둘째, 학습과 혁신 역량은 생산적 사고활동과 관련된 역량으로 4C로 일컬어지는 비판적 사고와 문제해결(critical thinking & problem solving), 의사소통(communication), 협력(collaboration), 그리고 창의성(creativity) 을 말한다. 셋째, 정보·매체·테크놀로지 역량은 테크놀로지와 매체를 활용하여 필요한 정보를 수집하고 가공하고 표현할 수 있는 역량을 말한다. 이들 역량들은 각 교과 지식과 기능의 경계를 초월한 범교과적인 것으로, 미래 사회를 주도적으로 이끌어갈 융합형 인재가 가져야 할 역량이라고 할 수 있다(김수환 등, 2014).

수학 교과 내부로 좁혀 생각해보자면, 1989년에 21세기의 수학교육의 방향을 제시하고자 한 전미 수학교사 협의회(National Council of Teachers of Mathematics, 약칭 NCTM)가 발간한 "학교 수학의 교육 과정과 평가를 위한 규준"(Curriculum and Evaluation Standards for School Mathematics)에서는 미래의 학생들을 위해 수학적 문제해결, 증명과 추론, 수학적 의사소통, 연결성 및 수학적 표상을 강조하였다. 최근 2011년에 발간된 Mogen Niss의 "Competencies in mathematics education – potentials and challenges"에서도 수학적으로 사고하는 역량, 문제를 다루는 역량, 수학적으로 모델링하는 역량, 수학적으로 추론하는 역량, 표상하는 역량, 기호화하고 형식화하는 역량, 수학에 관하여, 수학에서, 수학으로 의사소통하는 역량, 수학 교구와 도구를 이용하는 역량 등의 8가지 역량을 제안하고 있다.

2015교육과정 수학교과 핵심역량

1) 문제해결
2) 추론
3) 의사소통
4) 창의·융합
5) 정보처리,
6) 태도 및 실천 역량

2015 교육과정 수학 교과의 핵심 역량으로는, 문제해결, 추론, 의사소통, 창의·융합, 정보처리, 태도 및 실천 역량 등을 강조하고 있다.

① 문제해결 능력

폴리아의 문제해결을 토대로 하고, 모델링과 문제설정과 인성 교육의 일부로도 해석할 수 있는 협력적 문제해결을 포괄하는 것으로 현실 사회의 실제적인 맥락 속에서 학생들이 스스로 수학을 탐구하는 과정에서 성공적인 경험을 가질 수 있도록 하여야 한다.

김 교사는 다음 문제를 폴리아의 문제해결 단계(문제이해-계획수립-계획실행-반성)에 따라 해결하도록 지도하려고 한다. 김 교사가 '반성' 단계에서 제시할 수 있는 발문을 4가지 제시하시오.

'자전거 공장에서 두발자전거와 세발자전거를 만드는데,
두발자전거와 세발자전거를 합쳐 50대를 만들려고 한다.
준비된 바퀴의 개수가 127개일 때,
두발자전거와 세발자전거를 각각 몇 대씩 만들 수 있을까?'

[그림 1.8] 문제해결의 여러가지 방법 탐색 지도의 예

[표 1-1] 문제 해결의 하위 요소의 의미와 기능

하위 요소	의미	초등학교	기능
문제의 이해	무엇을 구하는 것인지 문제의 목적을 발견하고 조건을 파악하여 문제를 명료화하는 능력	문제에서 무엇을 구하는 것인지 정확하게 인식하기	(문제를) 해석하기, (관계를) 이해하기, 알기, (용어를) 이해하기, 분석하기, 인식하기, 읽기, 단순화하기
문제 해결 전략 탐색	중요한 수학적 원리나 결과를 이용할 수 있는지를 분석하고 적절한 발견술을 탐색하여 풀이 계획을 수립하는 능력	문제해결을 위해 다양하고 적절한 방법을 사용하기	아는 것을 사용하기, 적절한 방법을 선택하기, 계획하기, 탐구하기, 일반화하기, 특수화하기, 추측하기, 분류하기, 전략을 구사하기, 조사하기, 거꾸로 생각하기
문제 해결 과정 통제 및 반성	계획된 풀이 과정을 수행하고 검증 및 반성을 통하여 해결책과 해답을 평가하는 능력	자신의 풀이를 검토하고 평가하며 더 나은 해결책에 대하여 생각해보기	활용하기, 연산에 능숙하기, 암산하기, 계산하기, 해결하기, 적용하기, 답하기, 절차를 수행하기, 풀기, 활용하기, 반성하기, 되돌아보기, 분석하기, 평가하기, 점검하기, 확인하기
협력적 문제 해결	집단의 상호작용과 균형 있는 책임의 부여를 통해 집단적인 문제해결을 수행하는 능력	집단에서 서로 협력하며 상호작용을 통해 문제해결을 수행하기	설명하기, 의견을 주장하기, 듣기, 풀이를 돕기, 의견을 교환하기, 비판하기, 정당화하기, 의견을 조정하기, 의견을 존중하기, 말하기, 결정하기, 질문하기, 토론하기, 제안하기, 표현하기, 종합하기
수학적 모델링	실생활의 문제해결을 위해주어진 상황을 수학적으로 나타내고 분석하여 결로을 도출하고 이를 상황 맥락에서 해석하여 유의미성을 검토하는 능력	문장제 문제를 식과 표로 나타내고 문제 상황에 적합한 답을 구하기	상황을 모델링하기, 해석하기, 분석하기, 나타내기, 적합성을 검토하기, 표현하기, 확인하기, 점검하기, 변환하기, 활용하기, 식을 세우기, 표 그리기, 그림으로 나타내기
문제 만들기	문제의 속성을 파악하고 이에 대한 이해를 기반으로 새로운 문제를 만들어 해결하며 이러한 과정을 검증하는 능력	주어진 문제의 조건에서 숫자나 상황을 다르게 바꾸어 보면서 유사 문제를 해결하기	조건을 변형하기, 유사성 찾기, 비교하기, 활용하기, 조건을 파악하기, 관계 짓기, 다양하게 생각하기, 생성하기, 바꾸기, 확장하기, 문제 만들기

② 추론 능력

설득력 있는 주장으로서의 논증을 토대로 하고, 메타 인지적 요소라고 볼 수 있는 반성적 사고를 포괄하는 것으로 학생들의 수학적 활동에 의한 명제를 만들고 이를 설득력 있게 주장하는 경험을 하게 함으로써 논증의 힘을 느낄 수 있도록 하여야 한다.

[표 1-2] 추론의 하위 요소의 의미와 기능

하위 요소	의미	초등학교	기능
관찰과 추측	관찰과 실험을 통해, 귀납, 유추 등의 개연적 추론을 사용하여 규칙성이나 원리를 추측하는 능력	관찰과 실험을 통해, 귀납, 유추 등의 개연적 추론을 사용하여 규칙성 찾기	관찰하기, 추측하기, 탐구하기, 측정하기, 일반화하기, 특수화하기
논리적 절차 수행	수학적 사실이 도출되는 과정과 수학적 절차를 논리적으로 수행하는 능력	수학적 절차를 논리적으로 수행하기	형식화하기, 작도하기, 순서짓기, 대입하기, 단순화하기, 계산하기, 절차 따르기, 풀기, (해) 구하기
수학적 사실 분석	수학적 개념, 원리, 법칙을 분석하는 능력	수학적 대상을 분석하기	확인하기, 인식하기, 이해하기, 분석하기, 정의하기, 관계짓기, 비교하기, (단위) 변환하기, 공식 유도하기, 세기, 어림하기, 측정하기, 분해하기, 합성하기
정당화	수학적 사실이 참임을 보이기 위해 증거를 제시하고 이유를 설명하는 능력	수학적 사실이 참이 되는 이유를 설명하기	정당화하기, 반례 찾기, 예증하기, 증명하기, 설명하기
사고 과정의 반성	자신의 사고 과정이 옳은 지 비판적으로 평가하고 되돌아보는 능력	사고 과정을 되돌아보기/비판적으로 평가하기	반성하기, 되돌아보기, 비판하기, 평가하기

다음은 2009개정 교육과정 5학년 2학기 교과서 자료의 표현 관련 내용으로 여러 가지 통계 자료를 이용하여 건강한 신체적 성장을 위한 충분한 수면과 바른 생활 습관과의 관련성을 정당화하는 추론 학습의 사례로 볼 수 있다.

[그림 1.9] 추론 지도의 예

탐구문제 3

다음은 추론 능력을 개발시켜줄 수 있는 문제들이다. 답을 찾아보고, 왜 그렇게 생각하는지를 서술하여 보아라. 초등학생들이 답할 수 있는 이와 유사한 문제를 만들어보시오.

- 나는 20과 30 사이의 홀수이다. 소수도 아니고 5의 배수나 7의 배수도 아니다. 나는 어떤 수인가?
- 나는 두 대각선의 길이가 같고 마주보는 각의 크기가 같은 사각형이다. 나는 어떤 도형인가?

탐구문제 4

다음 중 2개 이상의 단어가 들어가는 문장을 만들어보고 그 문장이 참인지 거짓인지 정당화하여 보시오.

약수, 배수, 공약수, 공배수, 최대공약수, 최소공배수

③ 의사소통 능력

지식의 구조 탐구를 위한 브루너의 활동적, 영상적, 기호적 표상을 토대로 다양한 사회 구성원들의 생각과 교류하는 장으로서의 수학교실을 지향하고, 협력과 존중이라는 인성적 요소를 포괄하는 것으로 수학적 활동을 통하여 수학의 힘과 가치를 느낄 수 있도록 하여야 한다.

[표 1-3] 의사소통의 하위 요소의 의미와 기능

하위 요소	의미	초등학교	기능
수학적 표현의 이해	수학적 표현의 의미를 이해하고 정확하게 사용하는 능력	(구체물, 그림, 표, 수식, 그래프 등의) 수학적 표현을 이해하고 사용하기	그리기, 읽기·쓰기, 표현하기, 형식화하기, 서술하기, 작도하기, 이해하기
수학적 표현의 개발 및 변환	자신의 아이디어를 나타내기 위한 표현을 만들고 수학적 표현들끼리 변환하는 능력	자신의 아이디어를 구체물이나 그림, 말, 수식 등의 표현으로 나타내고 기존의 표현을 다른 표현으로 바꾸기	그리기, 나타내기, 표현하기, 선택하기, 변환하기(바꾸기)
자신의 생각 표현	수학적 학습 활동 과정과 결과를 다른 사람에게 명확하게 표현하는 능력	수학적 아이디어, 수학적 지식, 수학적 탐구 활동의 결과, 문제해결 과정, 신념과 태도 등을 표현하기	설명하기, 쓰기, 말하기, 보이기, 토론하기
타인의 수학적 생각의 이해 및 평가	다른 사람의 생각을 이해하고 평가하는 능력	다른 사람의 말을 집중하여 듣고 자신의 의견을 말하기	질문하기, 읽기
협력과 존중	수학 학습 상황에서 다양한 시각을 받아들이고 다른 사람을 존중하며 함께 협력하는 능력	다양한 시각을 받아들이기, 토론에서 서로 협력하고 의견을 존중하기	공유하기, 함께 하기, 존중하기

다음은 2009 개정 교육과정 6학년 1학기 익힘 책에 나오는 비와 비율 관련 내용으로 회수한 빈병 중 파쇄하지 않고 재사용할 수 있도록 할 필요성이 있음을 파악하기 위하여 수학적 표현을 이해하고 서로의 생각을 의사소통하는 능력을 지도하는 사례로 볼 수 있다.

11 빈 병 재사용에 대한 글을 읽고 물음에 답하시오.

빈 병은 재사용할 수 있다는 사실을 알고 있나요? 빈 병을 깨끗하게 씻어 다시 사용하는 것을 재사용이라고 합니다. 이산화 탄소는 지구 온난화의 주범으로 꼽히는데 빈 병을 재사용할 때와 재활용할 때 배출되는 이산화 탄소의 양은 확연히 다릅니다. 빈 병을 재활용할 때 발생되는 이산화 탄소를 흡수하기 위해 심어야 하는 나무는 약 36그루이지만 빈 병을 재사용할 때 발생되는 이산화 탄소를 흡수하기 위해 심어야 하는 나무는 약 3그루입니다. 우리나라의 빈 병 재사용률은 약 80 %로 일본, 캐나다 등 환경 선진국에 비해 낮은 편입니다. 빈 병이 깨지지 않도록 잘 보관하여 재사용하면 지구를 살릴 수 있겠죠?

세계 주요 국가 빈 병 재사용 실태

국가	한국	일본	캐나다	독일	핀란드
회수율	95 %	98 %	98 %	90 %	99.5 %
재사용 횟수	5~10회	28회	15~20회	40~50회	30회
파쇄율	15 %	4 %	2 %	3 %	1 %
재사용률	80 %	94 %	96 %	87 %	98.5 %

- 빈 병을 재사용할 때와 재활용할 때 발생되는 이산화 탄소를 흡수하기 위해 심어야 하는 나무의 수에 대하여 비율을 사용하여 이야기해 보시오.

- 한국 용기 순환 협회 누리집(www.kovra.org)에 접속하여 빈 병 재사용에 대하여 더 알아보시오.

[그림 1.10] 의사소통 지도의 예

탐구문제 5

다음 문제를 해결하여 보아라. 어떤 학생들은 각 동전이 몇 개씩 들어있느냐에 따라 답이 다르게 나온다고 주장하는 학생도 있고, 답은 각 동전의 개수와 상관이 없다고 하는 학생들이 있다. 여러 분의 주장을 적어보고, 여러분의 생각과 의견이 다른 친구와 토론하여 보아라.

> 호주머니에 10원, 50원, 100원짜리 동전이 몇 개 들어있다. 동전 세 개를 집을 때, 손에 얼마의 돈이 있다고 생각하는가?

④ 창의·융합적 사고

창의력과 수학 중심의 연결성을 중심으로 범교과적인 넘나들기가 가능한 융합형 인재양성이 필요하다. 그 동안 노력해온 미래 사회의 지속가능한 삶을 위한 융합형 주제 탐구, STEAM이나 과학기술영역 핵심역량함양을 위한 주제별 탐구, 수학 탐구 활동 등에 의한 다양한 주제와 관련된 학습자들의 탐구 활동을 통하여 수학의 힘을 느낄 수 있도록 하여야 한다(**표 1-4, 그림 1-11**).

[표 1-4] 창의·융합적 사고의 하위요소의 의미와 기능

하위 요소	의미	초등학교	기능
독창적 사고	남들과 다른 새로운 아이디어, 해결 전략, 방법을 찾아내거나 새로운 관점에서 문제를 제기하는 능력	남들과 다른 풀이 방법 찾아보기	창작하기, 발견하기, 상상하기, 발명하기
생산적 사고	특정 문제 상황에서 의미있는 아이디어를 다양하게 산출하는 능력	두 가지 이상의 풀이 방법 제시하기	여러 가지 아이디어를 제안하기, 다양한 방법을 찾아보기
수학 내적 연결	다른 영역 또는 다른 학년의 수학적 개념, 원리, 법칙, 기능 등을 관련지어 적용하는 능력	다른 영역 또는 다른 학년의 수학적 개념, 원리, 법칙, 기능 등을 관련지어 적용하기	수학적 개념, 원리, 법칙, 기능 간의 관련성 찾아보기, (문제 상황에) 두 개 이상의 개념, 원리, 법칙, 기능을 적용하기
수학 외적 연결	수학적 개념, 원리, 법칙, 기능을 실생활이나 타 교과에 적용하는 능력	수학적 개념이나 기능을 실생활이나 타 교과에 적용해보기	실생활이나 타 교과 상황과 관련된 수학적 개념, 원리, 법칙, 기능 찾아보기, 실생활이나 타 교과 상황에 수학적 개념, 원리, 법칙, 기능 적용하기

〈탐구문제〉 다음 글을 읽고 에라토스테네스가 지구 둘레의 길이를 구한 수학과 과학에서의 창의적이고 융합적인 생각에 대하여 서로 토론해보자.

에라토스테네스는 기원전 3세기경의 수학자로 아르키메데스의 친구였다. 그들은 모두 수론 연구를 좋아 하였으며, 그 당시 이미 지구가 둥글다는 것을 모두 알고 있었다. 에라토스테네스는 지구의 둘레를 측정하기로 결심하였다. 6월 21일 정오에 시에네(Syene: 지금의 이집트의 Aswan)에서는 태양이 남중한다는 것이 알려져 있었다. 알렉산드리아는 시에네의 5000스타디아(stadia: 이집트인들이 오래도록 이용한 길이 단위) 북쪽에 위치하였다.

① 위의 글에서 시에네(지금의 애스원)는 북위 몇 도 정도에 위치한 도시일까? 그 이유는?

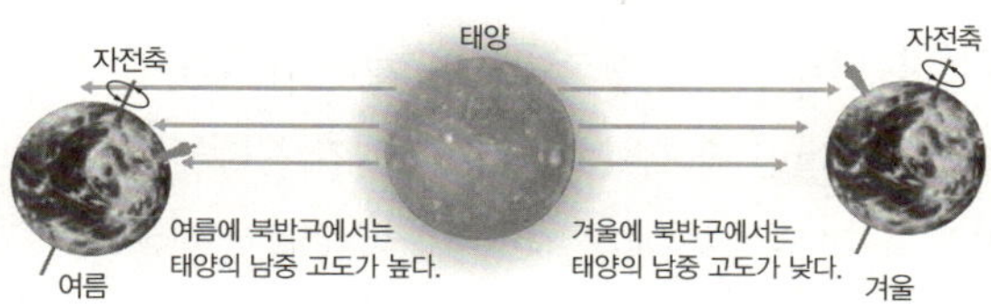

② 에라토스테네스가 지구 둘레를 구하는 데 이용한 수학적 원리는 무엇인가?

에라토스테네스는 6월 21일 알렉산드리아의 지면에 수직으로 세운 막대기는 그림자를 드리운다는 것을 알았다. 다음 그림에서 A는 알렉산드리아, AP는 막대기, AB는 그림자이다. 그는 ∠BPA를 측정하여 7.2° 즉, 360°의 $\frac{1}{50}$ 임을 알았다.

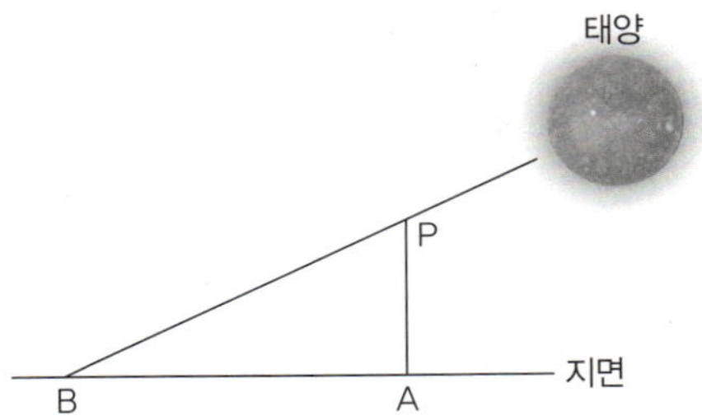

그 다음에 그는 6월 21일 시에네나 알렉산드리아에 비추는 태양 광선은 모두 평행하다고 생각하였다. 그 다음에 그는 다음과 같은 그림을 그렸으며, 여기서 S는 시에네, O는 지구의 중심이다.

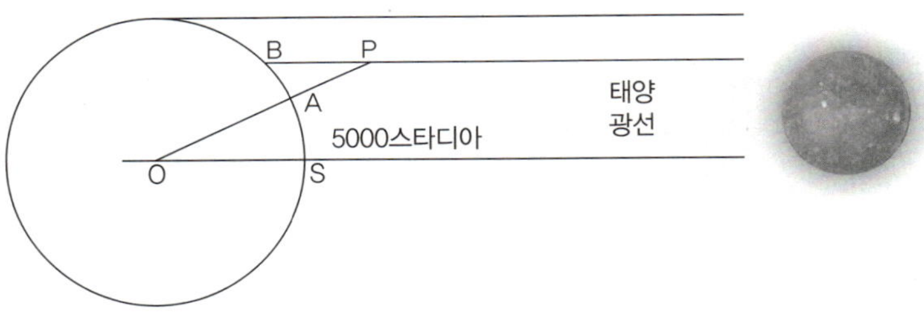

$\overline{PB}$와 $\overline{OS}$가 평행이므로, ∠BPA = AOS, BPA는 360°의 $\frac{1}{50}$ 이므로, ∠AOS 또한 360°의 $\frac{1}{50}$ 이다. 그 다음에 그는 $\widehat{AS}$가 5000 스타디아이며, 지구 둘레의 $\frac{1}{50}$ 임을 또한 알았다. 이리하여 그는 5000스타디아에 50을 곱하여 지구 둘레를 구할 수 있었다. 지구 둘레는 곧 250,000 스타디아로 약 40,230킬로미터로 현대의 지구 둘레 측정치에 근사한 수치이다.

[그림 1.11] 창의·융합적 사고 지도의 예

⑤ 정보처리 능력

빅 데이터의 시대에 다양한 정보를 처리하는 능력을 중심으로 하고 있다. computational thinking, 즉, 컴퓨터나 계산기가 문제를 해결할 수 있도록 알고리즘을 만드는 능력은 수학에서 길러주어야 한다. 정보화 사회에서 이러한 능력은 수학 탐구 활동을 통하여 길러주어야 한다(**표 1-5, 그림 1-12**).

[표 1-5] 정보 처리의 하위 요소의 의미와 기능

하위 요소	의미	초등학교	기능
정보 수집	실생활 및 수학적 문제 상황에서 기준이 분명하고 간단한 정보를 수집하기	실생활 및 수학적 문제 상황에서 적절한 정보를 탐색하여 수집하기	수집하기, 조사하기, 기록하기, 탐색하기, 생성하기
정보 분석	수집한 정보를 목적에 맞게 분류, 정리, 설명하기	수집한 정보를 목적에 맞게 분류, 정리, 분석, 평가하기	표현하기, 분류하기, 정리하기, 열거하기, 배열하기, 비교하기, 묶기, 분석하기, 분류하기, 분할하기, 평가하기
정보 활용	분석한 정보를 문제 상황에 적합하게 활용하기	분석한 정보에 내재된 의미를 올바르게 파악하여 해석, 종합, 활용하기	예측하기, 설명하기, 해석하기, 종합하기, 활용하기
공학적 도구 및 교구 활용	수학적 아이디어와 개념을 탐구하고 문제를 해결하기 위해 적합한 공학적 도구 및 교구를 활용하기	수학적 아이디어와 개념을 탐구하고 문제를 해결하기 위해 적합한 교구 및 공학적 도구를 선택하고 활용하기	조작하기, 공학적 도구 활용하기, 시각화하기

(단, 공학적 도구는 기본적인 수 개념 및 연산에 대한 학습이 완료된 초등학교 5~6학년군에만 적용함)

다음은 2009 개정 교육과정 4학년 2학기 익힘 책의 꺾은선 그래프 관련 내용으로 본질적으로 동일한 자료라 하더라도 국소적으로 확대하여 그 변화의 추이를 민감하게 파악해볼 수도 있음을 보여주는 정보처리 능력을 길러주는 지도의 사례로 볼 수 있다.

[그림 1.12] 정보처리 지도의 예

⑥ 태도 및 실천

수학교육의 정의적 측면을 중심으로 사회의 공정성 기준까지 포함하는

다음은 2009 개정 교육과정 4학년 2학기 익힘 책 규칙과 대응 관련 내용으로 학습자의 수학에 대한 긍정적인 태도와 동기유발을 위한 시도로 볼 수 있다.

[그림 1.13] 태도 및 실천 지도의 예

[표 1-6] 태도 및 실천의 하위 요소의 의미와 기능

하위 요소	의미	초등학교	기능
가치 인식	수학에 흥미와 호기심을 갖고 인류 문화의 발전에 미친 수학의 내재적, 실용적, 미적 가치를 인식하는 능력	수학이 실생활과 밀접하게 관련되어 있음을 체험하기, 수학이 문화 발전에 기여한 바를 인식하기	흥미를 갖기, 가치를 인식하기
학습 의지	수학을 알아가려는 욕구를 바탕으로 잘 할 수 있다는 자신감을 갖고 수학 학습에 적극적으로 참여하며 끈기 있게 도전하려는 태도	수학 학습 동기 갖기, 수학 활동의 성공을 경험하기, 수학 활동에 적극적으로 참여하기, 수학 학습의 즐거움 느끼기, 어려운 과제에 도전하기, 목표를 달성하려는 끈기를 갖기	(즐거움, 성취감, 동기화, 안정감, 만족감, 도전의식, 수학 학습 동기, 적극성, 자신감)을 갖고 ~하기
합리적 의사 결정	논리적인 근거를 가지고 의견을 피력하고 합리적으로 의사결정하려는 태도	논리적으로 사고하기, 이유를 들어 주장하기, 종합적으로 최선의 판단을 하기	이유를 말하기, 논리적으로 사고하기, 합리적으로 결정하기
시민 의식	수학적 사고를 기반으로 공정한 자세를 갖고 정직하게 행동하며 자신의 행동에 책임을 지고 타인을 배려하며 어려움을 극복하는 용기를 가지려 노력하는 태도	객관적이고 중립적인 자세 갖기, 있는 그대로의 결과를 인정하며 의도적으로 사실을 왜곡하지 않기, 자신의 행동과 주어진 역할을 정확하게 이해하고 임무를 완성하기, 다른 사람의 행동이나 지식에 관용과 친절을 베풀기, 옳지않은 것을 비판적으로 평가하고 용기를 내어 말하기, 어려움을 극복하는 용기를 갖기	(공정, 정직)한 태도로 ~하기, (책임, 배려, 용기, 끈기)를 갖고 ~하기

것으로, 성공한 경험을 갖는 것과 내발적 동기유발이 무엇보다 중요하다. 이를 위한 속 시원한 방안은 수학 탐구 활동을 통하여 성공한 경험을 가짐으로써 해결될 수 있을 것으로 기대한다(**표 1-6, 그림 1-13**).

2 수학 수업모형

수업모형이란 복잡하게 전개되는 수업 과정이나 현상을 이해하거나 설명하기 위하여 주요 특징과 절차를 단순화시켜 모형으로 제시한 것을 말한다. 수업 모형은 일정한 틀이 있는 것이 아니라 많은 연구자에 의하여 다양하게 제시되고 있으며, 학습 환경에 따라 교사가 적절하게 변형하여 활용되고 있다. 수학 수업에서 주로 활용되는 수업모형은 개념형성 수업모형, 발견학습 수업모형, 문제해결 수업모형 등이다.

(1) 개념형성 수업모형

효율적인 개념학습을 위해서는 직접 보거나 만지고 조작할 수 있는 구체적인 사례를 제공하고, 학생들이 자신의 추론과정을 설명하도록 격려하고, 예와 비예를 다양하게 제시하여 학생들이 개념의 규칙을 스스로 찾아낼 수 있는 기회를 제공함으로써 관찰과 기술(記述) 기능을 발달시키는 데 초점을 맞추어야 한다.

개념형성 수업모형에서 논의되는 주요 용어에 대하여 먼저 알아보자.

① 속성과 성질

속성(屬性, attribution)은 사물을 분류하는 기준 또는 특징을 말하고, 성질(性質, property)은 속성에 따라 분류된 것들이 가지고 있는 공통적인 특징을 말한다. 예를 들어, 3개의 선분으로 둘러싸인 도형과 그렇지 않은 도형으로 분류하였다면 삼각형의 속성은 선분 3개로 둘러싸였다는 것이고, 3각이 있다는 것은 그들이 지니고 있는 성질이다. 만약에 3개의 각으로 이루어진 도형과 그렇지 않은 도형으로 분류하였다면 속성은 3개의 각이고, 성질은 선분이 3개, 3각의 합이 180도 등이다.

② 결정적 속성과 비결정적 속성

결정적 속성(critical attribution)이란 사물을 분류하거나 변별하는 매우 중요한 속성을 말하며, 비결정적 속성은 그렇지 않은 속성을 말한다. 삼각형의 결정적 속성은 3개의 선분으로 둘러싸였다는 것이고, 삼각형의 모양이나 크기, 위치 등은 비결정적 속성이다.

③ 오 개념과 상투개념

오 개념(misconception)은 결정적 속성을 잘못 이해하여 형성된 개념을 말하고, 상투개념(stereotype)은 비결정적 속성을 결정적 속성으로 이해하여 형성된 개념을 말한다.

어느 학생이 다음과 같이 대답하였다면 이 학생은 사각형에 대하여 어떤 개념이 형성되었을 것으로 진단할 수 있는지 알아보자.

다음 중 사각형에 O표 하시오

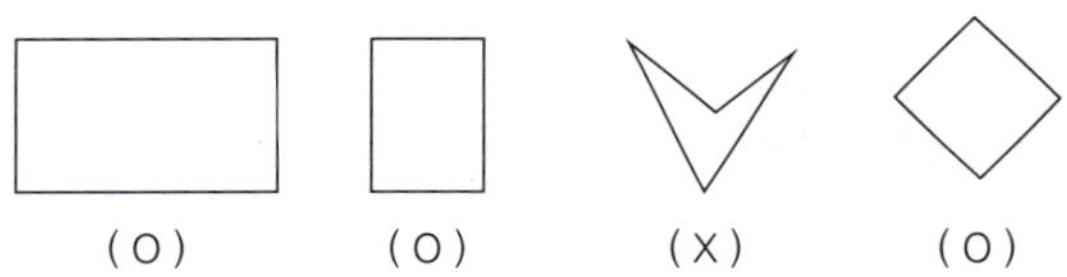

이 학생은 비결정적인 속성인 모양을 결정적인 속성으로 이해하여 틀렸으므로 사각형에 대한 상투개념이 형성되었을 것으로 생각된다.

어느 학생이 다음과 같이 대답하였다면 이 학생은 사각형에 대하여 어떤 개념이 형성되었을 것으로 진단할 수 있는지 알아보자.

다음 중 사각형에 O표 하시오.

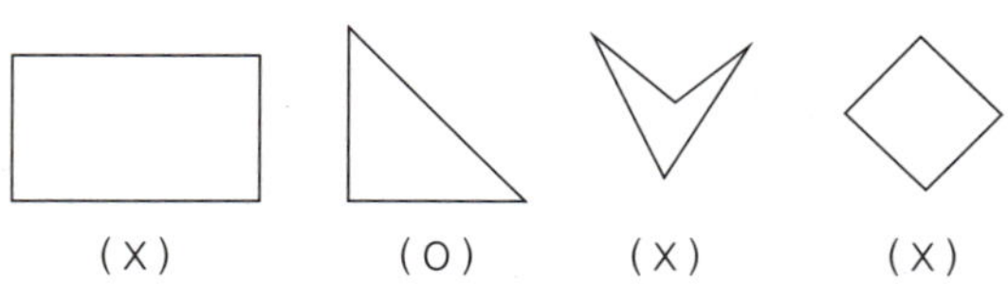

이 학생은 결정적인 속성을 잘못 이해한 것으로 판단되어 오개념이 형성되었을 것으로 생각된다.

④ **긍정적인 예와 부정적인 예**

긍정적인 예(positive example)은 개념의 모범적이거나 일반적인 예를 말하며, 부정적인 예(negative example)는 희귀하거나 매우 특수한 예를 말한다. 예를 들면, 상자는 직육면체의 긍정적인 예이지만 색종이는 직육면체의 부정적인 예이다. 개념을 확고하게 형성시키기 위해서는 적절한 때에 부정적인 예도 제시할 수 있다.

⑤ **예와 비예**

예는 개념에 속하는 예를 말하며, 비예(non example)는 그렇지 않은 예를 말한다.

비예와 반례(counter example)의 차이점 알아보기

개념 형성을 위한 수업모형에는 속성모형, 원형모형, 상황모형 등이 있으며, 여기서는 속성모형과 원형모형에 대하여 알아본다.

1) 속성모형

속성모형 절차

1) 문제제시 및 관찰
2) 분류
3) 속성 검토
4) 이름 짓기
5) 일반화

속성모형은 개념의 결정적인 속성을 중심으로 수업을 전개하는 모형을 말한다. 속성모형은 개념의 위계가 분명하고, 결정적인 속성을 쉽게 찾을 수 있을 때 효과적이지만 결정적 속성을 명확하게 파악하기 어려운 추상적인 개념을 학습할 경우에는 적용하기 어렵다.

삼각형의 개념을 예로 속성모형의 수업 절차를 제시하면 다음과 같다.

① **문제 제시 및 관찰**

학습목표 제시나 문제 제기 단계에서 삼각형이라는 용어를 사용하게 되면 나중에 이름짓기 단계를 의미 없게 만들 수 있기 때문에 삼각형이라는 용어를 사용하지 않아야 한다.

학습의 초점은 삼각형이므로 삼각형의 동위개념(사각형, 오각형 등)과 다양한 형태의 삼각형을 제시하는 것이 바람직하다.

교육과정 [2수05-01] 참고

② **분류**

[그림 1.14]에 제시한 도형을 두 가지로 분류하게 한다. 학생들에게 분류한 기준과 분류한 결과를 설명하게 하며, 교사는 전체 학생과 함께 기준에 부합되게 분류하였는지를 검토한다.

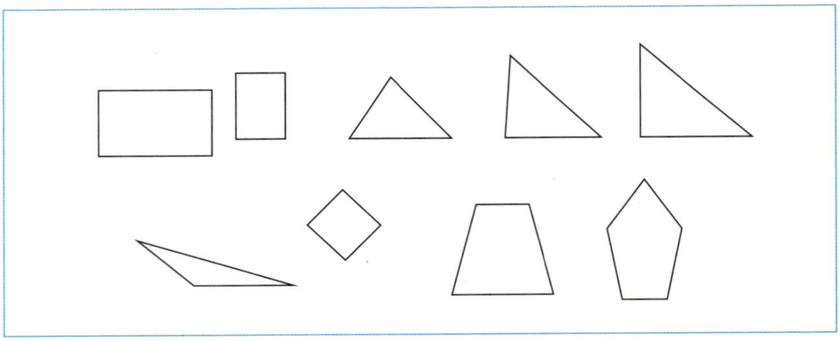

[그림 1.14]

분류 기준은 객관적이며, 모두 동의할 수 있어야 한다. 예를 들어, 큰 도형과 작은 도형은 분류 기준이 될 수 없다. 크다, 작다는 상대적이며, 분류하였을 때 결과가 서로 다르기 때문이다. 예쁘다, 많다, 힘들다, 둥글다 등은 객관적이지 않다.

분류기준을 다양하게 생각하게 하는 것은 학생들의 사고력과 창의력을 신장시키는 데 도움이 되므로 교사가 분류기준을 제시하는 것은 부적절하다.

학생들의 분류 활동 중에서 **[그림 1.15]**처럼 세 선분으로 둘러싸인 도형과 그렇지 않은 도형으로 분류한 것을 바탕으로 수업을 전개한다.

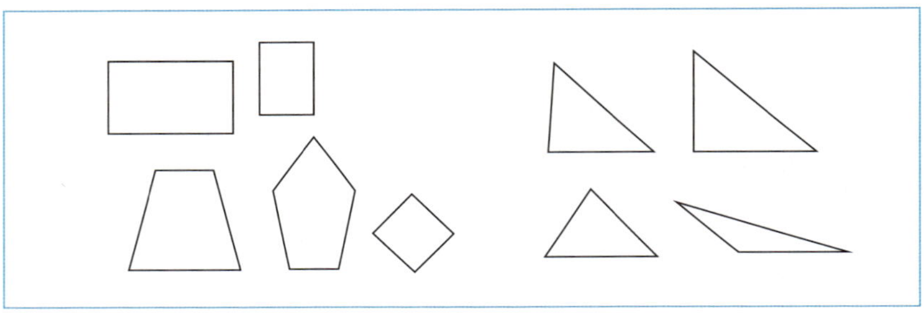

[그림 1.15]

③ 속성 검토

분류한 기준은 무엇인가, 공통점은 무엇인가? 등의 물음으로 결정적인 속성을 확인한다. 분류 기준 즉, 결정적인 속성은 '세 선분으로 둘러싸여 있다'이다. 분류 기준에 맞게 분류되었는지 전체 학생들과 함께 검토한다.

④ 이름 짓기(명명하기)

같은 결정적 속성으로 분류한 집단에 대하여 이름을 부여한다. 즉, '세 변으로 둘러싸인 도형'을 '삼각형'이라고 이름을 붙이고, 그 때부터 삼각형이라는 용어를 자주 사용하도록 해야 한다.

⑤ 일반화 및 적용

개념의 형성 여부는 예와 비예를 변별하는 것으로 확인할 수 있다. 예와 비예를 제시하면서 삼각형인지 아닌지를 변별하고 그 이유를 말하게 한다.

- 은 삼각형인가? 그 이유는?
- 은 삼각형인가? 그 이유는?
- 은 삼각형인가? 그 이유는?
-  은 삼각형인가? 그 이유는?
- 삼각형을 이용하여 재미있는 그림을 그려보자.
- 길이가 다른 막대를 가지고 여러 가지 삼각형을 만들어보자.

2) 원형모형

원형모형은 개념의 대표적인 예 즉, 개념의 원형을 제시하면서 개념을 정의하는 수업 전개 방법이다. 원형 모형은 속성모형이 해결하기 어려운 상황에 적용하기에 효과적이다. 개념의 이해가 불분명하고 결정적인 속성을 찾아내기 어려울 때 개념을 이해할 수 있다는 장점이 있지만 하나의 범주에 속하는 예들이 왜 집단성을 갖는지 설명하기 어렵고, 일반화하기가 어렵다.

삼각형 학습을 예로 하여 원형모형의 주요 절차를 제시하면 다음과 같다.

① 문제 제시

'삼각형에 대하여 알아보자'라고 하면서 학습할 문제를 제시한다. 속성모형과 달리 삼각형이라는 용어를 처음부터 사용한다.

② 원형 제시

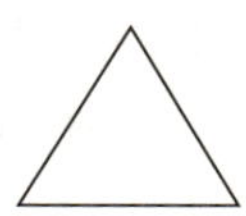

학습할 개념의 가장 보편적인 예 즉, 개념의 원형을 제시한다. 예컨대, 다음과 같이 가장 일반적이고 보편적인 삼각형을 제시하고 이런 도형을 '삼각형'이라고 하면 학생들은 예를 보면서 삼각형에 대한 개념을 어렴풋하게 형성할 것이다.

교육과정의 교수학습 방향/방법에서 추론 능력 함양 참고

③ 예와 비예 제시

삼각형의 예를 제시하고 이 도형은 삼각형이라고 하면 여기에서 학생들은 삼각형에 대한 개념이 좀 더 확장될 것이다.

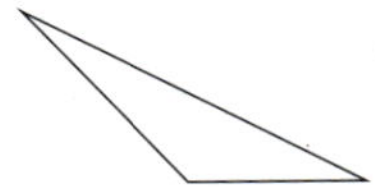

그리고 비예인 도형을 제시하면서 이것은 삼각형이 아니라고 하면, 학생들은 삼각형인 것과 아닌 것의 차이점을 찾을 것이다.

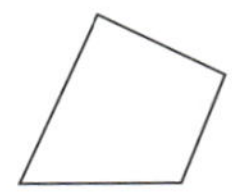

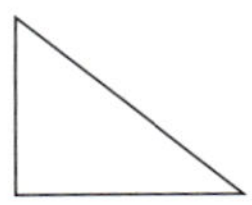

이번에는 다른 모양의 도형을 제시하면서 이것은 삼각형이라고 하면, 앞에서 제시한 삼각형과 비교하면서 같은 점과 다른 점을 찾으면서 삼각형의 개념을 확장시킬 것이다.

또, 다음과 같은 도형을 제시하면서 이것은 삼각형이 아니라고 하면, 학생들은 차이점을 찾아 닫혀있거나 둘러싸여야 한다고 생각할 것이다.

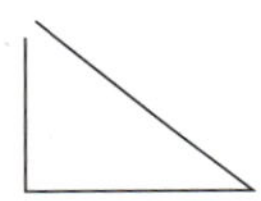

교사는 예와 비예, 긍정적인 예와 부정적인 예를 다양하게 제시하면서 학생들이 삼각형이란 무엇인지 추론할 수 있는 기회를 제공하며, 학생들은 예와 비예를 관찰하면서 삼각형이란 무엇인지 그 뜻이 점점 분명하고 확실하게 알게 될 것이다.

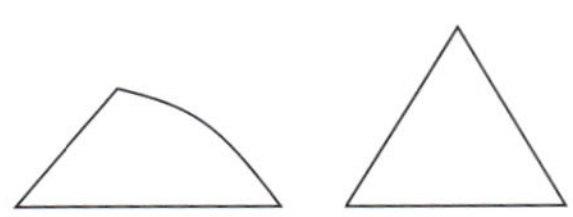

④ 정의하기

이제까지 제시한 예와 비예를 통하여 삼각형이란 무엇인지 학생들이 발표하도록 하며, 학생들이 내린 정의가 올바르고 타당한지 함께 전체 학생들과 함께 검토하여 정의를 공유하도록 한다. 예를 들어, 어떤 학생이 삼각형이란 세 변으로 이루어진 도형이라고 정의하였다면 그 정의가 타당하지 다른 학생들과 함께 검토한다. 은 세 선분으로 이루어졌지만 삼각형이 아니라고 하였으므로 잘못된 정의이다.

다른 학생이 세 각으로 이루어진 도형이라고 정의하였다면 이 정의에 모순되는 예가 없으므로 타당한 정의라고 할 수 있다. 제시한 예에 모순되지 않는다면 정의는 다양하게 내릴 수 있다.

이름짓기와 정의하기 차이점 알아보기

⑤ 일반화 및 적용

다양한 삼각형 그려보기, 삼각형을 이용한 그림 그리기, 삼각형 모양으로 된 물건 찾아보기 등의 활동을 통하여 삼각형 개념을 일반화하고 확고하게 한다.

(2) 발견학습 수업모형

발견학습 수업모형은 수학적인 원리나 법칙을 발견하기 위한 모형이다. 발견학습을 계획하기 전에 다음과 같은 질문에 스스로 대답해보자.

① 무엇을 발견하게 할 것인가?
② 누가 발견할 것인가?
③ 어떻게 발견하게할 것인가?
④ 왜 발견학습을 해야 하는가?

수학적인 원리나 법칙을 발견하는 방법에는 귀납적인 방법, 연역적인 방법 등 2가지가 있다.

Bruner 발견학습

1) 귀납적 발견학습 수업모형

Bruner는 발견학습에서 문제 해결의 과정을 문제의 파악 → 과제 해결의 가설 → 가설의 검증 → 결론과 적용의 4단계로 구분하였다. 분수의 곱셈 원리를 발견하는 과정을 예로 하여 발견학습 수업모형의 절차를 제시하면 다음과 같다.

귀납적 발견학습 수업모형 절차

1) 도입 및 문제 제시
2) 가설설정
3) 가설 검증
4) 일반화

① 도입 및 문제 제시

문제 의식을 가지고 구체적인 사물을 관찰함으로써 문제의 내용을 파악하는 단계이다. 파악할 과제는 교사에 의해 제시되는데 이때 학생들의 학습 흥미를 일깨우고 발견을 촉진하게 하는 문제를 제시하는 것이 바람직하다.

② 가설 설정

자기 나름대로 문제의 해결 계획을 세우고, 이렇게 하면 문제를 해결할 수 있을 것이라는 예상하는 단계로서 직관적 사고가 크게 발동하는 단계이다.

학생들이 가설을 세울 수 있도록 사례를 충분히 제시해야 한다. 1~2개의 사례를 제시하고 가설을 설정하게 하는 것은 소수 학생에게만 가능할 것이지만 추가로 2~3개의 사례를 더 제시한다면 많은 학생들이 가설을 설정할 수 있을 것이다. 학생 스스로 가설을 설정하는 것이 중요하다.

진분수의 곱셈 원리를 발견하는 과정을 살펴보자.

사례 1) 철수는 피자의 $\frac{1}{2}$을 먹고, 동생은 철수의 $\frac{1}{3}$만큼 먹었다. 동생이 먹은 피자는 전체의 얼마인가?

문제를 해결하기 위하여 그림을 그리거나 구체물 조작 활동을 통하여 알아보았더니 $\frac{1}{2} \times \frac{1}{3} = \frac{1}{6}$이었다.

사례 2) 아버지는 텃밭의 $\frac{2}{3}$에는 상추를 심고 상추 심은 텃밭의 $\frac{1}{2}$에 감자를 심었다. 감자를 심은 것은 전체의 얼마인가?

문제를 해결하기 위하여 그림을 그리거나 구체물 조작 활동을 통하여 알아보았더니 $\frac{2}{3} \times \frac{1}{3} = \frac{2}{9}$이었다.

사례 3) 미영이는 하루의 $\frac{3}{8}$은 공부하며, 공부하는 시간의 $\frac{1}{3}$는 수학을 공부한다. 미영이가 수학을 공부하는 것은 하루의 얼마인가?

문제를 해결하기 위하여 그리거나 구체물 조작 활동을 통하여 알아보았더니 $\frac{3}{8} \times \frac{1}{3} = \frac{3}{24}$이었다.

이와 같은 사례를 통하여 학생들은 분수의 곱셈 원리에 대한 가설을 설정할 수 있을 것이다. 즉, 분수의 곱셈은 분모는 분모끼리, 분자는 분자끼리 곱하면 된다는 가설을 세울 것이다.

④ 가설 검증

가설이 참인지 거짓인지 검증하려면 연역적인 방법이 바람직하지만 초등학교인 경우에는 귀납적인 방법도 허용한다. 즉, 분수 곱셈은 분모는 분모끼리, 분자는 분자끼리 곱한다는 가설에 의하면 $\frac{3}{5}\times\frac{2}{3}=\frac{3\times2}{5\times3}=\frac{6}{15}$이어야 하는데 과연 옳은지 그림을 그려서 확인한다.

⑤ 일반화 및 적용

원리 및 법칙의 타당성을 검토하고, 발견한 원리, 법칙, 성질, 공식 등을 말, 문자, 기호로 나타내며, 다른 문제에 적용하거나 주어진 식을 보고 문장제를 만들어 보는 일, 이 문제와 관련하여 조건이 다른 새로운 학습문제를 발견하는 일 등이 이 단계에서 행해지는 일이다.

2) 연역적 발견학습 수업모형

원리탐구 수업모형이라고도 하며, 이미 학습한 지식을 바탕으로 새로운 지식을 이끌어내어 수학적 원리를 이해하는 데 초점을 둔 수업모형이다. 이 수업모형은 귀납적 발견학습 수업모형처럼 수학적 원리를 발견하는 것보다는 문제를 해결하는 과정이 더 두드러진다.

원리탐구 수업모형의 절차는 대체로 문제 상황 제시, 수학적 원리 탐색, 조작 활동, 형식화 및 적용하기 등이다.

덧셈과 뺄셈을 원리탐구 수업모형에 의하여 수업을 전개한다면 다음과 같은 활동이 예상된다.

> **연역적 발견학습 수업모형 절차**
> 1) 도입 및 문제 제시
> 2) 수학적 원리 탐구
> 3) 조작 활동(수학적 원리가 내재)
> 4) 일반화 또는 형식화

① 도입 및 문제 상황 제시

학습 상황 제시: 영희가 가지고 있는 칭찬딱지는 17장입니다. 일주일 동안 칭찬딱지를 8장 받았습니다. 영희는 칭찬딱지를 몇 장 가지고 있습니까?

② 수학적 원리 탐색

기존의 지식을 활용하여 17+8의 계산 방법을 탐구한다. 이미 학생들은 6+7, 5+9 등 받아 올림이 있는 한 자리 수끼리 덧셈을 해결할 수 있으므로 연역적 사고를 통하여 17+8을 계산할 수 있는 방법을 탐색한다. 즉, 17은

10과 7이고, $7+8$은 15임은 알고 있으므로 $17+8=10+15=25$임을 말로 표현한다. 또는 $17+3=20$이므로 $17+8=25$라는 것을 추론한다.

③ 수학적 원리가 내재된 조작 활동

수모형을 이용하여 일반적인 수학적 원리를 이끌어 낸다.

- 17을 수모형으로 나타내어 보세요.
- 8을 수모형으로 나타내어 보세요.
- 더하여 보세요.
- 어떻게 계산하였습니까?

교사용지도서의 원리탐구 학습 참고

④ 수학적 원리의 형식화 및 적용하기

- $17+8$을 세로 셈으로 쓰고 받아 올림을 처리하는 수학적 원리를 형식화하기

$$\begin{array}{r} 17 \\ +\ \ 8 \\ \hline 10 \\ 15 \\ \hline 25 \end{array} \qquad \begin{array}{r} 17 \\ +\ \ 8 \\ \hline 10 \\ 15 \\ \hline 25 \end{array} \qquad \begin{array}{r} {}^{1}\ \ \\ 17 \\ +\ \ 8 \\ \hline 25 \end{array}$$

- 형식화한 수학적 원리를 익히고 적용하기

$$\begin{array}{r} 19 \\ +\ \ 5 \\ \hline \end{array} \qquad \begin{array}{r} 26 \\ +\ \ 7 \\ \hline \end{array} \qquad \begin{array}{r} 43 \\ +\ \ 9 \\ \hline \end{array}$$

$26+6$　　$38+4$

- 고양이 먹이가 25봉지가 있고, 개 먹이가 8봉지가 있습니다. 먹이 봉지는 모두 몇 봉지입니까?

(3) 문제해결 수업모형

수학 개념은 개념 형성 수업모형, 수학적 원리나 법칙은 발견학습 수업모

형, 수학 문제 해결은 문제해결 수업모형으로 지도하는 것이 바람직하다.

문제해결 수업모형은 Polya의 문제해결 단계인 문제 이해 → 계획 수립 → 계획 실행 → 반성의 절차에 따른다.

Polya의 문제해결 전략과 단계

1) 문제 제시 및 이해

문제해결 수업모형 절차

1) 문제 제시 및 이해
2) 계획 수립
3) 계획 실행
4) 반성

문제해결 수업모형에서 가장 중요한 것은 좋은 문제를 학생들에게 제시하는 것이다. 좋은 문제란 학생들이 해결하고 싶은 의지가 있지만 해결 방법이 뚜렷하지 않은 문제이다. 교과서나 풀이 방법이 알려져 있는 정형적인 문제는 결코 좋은 문제라고 할 수 없으며, 학생들에게 제시할 좋은 문제를 만드는 것은 교사의 전문적인 능력이다.

이 단계에서 교사가 할 수 있는 활동이나 질문은 다음과 같다.

- 무엇을 묻고 있는가?
- 문제에 나타난 정보(사실)는 무엇인가?
- 이와 비슷한 문제를 풀어본 적이 있는가?
- 필요한 정보나 부족한 정보는 없는가?

2) 계획 수립

다양한 전략을 이용하여 문제를 해결할 계획을 생각한다. 이 단계에서 교사는 문제해결 전략과 관련지어 학생들을 격려하거나 안내할 수 있다.

교육과정의 교수학습 방향/방법의 문제해결 능력 참고

- 그림으로 문제를 나타낼 수 있는가?
- 가능한 답을 표로 나타내어 보자.
- 어떤 규칙을 발견할 수 있는가?
- 만약에 답이 ○○이라면 결과는 어떻게 되는가?

3) 계획 실행

계획에 따라 문제를 해결하고, 해결하지 못할 경우에는 다른 전략을 활용하며, 그래도 해결하기 어려울 때에는 문제를 제대로 이해하였는지, 다른 관점에서 문제를 바라보도록 한다.

학생들이 문제해결을 쉽게 포기하지 않도록 학생들의 행동을 관찰하면서 적절하게 안내를 하거나 격려해준다.

4) 반성

반성 단계에서는 문제 해결 과정에 오류가 있는지, 구한 답이 문제에서 요구하는 것과 부합되는지, 다른 방법으로 해결할 수 있는지 등을 학생들과 함께 논의한다.

[참고문헌]

김성준, 김수환, 신준식, 이대현, 이종영, 임문규, 정은실, 최창우(2013). 초등학교 수학과 교재연구와 지도법. 서울 : 동명사.

김성준, 김수환, 신준식, 이대현, 이종영, 임문규, 정은실, 최창우(2014). 2009 교육과정 중심 초등 수학교육론. 서울 : 동명사.

김수환(2017). 사례로 살펴보는 수학 영재와 부진아 교육, 수학, 다르게 배운다. 서울 : 동명사.

김수환(2016). 수학, 역사와 손잡다. 서울 : 교우사.

김수환, 김남균, 김문수, 김현철, 나귀수, 도종훈, 류봉선, 박영희, 이중권, 임문태, 홍갑주(2015). 수학탐구대회 기획안 연구. 서울 : 한국과학창의재단.

김수환, 김기현, 김동원, 김현철, 노경희, 도종훈, 임문태, 송민호 (2015). 2014 자유학기제 수학체험프로그램 운영지원단 최종 결과 보고서. 한국과학창의재단 BD 15030002.

김수환, 고재성, 구자면, 권혁순, 김남균, 김동호, 김태균, 남현욱, 박상우, 박영희, 장지은, 정지선, 한대희(2014). 영역별 핵심역량함양을 위한 융합형 수업 모델 개발, 과학기술영역 결과보고서. 서울 : 한국과학창의재단.

김진호, 권나영 편집(2015). 한국수학교육학회 2015연보, 수학교사지식. 서울 : 경문사.

교육부(2010). 초등학교 수학 교사용지도서.

남승인 외(2012). 2009 개정 교육과정에 의한 초등수학교육론. 서울: 경문사.

신준식(2018). Co-Learning을 통한 초등수학교육의 실제. 도서출판 하우.

윤기옥 외 4인(2002). 수업모형의 이론과 실제. 서울: 학문출판(주).

이경화(1996). 교수학적 변환론의 이해. 대한수학교육학회 논문집, 6(1). 대한수학교육학회. 203-213.

이종길(2006). Bruner의 발견학습 이론을 적용한 수학과 학습 지도 연구. 경희대학교 교육대학원 석사학위논문.

차경수(1998). 현대의 사회과 교육. 서울: 학문사

한국과학창의재단(2015). 2015 개정 수학과 교육과정 시안 개발 정책연구 공개토론회. 서울 : 한국과학창의재단.

Ball, D.. L., Thames, M., & Phelps, G. (2008). Content knowledge for teaching : What makes it special? Journal of Teacher Education, 59(5), 389-407.

Baroody, A. J. (1998). Fostering children' s mathematical power, Lawrence Erlbaum Associates.

Glaser, R.(1970). Variables in discovery learning. Mathematics Teacher. pp.405~415. Shulman, L. S. (1986). Those who understand: Knowledge growth in teaching. Educational Researcher. 15(2). 4-14.

Chapter

02

0과 자연수

인류는 선사시대부터 이미 수를 사용하였으며, 수는 인류가 만든 가장 오래되고 중요한 추상적인 개념이다. 수 개념은 어려서부터 일상생활에서 비형식적이고 직관적인 방법으로 형성되며, 초등학교에 입학하면서 형식적으로 학습하게 된다. 형식적인 학습의 출발점은 학생들이 가지고 있는 비형식적 지식이어야 한다. 따라서 초등학교에서 자연수를 처음 학습할 때 짝짓기 등을 학습하지 않고, 바로 수 세기부터 학습한다.

자연수를 학습하였으면 그에 대한 연산을 학습하게 된다. 초등학교부터 고등학교까지 수학 학습의 과정을 살펴보면, 분수를 학습한 다음에 그에 대한 연산, 소수를 학습하면 그에 대한 연산, 무리수를 학습하면 그에 대한 연산 등과 같이 새로운 수를 학습하게 되면 그에 대한 연산을 학습하였다.

연산이 불가능할 경우(닫혀있지 않을 경우) 우리는 연산이 가능하도록 새로운 수를 만들어내었다. 즉, 자연수의 범위에서는 뺄셈에 대하여 닫혀있지 않다. 그래서 뺄셈이 가능하도록 수의 범위를 정수로 확장하였으며, 나눗셈이 가능하도록 유리수로 확장하였다. 어떤 수를 제곱하여 2가 되는 수를 구하기 위하여 무리수라는 수를 만들었고 무리수를 포함한 실수(實數, real number) 범위에서는 어떤 연산도 가능하다. 실수를 더 확장하면 허수(虛數, imagery number)가 추가되어 복소수가 된다. 허수는 실제로 존재하는 수가 아니라 상상 속의 수이다. 처음 허수를 도입하였을 때는 상상 속의 수이었을 것이지만 과학이 발달함에 따라 그 쓰임이 확대되고 있다.

이 장의 탐구문제

1. '수'와 '숫자'를 구분하여 설명해 보아라.

2. 다음 점들의 개수를 먼저 어림하여 본 후에 직접 세어보시오. 점의 개수가 맞다고 생각하는가? 여러분은 확신을 얻기 위해 어떤 행동을 하는가?

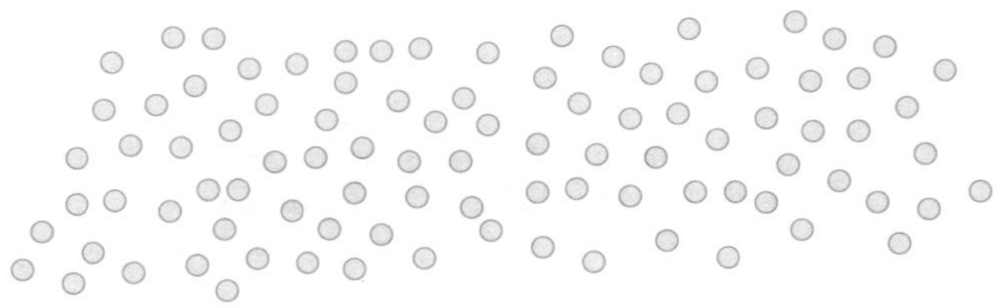

3. 다음은 어느 학생을 관찰한 결과입니다. 이 학생에게 부족한 수학 개념은 무엇입니까?

- '사백이십칠'을 써보라고 했더니 400207이라고 썼다.
- 「숫자 2, 8, 9를 가지고 만들 수 있는 세 자리 수중 가장 큰 수는?」과 같은 문제에 대한 답을 제대로 하지 못하였다.
- 이 학생에게 123과 67중 어느 것이 크냐고 물었더니 67이라고 대답하였다.

4. 다음 일화를 보고 무엇을 알 수 있는지에 대해 말해 보시오.

어느 수학 교실에서 학생들에게 가게 놀이를 하였다. 교사가 손님으로 가장하고 점원인 학생에게 하나에 35원 하는 초콜렛이 4개면 얼마인지를 물었다. 점원인 학생은 "3개면 105이고 35를 더하면 140!"이라고 대답하였다. 이후 면접에서 이 학생에게 35×4를 계산하여 보라고 하였더니 다음과 같이 하였다.

$$\begin{array}{r} {\scriptstyle 2} \\ 35 \\ \times\ 4 \\ \hline 200 \end{array}$$

1 이론적 배경

(1) 자연수의 의미

많은 사람들이 수를 다양한 장면에서 사용하고 있지만 수의 의미가 다르다는 사실은 인식하지 못하고 있다.

다음 장면에서 사용되는 수가 어떤 의미를 지니고 있는지 생각하여 보자.

> 나는 2012년 5월에 태어났으며, 지금은 6살이다. 세모아파트 122동 1205호에 살고 있다. 나의 키는 129 cm인데 반에서 키가 큰 순서로 3째이다. 호반초등학교 1학년 2반이고, 출석번호는 5번이고, 오늘 선생님 심부름을 5번하였다.

1) 집합수(cardinal number)

사물이나 사건의 개수를 나타낼 때 자연수가 사용된다. 어떤 집합의 원소가 몇 개(how many~)인가를 나타낸다. 연필 5자루, 책 5권, 학생 5명 등의 5는 모두 같은 의미로 사용된 것이다.

2) 순서수(ordinal number)

위치를 나타내는 수이다. 대상이 순서대로 나열되었을 때 상대적인 위치를 나타낸다. 5위, 5등, 5째 등의 5는 상대적인 위치를 나타내는 의미로 사용된 것이다. 같은 대상도 기준에 따라 위치를 나타내는 수가 달라질 수 있다.

3) 측정수(measuring number)

연구자에 따라서는 측정수를 제시하기도 한다. 측정수란 연속량인 대상을 측정한 결과를 나타내는 수이다. 길이, 무게, 부피, 시간 등은 세어서 나타내는 것이 아니라 재어서 나타내는 것(how much~)이므로 측정수라고 한다. 5 m, 5 kg, 5시간, 5달 등의 5는 모두 연속량을 잰 결과를 나타낸 측정수이다.

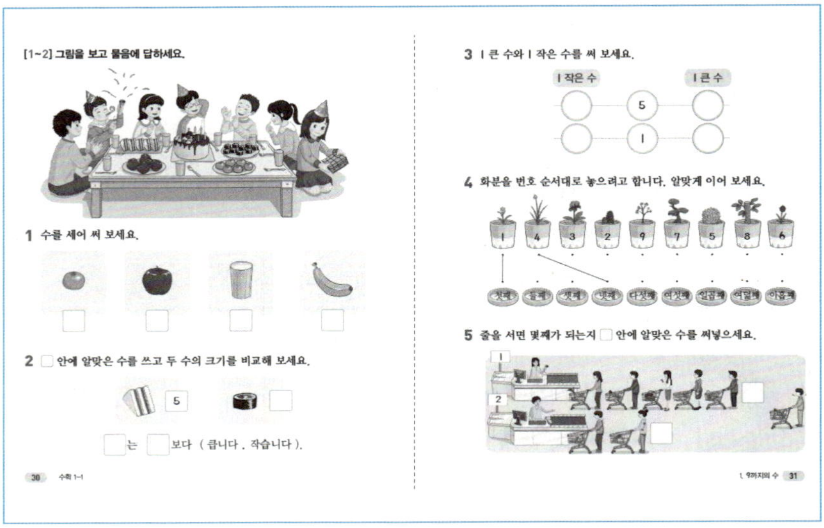
[1~2] 그림을 보고 물음에 답하세요.

1 수를 세어 써 보세요.

2 □ 안에 알맞은 수를 쓰고 두 수의 크기를 비교해 보세요.

5

□는 □보다 (큽니다 , 작습니다).

30 수학 1-1

3 I 큰 수와 I 작은 수를 써 보세요.

I 작은 수 I 큰 수

5

1

4 화분을 번호 순서대로 놓으려고 합니다. 알맞게 이어 보세요.

1 4 3 2 9 7 5 8 6

첫째 둘째 셋째 넷째 다섯째 여섯째 일곱째 여덟째 아홉째

5 줄을 서면 몇째가 되는지 □ 안에 알맞은 수를 써넣으세요.

1 2

1. 9까지의 수 31

[그림 2.1] 수의 의미(수학 1-1, pp.30~31)

4) 이름수(명목수: nominal number)

사물의 이름 대신에 부여한 수로서 양을 나타내거나 연산의 대상은 아니지만 자료를 정리할 때 중요하게 활용된다. 전화번호, 아파트 동 호수, 출석번호, 주민등록 번호 등이 명목수이다. 5번 버스, 출석번호 5번, 아파트 5동 등은 모두 사물의 이름 대신에 부여한 명목수이다.

(2) 기수법(記數法)

기수법이란 수를 기록하는 방법이다. 기수법에 의하여 고대인들의 수 체계를 알 수 있다. 기수법에는 가법적 기수법, 승법적 기수법, 위치적 기수법이 있다.

1) 가법적 기수법

고대 이집트, 로마 숫자 등이 가법적 기수법인데 하나의 기호 옆에 첨가하여 수를 나타내는 방법이다. 큰 수를 나타낼 때 많은 공간을 차지하게 된다.

① 고대 이집트의 숫자

이집트의 숫자	의미	힌두-아라비아 숫자
𓏺	막대기	1
∩	발뒤꿈치	10
𓍢	두루마리	100
𓆼	연꽃	1,000
𓂭	검지	10,000
𓆐	올챙이	100,000
𓁨	깜짝 놀란 사람	1,000,000

𓏺	𓏺𓏺	𓏺𓏺𓏺	𓏺𓏺𓏺𓏺𓏺 𓏺𓏺𓏺	∩	∩𓏺𓏺	∩∩∩
1	2	3	8	10	12	30

𓁨 𓆐𓆐 𓆼𓆼𓆼𓆼 𓍢𓍢𓍢𓍢𓍢 ∩∩∩∩∩∩ 𓏺𓏺𓏺𓏺𓏺𓏺 → 1,200,4566

② 로마숫자

로마 기수법도 고대 이집트의 기수법과 같이 가법적인 것이 기본이다. 예를 들어, Ⅲ은 3을 나타내고, CCCC는 400, MM은 2,000을 나타낸다. 그러나 중세에 들어서서 같은 기호가 4번 이상 사용하는 것을 피하기

로마의 숫자	힌두-아라비아 숫자	로마의 숫자	힌두-아라비아 숫자
I	1	V	5
X	10	L	50
C	100	D	500
M	1,000		

위하여 뺄셈을 이용하였다. 예를 들면, 4를 IIII으로 나타내는 것이 아니라 I을 V의 왼쪽에 써서 Ⅳ로 나타내었다(5−1=4).

40을 나타내면 XXXX가 아니라 XL이고, 90은 VXXXX가 아니라 XC이다. 이렇게 나타내었을 때 애매모호한 경우가 있다. IXC는 얼마를 나타내는가? 91(100−9)일까, 89(100−11=89)일까? 관습적으로 89는 LXXXIX로 나타낸다.

MMM은 3,000인데 이보다 더 큰 수는 어떻게 나타내었을까? 승법적인 성질을 이용하여 나타내었다. 즉, $\overline{V}$은 5의 1,000배 5,000을 나타내고, CDX는 410이고, $\overline{CDX}$는 410,000을 나타낸다. 또, $\overline{V}$는 5,000이지만 $\overline{\overline{V}}$은 5×1,000×1,000=500만을 나타내며, $\overline{\overline{\overline{V}}}$은 5×1,000×1,000×1,000=5억을 나타낸다.

2) 승법적 기수법

한자와 같이 기본적인 숫자 기호 몇 개와 10, 100, … 등 배를 나타내는 숫자 기호를 조합하여 수를 나타내는 방법이다.

- 기본적인 수: 一, 二, 三, 四, 五, 六, 七, 八, 九
- 배를 나타내는 수: 十, 百, 千, 萬, 億, 兆, 京,…
- 四千四百五十五 → 4×1,000+4×100+5×10+5

3) 위치적 기수법

① 바빌로니아 수 체계

바빌로니아의 수 체계는 이집트와 비슷한 시기에 발달되었다. 이들은 60진법을 사용하였는데 1부터 59까지는 이집트처럼 가법적 기수법을 적용하고, 그 이상의 수에 대해서는 위치적 기수법을 사용하였다.

바빌로니아 숫자	힌두-아라비아 숫자
▼	1
〈	10

9　　10　　14　　59

60보다 큰 수를 나타낼 때에는 묶음과 낱개를 띄어서 나타내었다.

$60\times1+10=70$　　$60\times11+23=683$　　$60^2\times1+60\times1+1=3661$

바빌로니아 수 체계의 결정적인 결함은 위치를 정해주는 기호가 없었다는 것이다. 즉 ▼▼은 얼마를 나타낼까? 2, 61, 3601, … 또, ▼은 1을 나타낼까, 60을 나타낼까? 이런 불편함을 없애기 위하여 훨씬 뒤에 ▶을 0으로 사용하였다. 따라서 ▼▶▼은 $60^2\times1+60\times0+1=3601$을 나타내고, ▼▶은 60을 나타낸다. 그러나 여전히 수로서 0에 대한 개념은 없었다.

② 마야 수 체계

마야 수 체계에는 이집트나 초기 바빌로니아 수 체계에서 볼 수 없었던 새로운 수 체계를 만들었다. 즉, 0을 나타내는 수가 있었으며, 수를 위에서 아래로 썼다. 20진법을 기본으로 하여 5진법을 사용하였다.

마야 숫자	힌두-아라비아 숫자
•	1
—	5
	0

4　　9　　10　　19

20×1　　$20\times4+10$　　$20^2\times3+20\times0+10$

③ 힌두–아라비아 수 체계

힌두–아라비아 수 체계 또는 십진법은 아시아와 중동 지역에서 발생하였다. 초기 발달은 인디아에서 A. D. 600년 무렵 발생하였는데 위치적 기수법의 구조를 가진 수 체계이었다. 현재 사용하는 숫자는 A. D. 700년 무렵 나타났다. 0이 나타난 시기는 불분명하다. 프리버리(Freebury, 1961)에 의하면 0은 8세기 드방나가리(Devanagari)의 숫자라고 하는 반면에 스미스(David Eugene Smith)에 의하면 9세기에 나타났으며, 인디아의 바리올에 있는 비문에 쓰여 있었다.

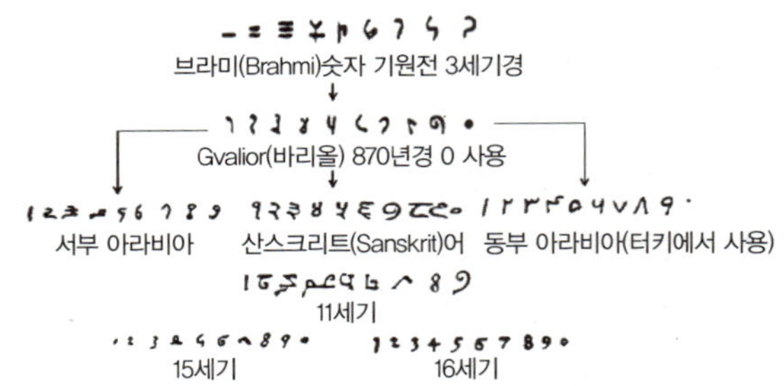

[그림 2.2] 힌두–아라비아 숫자의 발전(Karl Menninger, 1969)

힌두–아라비아 수 체계의 특징은 다음과 같다.

㉠ 기본수(10)가 있다. 처음 수를 셀 때 손가락을 이용하였을 것이다. 손가락 10개가 모두 사용되면 더 이상 셀 수 없으므로 그 때까지 센 것을 기록할 필요가 있었다. 따라서 10개씩 묶는다는 것은 매우 자연스러운 일이다.

㉡ 0을 나타내는 숫자가 있다. 0은 없음을 나타내기도 하지만 302처럼 0은 10묶음이 없다는, 즉 빈자리를 나타낼 때 사용된다.

㉢ 숫자가 10개(0, 1, 2, 3, 4, 5, 6, 7, 8, 9, 0)만 사용된다.

㉣ 맨 오른쪽의 자릿값은 일(1)이고, 왼쪽으로 한 자리씩 옮길 때마다 10배씩 큰 값을 나타낸다. 어떤 위치에서든 왼쪽에 있는 숫자는 그 숫자 바로 오른쪽에 있는 숫자보다 10배 큰 값을 나타낸다. 이것은 자연수 기수법이 소수로 확장되었을 때에도 마찬가지이다.

㉤ 알고리즘을 사용하여 지필 계산이 가능하다. 계산기나 컴퓨터를 사용함으로써 지필 계산의 중요성이 떨어지기는 하지만 학생들은 연산에 대한 알고리즘을 배워야 한다.

(3) 명수법

명수법은 수를 읽는 방법, 수사(數詞)를 붙이는 방법이다. 먼저 수를 읽는 방법에 대해 알아보자.

1) 수 읽기

우리나라에서는 수를 읽을 때 2가지 방법으로 읽는다. 하나는 순우리말로 읽는 방법이고, 다른 하나는 한자어로 읽는 방법이다. 읽는 방법이 정해진 것은 아니지만 언어 습관에 의해 형성된 패턴을 찾아보면 명수법을 알 수 있다.

다음을 읽으면서 명수법의 패턴을 찾아보자.

5개, 5명, 5장, 5번, 5kg, 5m, 5L, 5도

대체적으로 이산량(집합수)은 하나, 둘, 셋, … 등 순우리말로 읽고, 연속량(측정수), 이름수는 한자말로 읽는다. 하나, 둘, 셋 등의 수사를 셈수(counting number)라고 한다.

순우리말 수사를 살펴보면 다음과 같다.

하나, 둘, 셋, 넷, 다섯, 여섯, 일곱, 여덟, 아홉
열, 스물, 서른, 마흔, 쉰, 예순, 일흔, 여든, 아흔
온, 즈믄, 골, 잘

온(100), 즈믄(1,000), 골(10,000), 잘(1억) 등은 이미 사어(死語)가 되어 사용되지 않는다. 즈믄은 2000년 무렵에 '새 즈믄 해를 맞이하여', '즈믄동이' 등 자주 사용되었지만 그 후로는 사용되지 않는다. 이제 쉰, 예순, 일흔, 여든, 아흔 등의 수사도 자주 사용되지 않으므로 사어가 될 날이 머지 않았다. 5명은 '다섯 명'이라고 읽으면서 '85명'은 '팔십오 명'으로, 485명은 '사백팔십오 명', '사백팔십다섯 명'으로 읽는 것은 잘못이다. 이것은 '여든다섯 명', '사백여든다섯 명'이라고 읽어야 한다.

5번을 '다섯 번'으로 읽으면 횟수를 나타내는 것이고, '오번'이라고 읽으면 출석번호 등 이름수를 나타내는 것이다. 4학년을 '사학년'으로 읽는 것은 이름수를 의미하는 것이고, '네 학년'으로 읽으면 집합수 즉, 학년이

4개 있다는 것을 의미한다. 영어에서는 복수를 분명하게 사용하므로 이런 혼란을 피할 수 있다. 즉, 5(th) grade에서 5는 순서수이고, 5 grades에서 5는 집합수이고, 5 grade는 이름수이다.

외국인이 우리말을 배울 때 혼란스러워하는 것 중의 하나가 시각을 읽을 때이다. 5시 30분을 '다섯 시 삼십분'이라고 읽는데 똑같이 시각을 나타내는 말인데 왜 시는 다섯으로, 분은 삼십으로 읽는가이다. 더군다나 16시, 20시 등은 십육시, 이십 시로 읽는다.

언어를 배우고 익히는 초등학교에서 수 읽는 방법을 정확하게 배우지 않으면 언어 사용에 원칙이 없어지게 되며, 언어 사용의 혼란은 결국 사고의 혼란으로 이어지게 된다.

2) 10,000 이상의 큰 수

우리나라의 명수법은 주로 중국에서 유래된 것인데 4자리마다 새로운 단위가 나타난다. 4자리 마디 속에는 일, 십, 백, 천이 순환된다. 그래서 우리나라에서는 4자리마다 끊어 읽는 것이 편리하다.

			경				조				억				만				
천	백	십	일	천	백	십	일	천	백	십	일	천	백	십	일	천	백	십	일

서양의 명수법은 3자리마다 새로운 단위가 나타나므로 3자리마다 끊어 읽는 것이 편리하다. 1000은 thousand, 1000의 1000배인 106은 million, 109은 billion 등이다. 따라서 세 자리마다 콤마(,)를 찍어 구분해놓으면 읽기에 매우 편리하다. 예를 들면, 123,456,789,123을 읽으면 왼쪽부터 세 자리마다 thousand, million, billion이므로 'one hundred twenty three billions/four hundreds fifty six millions/seven hundreds eighty nine thousands/one hundred twenty three'라고 읽는다.

우리나라의 경우에는 3234,5677처럼 4자리마다 콤마를 찍어 나타내면 3천2백3십4만 5천6백7십7로 쉽게 읽을 수 있다.

일상생활에서 자주 사용하는 큰 수의 단위는 조까지 이다. 1012인 수이다. 조 이상의 큰 수는 다음 표와 같다. 참고로 서양의 명수법도 함께 제시한다.

[표 2-1] 천(1000) 이상의 수 이름

수	한자권	영어권	수	한자권	영어권
10^{3}		thousand	10^{39}		duodecillion
10^{4}	만(萬)		10^{40}	정(正)	
10^{6}		million	10^{42}		tredecillion
10^{8}	억(億)		10^{44}	재(載)	
10^{9}		billion	10^{45}		quantuordecillion
10^{12}	조(兆)	trillion	10^{48}	극(極)	quindecillion
10^{15}		quadrillion	10^{51}		sexdecillion
10^{16}	경(京)		10^{52}	항하사(恒何沙)	
10^{18}		quintillion	10^{54}		septendecillion
10^{20}	해(垓)		10^{56}	아승기(阿僧祇)	
10^{21}		sextillion	10^{57}		octodecillion
10^{24}	자(秭)	septillion	10^{60}	나유타(那由他)	novemdecillion
10^{27}		octillion	10^{63}		vignitillion
10^{28}	양(穰)		10^{64}	불가사의(不可思議)	
10^{30}		nonillion	10^{66}		unvigintillion
10^{32}	구(溝)		10^{68}	무량대수(無量大數)	
10^{33}		decillion	10^{69}		duovigintillion
10^{36}	간(澗)	undecillion	10^{100}		googol

(4) 자연수의 연산

자연수에 0을 포함시켜 범자연수(whole number)라고도 하지만 여기에서는 별도로 지칭하지 않는 한, 자연수란 0이 포함된 자연수를 의미하기로 한다. 또, 연산(operation)과 계산(calculation, computation)을 혼용하고 있지만 연산은 계산을 포함하고 있으며, 연산이란 어떤 집합의 두 원소를 하나의 원소로 대응시키는 방법을 의미하고, 계산은 연산의 한 부분으로 일정한 알고리즘에 따라 어떤 값이나 결과를 구하는 것을 의미한다.

1) 연산의 의미

연산이란 두 원소 a, b를 하나의 원소 c에 대응시키는 방법이다. 이것은

곱집합

집합 $A=\{a, b, b\}$ $B=\{d, e\}$일 때, $A\times B=\{(a, d), (a, e), (b, d), (b, e), (c, d), (c, e)\}$

함수 개념인데 3개의 원소 집합 A, B, C가 주어졌을 때 A와 B의 곱집합 A×B에서 C로의 사상이다. 즉, 사상 f : A×B → C가 존재하면 이 사상을 이항연산(binary operation)이라고 한다.

자연수의 연산이라 함은 자연수의 집합에서 두 원소의 순서쌍 (a, b)를 한 원소로 대응시키는 것을 말한다.

원소를 대응시키는 방법에는 여러 가지가 있다. 예를 들면, 자연수 집합에서 덧셈이란 자연수의 순서쌍 (a, b)를 $a+b$인 c로 대응시키는 것을 말하며, 나눗셈이란 (a, b)를 $a\div b$인 c로 대응시키는 것이다.

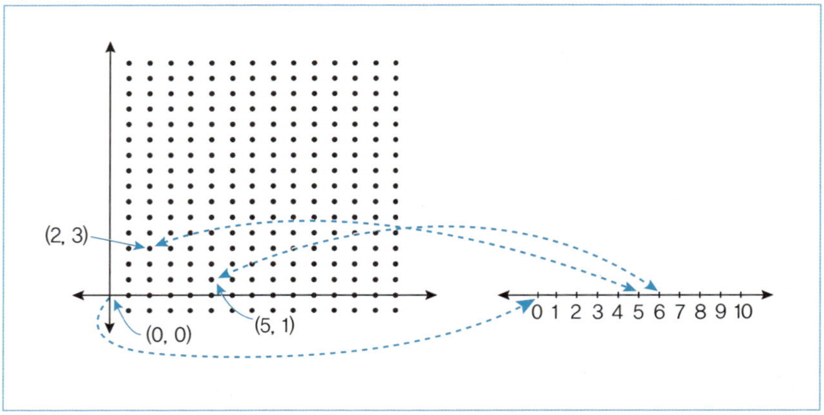

[그림 2.3] 자연수 집합에서 덧셈의 의미

자연수의 덧셈에서 (a, b)에 대응되는 c가 자연수 집합의 원소이면 '덧셈에 대하여 닫혀있다'라고 한다. 자연수의 나눗셈에서는 (a, b)에 대응되는 c가 자연수 집합에 존재하지 않는 경우가 있으므로 나눗셈에 대하여 닫혀 있지 않다.

2) 덧셈과 뺄셈이 이루어지는 상황

다음 상황은 그 의미가 같은지, 어떤 연산으로 해결할 수 있는지 알아보자.

① 연못에 오리가 3마리 놀고 있습니다. 2마리가 더 들어왔습니다. 연못에는 오리가 몇 마리 있습니까?

② 오른손에 사탕 3개를 들고 있고, 왼손에 2개를 들고 있습니다. 손에 들고 있는 사탕은 모두 몇 개입니까?

③ 빨간 색종이가 6장 있고, 노란 색종이가 2장 있습니다. 빨간 색종이는 노란 색종이보다 몇 장 더 많습니까?
④ 연못에 오리가 7마리 있습니다. 그 중에서 3마리가 집으로 돌아갔습니다. 연못에 있는 오리는 몇 마리입니까?
⑤ 철수는 5골을 넣었고, 명식이는 2골을 넣었습니다. 철수와 같아지려면 명식이는 몇 골을 더 넣어야 합니까?

덧셈이 이루어지는 상황에는 첨가와 합병이 있다.

첨가는 물리적 행동이 수반되며, 순차적이다. '연못에 오리가 3마리 놀고 있습니다. 2마리가 더 들어왔습니다. 연못에는 오리가 몇 마리 있습니까?'라는 문제를 해결하기 위해서는 모델 3개를 놓은 다음, 2개를 더 놓는다. 그리고 모두 몇인지 세어서 답을 구한다.

합병은 물리적 행동이 수반되지 않으며, 동시에 일어난다. '오른손에 사탕 3개를 들고 있고, 왼손에 2개를 들고 있습니다. 손에 들고 있는 사탕은 모두 몇 개입니까?'라는 문제를 해결하기 위해서는 모델 3개를 놓고 또 2개를 놓는다. 그리고 모두 몇인지 세어서 답을 구한다.

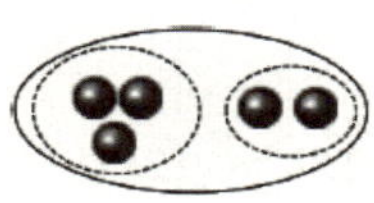

뺄셈이 이루어지는 상황에는 제거(구잔, take-away), 비교(구차, compare)가 있다.

제거는 뺀 나머지를 구하는 상황이다. '연못에 오리가 7마리 있습니다. 그 중에서 3마리가 집으로 돌아갔습니다. 연못에 있는 오리는 몇 마리

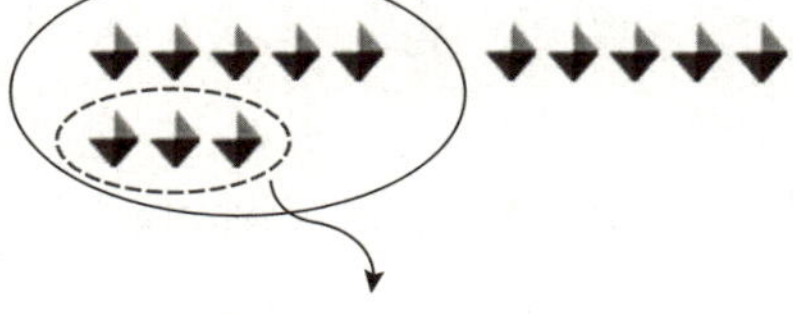

입니까?'라는 문제를 해결하기 위하여 모델 7개를 놓은 다음, 그 곳에서 3개를 뺀다. 그리고 몇 개나 남았는지를 세어서 구한다.

비교는 두 양의 차를 구하는 상황이다. '빨간 색종이가 6장 있고, 노란 색종이가 2장 있습니다. 빨간 색종이는 노란 색종이보다 몇 장 더 많습니까?'라는 문제를 해결하기 위해 모델을 6개와 2개를 놓고, 같은 수만큼 지운 다음, 남은 것을 세어서 답을 구한다.

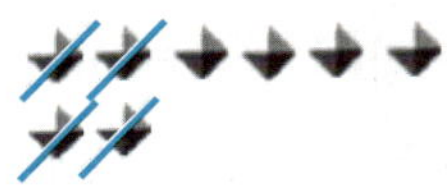

연구자에 따라서는 뺄셈이 이루어지는 상황으로 동치 상황을 제시하기도 한다. 동치는 차이가 있는 두 양을 같게 하려는 상황이다. '철수는 5골을 넣었고, 명식이는 2골을 넣었습니다. 철수와 같아지려면 명식이는 몇 골을 더 넣어야 합니까?'라는 문제를 해결하기 위하여 모델을 5개와 2개를 놓고, 2개가 5개로 되려면 몇 개가 더 필요한지를 세어서 구한다.

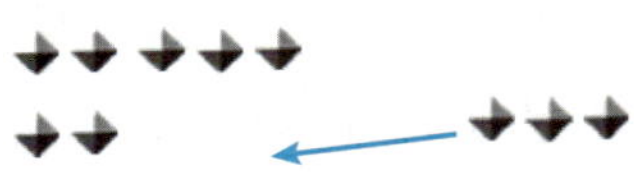

3) 문장제의 유형

문장제의 유형은 결과 미지수(결과를 묻는 문제), 변화 미지수(변화 과정을 묻는 문제), 초기 값 미지수(처음의 상황을 묻는 문제)의 3가지 유형이 있다.

각 유형의 문제는 다음과 같다.

- 결과 미지수: 못에 오리가 3마리 놀고 있습니다. 2마리가 더 들어왔습니다. 연못에는 오리가 몇 마리 있습니까?
- 변화 미지수: 노란 공이 5개 있고, 흰 공이 몇 개 있습니다. 공은 모두 8개입니다.
- 초기값 미지수: 가지고 있던 구슬 중에서 4개를 동생에게 주었더니 3개 남았습니다. 처음에 가지고 있던 구슬은 몇 개입니까?

학생들은 결과 미지수인 유형을 가장 쉽게 해결하고, 초기 값 미지수인 문제를 가장 어려워한다.

덧셈과 뺄셈이 이루어지는 4가지 상황과 문장제 유형 3가지를 조합하면 12가지 문장제를 만들 수 있다. 12가지 문장제는 학생들이 덧셈, 뺄셈을 얼마나 이해하고 있는지를 알아보는 진단검사용으로 활용할 수 있다. 동치상황까지 포함한다면 15가지 문장제를 만들 수 있다.

12가지(혹은 15가지) 유형에서는 덧셈 상황이라도 실제 필요한 연산은 뺄셈이거나 뺄셈 상황이더라도 실제 필요한 연산은 덧셈인 경우가 혼재되어 있다.

4) 덧셈의 성질

① 닫혀있다

덧셈을 이항연산 또는 순서쌍을 하나의 수로 대응시키는 함수로 정의하였기 때문에 항상 두 수는 덧셈이 가능하다. 덧셈을 하면 하나의 수가 나오기 때문에 당연한 듯이 생각되지만 이것은 자연수가 덧셈에 대하여 닫혀있기 때문이다. 그러나 뺄셈에 대해서는 닫혀있지 않다. 즉, 3−5를 대응시킬 자연수가 없다. 자연수 범위에서는 뺄셈이 자유롭지 못하다. 닫혀있게 만들려면 수의 범위를 확장해야 한다.

② 교환법칙

다음 수직선에서 보는 바와 같이 3+5와 5+3의 합은 같다. 수 막대에서도 마찬가지이다. 덧셈에서 더하는 순서를 바꾸어도 결과는 같다는 것을 설명하고 있다. 이를 덧셈의 교환법칙이라고 한다.

연산의 성질을 나타내는 교환법칙, 결합법칙 등의 용어를 초등학교에서는 다루지 않지만, 그 내용은 다룬다.

교환법칙
a, b가 자연수이면 $a+b=b+a$

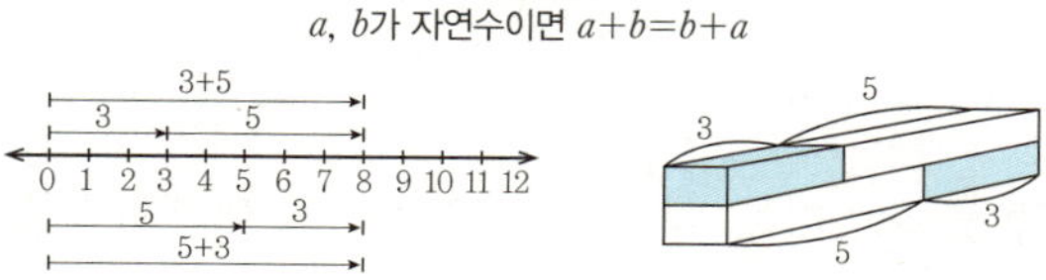

교환법칙이 초등학생들에게는 큰 의미가 없는 것처럼 보이지만 9+2는 쉽게 계산하지만 2+9를 어려워하는 학생이 있다. 이 때 교환법칙을 이용하여 2+9를 9+2로 바꾸면 쉽게 계산할 수 있다.

③ 결합법칙

셋 이상의 수를 더할 때 더하는 순서를 바꾸어도 결과는 같다. 이를 결합법칙이라고 한다.

결합법칙

a, b, c가 자연수이면 $(a+b)+c=a+(b+c)$

임의의 $a \in S$에 대해 $a \circ e = e \circ a = a$, $e \in S$ 가 성립할 때, e를 연산 $\circ$에 대한 항등원이라고 한다. 따라서 뺄셈에 대한 항등원은 존재하지 않는다.

예를 들어, 24+8+2를 계산할 때 순서대로 계산하는 것보다 24+(8+2)를 계산하는 것이 편리하다. 이것은 결합법칙을 적절하게 이용한 것이다.

④ 덧셈에 대한 항등원

어떤 자연수에 대하여 a인 $a+0=0+a=a$이 유일하게 존재한다. 이때, 0을 항등원이라고 한다. 즉, 어떤 수에 0을 더하면 그 자신의 수가 된다는 것이다.

5) 곱셈이 이루어지는 상황

다음은 곱셈이 이루어지는 상황에는 묶음, 배열, 비율, 비교, 조합, 넓이 등이 있다.

어떤 의미를 지니고 있는 상황인지 알아보자.

1. 5장씩 묶여있는 색종이가 4묶음 있습니다. 색종이는 모두 몇 장입니까?
2. 운동장에 학생들이 3명씩 4줄로 서 있습니다. 학생들은 모두 몇 명입니까?
3. 1병에 2L 물이 들어 있는 병이 3병 있다. 물은 모두 몇 L입니까?
4. 창수는 연필을 5자루 가지고 있고, 명호는 창수의 3배를 가지고 있습니다. 창수가 가지고 있는 연필은 몇 자리입니까?
5. 웃옷 3가지와 바지 2가지가 있습니다. 웃옷과 바지를 한 벌로 입을 수 있는 방법은 몇 가지입니까?
6. 가로 3 m, 세로 2 m인 직사각형 모양의 땅이 있습니다. 이 땅의 넓이는 얼마입니까?

- 묶음: 곱셈을 도입하는 데 가장 기본적이고 이해하기 쉬운 상황이다. 학생들은 이 문제를 동수누가로 해결한다.
- 배열: 묶음의 특수한 경우라고 할 수 있다. 대상이 직사각형 모양으로 가지런히 정렬되어 있을 때 모두 몇인지 쉽게 셀 수 있는 방법은 곱셈을 이용하는 것이다.
- 비율: 항목의 수와 비율이 주어졌을 때, 전체의 값을 구하는 상황이다. 예를 들면, '1개에 2000원하는 물건 5개 값은 얼마인가?'의 상황이다.
- 비교: A, B 두 집합의 크기를 비교하는 상황으로 이를테면, A집합의

크기가 주어지고, B집합의 크기가 A집합의 몇 배라고 하였을 때 B집합의 크기를 구하는 상황이다.

- 조합: 두 가지 유형의 항목을 각각 짝지을 때, 모든 경우의 수를 구하는 상황이다.
- 넓이: 직사각형의 가로와 세로의 길이가 주어졌을 때 단위 넓이의 수를 구하는 상황이다.

곱셈에서 묶음 상황은 가장 기본적인 개념이므로 묶음 상황으로 곱셈 개념을 도입한다. 그러나 곱셈을 학습할 때 묶음 상황만 제시하는 것은 곱셈 개념을 매우 좁게 형성할 우려가 있으므로 다양한 상황을 제시하여야 한다.

묶음 상황은 동수누가로 1학년 학생들도 해결할 수 있지만 조합이나 넓이 상황은 저학년에서 쉽지 않으며, 비교나 비율 상황은 상대적으로 더 어렵다.

6) 나눗셈이 이루어지는 상황

다음은 나눗셈이 이루어지는 상황이다. 어떤 의미를 지니고 있는 상황인지 알아보시오.

1. 사과 20개를 4명에게 똑같이 나누어주려면 1사람에게 몇 개씩 주면 되겠습니까?
2. 사과 20개를 1사람에게 4개씩 주면 몇 사람에게 줄 수 있습니까?

나눗셈이 이루어지는 상황에는 등분 상황(등분제)과 측정 상황(포함제)이 있다. 등분 상황이란 대상을 몇 개의 집단으로 똑같이 나누었을 때 한 집단의 크기(몫) 또는 단위의 크기를 묻는 상황이다. 측정 상황이란 주어진 양을 일정한 단위로 재면 몇 단위인지를 묻는 것이다.

등분 상황은 분배하고, 시행착오를 통하여 해결하며, 측정 상황은 할당과 동수누감을 통하여 해결한다.

'사과 20개를 4명에게 똑같이 나누어주려면 1사람에게 몇 개씩 주면 되겠습니까?'의 문제를 해결하여 보자.

- 분배하기: 문제를 해결하기 위하여 모델 20개를 꺼낸 다음, 20개를 4부분으로 똑같이 나눈다. 그리고 한 부분의 크기를 세면된다.
- 시행착오: 20개를 4부분으로 똑같이 나누기 위하여 각 부분에 우선 2개씩 놓는다. 나누어 줄 것이 남아 있으므로 2개씩 더 놓는다. 그래도 남아 있으므로 1개씩 더 놓으면 한 집단의 크기 또는 단위의 크기는 5가 된다.
- '사과 20개를 1사람에게 4개씩 주면 몇 사람에게 줄 수 있습니까?'의 문제를 해결하여 보자.
- 할당: 모델 20개를 꺼내놓고 1부분에 4개씩 놓은 다음, 몇 부분인지를 세면 된다.
- 동수 누감: 뺄셈으로 해결하는 경우이다. 즉, $20-4=16$, $16-4=12$, $12-4=8$, $8-4=4$, $4-4=0$에서 4를 몇 번 뺐는지를 알아보면 된다.

7) 곱셈의 성질

① 닫혀있다

덧셈과 마찬가지로 어떤 두 수를 곱하면 그 결과는 항상 하나의 자연수에 대응된다. 이것은 자연수가 곱셈에 대하여 닫혀있기 때문이다. 그러나 나눗셈에 대해서는 닫혀있지 않다. 나눗셈에 대해서도 닫혀있도록 하려면 정수가 아닌 새로운 수(유리수) 범위로 확장되어야 한다.

② 교환법칙

다음 그림에서 보는 바와 같이 정사각형의 수는 모두 15이다. 즉, $5\times3=3\times5$이다.

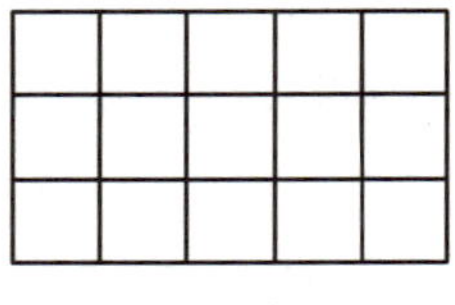

5×3

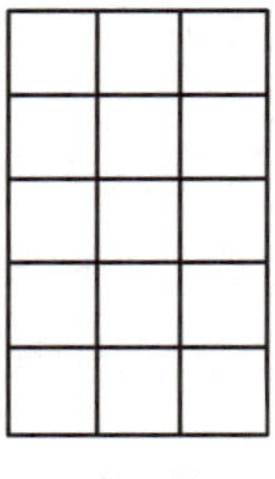

3×5

3×25를 계산하는 것보다는 25×3을 계산하는 것이 쉽고 편리함을 알 수 있다. 이것은 곱셈에 대한 교환법칙을 이용한 것이다.

③ 결합법칙

다음 그림에서 (a)는 3×(5×4)를 나타내고, (b)는 (3×5)×4를 나타내고 있다. 그런데 모두 (c)와 같게 된다. 셋 이상의 수를 곱할 때 곱하는 순서를 바꾸어도 결과는 같다. 이를 결합법칙이라고 한다.

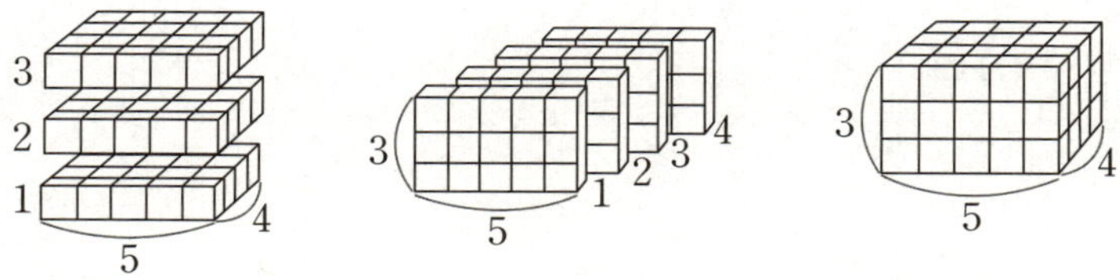

(a) 3×(5×4) (b) (3×5)×4 (c) 3×(5×4)=(3×5)×4

결합법칙은 다음과 같은 곱셈에서 유용하다.

$$3\times40 = 3\times(4\times10) = (3\times4)\times10 = 12\times10 = 120$$

④ 항등원

어떤 자연수 a에 대하여 $a\times1=1\times a=a$인 1이 유일하게 존재한다. 이때, 1을 항등원이라고 한다. 즉, 어떤 수에 1을 곱하면 그 자신의 수가 된다는 것이다.

⑤ 0

어떤 수에 0을 곱하면 0이 된다. 즉, 0×6=0+0+0+0+0+0=0이고, 교환법칙에 의하여 6×0=0이다.

⑥ 덧셈에 대한 곱셈의 분배법칙

분배법칙은 곱셈의 알고리즘을 이해하는 데 유용하다. 또, 고학년의 복잡한 문제나 수식을 해결할 때에도 유용하게 사용된다. 즉, 7×16의 알고리즘을 그림과 식으로 나타내면 다음과 같다.

$$7\times16 = 7\times(10+6) = (7\times10)+(7\times6)$$

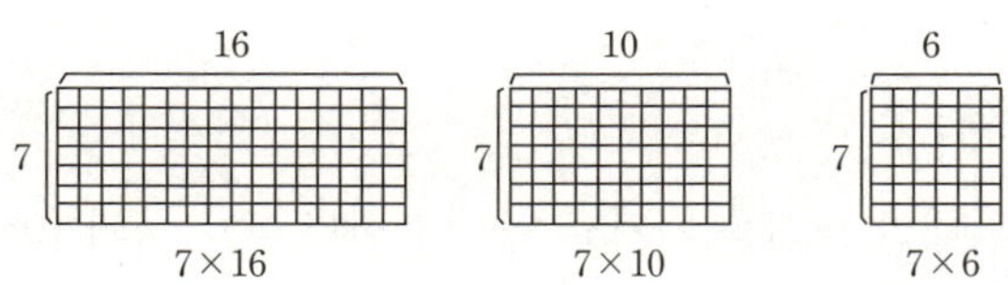


```
  16
×  7
----
  70 ← 10×7
  42 ←  6×7
----
 112
```

나눗셈은 덧셈에 대한 오른쪽 분배법칙은 성립하나 왼쪽 분배법칙은 성립하지 않는다. 따라서 나눗셈은 덧셈에 대한 분배법칙이 성립하지 않는다고 말한다.

$(a+b)\div c = a\div c+b\div c$

$a\div(b+c)\neq a\div b+a\div c$

교환법칙을 활용하여 동수누가로 다음과 같이 설명할 수도 있다.

$$\begin{aligned}7\times16 &= 16\times7 = (10+6)\times7\\ &= (10+6)+(10+6)+(10+6)+(10+6)+(10+6)+(10+6)+(10+6)\\ &= (10+10+10+10+10+10+10)+(6+6+6+6+6+6+6)\\ &= (10\times7)+(6\times7)\\ &= 112\end{aligned}$$

(5) 수 감각, 어림, 암산

초등학교에서 수학 수업의 중요한 목표는 수 감각(number sense)을 발달시키는 것이다(NCTM, 1989). 수 감각은 지혜롭고 유연하게 수를 사용하여 의사 결정하는 수에 대한 직관적인 느낌(Howden, 1989; Sowder, 1992)이다. 수 감각은 어림할 때, 답의 타당성을 검토할 때, 암산할 때, 계산할 때, 의사 결정할 때 등 일상생활에서 자주 활용된다.

1) 수 감각

수 감각은 수를 자유자재로 사용할 수 있는 느낌인데 수 감각이 잘 발달되려면 다음 요소를 갖추어야 한다.

① 수의 다양한 의미 이해

집합수, 순서수, 측정수, 이름수에 대한 직관적인 이해가 필요하다.

② 수 관계 파악

수와 수 사이의 관계를 다양하게 파악하고 있어야 한다. 예를 들어, 25 하면 20보다 5큰 수, 50의 반, 4배하면 100, $5\times5=25$, $25\times25=625$ 등 다양하게 관계를 알고 있어야 적절하게 자유자재로 사용할 수 있다.

③ 수의 상대적인 크기

수의 크기나 위치에 대한 느낌을 가지고 있어야 한다. 42는 4의 10배 정도, 40과 거의 비슷하다, 수직선에서 50의 왼쪽, 90의 반보다 작다 등이다.

④ 계산의 상대적인 효과

수 관계를 충분히 파악하고 있으면 효율적으로 계산할 수 있다. 예를 들어, '120의 75%는 얼마인가?'에서 수 감각이 잘 발달된 학생은 $120 \times \frac{3}{4}$ 으로 계산하지만 그렇지 못한 학생은 120×0.75 또는 $120 \times \frac{75}{100}$ 로 계산한다.

⑤ 측정에 대한 참조

양에 대한 적절한 감각을 가지고 있어야 한다. 어떤 사람을 처음 보고 '저 사람의 키는 155 cm정도이다. 왜냐하면 나보다 약간 크기 때문이다'라고 판단할 수 있으려면 키에 대한 참조(reference)를 가지고 있기 때문이다.

수 감각은 타고나는 능력이 아니라 경험을 통하여 발달시킬 수 있는 능력이며, 수 감각의 발달은 수업 내용이 아니라 수업 방법에 의존하게 된다.

- 탐구를 통하여 비형식적 전략을 구성하게 한다.
- 수와 연산에 대하여 활발한 언어 상호작용이 있어야 한다.
- 질적인 추론을 자극한다.
- 계산 절차와 결과에 대해 성찰하게 한다.
- 다양한 방법으로 계산해보게 한다.

2) 어림

어림(estimation)은 수의 크기, 측정이나 계산 결과 등에 대한 판단으로 '얼마쯤 되겠다'를 뜻한다. 기계적인 계산 중심의 수업에서는 어림 능력이 발달하지 못한다. 그 이유는 다음과 같다(Baroody, 1998).

- 무의미한 지도가 이루어지고 있다. 어림하기 위해 먼저 반올림, 올림, 버림을 학습하는데 이것은 상황과 무관하여 그 의미가 없다.
- 수 감각과 단절된 채 학습이 이루어진다. 기계적인 수업에서는 '왜'가 아니라 '어떻게'에 초점이 맞추어져 있기 때문에 반올림하기 위해 특별한 절차를 배워야 한다.
- 사고의 경직성을 강화시킨다. 기계적으로 학습하였다면 357을 어림하면 360이다. 의사라면 약의 과다 복용의 부작용 때문에 어림할 때에는 버림으로 할 것이다.
- 어림하려는 성향을 방해하고 있다. 어림한 값은 정확하지 않기 때문에 학생 자신이 어림을 꺼린다. 그로 인하여 계산 결과를 어림하라고 하면

정확하게 계산하여 답을 구한 다음에 그 답을 어림하여 대답한다.

어림하는 능력을 개발하기 위해서는 다음과 같은 탐구적인 방법으로 수업을 전개하여야 한다.

- 다양한 주제와 상황 속에서 어림을 하게 한다.
- 어림하는 방법은 다양하며, 방법의 선택은 문제의 목적, 상황에 따라야 함을 알게 한다.
- 정확한 답보다는 대략적인 답에 초점을 맞춘다.
- 저학년부터 전 교육과정에 걸쳐 통합적으로 지도한다.

어림하는 주요 전략은 다음과 같다.

① 큰 수 계산하기

큰 수를 중심으로 왼쪽부터 어림한다. 396+263+537을 어림할 때, 백의 자리만 계산하면 300+200+500이므로 약 1000이라고 할 수 있고, 좀 더 자세히 계산하기 위하여 십의 자리까지 고려한다면(십의 자리에서 반올림) 400+300+500이므로 약 1200이라고 할 수 있다.

② 계산하기 좋은 수끼리 묶기

약 100, 1000이 되는 수끼리 묶어 어림한다. 23+39+32+64+49를 어림하기 위하여 (39+64)+(23+32+49)로 묶어서 어림하면 100+100이므로 200쯤 된다.

③ 평균 이용하기

크기가 비슷한 수끼리 묶어 평균을 이용하여 어림한다. 620+584+651+552+631을 어림하기 위하여 크기를 비교한다. 다섯 수의 평균은 약 600이므로 합을 어림하면 약 600×5=3000이다.

④ 반올림하기

어림하기 쉬운 수로 만들기 위하여 반올림을 이용한다. 4724+3192를 어림하기 위하여 각 수를 반올림하여 5000+3000=8000이므로 합은 약

8000이다.

3) 암산

암산(mental calculation)은 간단하고, 일상생활에서 자주 활용되며, 어림을 위한 기초이다. 간단한 계산을 계산기나 지필로 계산하는 것은 효율적이지 못할 것이고, 의사결정이 그만큼 늦어진다.

암산 능력도 학습에 의해서 발달되는데 학생들의 암산 능력이 부진한 이유는 지필 알고리즘에 얽매이고, 수 감각을 발달시킬 수 있는 기회가 부족하기 때문이다.

암산을 잘하는 사람과 그렇지 않은 사람의 특징은 다음과 같다(Baroody, 1998).

- 왼쪽(큰 수)부터 계산한다.
- 받아 올림/받아 내림을 하지 않으려고 한다. 예를 들어, 27+18을 25+20 또는 30+15 등으로 계산한다.
- 수의 구조를 이용한다. 예를 들어, 65+39는 60+30=90, 5+9=14이므로 104라고 계산한다.
- 다양한 전략을 유연하게 사용한다.

암산하는 주요 전략은 다음과 같다.

① 큰 수부터 더하기

큰 수부터 더하는 전략이 널리 이용된다. 67+36은 60+30=90이고, 7+6=13이므로 103이다.

② 잘라서 더하기/빼기

더하는 수의 일부를 먼저 더한 다음, 나머지 수를 더하는 전략이다. 67+36은 67+30=97이고, 97+6=103이므로 합은 103이다. 67−36은 67−30=37이고, 37−6=31이므로 31이다.

③ 몇 십으로 만들어 더하기/빼기

암산하기 쉽도록 두 수를 몇 십으로 만들어 계산하는 전략이다. 67+

36을 계산하기 위하여 70+33으로 하거나 63+40으로 바꾸어 계산한다. 71−39를 계산하기 위하여 72−40으로 바꾸어 계산한다.

④ 보수 이용하기

합이 100이 되는 수(100의 보수)들을 모아 계산하는 전략이다. 23+56+34+44+77을 계산하기 위하여 합이 100이 되는 수끼리 모아 (23+77)+(56+44)+34로 계산한다. 이 전략은 일반적으로 사용되는 전략은 아니다.

(6) 자연수의 성질

학생들은 학년이 올라가면서 수에 대해 더 많이 알게 된다. 2로 나누어 떨어지는 수가 있는가 하면, 곱셈 구구를 외우면서 패턴이 있다는 것을 느낄 것이다.

수에 대한 패턴을 연구하게 된 기원은 수비학(numerology, 수의 신비로움을 연구하는 학문)을 굳게 믿었던 고대인들이다. 예를 들어, 피타고라스 신봉자들은 여자와 짝수를 유사한 관계로 보아 짝수를 여성 수라고 하였다.

초등학교에서 자연수의 성질을 배워야 하는 당위성은 다음과 같다(Baroody, 1998).

- 단순한 패턴부터 복잡한 패턴까지 다양한 패턴이 있어서 초등학생들이 도전할만한 주제가 된다.
- 재미있는 활동들이 많아서 학생들을 탐구 과정에 몰입시킬 수 있다.
- 패턴 탐구 활동을 통하여 의미 있고 흥미로운 방법으로 계산 기능을 숙달시킬 수 있는 기회이다.
- 계산 능력이 다소 뒤떨어지더라도 자연수의 성질을 탐구할 수 있다.

1) 홀수와 짝수

홀수, 짝수는 일상생활에서 충분히 경험하였을 것이다. 짝수는 모두 짝을 지을 수 있는 수이고, 홀수는 짝을 지었을 때 홀로 남는 수이다. 수학적으로 정의하면, 2로 나누었을 때 나누어떨어지는 수를 짝수, 그렇지 않은 수를 홀수라고 한다.

짝수, 홀수와 관련하여 다음과 같은 패턴을 찾을 수 있다.

- 덧셈: 홀수+홀수=짝수, 짝수+홀수=홀수, 짝수+짝수=짝수
- 연속적인 홀수의 합

  $1+3=2\times2$ $1+3+5=3\times3$ $1+3+5+7=4\times4$

  $1+3+5+7+9=5\times5$ $1+3+5+7+9+11=6\times6$
- 연속적인 짝수의 합

  $2+4=2\times3$ $2+4+6=3\times4$ $2+4+6+8=4\times5$

  $2+4+6+8+10=5\times6$ $2+4+6+8+10+12=6\times7$
- 곱셈

  짝수×짝수=짝수 짝수×홀수=짝수 홀수×홀수=홀수

2) 약수와 배수

약수와 배수를 수학적으로 정의하면, $N=\{1, 2, 3, \ldots\ldots\}$에서 $a, b\in N$에 대하여 $b=ac$인 $c\in N$이 존재할 때, a를 b의 약수, b를 c의 배수라고 한다.

초등학교에서는 약수와 배수를 나눗셈식 또는 곱셈식으로 나타내어 지도한다. 12의 약수를 다음과 같이 구한다.

12÷1=12	12÷2=6	12÷3=4	12÷4=3
12÷5=2 나머지 2	12÷6=2	12÷7=1 나머지 5	12÷8=1 나머지 4
12÷9=1 나머지 3	12÷10=1 나머지 2	12÷11=1 나머지 1	12÷12=1

12를 나누어떨어지게 하는 수는 1, 2, 3, 4, 6, 12이므로 이들이 12의 약수이다. 또, $3\times4=12$에서 12는 3의 배수, 4의 배수라고 한다.

3) 공약수와 공배수

어떤 두 수 A, B의 공약수(common divisor)란 A의 약수도 되고, B의 약수도 되는 수를 말한다. 예를 들어, 6, 8의 공약수를 구하여 보자.

12의 약수 = {1, 2, 3, 4, 6, 12}	18의 약수 = {1, 2, 3, 6, 9, 18}
12와 18의 공약수 = {1, 2, 3, 6}	

공약수 중에서 가장 큰 수를 최대공약수(greatest common divisor)라고 한다. 12와 18의 최대공약수는 6이다. 1은 모든 수의 약수이고 가장 작은 수이므로 최소공약수는 항상 1이다. 따라서 수학적으로 의미는 없다.

어떤 두 수 A, B의 공배수(common multiple)란 A의 배수도 되고, B의 배수도 되는 수를 말한다. 예를 들어, 6, 8의 공배수를 구하여 보자.

6의 배수={ 6, 12, 18, 24, 30, 36, 42, 48, 54, …… }
8의 배수={ 8, 16, 24, 32, 40, 48, 56, …… }
6과 8의 공배수={ 24, 48, 72, … }

공배수 중에서 가장 작은 수를 최소공배수(least common multiple)라고 한다. 6과 8의 최소공배수는 24이다. 배수 집합의 원소 수는 무한대이므로 최대공배수는 구할 수 없다. 따라서 수학적으로 의미는 없다.

4) 소수와 합성수

초등학교 1학년에서 덧셈의 관점에서 자연수의 합성(모으기)과 분해(가르기)를 학습하였다. 이를 바탕으로 곱셈의 관점에서 자연수의 합성과 분해를 학습할 수 있다. 초등학교 교육과정에서는 소수와 합성수를 다루지 않지만 소수와 합성수라는 용어를 사용하지 않으면서 비형식적으로 탐구할 수 있다.

학생들이 약수와 배수에 익숙해지면 8처럼 합성하는 방법이 여러 가지인 자연수가 있는가 하면, 11처럼 합성하는 방법이 1가지뿐인 자연수가 있음을 알게 된다. 합성하는 방법이 1가지뿐인 자연수를 소수라고 한다.

또, 소수(prime number)란 약수가 1과 자신의 2개뿐인 자연수를 말한다. 2, 3, 5, 7, … 등은 약수가 자신과 1뿐이므로 소수이다. 위의 정의에 따라 1은 소수가 아니다. 1을 제외한 소수가 아닌 수는 합성수(composite number)이다.

5) 완전수, 친화수

완전수(perfect number)란 자신을 제외한 약수의 합이 자신의 수와 같은 수를 말한다. 예를 들면, 6의 약수는 1, 2, 3, 6인데 6을 제외한 약수의 합이 6이므로 6은 완전수이다. 또, 28, 496도 완전수이다.

$28 = 1+2+4+7+14$

$496 = 1+2+4+5+6+7+8+\cdots\cdots+30+31$

완전수라는 이름을 처음 사용한 사람은 유클리드인데 $p<1$일 때, $2p-1$이 소수(prime number)이면 $2^{p-1}(2^p-1)$은 완전수이다. 예를 들면, $p=2,\ 3,\ 5,\ 7,\ 13,\ 17$이라고 하면 2^{p-1}은 각각 소수이고, 각 수를 $2^{p-1}(2^p-1)$에 대입하면 6, 28, 496, 8128, 33550336, 8589869056이 된다. 이들은 모두 완전수이다. 오일러가 이를 증명하였다.

현재까지 찾아낸 가장 큰 완전수는 $2^{24036582}(2^{24036583}-1)$이다.

8의 약수는 1, 2, 4, 8인데 자신을 제외한 약수의 합 1+2+4는 자신보다 작으므로 8을 부족수라고 한다. 또, 12의 약수는 1, 2, 3, 4, 6, 12인데 자신을 제외한 약수의 합 1+2+3+4+6은 자신보다 크므로 12를 과잉수라고 한다.

친화수(friendly number)란 어떤 두 수가 있을 때, 어느 한 수의 약수 합(자신의 수는 제외)이 다른 수와 같을 때 두 수를 친화수라고 한다. 예를 들면, 220과 284는 친화수이다.

220의 약수$=1+2+4+\cdots\cdots+55+110=284$

284의 약수$=1+2+4+71+142=220$

(1184, 1210), (17,296과 18,416) 등이 친화수이다. 특히, (1184, 1210)은 1876년 이탈리아의 소년이 찾아내었다. 최근에는 컴퓨터를 이용하여 친화수를 찾아내고 있는데 현재까지 약 100만개 정도 찾았다고 한다. 친화수는 수학적으로 큰 의미가 없는데 인간의 호기심으로 찾아내는 것이다.

이밖에도 쌍둥이 소수, 부부수, 삼각수, 사각수, 제곱수 등이 있는데 관련 자료를 참고하기 바라며, 이런 주제를 적절하게 재구성하면 영재학습 자료로 활용될 수 있다.

6) 배수판정법

수학이나 일상생활에서 어떤 수가 다른 수로 나누어떨어진다는 것을 알면 편리할 때가 많다. 예를 들면, 234×45를 계산하였더니 10530이었다. 이 답이 맞는지 확인하려면 다시 계산한다든가 계산기를 사용할 텐데 배수 판정법을 알고 있다면 쉽게 확인할 수 있다. 실제로 계산하지 않고

977364가 4로 나누어떨어지는지도 쉽게 판단할 수 있다.

- 3의 배수: 각 자리 수의 합이 3의 배수
- 4의 배수: 마지막 두 자리의 수(십의 자리와 일의 자리)가 00이거나 4의 배수
- 5의 배수: 일의 자리가 0, 5
- 6의 배수: 2의 배수이고 3의 배수
- 7의 배수: abcde에서 abcd−2×e가 7의 배수

  예 87836 → 8783−12=8771 → 877−2= 875 →87−10=77

  따라서 87836은 7의 배수이다.
- 8의 배수: 마지막 세 자리의 수가 000이거나 8의 배수
- 9의 배수: 각 자리 수의 합이 9의 배수

9의 배수 성질을 이용하면 재미있는 수학 마술을 만들 수 있다.

2 지도의 실제

수는 사물의 개수나 양을 나타내기 위해 발생하였다. 자연수는 수 세기를 통해 도입되며, 0과 자연수에 대한 덧셈, 뺄셈, 곱셈이 정의된다. 수는 수학에서 다루는 가장 기본적인 개념으로, 실생활뿐만 아니라 타 교과나 수학의 다른 영역을 학습하는 데 필수적이다. 또한 사칙계산은 수학 학습에서 습득해야 할 가장 기본적인 기능이며, 이후 학습을 위한 기초가 된다.

3~4학년군에서는 1보다 작은 수를 나타내기 위해 분수와 소수가 도입된다. 분수와 소수 개념을 이해하기 위해서는 자연수 개념이 필수적이며, 특히 소수를 표현하는 방법은 자연수를 표현하는 방법을 일반화하는 것이다. 아울러 분수와 소수에서 덧셈, 뺄셈, 곱셈, 나눗셈은 자연수의 그것과 완전히 다른 새로운 것이 아니라 적용되는 수의 범위가 확대되는 것뿐이다. 따라서 자연수에서 학습한 덧셈, 뺄셈, 곱셈, 나눗셈의 의미를 잘 파악하고 있어야 분수와 소수에서도 연산의 의미를 학습하기 용이하다. 또한 0과 자연수에서 학습하는 계산은 도형과 측정, 자료와 가능성 영역에서 문제를 해결하는데 필수적이다.

예전에는 사람이 직접 계산하여야만 해서 지필계산으로 빠르고 정확하

게 계산하는 것이 중요하였지만, 요즘은 컴퓨터나 계산기로 지필계산을 대체할 수 있다. 따라서 정확하고 빠른 계산보다는 계산 원리를 더 중점적으로 지도하고, 계산결과가 타당한지 검토하기 위해 어림과 암산이 강조된다.

2015 개정 수학과 교육과정에서는 초등학교에서 수와 연산 영역에서 [표 2-2]와 같은 내용을 지도하도록 제시하고 있다(교육부, 2015).

[표 2-2]

영역	핵심 개념	일반화된 지식	학년(군)별 내용 요소			기능
			1~2학년	3~4학년	5~6학년	
수와 연산	수의 체계	수는 사물의 개수와 양을 나타내기 위해 발생했으며, 자연수, 분수, 소수가 사용된다.	•네 자리 이하의 수	•다섯 자리 이상의 수 •분수 •소수	•약수와 배수 •약분과 통분 •분수와 소수의 관계	(수)세기 (수)읽기 (수)쓰기 이해하기 비교하기 계산하기 어림하기 설명하기 표현하기 추론하기 토론하기 문제 해결하기 문제 만들기
	수의 연산	자연수에 대한 사칙계산이 정의되고, 이는 분수와 소수의 사칙계산으로 확장된다.	•두 자리 수 범위의 덧셈과 뺄셈 •곱셈	•세 자리 수의 덧셈과 뺄셈 •자연수의 곱셈과 나눗셈 •분모가 같은 분수의 덧셈과 뺄셈 •소수의 덧셈과 뺄셈	•자연수의 혼합계산 •분모가 다른 분수의 덧셈과 뺄셈 •분수의 곱셈과 나눗셈 •소수의 곱셈과 나눗셈	

(1) 1부터 9까지의 수

피아제(Piaget)는 수 개념을 형성하기 위해서는 분류하기, 짝짓기, 순서대로 늘어 놓기 등에 대한 사고력이 선행되어야 한다고 주장하면서, 기계적으로 ☆☆☆이 3개임을 아는 것은 수 개념 형성에 중요하지 않다고 하였다(Gib & Castaneda, 1975).

그러나 손가락을 이용한 수 세기는 인류의 수 개념 발달에 결정적인 역할을 하였으므로 학생들도 수 세기 활동을 통하여 수 개념을 형성하고 계산을 학습하는 것이 중요하다(Baroody, 1998). 수 개념을 형성하는 데 논리적 사고가 선행되어야 한다는 증거는 없지만(Clements & Callahan, 1983) 수 세기 활동이 수 감각을 풍부하게 한다는 연구는 많다(Baroody, 1987).

또, 입학하는 초등학생들은 대부분 이미 수를 셀 줄 알고 있다. 따라서 형식적인 교육의 첫걸음은 수를 셀 줄 안다는 것에서 출발해야 할 것이고,

문제를 해결할 때 수 세기 전략은 매우 중요한 역할을 하게 된다. 이에 따라 6차 교육과정 이후의 1학년 교과서에서는 수 세기부터 자연수 학습을 전개하였다.

[그림 2.4] 2015 교육과정 교과서(수학 1-1, pp.8~9.)

1) 1~9의 수 세기와 숫자

1부터 9까지는 외워서 센다. 앞으로 세기, 뒤로 세기, 뛰어 세기 등의 활동을 통하여 능숙하게 셀 수 있도록 한다.

구체물을 말로 세고, 말을 구체물로 나타내는 활동을 바탕으로 말을 기호(숫자)로 나타내고, 기호를 구체물로 나타내는 활동을 제공한 다음, 숫자 쓰기 활동을 제시한다. 학생들이 구체물, 언어, 기호가 통합할 수 있는 기회를 제공한다.

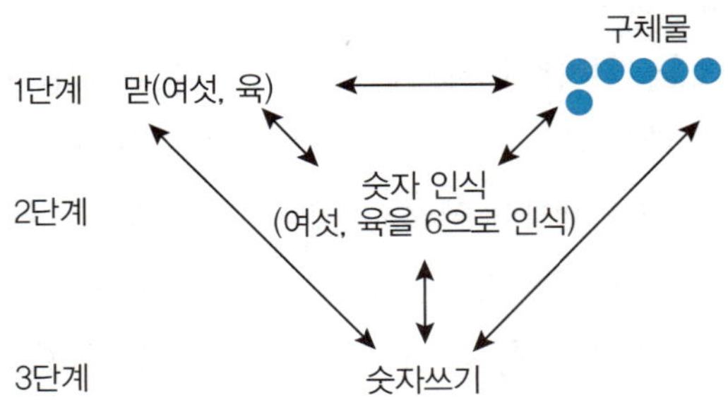

[그림 2.5] 수 지도 단계

2) 수의 크기 비교

수 세기를 바탕으로 두 양의 크기를 비교한다.

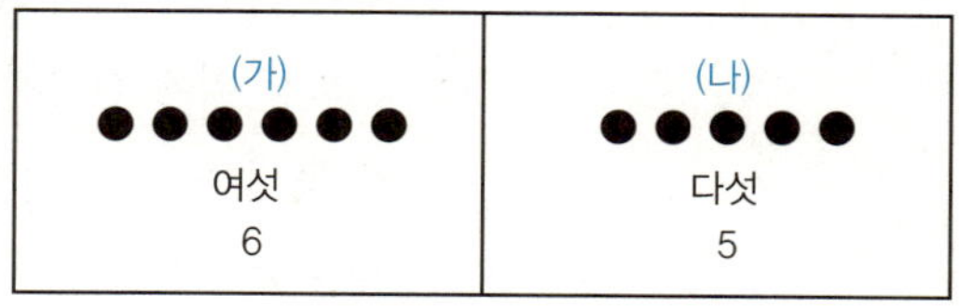

(가)와 (나), 어느 것이 더 많은지를 알아보기 위하여 수를 센다. (가)는 여섯이고, (나)는 다섯이므로 가가 더 많다. 따라서 6은 5보다 크다. 이를 기호로 나타내면 6>5이다.

양을 말할 때는 '많다', '적다'라고 하지만 양을 수로 나타내고 수의 크기를 비교할 때는 '크다', '작다'라고 하고, 이를 수학 기호 >, <로 나타낸다는 것을 충분한 활동을 통하여 이해하게 한다. 일상 용어가 수학 용어로 변환되는 과정을 충분히 경험하도록 해야 학생들이 인지적으로 혼란을 겪지 않는다.

'얼마나 더 큰가?'라는 질문을 하면 수 세기 활동으로 대답할 수 있을 것이다. 이런 활동은 덧셈과 뺄셈의 기초 경험이 된다.

3) 수의 가르기와 모으기

수는 고정된 하나의 수가 아니라 다양한 방법으로 합성과 분해할 수 있음을 인식하는 것이 수 감각을 기르는 데 유용하다. 자유롭게 수를 가르거나 모을 수 있으면 연산 능력은 쉽게 개발된다. 예를 들면, 수 8을 학습할 때 8 자체만 학습할 것이 아니라 두 수를 모아 8을 만드는 활동, 8을 둘로 가르는 활동을 제공하는 것이 바람직하다. 이런 활동은 자연스럽게 덧셈과 뺄셈을 위한 기초적 활동이 된다. 특히, 똑같은 두 수나 네 수를 모아 8을 만들게 하는 활동, 8을 똑같이 둘로, 넷으로 갈라보는 활동은 곱셈과 나눗셈을 위한 선행 활동으로서 매우 유익하며 수준별 활동 자료로 활용될 수 있다.

(2) 두 자리 수

1) 개념 형성

세기 활동을 통하여 9까지 학습하였다. 수 모델 9에 하나를 더하면 묶어야 한다는 활동을 통하여 십진기수법의 기초를 익힌다. 십진기수법의 원리는 1이 10이 되면 묶어서 10이라고 하고, 10묶음이 10이 되면 묶어서

100이라고 하고, 100묶음이 10되면 묶어서 1000이라고 하고, 1000묶음이 10이 되면 묶어서 10000이라고 하고 한다.

책상 위에 산가지를 많이 놓고(100 미만) 몇 개인지 알아보기 위하여 10씩 묶어 묶음과 낱개로 나타내게 하는 활동이 두 자리 수를 학습하는 데 매우 효과적이다.

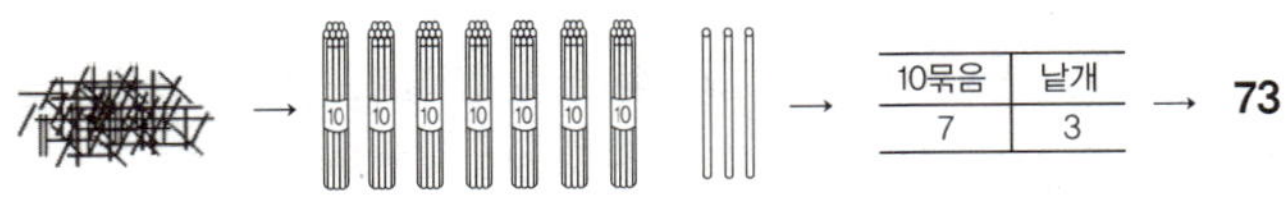

자신의 조작 활동은 추상화되어 마음에 이미지로 남게 되고, 나중에는 조작 활동을 하지 않아도 이미지 조작을 통하여 사고하게 된다. 이런 과정을 피아제가 말하는 반영적 추상화라고 한다. 피아제의 구체적 조작기란 활동이 반영적 추상화 과정을 거쳐서 형성된 이미지를 조작할 수 있는 시기를 말한다. 그러나 수 모델로 산가지만 가지고 활동한다면 학생의 마음에는 수와 산가지가 단단하게 연결되어 고착된 이미지가 형성되므로 추상화된 개념이 형성되지 않는다. 추상화된 개념을 형성하기 위해서는 다양한 수 모델을 사용하여야 한다.

2) 수 모델

수를 학습할 때에는 다양한 모델을 사용하여야 추상화된 수 개념이 형성된다. 수 학습에서 널리 사용되는 구체물은 다양하다. 종류와 그 특징을 살펴보면 다음과 같다.

① 비례 자료(proportional materials)

수의 크기와 자료의 크기가 비례하는 자료이다. 즉 10을 나타내는 모델은 1을 나타내는 모델의 10배의 양이나 크기이고, 100을 나타내는 모델은

[그림 2.6] 비례 자료

10을 나타내는 모델의 10배의 양이나 크기이다. 비례 모델에는 색 막대(퀴즈네어 막대), 수 모형, 모형(연결큐브) 등이 있다.

비례 자료에는 고정형과 분리형이 있다. 산가지처럼 분리형은 한 개씩 분리되어 있어서 10이 되면 고무줄로 묶어야 한다. 뺄셈에서 받아 내림할 때에는 묶음을 풀면 낱개로 분리된다. 묶어서 받아 올림/받아 내림하는 것을 다시 묶기(regrouping)라고 한다.

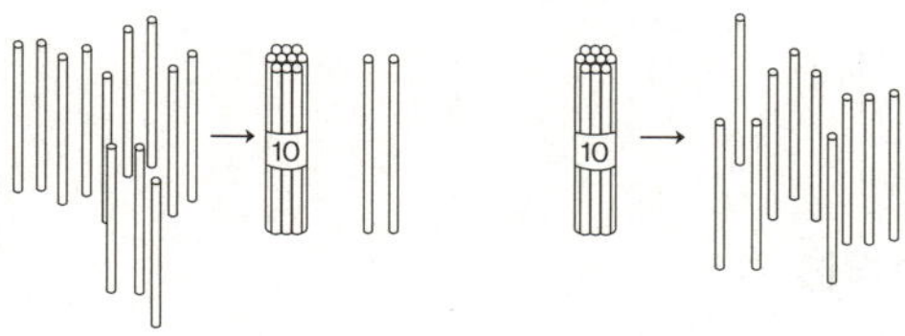

[그림 2.7] 다시 묶기(regrouping)

퀴즈네어 막대처럼 고정형은 분리할 수 없는 자료이다. 따라서 10이 되면 10을 나타내는 모델과 교환하여야 한다. 또 받아 내림 하려면 10모델을 낱개 10개와 교환해야 한다. 이를 교환(trading)이라고 한다.

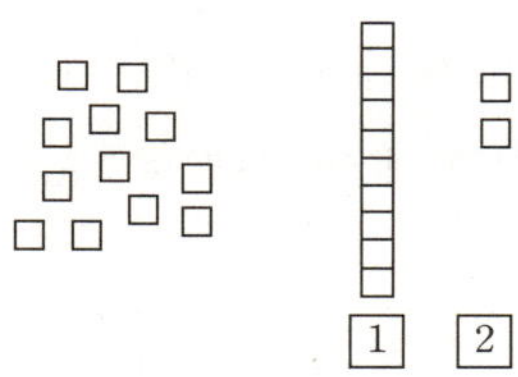

[그림 2.8] 교환(trading)

② 비 비례 자료(non-proportional materials)

비 비례 자료는 모의화폐, 칩, 주판 등과 같이 크기와 상관없이 색깔이나 위치로 수의 크기를 나타내는 자료로서 비례 자료보다 추상적이다.

칩인 경우에는 색깔로 수를 나타내고, 주판인 경우에는 위치로 수를 나타낸다. 맨 오른쪽을 일의 자리라고 하면 바로 왼쪽은 십의 자리를 나타내고, 왼쪽으로 한 자리 옮길 때마다 10배 큰 수를 나타낸다.

수개념 형성을 위한 학습에서는 비례 자료를 먼저 사용하고, 나중에 비 비례 자료를 활용한다.

이 밖에도 수직선(number line)이 있다. 수직선은 수학에서 널리 사용되는 자료이므로 1학년 학생들에게는 어렵겠지만 2학년 이상의 수업에서는

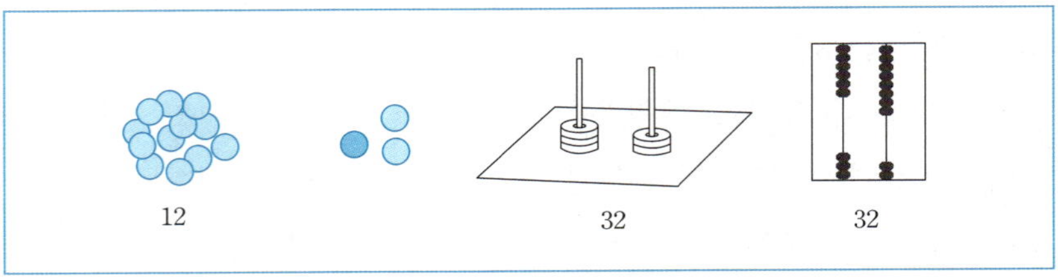

[그림 2.9] 비 비례 자료의 예

수직선이 자주 다루어져야 한다. 수직선에 수의 위치를 나타내어 보게 하는 활동이 유용하다.

③ 두 자리 수 익히기

한 자리 수를 학습할 때와 마찬가지로 두 자리 수 자체만 학습할 것이 아니라 수의 구성과 함께 다루어야 한다. 예를 들면, 73을 학습할 때 73은 '70보다 3 큰 수', '63보다 10 큰 수', '50보다 23 큰 수'라는 것을 말하게 하고, 이를 기호로 73=70+3, 73=60+13, 73=50+23으로 나타내도록 한다. 이런 활동은 수와 연산을 함께 지도할 수 있는 방법이며, 수 감각을 풍부하게 발달시키는 활동이다.

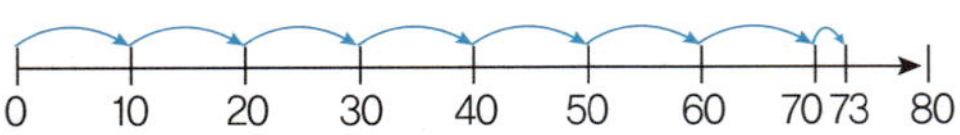

두 자리 수를 수직선에 나타내어 보게 하는 활동을 통하여 뛰어 세기, 수의 위치, 상대적인 크기 등을 느낄 수 있게 한다.

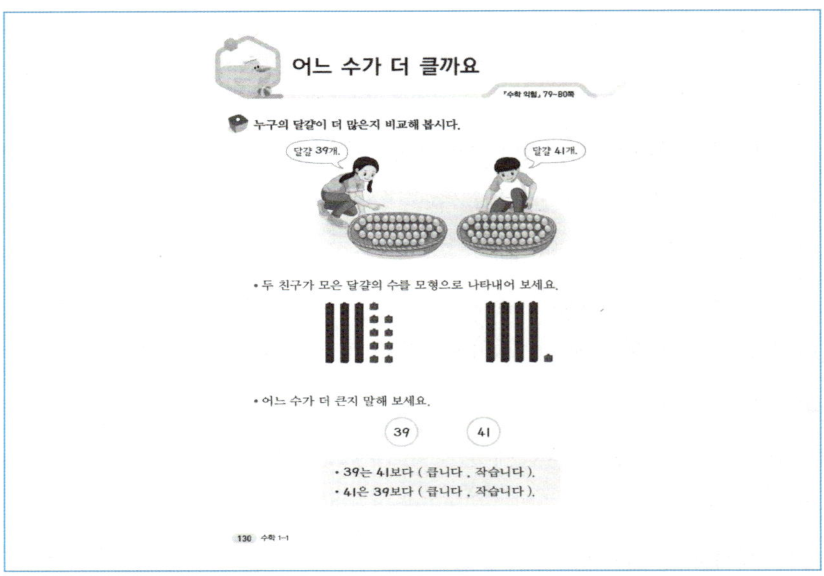

[그림 2.10] 수 모델을 이용한 수의 비교 지도

수 모델을 사용하는 조작 활동을 통하여 수 계열, 크기 비교, 받아 올림/받아 내림 등을 쉽게 학습할 수 있다.

(3) 세 자리 이상의 수

세 자리 수 이상의 수를 지도하는 방법은 두 자리 수를 지도하는 방법과 동일하다. 다만 수의 범위가 확장되었을 뿐이다. 조작 활동을 통하여 위치적 기수법의 원리를 깨닫게 하는 것이 매우 중요하다.

다음 그림과 같이 90개가 있는데 10개를 더하면 어떻게 해야 하는가, 99개가 있는데 1을 더하면 어떻게 해야 하는가라는 질문에 조작 활동을 통하여 대답하게 한다.

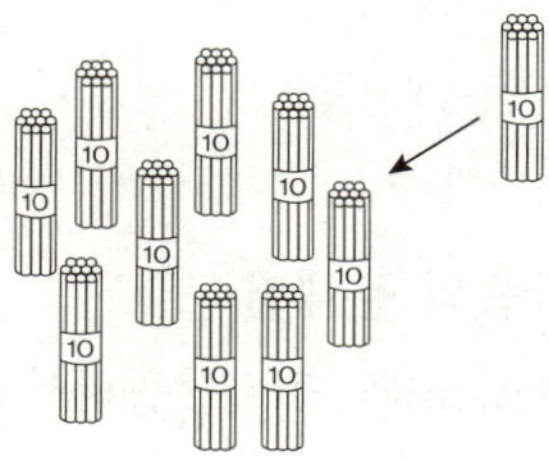

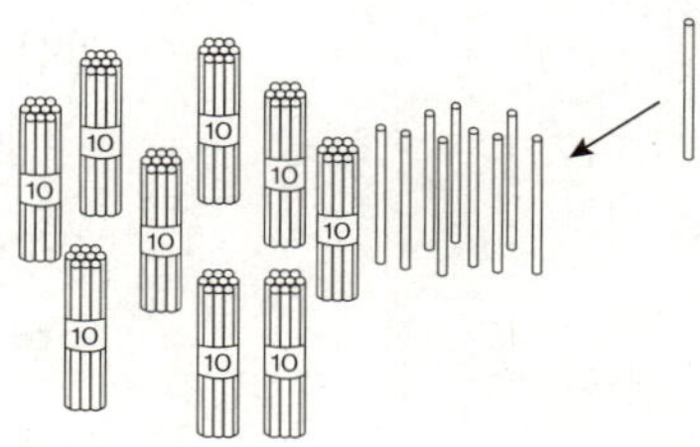

십진기수법의 원리는 10이 되면 묶는다는 것이다. 왼쪽 그림에서 90에 10을 더하면 10묶음이 10이 되므로 이를 묶어 100이라고 한다. 10에서 1과 100에서 1의 차이점을 발표하도록 한다. 오른쪽 그림에서 99에 1을 더하면 낱개가 10이 되어 10으로 묶어야 하고, 그렇게 되면 10묶음이 10이 되어 다시 묶어야 한다. 연속하여 2번 묶어야 한다.

1000 이상의 큰 수를 학습할 정도이면 십진기수법, 위치적 기수법에 대한 기본 개념이나 원리가 어느 정도 형성되었다고 할 수 있으므로 주로 비비례 자료를 이용하여 활동하는 것이 좋다.

우리나라 명수법의 체계는 일, 십, 백, 천이 기본으로 되풀이 되며, 4자리마다 새로 운 수의 단위가 도입된다. 따라서 4자리마다 끊어 읽거나 쓰면 편리하다. 예를 들어, 3430002567543003을 읽는 방법을 다음과 같은 절차로 지도하면 효과적이다.

삼천오조 칠십억 육만 오 →

		조				억				만					
천	백	십	일	천	백	십	일	천	백	십	일	천	백	십	일
3	0	0	5			7	0				6				5

→

		조				억				만					
천	백	십	일	천	백	십	일	천	백	십	일	천	백	십	일
3	0	0	5	0	0	7	0	0	0	0	6	0	0	0	5

→ 3005007000600005

(4) 연산

자연수 연산은 수학의 가장 기본적인 기능이다. 전통적으로 초등학교에서 수학을 학습한다는 것은 곧 연산을 학습하는 것을 의미하는 것으로 여겨졌다. 현재에도 연산이 초등학교 교육과정 전체의 34%를 차지하고 있다(신준식, 1997). 초등학교에서 연산은 지나치게 세분화되어 있으며, 계산 기능 숙달에 많은 노력을 기울이고 있다. 수학에서 연산은 기본이지만 연산이 수학의 대부분을 차지하는 것은 아니다.

연산은 그 자체가 목적이 아니라 문제 해결의 수단임을 분명하게 하고, 연산 능력 못지않게 강조되어야 할 것은 문제 해결 능력, 어림하는 능력, 암산, 수 감각 등이다.

1) 계산 학습의 문제점

연산(operation)의 범위를 좁혀서 계산(calculation, computation) 학습의 문제점을 알아본다.

계산은 수학에서 가장 기본이 되는 영역이다. 특히 자연수의 계산은 수학을 학습할 때 처음 경험하게 되므로 계산을 어떻게 학습했느냐에 따라 수학적 성향에 큰 영향을 미치게 된다.

학생이나 성인들이 수학하면 맨 먼저 떠오르는 것이 계산이라고 할 만큼 계산은 수학에서 중요한 역할을 하고 있다. 따라서 교육과정에서도 계산이 상당 부분을 차지하고 있고, 계산 절차를 세분화하여 단계별로 전개되어 있다. 많은 시간을 투입하여 교사, 학부모, 학생 자신들도 계산 능력 향상에 노력을 기울이고 있다. 그러나 지나친 관심과 노력의 집중이 오히려 올바른 수학관 형성에 장애가 되기도 한다. 계산을 잘해야 수학을 잘한다, 수학은 곧 계산이라는 잘못된 생각에서 계산기처럼 계산을 잘하도록 연습시키는 일, 곱셈 구구를 19단까지 외우게 하는 일이 발생하기도 한다.

계산 기능이 숙달되면 수학 학습력이 향상된다는 일부 연구 결과가 있기는 하지만 그것은 수학 학습력을 어떻게 정의하였느냐에 따라 견해가 다를 수 있다. 계산 능력이 중요하고 기본이라는 것을 부인할 수 없지만 계산은 수학의 극히 일부분에 지나지 않기 때문에 계산 능력 향상에 너무 많은 노력을 기울이는 일에 대해서는 유념해야 한다.

오히려 계산기가 널리 보급되어 있으므로 계산은 계산기에 맡기고, 문제 상황에서 어떤 연산을 해야 하는지를 판단하는 능력, 계산 결과를 어림하기, 문제 해결 능력 향상, 수 감각 개발 등 인간만이 할 수 있는 능력을 향상시키는 데 역점을 두어야 할 것이다.

계산 방법에는 지필계산, 암산, 컴퓨터나 계산기를 이용한 계산 등이 있다. 문제 상황에 따라 적절한 방법을 효과적으로 사용할 수 있어야 한다. 4+9, 5×7, 14−8, 30÷5 등을 계산할 때 계산기를 꺼내는 것은 적절하지 않으며 암산으로 해결하는 것이 더 빠를 것이다.

계산을 지도할 때의 유의점은 다음과 같다.

- 연산의 의미를 알도록 한다. 문제 상황에서 적절한 연산을 선택할 수 있어야 한다.
- 기본수의 계산은 숙달시켜야 한다. 1+1부터 9+9까지, 19−9부터 1−1까지, 곱셈구구, 곱셈 구구 범위에서 나눗셈을 기본수 계산이라고 한다. 이들의 계산은 암산으로 능숙하게 계산할 수 있도록 지도한다.
- 계산하기 전에 답을 어림하게 한다. 답이 대략 얼마라는 것을 아는 것은 결과의 타당성을 검증하는 데 중요하고, 수 감각을 발달시킬 수 있다.
- 다양한 계산 방법을 익히도록 한다. 표준적인 알고리즘 이외에 문제 상황에 따라 더 효과적이고 효율적인 방법으로 계산할 수 있도록 한다.
- 수 감각을 계발할 수 있도록 지도한다.

2) 덧셈과 뺄셈

덧셈과 뺄셈에 대한 기본적인 개념을 이해하기도 전에 형식적인 알고리즘에 의한 계산을 지도하기 때문에 받아 올림/받아 내림에 어려움을 겪으며, 다양하고 편리한 계산 방법을 활용하지 못하고 있다.

조작 활동을 충분히 제공하고, 계산 방법을 발표시키면 다양한 방법이 나오는데 그 과정을 기호로 나타내게 하면 학생들이 만든 알고리즘이 된다. 교사는 이미 알고 있지만 학생들 스스로 발명했기에 이런 과정을 재발명(reinvention)이라고 한다. 수학 학습에서 강조하는 것은 계산 절차가 아니라 학생 스스로 계산 절차를 고안할 수 있는 힘을 길러주는 것이다.

두 자리 수의 덧셈, 뺄셈의 계산 원리는 다음과 같다.

• 같은 단위끼리 계산한다. • 받아 올림/받아 내림한다.

같은 단위끼리 계산한다는 원리는 측정 영역의 계산은 물론 분수의 계산에서도 중요한 기초 개념이다. $\frac{1}{2}+\frac{1}{3}$을 직접 계산할 수 없는 것은 단위가 다르기 때문이다. 계산하려면 단위를 같게 만들어야 한다. 그래서 통분하는 것이다. 2 m+30 cm는 단위가 다르기 때문에 계산할 수 없어서 2 m 30 cm라고 하는 것이다. 계산하려면 단위를 같게 만들어야 한다.
2 m+0.3 m=2.3 m 또는 200 cm+30 cm=230 cm

덧셈하여 10이 되면 묶어서 받아 올림하고, 뺄셈을 할 수 없을 경우에는 10묶음을 풀어서 받아 내림한다.

이 원리는 세 자리 수 이상의 덧셈과 뺄셈에도 그대로 적용되므로 학습 초기에 충분한 조작 활동을 통하여 원리를 학생 스스로 깨닫게 하는 것이 중요하다.

① 한 자리 수의 덧셈

합이 10 미만인 경우의 덧셈은 세어서 해결한다. 합이 10 이상인 덧셈에서는 수의 가르기와 모으기가 자유롭게 이루어져야 하고, 10에 대한 보수(합이 10이 되는 두 수)를 능숙하게 이해하고 있어야 한다.

지도 단계는 ⓐ 생활 장면을 이용하여 문제를 제시하고 ⓑ 문제를 모델로 나타내고 ⓒ 모델 조작 활동으로 답을 구한다. ⓓ 그리고 조작 활동 과정을 발표하고, 기호로 나타내게 한다. 조작 활동을 통하여 개념을 형성하고, 해결 방법을 깨달은 다음, 이를 기호로 연결시키는 과정을 학생들이 충분하게 경험하여야 기호의 의미를 이해할 것이다.

7+5를 지도하는 방법을 살펴보자.

ⓐ 문제 상황 제시

명진이는 공책 7권을 가지고 있습니다. 언니가 5권을 주었습니다. 명진이가 가지고 있는 공책은 몇 권입니다까?

ⓑ 수학적 모델로 나타내기

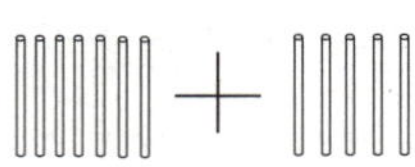

ⓒ 조작 활동

조작활동을 통하여 덧셈의 원리를 깨닫게 한다. 답이 10보다 크므로 10묶음으로 묶어야 함을 알게 한다. 10묶음을 만드는 방법은 무엇일까?

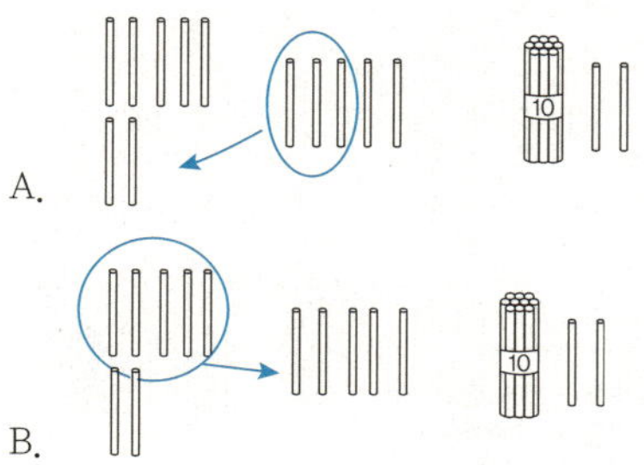

모델을 하나하나 세어서 답을 구하는 것은 십진기수법의 원리에 어긋날 뿐만 아니라 계산의 원리를 이해하는 데 도움이 되지 않으며, 결국 계산 능력의 저하로 이어진다.

두 가지 방법으로 10묶음을 만들 수 있는데 어느 방법이 편리한지는 개인의 성향에 따라 다를 수 있을 것이다.

ⓓ 발표 및 기호로 나타내기

어떻게 계산하였는지를 발표하게 하면서 자신의 조작 활동의 결과를 기호로 나타내게 한다. 계산 방법이 다양할 것이다. 계산 과정을 수학적인 형식에 맞추어 나타내도록 요구할 필요는 없다.

A의 경우: $7+5=(7+3)+2$
$\quad =10+2$
$\quad =12$

7+5 = 12
3 2
10 2

B의 경우: $7+5=(2+5)+5$
$\quad =2+10$
$\quad =12$

7+5 = 12
2 5
2 10

② (십 몇)−(몇)

덧셈과 마찬가지로 ⓐ 문제 상황 제시 → ⓑ 수학적 모델로 나타내기 → ⓒ 조작 활동 → ⓓ 발표 및 형식화의 과정을 거친다. 12−7을 지도하는 방법을 살펴보자.

ⓐ 문제 상황 제시

민호는 색종이 12장을 가지고 있습니다. 동생에게 7장을 주었습니다. 민호는 색종이가 몇 장을 가지고 있습니까?

ⓑ 수학적 모델로 나타내기

ⓒ 조작 활동

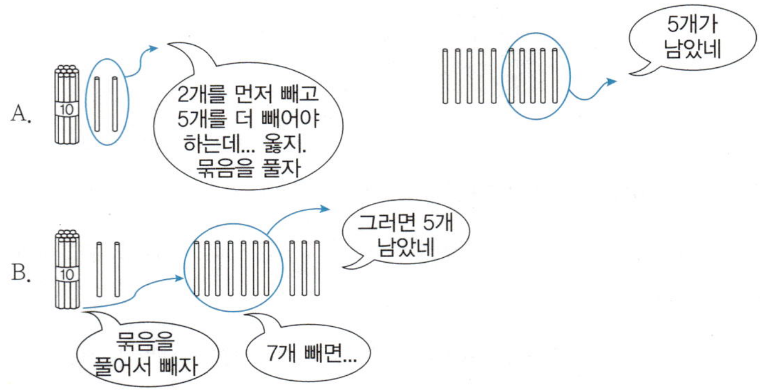

④ 발표 및 형식화

A의 경우: 12−7 = 12=2 = 10. 10−5 = 5

$$\begin{array}{l} 12-7=5 \\ \underline{12-2} \\ \quad 10-5 \end{array}$$

B의 경우: 12−7 = (10−7)+2 = 5

$$\begin{array}{l} 12-7=5 \\ \underline{10-7} \\ \quad 3+2 \end{array}$$

덧셈으로 해결할 수도 있다. 12−7의 경우 7+5=12이니까 12−7은 5가 된다.

A의 경우를 감감법, B의 경우를 감가법이라고 한다. 사람들은 기본 뺄셈을 할 때 저마다 선호 방법이 있다. 특정 방법으로 계산하도록 강요해서는 안된다.

덧셈과 뺄셈의 원리를 학습할 때, 한 번의 활동으로 덧셈, 뺄셈의 원리를 깨달았다면 우수한 학생일 것이다. 보통 학생이라면 이런 과정을 2~3번 거쳐야 이해할 수 있을 것이고, 능력이 부족한 학생이라면 더 많은 경험을 해야 할 것이다.

일단, 한 자리 수의 덧셈, 뺄셈 원리를 이해하였다면 1+9부터 9+9까지 기본수 덧셈, 19−9부터 1−1까지 기본수 뺄셈을 암산으로 능숙하게 해결할 수 있도록 숙달시켜야 한다. 이를 위하여 다양한 게임을 활용하는 것이 흥미를 유지시키면서 학습할 수 있어 바람직하다.

③ 두 자리 수의 덧셈

한 자리 수의 계산과 마찬가지로 ⓐ 문제 상황 제시 → ⓑ 수학적 모델로 나타내기 → ⓒ 조작 활동 → ⓓ 발표 및 형식화의 과정을 거친다.

실제 지도의 예는 다음과 같다.

ⓐ 문제 상황제시

과수원에서 주영이는 사과를 73개를 땄고, 명호는 58개를 땄습니다. 두 사람이 딴 사과는 모두 몇 개입니까?

ⓑ 수학적 모델로 나타내기

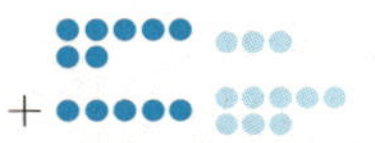

$$\begin{array}{r} 73 \\ +58 \\ \hline \end{array}$$

ⓒ 조작 활동

A의 경우

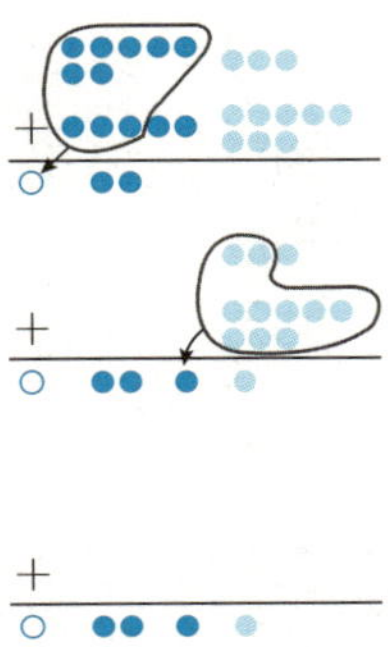

$$\begin{array}{r} 73 \\ +58 \\ \hline 120 \end{array} \qquad \begin{array}{r} 73 \\ +58 \\ \hline 120 \\ 11 \end{array} \qquad \begin{array}{r} 73 \\ +58 \\ \hline 120 \\ 11 \\ \hline 131 \end{array}$$

B의 경우

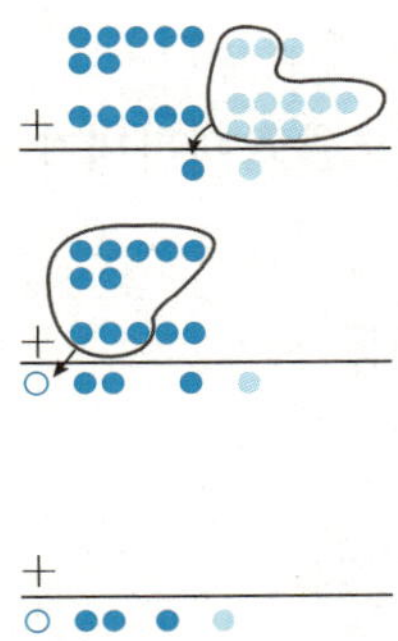

$$\begin{array}{r} 73 \\ +58 \\ \hline 11 \end{array} \qquad \begin{array}{r} 73 \\ +58 \\ \hline 11 \\ 120 \end{array} \qquad \begin{array}{r} 73 \\ +58 \\ \hline 11 \\ 120 \\ \hline 131 \end{array}$$

ⓓ 발표 및 형식화

학생들이 자신의 활동 과정과 결과를 기호로 나타내면서 학급 전체에게 설명한다. 자신의 활동 과정을 그대로 기호로 나타내었을 때 자신의 활동에 대해 의미를 부여할 수 있고, 기호의 의미를 이해할 수 있을 것이다.

활동 과정을 형식화하는 수준을 scaffolding 단계, 정교화(elaboration)

$$\begin{array}{r} 73 \\ +58 \\ \hline 120 \\ 11 \\ \hline 131 \end{array} \qquad \begin{array}{r} 73 \\ +58 \\ \hline 11 \\ 120 \\ \hline 131 \end{array}$$

scaffolding 단계

$$\begin{array}{r} 73 \\ +58 \\ \hline 1\not{2} \\ 31 \end{array} \qquad \begin{array}{r} \overset{1}{7}3 \\ +58 \\ \hline 131 \end{array}$$

정교화 단계

단계로 나눌 수 있다. scaffolding 단계로 계산을 하여도 문제 해결에 큰 어려움이 없을 것이다.

④ 두 자리 수 뺄셈

지도 방법이나 절차는 덧셈과 같다. 학생들이 어려워하거나 오류를 많이 보이는 뺄셈에서 중요한 것은 받아 내림을 이해하는 것이다. 교사의 설명보다는 조작 활동 경험이 중요하다.

지도 과정은 덧셈과 마찬가지로 ⓐ 문제 상황 제시 → ⓑ 수학적 모델로 나타내기 → ⓒ 조작 활동 → ⓓ 발표 및 형식화이다. 이런 과정을 한번만 하고 성급하게 기호를 도입하기 때문에 학생들이 절차적 지식에만 의존하게 된다. 일반 학생이라면 3~4회 과정을 반복해야 할 것이다.

ⓐ 문제 상황 제시

빨간 구슬이 124개 있고, 노란 구슬이 35개 있습니다. 빨간 구슬이 몇 개 더 많습니까?

ⓑ 수학적 모델로 나타내기

$$\begin{array}{r} 124 \\ -\ 35 \\ \hline \end{array}$$

ⓒ 조작 활동

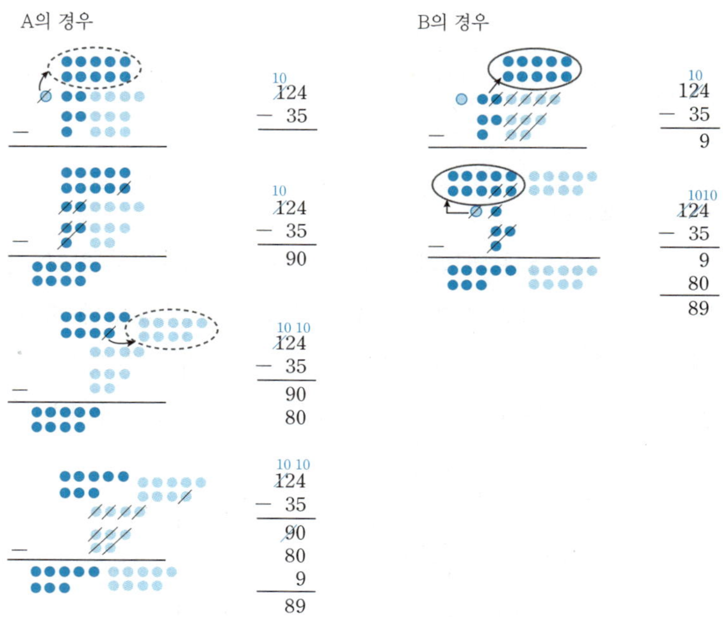

ⓓ 발표 및 형식화

학생 자신의 조작 과정과 결과를 기호로 표현하면서 전체 학생에게 발표하게 한다.

기호로 표현하는 수준은 다음과 같다.

scaffolding 단계　　　정교화 단계

⑤ 덧셈과 뺄셈 익히기

생활 문제를 조작 활동을 통하여 해결하는 과정에서 알고리즘을 재발명하고, 기호의 의미를 이해했다면 계산 기능을 숙달시켜야 한다. 기본수의 계산은 암산으로 능숙하게 해결할 수 있어야 하며, 두 자리 수의 계산은 질적인 추론을 통한 암산으로 해결하거나 지필 계산으로 능숙하게 해결할 수 있어야 한다. 또, 세 자리 이상의 수에 대한 지필 계산을 지나치게 강조하는 것은 바람직하지 않다. 필요에 따라 어림 또는 계산기를 활용하는 것이 바람직하다.

학생들의 흥미와 관심을 집중시키면서 계산 기능을 숙달시키려면 게임이나 놀이를 이용하는 것이 좋다.

[그림 2.11] 덧셈식과 뺄셈식 만들기 놀이

3) 곱셈과 나눗셈

① 곱셈의 기초와 곱셈구구

곱셈은 동수 누가 상황을 제시하여 합을 구하게 한 다음, 더 편리한 방법으로 곱셈을 도입하고, 배 개념으로서 곱셈으로 발전시킨 다음, 곱셈 구구로 일반화한다.

ⓐ 동수 누가

동수 누가의 상황을 다양하게 제시하여 곱셈 구구를 외우면 빨리 계산할 수 있겠다는 인식이 필요하다. 따라서 두, 세 수 정도의 동수 누가는 큰 의미가 없다. 될 수 있는 대로 다섯 수 이상을 제시한다.

자전거가 4대 있습니다. 바퀴는 모두 몇 개입니까?

사과가 1묶음에 5개씩 있습니다. 8묶음이면 몇 개입니까?

5 5 5 5 5 5 5 5

$$5+5+5+5+5+5+5+5 = 40$$

ⓑ 동수 누가를 곱셈으로 나타내기

3+3+3+3+3+3+3=21	5+5+5+5+5+5+5+5=40
3×7=21	5×8=40

ⓒ 배 개념으로 발전

곱셈을 동수누가로만 이해하면 분수와 소수의 곱셈을 이해하는데 어려움이 뒤따를 수 있다. $2\times\frac{2}{3}$를 2를 $\frac{2}{3}$번 더한다는 것이 어떤 의미일까? 그래서 배 개념으로 곱셈을 이해하는 것이 중요하다.

곱셈의 본질적인 개념은 배 개념이다. 비록 동수 누가의 덧셈적인 관점에서 곱셈을 도입하였지만 일단 도입되었으면 동수 누가의 덧셈적인 관점에서 벗어나 곱셈적인 배 개념으로 발전시켜야 한다.

배는 연산자(operator)의 의미이다. 연산자란 어떤 대상에 작용하여 그

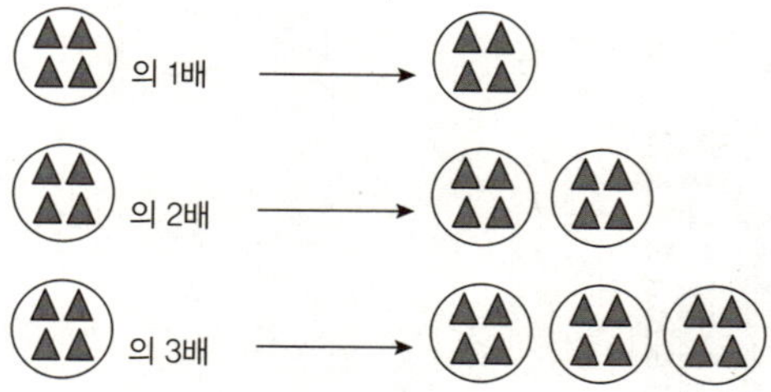

대상을 변화시키는 것을 말한다. 즉, 3배라는 것이 어떤 대상에 작용하면 그만큼 수를 늘이거나 확장시키게 된다.

ⓓ 곱셈 구구

곱셈 구구는 일상생활에서 널리 활용되며, 나눗셈에도 이용되므로 충분한 조작 활동을 통하여 개념을 이해한 다음, 놀이나 게임 등 연습을 통하여 외우도록 한다.

곱셈 구구를 학습하는 순서는 정해져 있지 않지만 학생들의 경험을 바탕으로 2 → 5 → 3 → 4 → 6 → 7 → 8 → 9단의 순서로 학습할 수 있고, 5 → 2, 4, 8 → 3, 6, 9 → 7단의 순서로 학습할 수 있다. 후자의 경우는 전자보다 외우기 쉽고, 곱셈 구구사이의 관계나 패턴을 탐구하는 데 도움이 된다.

② (두 자리 수)×(한 자리 수)

지도 방법이나 절차는 덧셈의 경우와 같다. 즉, ⓐ 문제 상황 제시 → ⓑ 수학적 모델로 나타내기 → ⓒ 조작 활동 → ⓓ 발표 및 형식화이다. 이런 과정을 여러 번 반복하여 학생 스스로가 알고리즘을 재발명할 수 있는 기회를 주는 것이 바람직하다.

ⓐ 문제 상황 제시

사과가 1상자에 25개씩 담겨져 있습니다. 7상자이면 사과는 모두 몇 개입니까?

ⓑ 수학적 모델로 나타내기

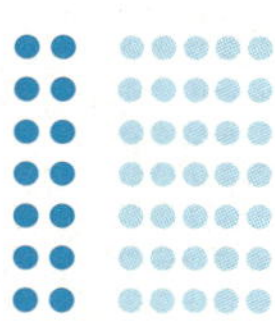

ⓒ **조작 활동**

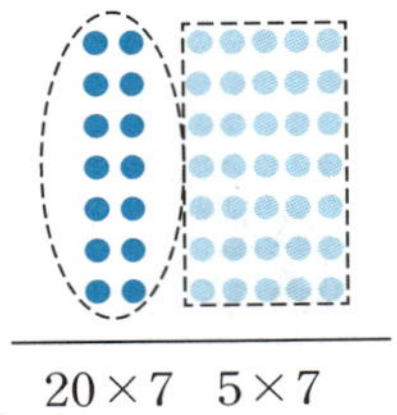

ⓓ **발표 및 형식화**

$$\begin{array}{r} 20+5 \\ \times \quad 7 \\ \hline 140 \\ 35 \\ \hline 175 \end{array} \qquad \begin{array}{r} 20+5 \\ \times \quad 7 \\ \hline 35 \\ 140 \\ \hline 175 \end{array}$$

③ (두 자리 수)×(두 자리 수)

곱하는 수가 한 자리인 경우에는 구체물 조작 활동이 가능하지만 곱하는 수가 두 자리 이상인 경우에는 조작 활동하기가 어려우므로 직관적 또는 연역적 추론에 의하여 알고리즘을 발명하도록 지도한다.

ⓐ **문제 상황 제시**

사과가 1상자에 25개씩 담겨져 있습니다. 37상자이면 사과는 모두 몇 개입니까?

ⓑ **수학적 모델로 나타내기**

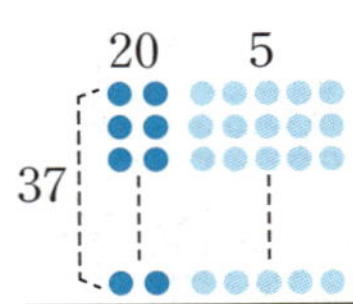

ⓒ **추론에 의한 알고리즘 발명**

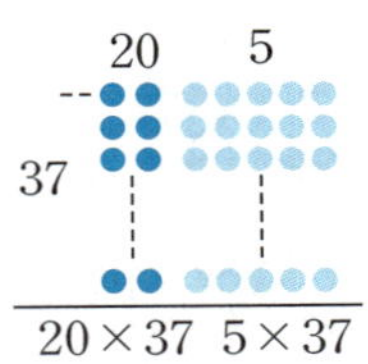

$$\begin{array}{r} 20+5 \\ \times \quad 37 \\ \hline 740 \\ 185 \\ \hline 925 \end{array}$$

ⓓ **발표 및 형식화**

$$\begin{array}{rl} 20+5 & \\ \times\ 37+7 & \\ \hline 600 & \leftarrow 20\times30 \\ 500 & \leftarrow 5\times30 \\ 140 & \leftarrow 20\times7 \\ 35 & \leftarrow 5\times7 \\ \hline 925 & \end{array} \qquad \begin{array}{rl} 20+5 & \\ \times\ 37+7 & \\ \hline 35 & \leftarrow 5\times7 \\ 140 & \leftarrow 20\times7 \\ 150 & \leftarrow 5\times30 \\ 600 & \leftarrow 20\times30 \\ \hline 925 & \end{array} \qquad \begin{array}{rl} 20+5 & \\ \times\ 37+7 & \\ \hline 140 & \leftarrow 20\times7 \\ 35 & \leftarrow 5\times7 \\ 600 & \leftarrow 20\times30 \\ 150 & \leftarrow 5\times30 \\ \hline 925 & \end{array}$$

기호로 표현하는 수준은 다음과 같다.

$$\begin{array}{r} 45 \\ \times\quad 78 \\ \hline 2800 \\ 350 \\ 320 \\ 40 \\ \hline 3510 \end{array} \quad \begin{array}{r} 45 \\ \times\quad 78 \\ \hline 40 \\ 320 \\ 350 \\ 2800 \\ \hline 3510 \end{array} \qquad\qquad \begin{array}{r} 45 \\ \times\quad 78 \\ \hline 360 \\ 315 \\ \hline 3510 \end{array} \quad \begin{array}{r} 45 \\ \times\quad 78 \\ \hline 2800 \\ 315 \\ 32 \\ 60 \\ \hline 3510 \end{array}$$

scaffolding 단계　　　　　　정교화 단계

이 외에도 여러 가지 알고리즘을 만들 수 있다. 그 중 몇 가지를 제시하면 다음과 같다.

- 고대 이집트인의 방법(2배만 이용하였음)

$$\begin{array}{lll} 46\times78 \rightarrow 46\times & 1 = 46 & \\ \times & 2 = 92 & * \\ \times & 4 = 184 & * \\ \times & 8 = 368 & * \\ \times & 14 = 736 & \\ \times & 32 = 1472 & \\ \times & 64 = 2944 & * \end{array}$$

$78 = 64+8+4+2$　$46\times78 = 2944+368+184+92 = 3588$이다.

- 러시아의 전통적인 방법(2배와 반을 이용하였음)

$$\begin{array}{rcl} 46\times78 & \text{원리} & 46\times78 \\ 92\times39 & & =92\times39 \\ 184\times19 & & =184\times19+92 \\ 368\times\ 9 & & =368\times9+184+92 \\ 736\times\ 4 & & =736\times4+368+184+92 \\ 1472\times\ 2 & & =1472\times2+368+184+92 \\ 2944\times\ 1 & & =2944\times1+368+184+92 \\ & & =3588 \end{array}$$

• 격자 이용 방법(Napier의 방법이라고도 알려져 있음)

곱하는 수와 곱하여지는 수의 자리 수만큼 격자를 만들어 빈 곳에 각각의 곱을 쓴 다음, 오른쪽 위에서 왼쪽 아래로 대각선 방향에 있는 수를 더한다. 10이 되면 받아올림한다.

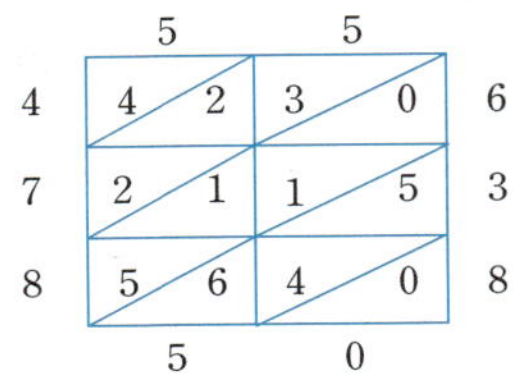

$75 \times 638 = 47850$

• 교점 이용 방법

31×42를 계산하기 위하여 십을 나타내는 선분과 일을 나타내는 선분이 서로 교차하도록 다음 그림과 같이 그린다. 십을 나타내는 선분끼리 만나는 교점의 수는 30×40을 나타내고, 십을 나타내는 선분과 일을 나타내는 선분의 교점의 수는 각각 1×40, 30×2를 나타내며, 일을 나타내는 선분끼리 만나는 교점의 수는 1×2를 나타낸다. 따라서 31×42=1302이다.

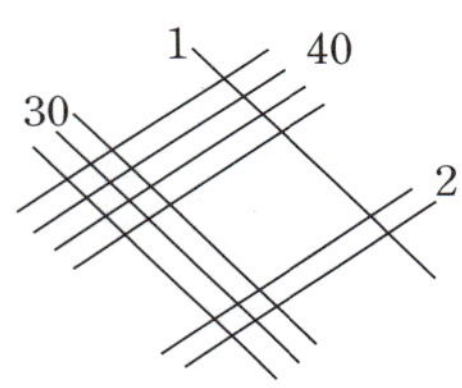

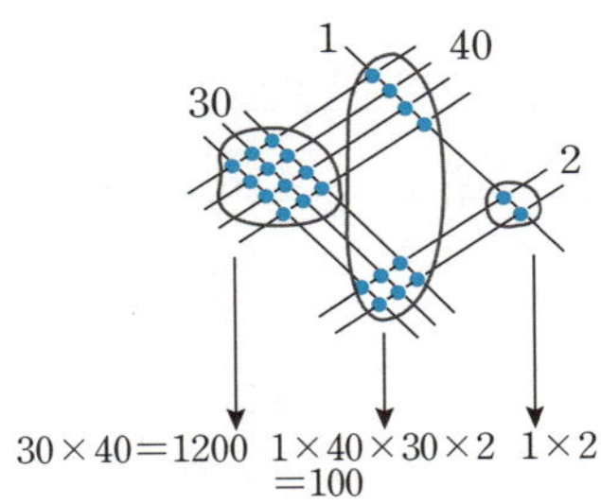

4) 나눗셈

① 곱셈 구구 범위에서 나눗셈

나눗셈의 지도 방법도 다른 연산과 마찬가지로 실생활 중심의 문제 상황을 제시하고, 문제를 수학적 모델로 나타내고, 조작 활동을 통하여 문제를 해결한 다음, 해결 방법을 발표하고 형식화하는 과정을 거친다.

구체물 조작 활동을 하게 되면 나눗셈을 해결하기 위하여 곱셈 구구가 이용된다는 것을 스스로 깨닫게 될 것이다.

ⓐ 문제 상황 제시

사과 24개를 1접시에 4개씩 담으면 몇 접시가 됩니까?

ⓑ **모델로 나타내기**

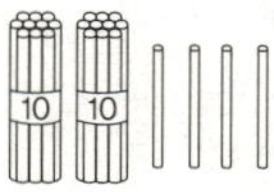

1접시에 4개씩!

ⓒ **조작 활동**

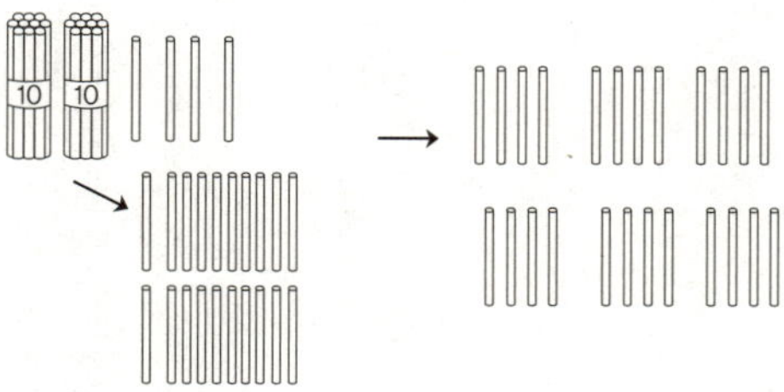

ⓓ **발표 및 형식화**

조작 활동의 결과, 답은 6접시다. 따라서 24÷4=6

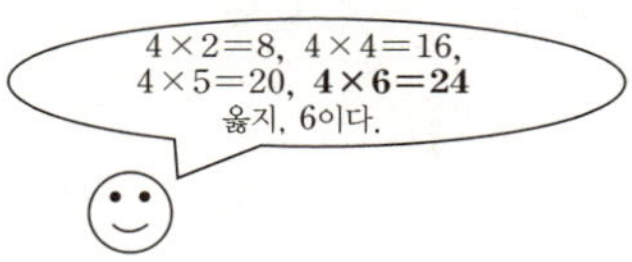

$24 \div 4 = \square$

위에서 결과를 나타내는 그림에서 산가지의 개수는 4개씩 6묶음이므로 4×6=24임에 관심을 기울이게 한다. 그리고 문장제를 조작 활동을 통하여 해결하는 위의 과정을 3~4회 반복하게 되면 학생들은 곱셈과 나눗셈의 관계를 발견하며, 곱셈 구구를 이용하여 나눗셈을 할 수 있다고 추론하게 된다.

② 나누는 수가 한 자리인 나눗셈

ⓐ **문제 상황 제시**

공책 87권을 6명에게 똑같이 나누어주면 1사람이 몇 권씩 가지게 됩니까?

ⓑ **모델로 나타내기**

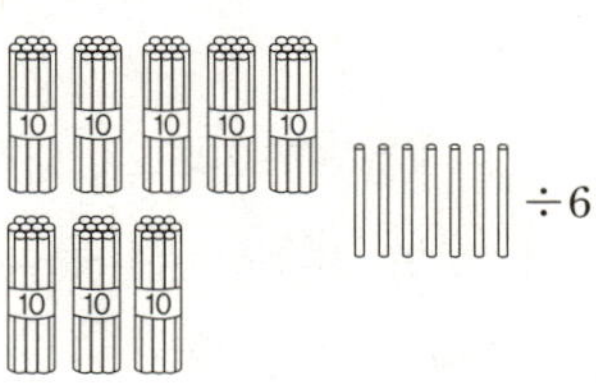

ⓒ 조작 활동

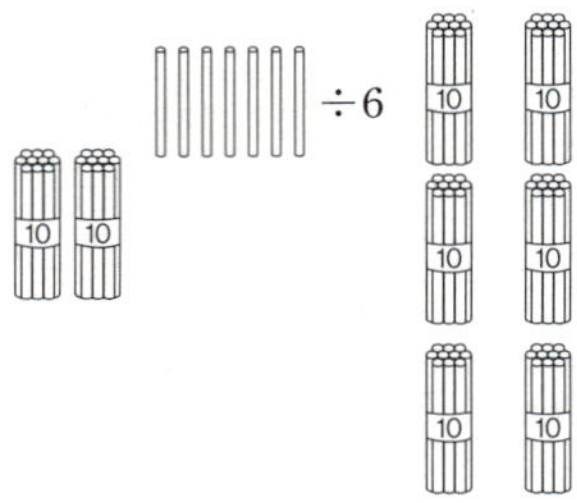

60÷6 = 10

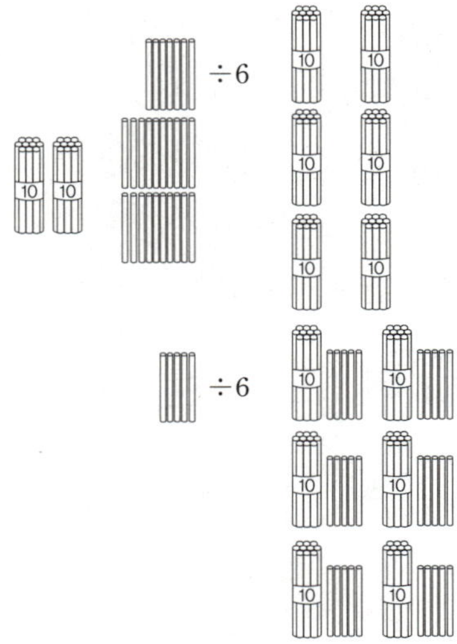

27÷4 = 4 나머지 3

따라서 1사람이 14권씩 가지게 되고 3권이 남는다. 나누고 남는 것을 나머지라고 한다. 나머지는 항상 나누는 수보다 작아야 한다. 나머지가 나누는 수보다 같거나 크면 더 나누어야 할 것이다. 이런 개념은 소수의 나눗셈에서 필요하다.

ⓓ 발표 및 형식화

$$\begin{array}{rl} 14 & \\ 6\,\overline{)\,87} & \\ 60 & —\ 6\times10 \\ \hline 27 & \\ 24 & —\ 6\times4 \\ \hline 3 & \end{array}$$

③ 나누는 수가 두 자리인 나눗셈

나누는 수가 두 자리인 나눗셈에서 중요한 것은 몫을 결정하는 일이다. 암산으로 몫을 결정하기 어려우므로 (두 자리 수)÷(몇 십)인 나눗셈을 통하여 가상 몫을 세우는 학습을 한다. 즉, 73÷30, 92÷20 등 나누는 수가 몇 십인 경우에는 몫을 결정하기 쉽기 때문에 이를 먼저 학습한다. 이를 바탕으로 가상 몫을 세운다.

87÷26에서 몫을 생각하기 어려우므로 이 문제를 87÷20으로 생각하여 가상 몫을 4로 정한다. 26×4=104를 87에서 뺄 수 없는 것은 몫을 크게 정했기 때문이다. 따라서 몫을 줄여 3으로 정하여 계산한다.

```
       4                     3
26 ) 87              26 ) 87
     104 —— 26×4           78 —— 26×3
     ───                   ──
       ?                     9
```

2346÷63의 계산 과정은 다음과 같다. 몫을 결정하기 어렵기 때문에 2300÷60으로 생각하여 가상 몫을 3(실제로는 30임)으로 결정하고 계산한다. 2346−189=456이므로 이번에는 456÷60으로 생각하여 가상 몫을 70으로 결정하고 계산한다.

```
       3                      37
63 ) 2346             63 ) 2346
      189 —— 63×3             189 —— 63×3
     ────                    ────
      456                     456
                              438 —— 63×7
                             ────
                               18
```

④ 검산

검산이란 계산 과정이 옳은지를 검토하는 과정이다. 검산을 이해할 수 있는 인지 능력은 가역적(可逆的) 사고이다. 가역적인 사고란 사고의 계열을 바꾸어 재배치할 수 있는 사고이다. 다시 말하면, 사고의 순서를 바꾸어 생각할 수 있는 능력이다. 가역적 사고 능력이 있어야 역연산을 이해할 수 있다.

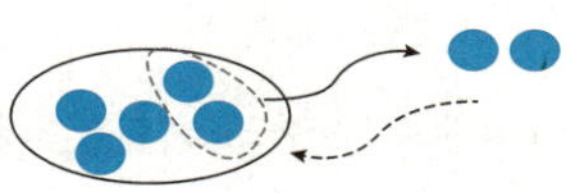

5개에서 2개를 뺐더니 3개가 되었다면 3개에 2개를 넣으면 원래대로 5개가 된다. 또, 어떤 수에 7을 곱했더니 42가 되었다면 42를 7로 나누면 원래의 수가 될 것이다.

원리의 수 ⟶ 작용 ⟶ 결과

$$5-2=3$$

원리의 수 ⟵ 역작용 ⟵ 결과

$5-2=3$	$5\times4=20$
$3+2=5$	$20\div4=5$

A를 B로 나누었더니 몫이 C이고 나머지가 D가 되었다고 하자. 이 과정이 옳은지를 판단하려면 역연산을 하였을 때 A가 되는지를 알아보면 된다. 따라서 검산식은 다음과 같다.

$A\div B=C$ 나머지는 D $\rightleftarrows$ $C\times B+D=A$

⑤ 나누는 수 0과 1

나눗셈에서 0과 1에 대해서는 특별한 주의를 해야 한다. 설명하기 전에, 다음 나눗셈의 몫을 생각해 보아라.

$3 \div 0 = ?$　　　　$0 \div 3 = ?$　　　　$0 \div 0 = ?$

ⓐ $3 \div 0$

정의에 의하여 $3 \div 0$의 몫이 c가 되려면 $0 \times c = 3$이 되는 c가 존재하여야 한다. 그러나 곱셈의 성질에 의하여 $0 \times c = 0$이므로 3이 되는 c가 존재할 수 없다. 따라서 $3 \div 0$은 정의되지 않는다.

ⓑ $0 \div 3$

정의에 의하여 $0 \div 3$의 몫이 c가 되려면 $3 \times c = 0$인 c가 존재하여야 한다. 곱셈 성질에 의하여 $3 \times 0 = 0$이므로 $c = 0$이다. 따라서 $0 \div 3 = 0$이다.

ⓒ $0 \div 0$

정의에 의하여 $0 \div 0$의 몫이 c가 되려면 $0 \times c = 0$인 c가 존재하여야 한다. 그런데 어떤 c에 대해서도 $0 \times c = 0$이 성립한다. 나눗셈 정의에 따라 c는 유일해야 하는데 $0 \times c = 0$인 c가 유일하지 않다. 따라서 c를 결정할 수 없으며, 정의되지도 않는다.

어떤 자연수(0포함) n에 대하여 $n \times 1 = n$이므로 나눗셈의 정의에 의하여 $n \div 1 = n$이다. 예를 들어, $3 \div 1 = 3$, $1 \div 1 = 1$, $0 \div 1 = 0$이다.

[참고문헌]

김성준, 김수환, 신준식, 이대현, 이종영, 임문규, 정은실, 최창우(2013). 초등학교 수학과 교재연구와 지도법. 서울: 동명사.

김성준, 김수환, 신준식, 이대현, 이종영, 임문규, 정은실, 최창우(2014). 2009 교육과정 중심 초등 수학교육론. 서울: 동명사.

김수환(2017). 사례로 살펴보는 수학 영재와 부진아 교육, 수학, 다르게 배운다. 서울: 동명사.

구광조, 오병승, 류희찬 공역(1994). 수학교육과정과 평가의 새로운 방향, 경문사.

교육부(2015). 수학과교육과정, 교육부 고시 제2015-74호[별책 8].

신준식(1997). 자연수 연산의 학습 내용 구성 방향. 한국수학교육학회지 시리즈 C, 1권 1호, p.73.

Baroody, A. J. (1998). Fostering Children' s Mathematical Power, Lawrence Erlbaum Associates.

Clements, D.H., & Callahan, L.G.(1983). Number or prenumber experiences for young Children: Must we choose? The Arithmetic Teacher, 31(3). 34-37.

Freeburry, H. A.(1961). A History of Mathematics. New York: Macmillan.

Gib, E. G., & Castaneda, A. M.(1975). Experience for young children. In J. N. Payne (Ed.), Mathematics learning in early childhood(37th Yearbook). Reston, VA: National Council of Teachers of Mathematics. 96~124.

Howden, H.(1989). Teaching Number Sense. Arithmetic Teacher, 36[Feb, 1989] 6-11.

NCTM(1989). Curriculumn and Evaluation Standards for School Mathematics.

Piaget, J.(1965). The Child's Conception of Number, New York: Norton.

Reston, VA: the National Council of Teachers of Mathematics, Inc.

Sowder, J. T.(1992). Estimation and Number Sense In D. A. Grouws(Ed.), Handbook of Research on Mathematics Teaching and Learning. New York: Macmillan. 371-389.

|연|구|문|제|

1. 초등학교 1학년 수학교과서 1단원 첫 장에 대한 내용은 수 개념 형성 과정의 어떤 관점에서 전개한 것인지 설명하시오.

2. 큰 수를 나타낼 때 3자리마다 콤마(,)를 찍어 나타내는 이유를 설명하시오.

3. 힌두–아라비아 기수법은 지난 600여 년 동안 큰 변화 없이 사용되어왔다. 이 기수법을 더 쉽거나 좋게 개선할 수 있는 아이디어를 말해보시오.

4. 기본 덧셈과 뺄셈을 익힐 수 있는데 도움이 되는 게임이나 놀이를 만들어 보시오.

5. 0×2=0+0=0임을 쉽게 알 수 있지만, 2×0은 2를 0번 더한다는 것은 아무런 의미가 없습니다. 2×0이 0임을 초등학생에게 어떻게 지도할지에 대해 설명하시오.

6. 어떤 학생이 '아무 것도 없는 것을 아무 것도 없는 것으로 나누면 아무것도 없으므로 0÷0=0'이라고 말하였다. 이 학생의 주장이 타당한지 여부를 말하시오.

7. 다음을 보고 학생들이 범하는 오류를 말하시오.

$$\begin{array}{r} 143 \\ -\ \ 28 \\ \hline 125 \end{array} \quad \begin{array}{r} 140 \\ -\ \ 21 \\ \hline 120 \end{array} \quad \begin{array}{r} 140 \\ -\ \ 21 \\ \hline 121 \end{array} \quad \begin{array}{r} 662 \\ -\ 357 \\ \hline 205 \end{array} \quad \begin{array}{r} 662 \\ -\ 357 \\ \hline 115 \end{array} \quad \begin{array}{r} 20 \\ \times\ \ 6 \\ \hline 32 \end{array} \quad \begin{array}{r} 158 \\ 265 \\ +\ \ 98 \\ \hline 512 \end{array}$$

8. 수학 수업 시간에 계산기 사용에 대한 찬반 의견을 말하고 동료 학생들과 토론하여 보시오.

Chapter

03

분수와 소수

분수와 소수는 초등학교 및 중학교 수학과 교육과정의 주요 내용 중 하나로 측정, 비와 비율, 확률 등 이후 수학학습에 필요하다. 따라서 학생들이 분수와 소수라는 중요한 수학적 아이디어를 이해하도록 돕는 것은 중요하다.

분수를 이해하기 위해서는 개념의 발생과 관련된 분배와 측정의 기본적인 아이디어를 이해할 필요가 있다. 이를 바탕으로 부분-전체(part-whole), 측정(measurement), 비(ratio), 몫(quotient), 연산자(operator) 등의 분수 개념의 하위 요소들을 이해해야만 한다. 자연수를 먼저 학습한 학생들은 분수와 자연수의 차이점에도 불구하고 자연수에 관한 지식을 바탕으로 분수를 이해하려고 하기 때문에 여러 가지 어려움을 겪는다. 따라서 분수 개념을 이해할 수 있도록 다양한 구체적인 활동을 제공하는 것이 필요하다. 이 과정에서 분수의 양감을 형성하도록 하는 것이 중요하다. 분모가 십의 거듭제곱인 분수로 도입되는 소수는 분수와의 개념적 관련성을 바탕으로 이해하는 것이 필요하며, 자연수와 같이 십진위치기수법을 따르기 때문에 분수에 비해 크기비교가 용이하다.

분수와 소수에 관한 사칙연산의 학습은 개념에 대한 이해가 선행된 후에 이뤄져야 한다. 자연수의 사칙연산의 학습을 통해 이해한 것들을 바탕으로 분수와 소수의 사칙연산의 의미를 이해하고 숙달하도록 해야 한다. 이를 위해서는 학생들의 이해를 도울 수 있는 다양한 구체적인 모델들을 효과적으로 활용하는 것이 필요하다.

이 장의 탐구문제

한 아라비아의 상인이 3명의 아들에게 다음과 같은 유언을 남기고 숨을 거뒀다.

"첫째 아들은 내가 남긴 낙타의 $\frac{1}{2}$을, 둘째는 $\frac{1}{3}$을, 막내는 $\frac{1}{9}$을 나눠 가지 거라."

상인이 남긴 낙타는 모두 17마리였다. 세 아들은 아버지의 유언에 따라 낙타를 나눠가지려고 했지만 낙타를 죽여서 나누지 않고서는 문제를 해결할 수가 없었다. 세 아들이 깊은 고민에 빠져 있을 때, 낙타를 타고 지나가던 여행객이 이 얘기를 전해 듣고 문제를 해결해 주겠다고 제안하였다. 여행객은 자신의 낙타 1마리와 형제들이 가진 낙타 17마리를 모아 둔 후, 첫째 아들에게 전체의 $\frac{1}{2}$인 9마리를 가져가도록 하였다. 그런 후 둘째에게 전체의 $\frac{1}{3}$인 6마리를, 막내에게는 전체의 $\frac{1}{9}$인 2마리를 가져가게 한 후 마지막으로 남은 자신의 낙타 1마리는 타고 길을 떠났다.

(1) 여행객이 문제를 해결한 방법은 무엇인가?

(2) 여행객이 이용한 문제해결방법이 유용했던 까닭은 무엇인가?

(3) 이 방법으로 해결할 수 있는 다른 문제를 만들어 보시오.

이 장의 탐구문제

분수의 나눗셈 계산과정을 지도하면서 교사와 학생들 사이에 이루어지는 가상적인 대화이다. 읽고 물음에 답하시오.

교 사: 오늘은 분모가 같은 진분수끼리의 나눗셈 계산 방법을 알아보도록 하겠어요. 분수곱셈은 배웠죠?

학생들: 네.

교 사: 분수곱셈은 어떻게 하나요? 누가 발표해 볼 사람?

학생들: (머뭇거리며 몇 명이 손을 든다.)

교 사: 5학년 때 배웠을 텐데. 벌써 잊어버렸나? 오공이가 발표해 보자.

오 공: 분자는 분자끼리 분모는 분모끼리 곱하면 됩니다.

교 사: 그렇죠. 잘했습니다. 분수의 곱셈을 알면 분수의 나눗셈은 쉽게 할 수 있어요. 그럼, 오늘은 $\frac{5}{6} \div \frac{2}{6}$ 를 계산하는 방법을 알아보도록 합시다. (아래의 수식을 쓰면서) 어렵지 않으니까 잘 보세요. 분수의 나눗셈은 이렇게 뒤집어서 곱하면 됩니다. 분수의 곱셈은 이미 배웠으니까 곱하는 건 어렵지 않죠.

$$\frac{5}{6} \div \frac{2}{6} = \frac{5}{6} \times \frac{6}{2} = \frac{30}{12}$$

교 사: 여기 나누는 수의 분자와 분모를 바꾸어서 곱해주면 돼요. 알겠죠?

학생들: 네.

오 공: 선생님, 질문 있어요. 분수나눗셈은 나눗셈인데 왜 곱셈을 해요? 나누기를 이용해서 분수나눗셈을 하는 방법은 없나요?

교 사: 나눗셈을 이용하는 방법이 있지. 그런데 이 방법을 설명해도 너희들이 이해하기는 어려워서 선생님이 설명을 하지 않은 거야. 괜히 어려워할 것 같아서 쉽게 풀 수 있는 방법을 설명한 거지. 어차피 어려운 방법은 너희가 이해하기도 어렵고 문제 풀 때 이용하지도 않을 거잖아.

오 공: …

(1) 위 사례에서 교사가 행한 지도활동의 핵심은 무엇이라고 생각하는가?

(2) 위 수업의 교사가 행한 교수활동의 문제점은 무엇이라고 생각하는가?

(3) 분수나눗셈을 도입할 때, 아동의 이해를 도울 수 있는 효과적인 방법에는 어떤 것이 있겠는가?

이 장에서 다루는 주요 개념: 분수, 소수

1 이론적 배경

(1) 분수와 소수의 역사

초등학교 아동이 학습해야 하는 중요한 수학적 개념 중 하나가 분수이다. 정수 사이에 존재하는 또 다른 종류의 수가 필요한 경우는 크게 두 가지로 생각할 수 있다. 첫째, 측정을 하는 경우, 가장 가까운 정수 단위보다 더 정확한 수량으로 나타내는 것이 필요한 때가 많다. 예를 들어, 문의 높이와 폭을 측정할 때 정수단위에 정확히 맞는 경우가 아니라면 문의 높이와 폭을 가장 가까운 인치나 센티미터로 표시하는 것은 충분하지 않다. 따라서 더 작은 단위를 사용해야만 한다. 둘째, 분배상황에서는 분배할 대상의 수가 분배를 받을 사람 수의 배수가 아닌 경우가 많은데, 이때는 나머지가 발생한다. 이런 경우, 대상을 더 작은 부분으로 나눈 후 그 중 일부를 나눠줄 수 있다. 이와 같이 분수는 일상적인 분배와 측정의 상황에서 발생되었기 때문에 실생활 상황에서 발생하는 여러 가지 문제를 이해하고 다루는데 유용하게 이용될 수 있다.

분수를 광범위하게 다룬 기록 중 우리에게 알려진 최초의 역사적 자료는 이집트 수학자들의 연구를 담고 있는 Ahmes(또는 Rhind)의 수학적 파피루스(기원전 약 1600년)이다.

린드(Rhind) 파피루스

수학 관련 표와 문제가 포함된 두루마리로 고대 이집트 수학에 관한 많은 정보가 담겨져 있는 가장 오래된 수학책 중 하나이다. 1858년 나일강 휴양지에서 스코틀랜드 골동품수집가인 알렉산더 헨리 린드가 구입한 것으로 그의 이름을 따서 린드 파피루스라고 불린다. 기원전 1650년경에 이 두루마리를 필사한 아메스(Ahmes)의 이름을 따서 아메스 파피루스라고 부르기도 한다.

[그림 3.1] Ahmes(Rhind) 수학 파피루스

이집트인들은 분자가 1인 단위 분수를 이용해서 분수를 나타냈다. 8명이 피자 5판을 나눠 먹었다면 한 사람이 먹은 피자의 양은 $\frac{5}{8}$ 판인데, 이집트인들은 이를 $\frac{1}{2}+\frac{1}{8}$로 나타냈다. 이집트 상형문자를 이용해서 단위분수를 나타내면 다음과 같다.

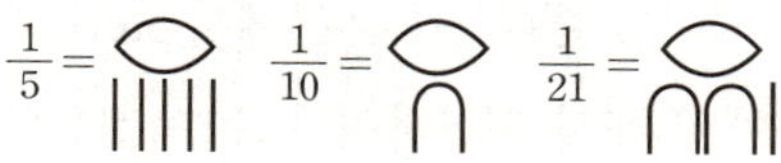

$\frac{1}{5}=$, $\frac{1}{10}=$, $\frac{1}{21}=$

단위분수를 나타내기 위해 이용한 ⬭기호는 마야 기수법에서 0을 나타내는 기호인 (기호)와 닮았다. 이집트인들은 단위분수를 나타내기 위해서 ⬭기호 밑에 분모를 나타내는 수를 표시하였다. 그러나 일상적으로 빈번하게 쓰였던 $\frac{2}{3}$는 $\frac{1}{2}+\frac{1}{6}$로 나타내지 않고 분모가 $\frac{3}{2}$인 단위분수로 나타냈다. 즉, $\frac{2}{3}$는 $\frac{3}{2}$의 역수로 나타냈으며 그 기호는 다음과 같다.

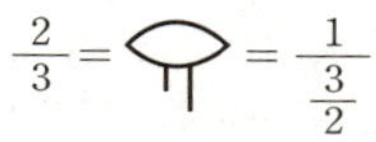

$\frac{2}{3}= \quad = \frac{1}{\frac{3}{2}}$

한편, 이집트의 신관문자에서는 숫자 위에 점을 찍어 단위분수를 나타냈다. 예를 들어 30을 나타내는 ∧에 점을 찍은 $\dot{\wedge}$는 $\frac{1}{30}$을 나타낸다. 흥미롭게도 이집트인들이 사용한 이 기호는 3000년이 지난 18세기에도 영어권의 책에서 $\frac{1}{2}$과 $\frac{1}{4}$을 나타내기 위해서 $\frac{\bullet}{2}$와 $\frac{\bullet}{4}$과 같이 사용되었다.

이집트인들이 분자가 1인 분수를 사용한 것과는 달리 바빌로니아인들(기원전 약 2000년)은 분모가 60^1, 60^2인 분수만을 사용하였다. 그래서 $\frac{1}{60}$을 '첫 번째 작은 부분', $\frac{1}{60^2}$을 '두 번째 작은 부분'이라고 불렀다. 1시간의 $\frac{1}{60}$인 1분, 1시간의 $\frac{1}{60^2}$인 1초는 이런 바빌로니아의 전통이 남아 있는 것이다.

현재 우리가 사용하는 분수 표기법은 힌두교도들이 처음 사용한 것으로 알려져 있다. Brahmagupta(서기 약 630년)는 '3분의 2'를 $\frac{2}{3}$로 나타냈다. 그 후 아랍인들이 분자와 분모를 구분하기 위해서 '가로선'을 도입했지만 조판상의 제약 때문에 '가로선'을 빼고 사용하였다.

한편, 중국에서는 분수를 십진 분수로 나타내려는 경향이 있었다. 이는 중국의 도량형이 십진법을 고수한 데서 생겨난 것이다(변희현, 2005). 그러나 중세의 뛰어난 수학자들조차 분수에서 십진법을 생각하지는 못했다.

브라마굽타(Brahmagupta)

7세기(598년–665년) 인도의 수학자, 천문학자로 '브라마시단타(Brahma-siddhanta)'를 저술하였다. 21장으로 이뤄진 이 책의 12장과 18장에서 수학과 관련된 내용을 다루고 있으며 주로 산술과 부정방정식을 다루었다. 같은 수끼리의 차를 0이라고 정의하였고 정수 연산의 규칙을 제시하였다.

Simon Stevin

페르시아의 수학자인 Jamshid al-Kashi가 15세기에 소수를 처음 발견했다고 알려져 있지만 소수에 관한 첫 기록은 10세기의 이슬람 수학자인 Abu'l-Hasan al-Uqlidisi가 952년 무렵에 쓴 책에서 찾아볼 수 있다(Wikipedia).

정수에 적용되는 십진법 체계를 분수에 확대적용하려고 했던 수학자들 중 가장 영향력이 컸던 사람이 네덜란드 수학자인 Simon Stevin이다. Stevin은 역사상 처음으로 소수를 이용한 사람은 아니지만 1585년에 쓴 'La Thiende'(또는 De Thiende, 이후 프랑스어 논문인 La Disme로 번역됨.)라는 소논문에서 소수를 어떻게 활용할 수 있는지를 소개하면서 유럽에 소수를 보급하는데 큰 기여를 했다. 이 논문에서 Stevin은 소수 계산 규칙과 소수의 실생활 활용에 대해서 언급하면서 소수 계산이 정수 계산만큼 쉽게 이뤄질 수 있음을 보였다. 그의 이런 업적은 십진 위치기수법을 분수에까지 확장한 것이라고 할 수 있다. 이후 유럽에서 소수가 사용되기 시작하면서 16세기와 17세기에는 아래의 그림과 같은 다양한 소수 표기법이 활용되었다.

27 | 847　　27(847)　　27 |847　　27 847

27847 . . . ③　　$27{,}8^{i}4^{ii}7^{iii}$　　$\underset{0}{27847}$　　27 ⓪ 8 ① 4 ② 7 ③

[그림 3.2] 27.847의 다양한 표기법

이 중 몇 가지 대표적인 소수 표기법을 도입한 사람들은 다음과 같다.

표기법	도입 시기	사용한 사람	나라
3 142	1522	Adam Ries	독일
3|142 3,142	1579	Francois Viete	프랑스
3⓪1①4②2③	1585	Simon Stevin	네덜란드
3·142	1614	John Napier	스코틀랜드

소수 표기법은 현재도 전 세계적으로 통일되어 있지 않다. 영국에서는 Napier의 소수점을 그대로 사용하여 3·142로 나타내며, 미국에서는 이와 비슷하게 3.142로 나타낸다. 반면, 독일과 프랑스에서는 Viete의 표기법대로 3,142로 나타내며 덴마크와 스웨덴과 같은 스칸디나비아 국가에서는 $3,^{142}$로 나타내기도 한다.

(2) 분수와 소수 학습의 중요성

초등학생의 입장에서 보면, 일상생활에서 가장 빈번하게 활용되는 수는 자연수일 것이다. 자연수는 물건의 개수나 사람 수와 같은 집합수, 순서를 나타내는 순서수, 버스번호나 출석번호와 같은 이름수의 의미로 다양한 상황에서 활용되기 때문이다. 그러나 자연수는 덧셈과 곱셈 연산에 대해 닫혀있지만 뺄셈과 나눗셈에는 닫혀있지 않다. 따라서 자연수에서의 뺄셈을 위해서는 항상 큰 수에서 작은 수를 빼야만 하고, 나눗셈은 나머지가 없는 경우도 있지만 나머지가 있는 경우가 오히려 더 많다. 수체계를 정수로 확장하면 뺄셈도 감수와 피감수의 순서와 관계없이 자유롭게 할 수 있지만 나눗셈 연산은 여전히 자유롭게 할 수 없다. 항상 나눗셈이 가능하려면 수를 유리수까지 확장하여야 한다.

유리수는 정수의 집합 Z로부터 구성할 수 있다. 유리수의 집합을 Q라고 하면, $Q=\{\frac{a}{b} \mid a, b \in Z,\ b \neq 0\}$이다. 유리수는 임의의 두 정수 a, b의 몫 $\frac{a}{b}(b \neq 0)$이다. 그러므로 자연수, 정수는 유리수의 집합에 포함된다.

일반적으로 초등학교에서는 분수와 유리수를 같은 의미로 사용하지만 분수와 소수는 유리수를 표현하는 하나의 방법일 뿐이다. 분수와 유리수는 모두 $\frac{a}{b}(b \neq 0)$꼴로 나타내어 몫이나 비율을 의미하지만 유리수는 두 수 a, b가 정수인 반면에 분수는 그렇지 않다. 예를 들어, $\sqrt{2} \div 3$을 나타내는 $\frac{\sqrt{2}}{3}$는 분수이지 유리수는 아니다. 유리수의 집합은 분수 집합의 부분집합이며, $\frac{\sqrt{2}}{2}$와 $\frac{\pi}{3}$와 같은 수들을 포함하고 있다. 초등학교에서는 유리수인 분수(common fraction)를 학습하므로 이를 구별하지 않고 분수라는 용어를 사용한다. 유리수를 표현하는 또 하나의 방법은 소수(decimal fraction)이다. 소수는 분모가 십의 거듭제곱인 분수이다.

> **common fraction**
> 일반적인 '분수'와 구별하기 위해 '상분수'라고 표현하기도 한다.

분수와 소수는 서로 장·단점이 있다. 분수는 어떤 유리수라도 간결하고 명확하게 나타낼 수 있다. 또 유리수의 성질을 이론적으로 탐구하는 데 적절하고 곱셈과 나눗셈이 편리하다. 반면에, 소수는 덧셈과 뺄셈이 편리하며 대소비교가 쉽고 실용성이 높다. 특히, 컴퓨터와 계산기가 많이 보급되면서 소수의 활용도가 점점 높아지고 있다.

분수와 소수를 포함하는 유리수에 대한 이해는 일반적인 수학 성취도뿐만 아니라 수학과 교육과정의 특정 영역 성취도에도 매우 중요하다. 예를 들어, Booth & Newton(2012)은 학습자의 분수 지식이 학생들의 대수학

준비정도를 예측하는데 범자연수 지식보다 더 효과적인 요인임을 밝혔다. 또한, Siegler, Thompson & Schneider(2011)는 초등학교 고학년 학생들의 분수 지식과 학생들의 일반적인 수학 성취도 사이에 높은 상관관계가 있음을 밝혀냈다. Siegler et al.(2012)은 미국과 영국의 종단연구결과를 통해 이런 연구결과를 확장하여 5학년 학생들의 분수 지식은 고등학교에서의 일반 수학 및 대수학 성취도를 예측하는 중요한 요인임을 밝혔다.

분수와 소수 연산은 수학 성취도에만 영향을 미치는 것이 아니다. 유리수 연산은 생물학, 물리학, 화학, 공학, 경제학, 사회학, 심리학 등 다른 많은 분야의 학습에도 영향을 미친다. 유리수 연산에 대한 지식은 미적분과 같은 고등 수학 지식이 필수적이지 않은 일반적인 직업에서 매우 중요한 역할을 한다. 더욱이 분수와 소수 연산은 조리법(예. 디저트 4인분을 만들기 위해 밀가루 $\frac{3}{4}$ 컵이 필요하다면 6인분을 만들기 위해서는 밀가루가 얼마나 필요한가?), 측정(예. 12 m 길이의 나무막대는 2.75 m 길이의 막대 4개로 자를 수 있는가?)과 같은 일상생활에서 흔히 사용된다. 뿐만 아니라 TV나 인터넷을 통해 접할 수 있는 다 양한 확률과 통계 정보를 이해하기 위해서도 분수와 소수 연산을 이해해야 한다.

분수와 소수 연산은 일반적인 인지발달이론, 특히 수개념 발달과 관련된 이론에서도 중요한 역할을 한다. Piaget와 동료들은 인지발달을 이해하는데 있어서 비와 비율과 같은 유리수 관련 내용의 이해가 중요하다는 것을 처음으로 인식한 연구자들이다. Inhelder & Piaget(1958; Piaget & Inhelder, 1975)는 대략 12살~13살에 이뤄지는 구체적 조작기에서 형식적 조작기로의 이행에 비와 비율 개념의 이해가 매우 중요하다고 주장하였다. 실제로 형식적 조작기의 발달에서 비례추론은 매우 중요하다. 분수와 소수 연산을 이해하기 위해서는 분수와 소수 개념 자체를 이해해야만 한다. 개념을 이해하지 못하면 분수와 소수 연산도 이해하기 어렵다.

초등학교에서의 분수학습은 다음의 세 가지 측면에서 중요하다(Neagoy, 2017). 첫째, 분수는 수학에 대한 학생들의 생각에 영향을 미친다. 대부분의 학생들에게 분수는 첫 번째로 경험하는 학습 장애물이다. 분수의 의미이해를 포기하고 맹목적으로 암기하기 시작하면서 학생들은 수학을 싫어하게 된다. 이런 측면에서 분수에 대한 성공적인 학습은 이후 학습에도 중요하다. 둘째, 분수는 학교수학에서 뿐만 아니라 일상생활에서도 기초가 된다. 분수는 비, 비율, 백분율, 비례, 선형성, 기울기 등과 같은 많은 수학 주제의 기초가 될 뿐만 아니라 음식조리법을 따르거나 할인율 계산, 비율의 비교, 단위 환산, 지도 읽기, 환전 등과 같은 일상생활의 활동에서도 필요하다. 따라서 일상생활의 필요를 위해서도 학생들은 분수에 대해 이해해야만 한다. 셋째, 분수는 대수학습의 기초가 된다. 분수학습은 곱셈구조와 같은 지적 발달에 필요한 정신 구조의 발달과 확장을 위한 풍부한 학습의 장을 제공하며, 이후에 접하게 될 기본적인 대수 연산의 바탕이 된다(Behr, Lesh, Post & Silver, 1983). 미국의 국립수학자문위원회(National Mathematics Advisory Panel, 2008)의 보고에 따르면 대부분의 미국 학생들이 대수에서 실패하는 이유는 분수학습에 실패했기 때문이다. 대수가 고등학교와 대학에서의 성공적인 수학학습을 위한 기초가 된다는 측면에서 볼 때, 분수학습은 중요하다.

(3) 분수와 소수 학습의 어려움

Lortie-Forgues, Tian & Siegler(2015)는 분수와 소수 연산이 어려운 이유를 크게 내적 요인에 의한 어려움과 외적 요인에 의한 어려움으로 구분하였다. 내적 원인에 의한 어려움으로는 범자연수와는 다른 표기법, 분수와 소수에 대한 양감의 부족, 분수와 소수 연산 절차의 모호성, 유리수 연산과 범자연수 연산의 복잡한 관계, 유리수 연산 절차들 간의 복잡한 관계, 1보다 큰 분수/소수와 1보다 작은 분수/소수를 곱하거나 나누었을 때의 서로 상반된 효과, 분수와 소수 연산이해를 위한 학습량의 부족 등을 들었다.

1) 내적 요인에 의한 어려움

① 범자연수와 다른 표기법

범자연수 연산보다 분수와 소수의 연산이 근본적으로 더 어려운 이유 중 하나는 분수와 소수의 표기법 때문이다. 분수는 분자, 분모, 가로선의 세 부분으로 이루어져 있는데, 학생들은 이것 때문에 분수를 이해하는데 어려움을 느낀다. 예를 들면, 분수를 처음 학습할 때 학생들은 $\frac{1}{2}$을 자연수 1과 2, 1+2, 자연수 12와 같이 하나의 수로 생각하기도 한다(Gelman, 1991; Hartnett & Gelman, 1998). 분수 표기법을 학습하고 난 이후에도

범자연수(whole number)

분수나 소수와 같이 한 단위(whole unit)의 일부분을 나타내는 수가 포함되지 않는 양수를 지칭하는 용어로서, 일반적으로 0과 자연수로 이루어진 수를 뜻한다.

분수를 다루기 위해서는 더 많은 인지적인 노력이 필요하다. 예를 들면, $\frac{336}{14} \times \frac{234}{18}$을 계산하는 것이 24×13을 하는 것보다 작동기억의 부담이 훨씬 더 크다. 분수를 나타내는데 기억의 부담이 크면 클수록 문제를 해결하거나, 절차를 실행하면서 과정을 점검하거나, 문제에 포함된 분수 크기를 답과 관련짓는데 활용할 수 있는 인지적 자원은 줄어든다.

소수는 분수와 달리 십진위치기수법을 따르며 표기법에 있어서는 범자연수와 비슷하기 때문에 분수보다 익숙하다. 그러나 몇 가지 점에서는 차이가 있다. 범자연수는 길수록 큰 수이지만 소수의 경우에는 길이가 크기와는 관련성이 떨어진다. 또, 범자연수의 오른쪽 끝에 0을 붙이면 5와 50처럼 값이 달라지지만 소수의 경우(0.2와 0.20)에는 그렇지 않다. 읽는 방법 역시 서로 다르다. 범자연수의 경우에는 읽을 때 자릿값(예를 들면, 25는 '이십오')이 나타나지만 소수의 경우에는 각 자리의 숫자(예를 들면, 0.25는 '영점 이오')를 읽는다. 이처럼 소수에 적용되는 규칙은 범자연수와 비슷한 점과 차이점이 있기 때문에 둘을 혼동하지 않고 소수 연산을 이해하기 위해서는 인지적인 부담이 크다고 할 수 있다.

② 분수와 소수에 대한 양감의 부족

범자연수 연산을 성공적으로 해결하기 위해서는 문제에 포함된 수의 크기를 이해하고 있어야 한다. 초등학교 저학년 학생들도 학습경험을 통해서 범자연수의 크기에 대한 양감을 가지고 있으며, 이를 이용해서 문제를 해결한다.

범자연수와 달리 분수의 크기는 두 수의 비를 생각해야만 하기 때문에 계산의 정확성이나 계산속도 등이 상대적으로 떨어진다. 특히 분수의 크기를 제대로 이해하기 위해서는 범자연수 연산가운데 가장 어렵다는 나눗셈을 이해해야만 한다(Foley & Cawley, 2003). 이런 어려움 때문에 분수 표현을 학습하기 전에 학생들이 범자연수에 대해 이해한 내용을 기본적으로 재조직해야만 한다고 주장하기도 한다. 유리수와 관련된 개념들은 동시에 점진적으로 학습되어지기 때문에 이를 단기간에 제대로 이해하는 것은 어렵고 시간이 필요하다. 따라서 학생들이 분수의 크기에 대해 이해할 수 있도록 충분한 활동을 오랫동안 제공하는 것이 필요하다. 분수에 대한 양감이 우수한 학생은 일반적으로 분수 연산을 더 잘한다.

반면, 소수의 크기는 범자연수의 크기를 비교하거나 이해하는 것만큼 정확하고 빠르게 할 수 있다. 그럼에도 불구하고 0.03이나 0.306과 같이 0이 포함된 소수의 크기를 이해하는 것은 어렵다. 범자연수에서는 십의 자리나 백의 자리와 같이 가장 큰 자릿값에 수가 없을 때 0을 표시하지 않지만 소수에서는 0을 표시해야만 한다. 예를 들면, 12를 0012라고 쓰지 않지만 소수 첫째자리가 0인 경우에는 0.02와 같이 나타낸다. 이런 차이점 때문에 0이 포함된 소수의 크기를 인식하는 것이 훨씬 어렵다. Rittle-Johnson & Koedinger(2009)의 연구에 따르면 소수에 대한 양감이 우수한 학생들이 소수 연산을 더 정확하게 학습한다.

③ 유리수 연산 절차의 모호성

분수 연산 절차가 어떤 개념적 기초를 바탕으로 하고 있는지를 정확히 이해하는 것은 쉽지 않다. 따라서 대부분의 학생들이 분수 연산 절차가 어떻게 발생하게 되었는지를 정확히 알지 못한다. 예를 들면, 분수의 덧셈과 뺄셈을 위해서는 분모가 같아야 하는데 왜 곱셈과 나눗셈에서는 그럴 필요가 없는가? 왜 분수 나눗셈은 제수의 역수를 곱해서 해결하는가? 당연히 이런 질문들에 대해 답을 할 수 있어야 하지만 학생들이 분명하게 답을 떠올리기는 쉽지 않다. 이런 질문에 답을 하기 위해서는 분수 학습 이후에 경험하게 되는 대수에 관한 상당한 지식이 필요한데, 학생들이 분수를 학습할 당시에는 이런 지식이 부족하기 때문에 분수 연산 알고리즘을 정당화하기는 어렵다.

소수의 연산 절차는 범자연수의 연산 절차를 이용해서 정당화할 수 있기 때문에 분수 연산 절차에 비해서는 분명하다. 예를 들면, 36+12는 각 자릿값별로 더하면 답을 얻을 수 있는 것과 마찬가지로 0.36+0.12도 0.1의 자리, 0.01의 자리끼리 더하면 답을 얻을 수 있다. 그러나 0.36+0.012와 같이 자리 수가 다른 소수끼리의 덧셈과 뺄셈에서는 범자연수와 같이 끝자리를 맞추어서 계산을 해야 할지, 같은 자릿값끼리 계산을 해야 할지에 대해 혼란을 겪기도 한다. 또, 소수 두 자리 수끼리의 덧셈결과는 소수 두 자리인데 반해서 0.12×0.25와 같은 소수 두 자리 수끼리의 곱셈결과는 소수 네 자리 수가 되고 0.24÷0.12와 같은 나눗셈은 왜 몫이 자연수가 되는지를 분명히 이해하기는 쉽지 않다.

④ 범자연수 연산 절차와 유리수 연산 절차 사이의 복잡한 관계

범자연수 연산 절차와 분수 연산 절차는 서로 관련성을 가지고 있지만 이런 관련성을 분명하게 이해하기는 쉽지 않다. 덧셈과 뺄셈에서 분모가 같은 경우에는 범자연수 덧셈과 뺄셈처럼 분자끼리 더하거나 빼면 된다. 그러나 분모끼리는 더하거나 빼지 않는다. 그런데 곱셈에서는 분모가 같은지의 여부와 관계없이 분자는 분자끼리, 분모는 분모끼리 곱한다. 분수 나눗셈의 경우에는 나누는 수의 역수를 구한 후 분수끼리의 곱셈을 통해 답을 구한다. 이처럼 범자연수 연산 절차와 분수 연산 절차의 관련성이 복잡하고 이해하기 어렵기 때문에 분수의 덧셈에서 $\frac{1}{2}+\frac{2}{3}=\frac{3}{5}$과 같이 자연수끼리의 덧셈처럼 분자는 분자끼리, 분모는 분모끼리 더하는 오류를 범한다. Siegler & Pyke(2013)의 연구에 따르면, 6학년과 8학년 학생들이 범한 분수 덧셈과 뺄셈 오류 중 22%가 이 범주에 속한다.

범자연수 연산 절차와 소수 연산 절차 사이의 관계도 복잡하다. 소수 덧/뺄셈의 계산 절차는 범자연수 덧/뺄셈의 계산 절차와 거의 같다. 다만, 자연수의 덧/뺄셈에서는 수의 오른쪽 끝을 정렬해서 자릿값끼리 더하거나 빼도 같은 자릿값끼리의 계산이 되지만 소수의 덧/뺄셈에서는 이 방법을 적용할 수 없다. 따라서 소수의 덧셈과 뺄셈에서는 소수점을 기준으로 수를 정렬해서 계산해야만 한다.

소수의 곱셈과 나눗셈은 더 복잡하다. 범자연수 곱셈에서는 항상 오른쪽 끝이 정렬되어 있는데 반해 소수의 곱셈은 그렇지 않다. 대체로 소수의 곱셈과 나눗셈을 학습하기 전에 분수의 곱셈과 나눗셈을 학습하기 때문에 분수와 소수와의 관계를 이용해서 소수의 곱셈과 나눗셈은 분수의 곱셈과 나눗셈으로 계산할 수 있다. 그러나 시간이 지나면 범자연수 곱셈의 결과를 이용해서 소수의 곱셈을 할 수 있도록 지도한다. 이 과정에서 개념적인 이해가 수반되지 않으면 곱하는 수와 곱해지는 수에 포함된 소수점 아래 자리 수를 기계적으로 더해서 곱의 소수점의 위치를 찾게 된다. 이런 경우, 기계적으로 계산문제의 답을 구할 수는 있을지 모르지만 왜 그렇게 소수점을 찍어야 하는지에 대해서는 설명할 수 없다.

소수 나눗셈의 경우는 범자연수의 나눗셈과 마찬가지로 장제법(long division)을 이용해서 몫을 구할 수 있다. 예를 들면, 3.2÷0.2의 경우, 32÷2로 바꾸어 계산하는 것처럼 제수와 피제수를 자연수로 만들기 위해서 소수점을 옮겨서 계산한다. 이것 역시 개념적 이해가 수반되지 않으면 기계

장제법(long division)

큰 수가 포함된 나눗셈에 적합한 필산방법으로 12세기부터 이용되었다고 알려져 있다. 현재 사용하는 방법은 헨리 브릭스(Henry Briggs)가 1597년에 도입한 것으로 알려져 있다.

적인 절차로 수행될 가능성이 높다. 소수 나눗셈에서 가장 어려운 경우는 나머지가 있을 때이다. 유리수는 나눗셈에 대해 닫혀있기 때문에 소수끼리의 나눗셈에서 나머지는 발생하지 않는다. 다만 나머지가 없을 때까지 계속해서 나눗셈 계산을 수행하는데 어려움이 있기 때문에 몫을 제한된 범위까지만 구하고 나머지를 구하도록 하는 경우가 많다. 이때, 3.3÷0.2의 문제에서와 같이 소수의 나눗셈을 범자연수의 나눗셈으로 고쳐서 계산하는 전략은 몫을 구하는 데는 효과적이지만 나머지를 구하는 데는 오히려 어려움을 발생시킨다. 실제로 3.3÷0.2를 33÷2로 바꾸어 계산하면 자연수 범위에서 몫은 16이 되어 3.3÷0.2의 몫과 같다. 그런데 33÷2의 나머지는 1이지만 3.3÷0.2의 문제를 바꾸어서 계산한 것이므로 실제 나머지는 1이 아닌 0.1이 된다. 이처럼 소수 나눗셈에서 나머지를 구하기 위해서는 문제에 포함된 원래의 소수를 고려해야만 한다. 이런 차이점이 소수 나눗셈을 더 어렵게 만드는 요인이라고 할 수 있다.

⑤ 유리수 연산 절차간의 복잡한 관계

분수의 사칙연산 절차들 사이의 관계 역시 복잡하기 때문에 학생들이 분수 연산을 이해하는데 장애가 된다. 예를 들면, 분수의 덧셈과 뺄셈을 위해서는 분모가 같아야 하고 분모가 같은 경우 분자끼리만 더하거나 빼서 답을 구할 수 있다. 반면, 분수의 곱셈과 나눗셈에서는 분모가 같지 않아도 계산이 가능할 뿐만 아니라 분모역시 곱하거나 나누어야 한다. 이런 차이 때문에 학생들 중에는 $\frac{2}{3}\times\frac{1}{3}=\frac{2}{3}$라는 잘못된 절차를 적용해서 오답을 얻기도 한다. Siegler & Pyke(2013)의 연구에 따르면 분수 곱셈 오류의 46%, 분수 나눗셈 오류의 55%가 잘못된 분수 연산 절차를 활용한 것 때문에 발생하였다.

소수 연산에서도 서로 다른 절차가 학생들이 겪는 어려움의 원인이 된다. 특히 계산 결과의 소수점의 위치를 찾는 일이 학생들에게는 쉽지 않는 과제이다. 예를 들면, 소수의 덧셈과 뺄셈에서는 피가수(피감수)와 가수(감수)의 소수점의 위치를 정렬한 뒤 계산 결과에서도 같은 위치에 소수점을 찍으면 올바른 답을 얻을 수 있다. 반면, 곱셈에서는 피승수와 승수에 포함된 소수점 아래 자릿수의 합을 구해서 계산결과에 반영해야만 한다. 예를 들면, 0.24×0.3의 경우, 곱은 소수 세 자리 수가 된다. 이처럼 계산 결과에서의 소수점의 위치를 바르게 찾는 방법이 서로 다르기 때문에 학생들은 어려움을 겪는다. Hiebert & Wearne(1985)에 따르면, 소수의 덧셈과 뺄셈에서 적용되는 소수점의 위치 찾는 전략을 $0.3 \times 0.2 = 0.6$과 같이 소수의 곱셈에 잘못 적용하는 사례가 6학년 학생들의 소수 곱셈에서 범한 오류의 76%를 차지할 정도로 빈번하게 발생한다.

⑥ 1보다 작은 유리수의 곱셈과 나눗셈의 효과에 대한 오류

범자연수에서 곱셈은 피승수를 더 크게, 나눗셈은 피제수를 더 작게 만드는 효과가 있다. 이에 비해서 유리수에서 곱셈과 나눗셈 연산의 효과는 승수와 제수의 크기에 따라 그 효과가 달라진다. 특히 1보다 작은 진분수나 소수를 승수나 제수로 포함하는 경우의 곱셈과 나눗셈 연산의 효과는 범자연수에서 경험했던 것과는 반대로 나타난다. 예를 들면, 범자연수에서 4×2는 피승수인 4보다 큰 8이 되고, $4 \div 2$는 피제수인 4보다 작은 2가 된다. 이런 경험을 바탕으로 학생들은 $4 \times \frac{1}{2}$은 8, $4 \div \frac{1}{2}$은 2, $4 \times 0.2 = 8$, $4 \div 0.2 = 4$라고 생각한다.

이런 점이 학생들에게 어려운 이유는 범자연수 덧/뺄셈, 유리수의 덧/뺄셈, 범자연수 곱/나눗셈, 승수와 제수가 1보다 큰 경우의 유리수 곱/나눗셈 연산의 효과는 서로 같지만 승수와 제수가 1보다 작은 유리수 곱/나눗셈의 경우만 연산의 효과가 다르기 때문이다.

⑦ 서로 다른 계산 절차에 대한 연습량의 부족

분수 연산을 이해하고 숙달하기 위해서는 서로 다른 절차에 대해 충분히 경험하고 학습할 필요가 있다. 분수나 소수의 연산이 어려운 이유는 이를 이해하기 위해 이전에 학습한 범자연수의 사칙연산을 모두 이해해야 할 뿐만 아니라 통분, 약분, 분수의 역수를 구하는 방법 등에 대해서도 이해해야하기 때문이다. 또한 대분수를 가분수로, 가분수를 대분수로 변환하는 방법도 알아야 한다. 분수에 대한 개념적인 이해가 충분하지 않은 학생들은 어떤 계산에서 분모는 계산하지 않고 그대로 유지하는지, 어떤 계산에서 분모끼리도 계산을 해야 하는지를 구별하는 것이 쉽지 않다.

소수 연산은 분수 연산만큼 서로 다른 절차에 대한 숙달이 요구되지는 않지만 범자연수 연산보다는 어려운 것이 사실이다. 특히, 소수의 덧/뺄셈 계산 결과에서의 소수점의 위치를 찾는 방법과 소수의 곱/나눗셈 계산 결과에서의 소수점의 위치를 찾는 방법이 서로 다르다는 점이 학생들에게 혼란을 야기할 수 있다. 또한 소수의 나눗셈 계산 결과에서의 소수점의 위치를 찾는 방법은 소수의 곱셈 계산 결과에서의 소수점의 위치를 찾는 방법과도 다르다.

이 외에도 분수 자체의 개념적 복잡성, 먼저 학습한 범자연수 개념 및 연산의 방해 등이 분수와 소수의 개념학습 및 연산학습을 어렵게 만든다.

2) 외적 요인에 의한 어려움

유리수 학습은 외적인 요인에 의해서도 영향을 받는다. 특히 문화적으로 어떤 가치를 중시하는지, 교육체계가 어떤 특징을 가지고 있는지 등이 분수와 소수를 포함한 유리수 학습의 어려움을 가중시키거나 완화시키는 역할을 한다. 예를 들면, 유리수의 개념적인 어려움이 유리수 연산학습의 어려움을 발생시키는 내적 요인이기는 하지만 학생들의 동기를 유발할 수 있는 양질의 수업을 통해서 이런 어려움은 일정부분 극복될 수 있다. 따라서 외적 요인은 크게 수업과 관련된 요인과 학습자의 선행지식과 관련된 두 요인으로 나누어 살펴보고자 한다.

수업과 관련된 요인이나 학습자의 선행지식은 학습자가 속한 공동체가 수학에 대해 어떤 관점을 가지고 있는가에 의해서도 영향을 받는다. 이런 관점은 주로 사회가 공유하고 있는 문화 속에 구체화되어 있다. 따라서 사회가 공유하고 있는 문화는 유리수 학습뿐만 아니라 수학학습 전반에 영향을 미친다. Hatano(1990)는 각 문화권 내에서 의무적으로 숙달해야 하는 기능과 선택적으로 숙달해야 하는 기능을 구분하여 살펴보았다. 예를 들면, 읽기는 동아시아나 국가와 미국 모두에서 의무적으로 숙달해야 하는 기능인 반면 음악은 두 문화권 모두에서 선택적으로 숙달해야 하는 기능이다. 수학은 동아시아 문화권에서는 의무적으로 숙달해야 하는 기능인 반면 미국에서는 선택적으로 숙달해야 하는 기능으로 보고 있다. 이런 차이가 전반적인 수학학습, 특히 유리수 학습에도 영향을 미친다.

① 수업과 관련된 요인

ⓐ 유리수 개념과 연산에 대한 교사의 이해 부족

학생들이 분수와 소수의 개념 및 연산을 이해하도록 돕기 위해서는 교사가 유리수 개념 및 연산에 대해 충분한 지식을 가지고 있어야 한다.

분수연산과 관련해서 Siegler & Lortie-Forgues(2015)는 41명의 캐나다 예비교사들에게 " $\frac{31}{56}\times\frac{17}{42}>\frac{31}{56}$은 참인가 거짓인가?"와 같이 분수연산의

효과에 관한 문항을 제시한 후 그들의 이해정도를 조사하였다. 그 결과, 승수나 제수가 1보다 작은 분수의 곱셈과 나눗셈 연산의 효과에 대한 문항의 정답율이 각각 33%, 29%로 승수나 제수가 1보다 큰 경우의 정답율(각각 79%, 77%)보다 현저히 낮았다.

분수 연산에 대한 교사들의 이해가 부족하다는 사실은 분수의 곱셈과 나눗셈 문장제를 제대로 만들지 못한다는 사실에서 잘 드러난다. '$1\frac{3}{4} \div \frac{1}{2}$'과 관련된 문장제를 만들도록 한 Ball(1990)의 연구에서는 조사대상인 미국 예비교사 중 26%만이 성공적으로 문장제를 만들 수 있었다. 이와 비슷하게 '$\frac{2}{3} \div 2$'나 '$\frac{7}{4} \div \frac{1}{2}$'과 같은 분수 나눗셈 문제의 의미를 설명하라고 했을 때, 대부분의 미국 교사들은 "뒤집어서 곱한다."는 것 이상의 설명을 하지 못했다(Li & Kulm, 2008). 반대로 "철수는 $\frac{3}{4}$ kg의 고기를 샀다. 그 중 $\frac{1}{3}$은 찌개를 끓이는데 쓰고 나머지는 냉장고에 넣어두었다. 철수가 찌개를 끓이는데 사용한 고기는 몇 kg인가?"라는 문제를 해결하는데 적합한 계산식을 찾으라고 했을 때 조사대상 벨기에 예비교사의 19%만 '$\frac{3}{4} \times \frac{1}{3}$'이라는 올바른 식을 선택하였다(Depaepe et al., 2015).

이런 결과는 소수에서도 비슷하게 나타났다. Siegler & Lortie-Forgues(2015)는 '$\frac{31}{56} \times \frac{17}{42} > \frac{31}{56}$'를 '$0.554 \times 0.405 > 0.554$'와 같이 조사에서 사용되었던 분수 문제를 가장 가까운 소수 세 자리 수로 바꾸어 문제를 제시하였다. 조사결과, 분수 연산에서와 마찬가지로 승수와 제수가 1보다 작은 소수 곱셈과 나눗셈 문제에서의 정답율은 각각 38%와 25%였다.

유리수 연산에 대해 이해하지 못한 교사는 이를 제대로 가르칠 수 없을 뿐만 아니라 학생들의 질문에 제대로 답할 수 없고 더불어 학생들의 오개념에 대해서도 적절한 조치를 취하기 어렵다. 분수와 소수 개념 및 연산에 대해 교사가 어떤 지식을 가지고 있는가는 그들이 학생들을 어떻게 가르치는 가에 영향을 미친다. 따라서 유리수 개념과 연산을 지도하기 위해서는 충분한 이해가 선행되어야 한다.

ⓑ 암기를 강조하는 수업

일반적으로 분수와 소수의 개념 및 연산에 관한 학습에서는 학습자의 개념적 이해보다는 절차적 기능을 강조해왔다(National Mathematics Advisory Panel, 2008). 이런 수업 관행은 개념적 이해를 지향하는 수업보다는 절차적 기능을 강조하는 수업이 용이하기 때문이며 더불어 개념적 이해를 평가하는 것이 절차적 기능을 평가하는 것보다 어렵기 때문이기도 하다.

개념적 이해보다는 절차적 기능을 강조하는 수업은 여러 가지 면에서 학생들에게 부정적인 영향을 미친다. 먼저, 개념적 이해가 수반되지 않은 절차는 기억의 부담이 크다. 암기가 되었다고 해도 시간이 지나면 쉽게 망각된다. 일단 망각되면 개념적 이해가 수반되지 않았기 때문에 학습자 스스로 다시 절차를 재생하기는 어렵다. 이런 이유 때문에 Common Core State Standards Initiative(2010)에서는 절차적 기능의 기반이 되는 개념적 이해를 강조할 것을 권고하고 있다.

ⓒ 유리수연산에 대한 교과서의 설명

유리수연산은 먼저 학습한 범자연수연산의 영향을 받는다. 이런 영향력을 고려한다면 유리수연산의 학습에 긍정적인 영향을 미칠 수 있는 선행지식은 적극적으로 활용하고 부정적인 영향을 미칠 수 있는 선행지식은 유리수연산에 맞게 재조정하는 것이 필요하다.

일반적으로 덧셈에 대한 선행지식을 활용한다는 측면에서 5×3과 같은 범자연수 곱셈은 $5+5+5$와 같이 동수누가를 이용한다. 그러나 곱셈을 동수누가로 이해하는 방식은 두 가지 측면에서 부정적인 영향을 미칠 수 있다. 첫째, 범자연수에서의 동수누가를 이용한 곱셈은 항상 결과가 커지기 때문에 '곱은 항상 피승수보다 커진다.'는 잘못된 결론을 내리게 한다. 둘째, 곱셈을 동수누가로 설명하는 것은 승수가 범자연수인 곱셈에서는 효과적인 설명이지만 $\frac{2}{3}\times\frac{1}{2}$나 0.35×0.2와 같은 분수나 소수의 곱셈에서는 적용하기 어렵다. 이런 문제점을 극복하기 위해서 곱셈을 '배'로 해석할 수도 있다. 우리나라 교육과정에서도 '동수누가'보다는 '배'의 개념을 강조하여 곱셈을 지도하고 있다. 즉, 5×3을 '5의 3배'로 해석한다. 이런 해석은 $\frac{2}{3}\times\frac{1}{2}$을 '$\frac{2}{3}$의 $\frac{1}{2}$배'로 해석할 수 있게 해준다.

나눗셈도 비슷하다. 범자연수 나눗셈은 '분배'와 '측정'의 두 가지 의미로 해석할 수 있다. 범자연수 뺄셈에 대한 선행지식을 활용한다는 측면에서 '$6\div2$'를 '측정'의 의미로 해석해서 '$6-2-2-2$'와 같이 동수누감을 이용해서 문제를 해결한다. 그러나 이런 방법은 피제수가 제수보다 작은 나눗셈의 경우 적용하는데 어려움이 있다. 반면, '$6\div2$'를 '분배'로 해석하여 '사탕 6개를 2사람에게 나눠주면'과 같은 상황으로 해석할 수도 있다. 그러나 '분배'로 해석하는 것 역시 제수가 자연수가 아닌 경우에는 적용하기 어렵다. 이런 점이 분수나 소수 나눗셈의 어려움을 가중시킨다.

② 학생들의 선행지식

유리수개념이나 연산학습의 기초가 되는 선행지식이 부족한 경우에도 유리수학습은 어려움을 겪을 수 있다.

먼저, 범자연수 연산에 대한 지식이 부족할 때 어려움을 겪을 수 있다. 기본적으로 유리수를 이해하기 위해서는 범자연수의 사칙연산, 특히 곱셈과 나눗셈에 대한 이해가 선행되어야 한다. 이분모분수의 덧셈과 뺄셈을 위해서는 통분을 해야 하는데 이를 위해서 범자연수 곱셈능력이 전제되어야 한다. 소수연산은 먼저 학습한 분수연산을 이용한다는 측면에서 분수연산의 기초가 되는 범자연수 연산에 대한 배경지식은 소수연산에도 똑같이 필요하다.

둘째, 분수와 소수에 대한 양감부족이다. 분수와 소수에 대한 양감은 그 자체로 분수와 소수 연산에 큰 도움이 된다. $\frac{1}{2}$이 $\frac{2}{4}$와 같다는 것을 안다면 $\frac{1}{2}+\frac{3}{4}$를 계산하기 위해서 $\frac{1}{2}$을 $\frac{2}{4}$로 바꾸어 $\frac{2}{4}+\frac{3}{4}$으로 계산할 수 있다. 또, 유리수연산의 결과가 합리적인 지의 여부를 판단할 때도 분수와 소수에 관한 양감이 중요하다. 예를 들면, $\frac{2}{3}\times\frac{1}{2}$의 결과는 $\frac{2}{3}$의 반이므로 $\frac{2}{3}$ 보다 클 수 없음을 알 수 있다. 마찬가지로 소수에 대한 양감이 우수한 학생은 0.4가 0.17보다 크기 때문에 0.4+0.13=0.17이 잘못된 계산이라고 판단할 수 있다. 이처럼 분수나 소수에 대한 양감은 분수와 소수연산 학습에 영향을 미친다(Fuchs et al., 2014).

셋째, 유리수 개념과 유리수 연산에 대한 개념적 이해의 부족은 유리수 연산에 부정적인 영향을 미친다. 개념적인 이해가 결여된 채로 기계적으로 계산기능을 숙달하는 것은 단순 수치계산에서는 단기적인 효과를 거둘 수 있을지 모르나 문장으로 제시된 문제상황에 적합한 연산을 선택하는 등의 문제에서는 어려움을 발생시킨다. 또 자신이 이용한 계산절차가 왜 효과적인지를 설명할 수 없다. 이처럼 분수와 소수 연산의 의미가 무엇인지를 이해하는데 적절한 도움을 받지 못하면 학생들은 분수와 소수 연산은 자의적이고 혼란스럽다고 생각할 수밖에 없다.

이 외에도 분수의 생성 배경이 반영되지 않은 학습 맥락, 일상생활에서 자주 경험하는 일상용어인 '반', '반의 반'이라는 개념을 충분히 활용하고 있지 않다는 점, 제한된 자료의 활용에 따른 학생들의 조작활동의 제한,

이산량 상황에서의 활동 부족, 분수 및 소수 개념이해에 도움이 되는 다양한 모델 활동의 부족 등도 유리수 학습을 어렵게 만드는 원인이다.

(4) 분수, 소수와 유리수

1) 유리수와 유리수 연산의 정의

자연수 집합 N에서는 네 가지의 기본연산인 덧셈, 뺄셈, 곱셈, 나눗셈 중에 덧셈과 곱셈만이 닫혀있다. 임의의 자연수 a, b에 대해서 $a-b$, $a\div b$의 계산결과는 항상 자연수가 되는 것은 아니기 때문에 뺄셈과 나눗셈은 닫혀있지 않다. 자연수에 대한 덧셈역원 즉, 음의 정수를 도입하여 구성된 정수의 집합 Z는 뺄셈연산에 대해 닫혀있다. 그러나 정수 집합 Z도 덧셈과 뺄셈, 곱셈은 닫혀있지만 나눗셈에 대해서는 닫혀있지 않다. 사칙연산에 모두 닫힌 집합이 바로 유리수 집합 Q이다.

유리수 집합을 정의하기 위해서 먼저 다음과 같은 관계 ~를 정의하자.

정의. $a,\ c\in Z,\quad b,\ d\in Z-\{0\}$에 대해 $(a,\ b)\sim(c,\ d)\Leftrightarrow ad=bc$

관계 ~는 다음과 같이 반사율, 대칭율, 추이율을 만족시키므로 동치관계가 된다.

1) $\forall\ a,\ b\in Z(b\neq 0)$에 대해, $ab=ba$이므로 $(a,\ b)\sim(a,\ b)$이다. (반사율)
2) $\forall\ a,\ c\in Z,\ b,\ d\in Z-\{0\}$에 대해, $ad=bc\Rightarrow cb=da$이므로 $(a,\ b)\sim(c,\ d)\Rightarrow(c,\ d)\sim(a,\ b)$이다. (대칭율)
3) $\forall\ a,\ c,\ e\in Z,\ b,\ d,\ f\in Z-\{0\}$에 대해 $(a,\ b)\sim(c,\ d)$, $(c,\ d)\sim(e,\ f)\Rightarrow(a,\ b)\sim(e,\ f)$이다. (추이율)
   즉, $ad=bc,\ cf=de$이므로 $a=\dfrac{bc}{d}$이다.
   이때, $af=\dfrac{bc}{d}f=\dfrac{b}{d}cf=\dfrac{b}{d}de=be$이다.
   따라서 $af=be$이므로 $(a,\ b)\sim(e,\ f)$이다.

이제 동치관계 ~를 이용해서 유리수 집합을 정의한다.

정의. 동치관계 ~에 대한 동치류집합을 유리수 집합 Q라 한다.

$(a,\ b)$에 의해서 결정되는 동치류는 $\frac{a}{b}$로 나타낼 수 있다. 예를 들면, 집합 $\{(a,\ b) |\ a,\ b \in Z,\ b \neq 0,\ b = 2a\}$는 $(1,\ 2)$에 의해서 결정되는 동치류가 되고 이를 $\frac{1}{2}$로 나타낼 수 있다. 유리수 집합 Q가 나눗셈에 대해 닫혀있도록 하기 위해서 0이 아닌 정수에 대한 곱셈역원을 도입하여 구성한다. 유리수 집합 Q에 대해 다음과 같이 덧셈과 곱셈 연산을 정의한다.

정의. 유리수에 대한 덧셈과 곱셈을 다음과 같이 정의한다.

$a,\ b,\ c,\ d \in Z(b \neq 0,\ d \neq 0)$에 대해

$$\frac{a}{b} + \frac{c}{d} = \frac{(ad+bc)}{bd} \quad \text{(덧셈)}$$

$$\frac{a}{b} + \frac{c}{d} = \frac{ac}{bd} \quad \text{(곱셈)}$$

위에서 정의된 덧셈과 곱셈은 잘 정의된 연산이다. 이제 곱셈의 역원을 이용해서 나눗셈을 정의한다.

먼저, 임의의 $a,\ b \in Z-\{0\}$에 대해, $\frac{a}{b} \times \frac{b}{a} = \frac{ab}{ba} = \frac{1}{1}$이므로 $\frac{b}{a}$는 $\frac{a}{b}$의 곱셈역원이다. 따라서 $\frac{a}{b}$로 나누는 것은 역수인 $\frac{b}{a}$를 곱하는 것으로 정의한다.

정의. 유리수에 대한 나눗셈을 다음과 같이 정의한다.

$\forall\ a,\ b,\ c,\ d \in Z(b \neq 0,\ c \neq 0,\ d \neq 0)$에 대해서

$$\frac{a}{b} \div \frac{c}{d} = \frac{a}{b} \times \frac{d}{c} = \frac{ad}{bc} \quad \text{(나눗셈)}$$

일반적으로 역수를 곱해서 분수의 나눗셈 계산을 하는 것은 유리수집합에서의 나눗셈의 정의를 따른 것이다.

2) 분수나눗셈의 형식화

앞에서 제시된 정의를 이용해서 초등학교에서 분수나눗셈을 지도하는 여러 가지 방법을 살펴보기로 하자. 먼저, 유리수 나눗셈의 정의에 따라 역수의 곱을 이용해서 계산할 수 있다.

① 역수법

$\forall\ a,\ b,\ c,\ d \in Z(b\neq 0,\ c\neq 0,\ d\neq 0)$에 대해서, $\frac{a}{b}=x,\ \frac{c}{d}=y$라고 하면, 유리수 나눗셈의 정의를 이용해서 다음과 같이 계산할 수 있다.

$$\frac{a}{b}\div\frac{c}{d}=x\div y=\frac{x}{y}=\frac{\frac{a}{b}}{\frac{c}{d}}=\frac{\frac{a}{b}\times\frac{d}{c}}{\frac{c}{d}\times\frac{d}{c}}=\frac{a}{b}\times\frac{d}{c}$$

예를 들면 다음과 같이 계산된다.

$$\frac{1}{2}\div\frac{3}{4}=\frac{\frac{1}{2}}{\frac{3}{4}}=\frac{\frac{1}{2}\times\frac{4}{3}}{\frac{3}{4}\times\frac{4}{3}}=\frac{1}{2}\times\frac{4}{3}$$

② 분자는 분자끼리, 분모는 분모끼리

$\forall\ a,\ b,\ c,\ d \in Z \in Q(b\neq 0,\ c\neq 0,\ d\neq 0)$에 대해서, 다음이 성립한다.

$$\frac{a}{b}=a\div b,\ \ \frac{c}{d}=c\div d$$

이 사실을 이용하면 다음과 같은 식을 얻을 수 있다.

$$\begin{aligned}\frac{a}{b}\div\frac{c}{d}&=\frac{a}{b}\times\frac{d}{c}=\frac{a\times d}{b\times c}=\frac{a\times d}{c\times b}=\frac{a}{c}\times\frac{d}{b}\\&=(a\div c)\times\left(\frac{1}{b\div d}\right)=\frac{a\div c}{b\div d}\end{aligned}$$

따라서 두 분수의 나눗셈 계산은 분자는 분자끼리, 분모는 분모끼리 계산하는 것과 같음을 알 수 있다. 예를 들면, 다음과 같이 계산할 수 있다.

$$\frac{1}{2}\div\frac{3}{4}=\frac{1\div 3}{2\div 4}=\frac{\frac{1}{3}}{\frac{2}{4}}=\frac{\frac{1}{3}\times\frac{4}{2}}{\frac{2}{4}\times\frac{4}{2}}=\frac{1}{3}\times\frac{4}{2}$$

③ 공통분모법

위의 방법대로 계산할 때, 두 분수의 분모가 같으면 몫이 1이 되므로 두 분수의 나눗셈이 두 분자끼리의 나눗셈으로 환원될 수 있다. 따라서 이분모분수의 나눗셈인 경우, 두 분수를 통분하면 아래와 같이 보다 간단하게 계산할 수 있음을 알 수 있다.

$$\frac{a}{b} \div \frac{c}{d} = \frac{a \times d}{b \times d} \div \frac{c \times b}{d \times b} = \frac{\{(a \times d) \div (c \times b)\}}{\{(b \times d) \div (d \times b)\}}$$

$$= \frac{(a \times d) \div (c \times b)}{1} = \frac{a \times d}{c \times b}$$

예를 들면 다음과 같이 계산할 수 있다.

$$\frac{1}{2} \div \frac{3}{4} = \frac{1 \times 2}{2 \times 4} \div \frac{3}{4} = \frac{2}{4} \div \frac{3}{4} = \frac{2 \div 3}{4 \div 4} = \frac{2}{3}$$

3) 분수의 여러 가지 의미

분수 개념은 초등학교 학생들이 어려워하는 수학 개념 중의 하나이다. 분수가 어려운 주요 요인 중의 하나는 분수 자체가 가지고 있는 다양한 의미 때문이다. 많은 연구자들이 분수의 의미를 여러 가지로 제시하였지만 대체로 다음 5가지의 의미로 요약될 수 있다.

부분-전체(part-whole)

$\frac{1}{3}$을 영어로는 'a third', 우리말로는 '삼분의 일'이라고 읽는다. 영어로 읽을 때는 부분, 전체의 순서로 읽는 반면 우리말에서는 전체, 부분의 순서로 읽는다. 이런 측면에서 '부분-전체'의 의미를 '전체-부분'의 의미로 명명하는 연구자도 있다. 이 책에서는 'part-whole'을 '부분-전체'로 명명하기로 한다.

① 부분-전체의 의미

부분-전체의 의미는 분수 개념에서 가장 기초적이고 중요한 개념으로, 분수학습을 위한 효과적인 출발점이다(Cramer et al., 2010). 부분-전체는 등분할 된 연속량 중 일부분이나 이산량 중 일부분을 수로 나타내는데 필요하다. 전체에 대한 부분을 분수 기호로 나타내는 능력은 연속량이나 이산량을 똑같은 크기의 부분이나 집합으로 나눌 수 있는 능력과 관련되고, 이것은 나중에 분수를 읽는 데 중요한 역할을 하게 된다.

$\frac{a}{b}$에서 b는 전체를 등분할한 개수, a는 부분이 차지하는 개수를 나타낸다. 부분-전체의 관계에서 학생들은 '전체를 3을 나눈 것 중 2'와 같이 분자와 분모를 쉽게 확인하여 분수로 나타낼 수 있다는 장점이 있다. 그러나 CCSSI(2010)에서는 $\frac{a}{b}$를 '등분할 된 b개 중 a개'로 볼 것이 아니라 '$\frac{1}{b}$ 크기의 부분이 a개'로 해석할 것을 권고하고 있다.

부분-전체의 의미는 전체를 등분할 한 후 그 일부분이 차지하는 양을

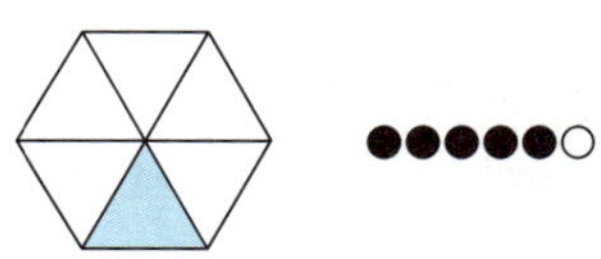

$\frac{1}{6}$

분수로 나타내는 것이다. 따라서 부분은 전체의 부분집합이어야 하며 부분과 전체는 같은 종류의 양이어야 한다. $\frac{a}{b}$를 '등분할 된 b개 중 a개'로 해석할 경우, a는 b보다 항상 작아야 하므로 단위분수, 진분수는 자연스럽게 이해할 수 있다. 그러나 $\frac{8}{5}$과 같이 분자가 분모보다 큰 가분수는 개념적으로 이해하기 어렵다. 또 부분과 부분의 관계, 서로 다른 양의 관계를 다루는 이후 학습에서는 의미가 확장될 필요가 있다. 또한 $\frac{a}{b}$를 '등분할 된 b개 중 a개'로 해석할 경우 분수를 하나의 수로 인식하는데 어려움이 있을 수 있다. $\frac{2}{3}$는 전체를 똑같이 3으로 나눈 것 중 2이므로 '3'과 '2'라는 두 수와 양을 머릿속으로 동시에 고려해야만 한다. 따라서 분수를 하나의 수로 인식하도록 돕기 위한 활동이 제공될 필요가 있다. $\frac{a}{b}$를 '$\frac{1}{b}$크기의 부분이 a개'로 해석하는 것은 비례 추론의 발달에 중요한 승법적 사고의 발달에 도움이 된다. 예를 들면, ●●○를 보고 검은색 돌이 $\frac{2}{3}$, 흰색 돌이 $\frac{1}{3}$이므로 $\frac{2}{3}+\frac{1}{3}=\frac{3}{3}$라고 가법적으로 생각할 수 있다. 승법적 사고를 위해서는 $\frac{2}{3}$를 $\frac{1}{3}$이 2인 것으로 생각할 수 있도록 해야 한다.

가분수

가분수(假分數, improper fractions)와 진분수(眞分數, proper fractions)라는 용어 자체에 분수는 1보다 작은 수를 나타낸다는 것을 함의하고 있다. 이런 측면에서 Neagoy(2017)는 'proper'와 'improper'를 사용해서 분수의 특성을 나타내지 말 것을 제안하였다.

분수에 대한 양감을 길러주기 위해서는 단순히 부분과 전체의 개수를 비교해서 분수로 나타내는 활동만 할 것이 아니라 다음과 같이 부분과 전체를 따로 분리하여 부분과 전체의 크기를 비교할 수 있는 기회를 제공해야 한다.

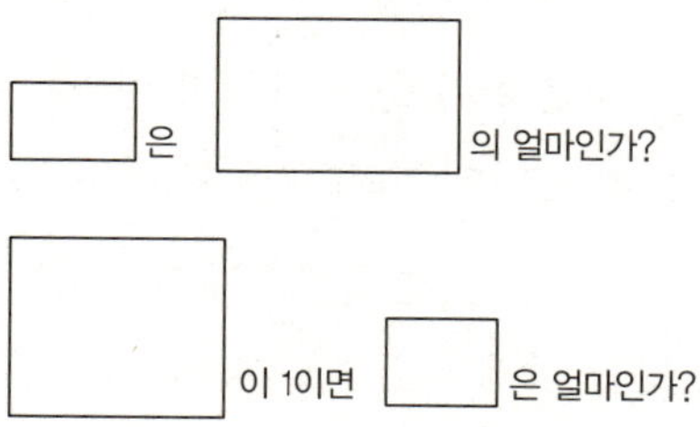

② 측정의 의미

분수는 양을 측정한 결과를 나타내는데 이용된다. 이때, 하나의 양을 단위로 하고 다른 양을 측정한다. 측정 과정에서 분수가 어떻게 발생하였는지를 살펴보자. 어떤 막대의 길이를 재기 위해서는 적절한 단위가 필요하고, 그 단위를 반복적으로 사용하여 측정 결과를 단위의 자연수 배로 나타낼 수 있을 때 그 단위를 반복적인 측도라고 한다. 예를 들어, 다음 그림에서 막대의 길이는 단위의 4배이다.

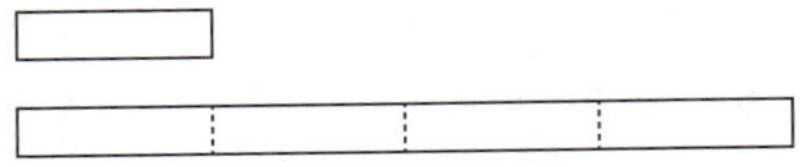

그러나 단위를 반복적으로 사용하여 측정한 결과가 자연수 배인 경우는 드물다. 예를 들면, 주어진 단위의 정확한 자연수 배가 아닌 어떤 길이를 측정한다고 하자. 학생들은 '3번하고 조금 더 된다.', 또는 '약 3번'이라고 어림할 것이다. 단위의 자연수 배만큼 측정하고, 남는 부분을 측정하기 위해서는 처음에 이용했던 단위보다 더 작은 단위가 있어야 한다.

더 작은 단위로 측정하기 위해서는 더 작은 부분으로 등분할 해야 한다. 남는 부분의 길이를 측정하기 위해서는 단위 을 2등분한 의 단위로 측정해보고 할 수 없으면 3등분한 의 단위로 측정한다. 따라서 측정하고자 하는 길이는 단위 길이의 $3\frac{1}{3}$이다. 이와 같이 단위분수는 단위보다 작은 부분을 측정하는 데 필수적이다.

한편, 동양에서는 단위로 측정하고 남는 부분을 측정하기 위해서는 단위를 10등분하고, 이것으로 측정할 수 없는 부분은 단위를 100등분하여 측정하였다. 오늘날과 같은 분수를 사용하지 않았으며, 숫자로 나타낸 소수가 아닌 분(分), 리(厘), 모(毛), 사(糸), 홀(忽), … 등을 사용하였다.

③ 몫의 의미

유리수는 방정식 $bx = a$(a, b는 정수, $b \neq 0$)의 해를 의미한다. 기호 $\frac{a}{b}$는 $a \div b$로 나타내기도 하는데 이것이 유리수의 몫의 의미이다. 몫의 의미는 자연수 나눗셈에 대한 이해를 바탕으로 한다. 따라서 자연수 나눗셈을 학습한 이후에 학습하는 것이 필요하다. 자연수 나눗셈 상황은 등분제와 포함제의 두가지로 구분할 수 있다. 예를 들면, 빵 3개를 5명이 똑같이 나누어 가질 때 한 사람이 가질 수 있는 몫은 $\frac{3}{5}$이다. 이때 $\frac{3}{5}$은 등분제 나눗셈의 몫이다. 반면, 빵 3개를 가지고 있는데 한 사람에게 5개씩 나눠준다고 할 때 몇 사람에게 나눠줄 수 있는지를 묻는다면 포함제 나눗셈이다. 자연수 범위에서의 몫은 0이고 나머지가 3이지만 유리수 범위에서는 한 사람이 받을 몫의 $\frac{3}{5}$을 준 것이므로 몫은 $\frac{3}{5}$이라고 할 수 있다.

④ 비의 의미

고대 이집트, 바빌로니아, 인도, 그리스, 아랍인들이 폭넓게 사용해 온 분수는 크기를 측정하는 과정과 관련되어 있다. 측정 과정에서의 분수는 단위(기준)에 대한 부분의 상대적인 크기를 나타내는 것인데 이것은 비를 의미한다. 비는 두 양이나 수의 곱셈적 관계를 기술한 것으로 승법적으로 비교하는 방법이다. 비는 수이기보다는 비교 지수(comparative index)라고 할 수 있다. 이런 이유로 고대 그리스인들도 $\frac{a}{b}$ 꼴의 분수를 수라고 여기지 않았다고 한다.

부분−전체의 분수는 항상 전체와 부분의 관계를 나타냈지만 비의 의미에서는 부분−부분, 전체−부분의 관계도 분수로 나타낼 수 있다. 예를 들면, 8명의 학생 중 남학생 3명과 여학생 5명을 비교할 때 여학생은 남학생의 $\frac{3}{5}$이다. 또한 서로 다른 두 양 사이의 관계도 비로 나타낼 수 있다.

등분할 상태를 나타낸 분수 $\frac{1}{2}$과 $\frac{2}{4}$는 그 뜻이 다르지만 두 양의 상대적인 크기를 나타내는 비의 의미에서는 같은 수를 나타낸다. 또, 서로 다른 크기에서도 전체에 대한 부분의 상대적인 크기가 $\frac{1}{2}$과 같다고 생각할 수 있을 때 비의 개념을 이해했다고 볼 수 있다. 따라서 분수의 본질적인 개념을 이해하기 위해서는 상대적인 크기를 나타내는 비의 의미를 이해하여야 한다.

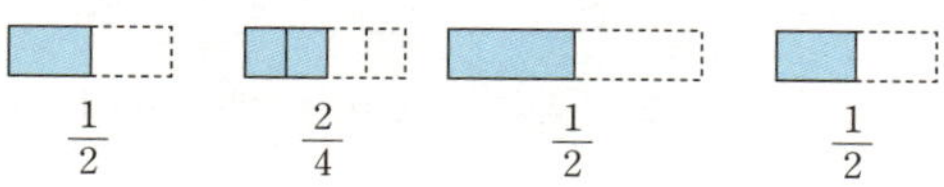

⑤ 연산자(operator)의 의미

연산자는 주어진 대상이나 양을 확대하거나 축소하는 과정으로, $\frac{a}{b}$는 주어진 대상이나 양을 확대하거나 축소하는 것을 의미하는 함수 기계이다. '어느 회의에서 참석자의 $\frac{2}{3}$가 여자였다. 참석자가 모두 15명이라면 여자는 몇 명이었는가?'라는 문제가 있다.

이 문제에서 입력할 수는 15이고, 함수 기계가 적용하는 규칙은 $\frac{2}{3}$이다. 즉, 3명마다 2명씩 만들어내는 것이다. 따라서 원래 집합에서 원소의 수 3에 대하여 새로운 집합의 원소의 수 2를 만든다.

원래의 집합	♠♠♠	♠♠♠	♠♠♠	♠♠♠	♠♠♠
연산자 $\frac{3}{2}$	↓	↓	↓	↓	↓
새로운 집합	♠♠	♠♠	♠♠	♠♠	♠♠

새로운 집합의 원소의 수는 10이므로 15의 $\frac{2}{3}$는 10임을 알 수 있다. 연산자 $\frac{2}{3}$는 원래 집합에 있는 원소 3개에 대해 2개인 새로운 집합을 만들어 내므로 새로운 집합의 크기는 원래 집합의 크기의 $\frac{2}{3}$로 축소된다.

연산자 $\frac{3}{2}$는 원래 집합의 원소 2개에 대해 3개인 새로운 집합을 만들어 내므로 새로운 집합의 크기는 원래 집합의 크기의 $\frac{3}{2}$으로 확대된다. 다음 그림에서 10의 $\frac{3}{2}$은 15임을 알 수 있다.

원래의 집합	♣♣	♣♣	♣♣	♣♣	♣♣
연산자 $\frac{3}{2}$	↓	↓	↓	↓	↓
새로운 집합	♣♣♣	♣♣♣	♣♣♣	♣♣♣	♣♣♣

4) 소수

소수를 의미하는 decimal의 어원은 라틴어 decem인데 10을 의미한다. 소수는 유리수(분수)의 확장이 아니라 유리수를 나타내는 또 하나의 방법으로 10진법을 사용한다. 그래서 소수는 십진기수법의 연장이라고 할 수 있다. 또, 분수를 $\frac{a}{b}$로 나타내는데 $a \div b$를 계산하면 소수가 나온다.

서양에서는 분수가 먼저 발달하였지만 동양에서는 소수가 먼저 발달하였다. 측정의 과정을 보면, 단위로 대상을 측정하고 남는 부분을 측정하기 위하여 단위를 2등분하여 측정한다. 그래도 남는 부분이 있으면 단위를 3등분, 4등분, 5등분하여 측정하고 결과를 분수로 나타낸 것이다. 그러나 동양에서는 단위로 측정하고 남는 부분을 측정하기 위해 단위를 10등분하였다. 그래도 남는 부분이 있으면 단위를 100등분, 1000등분하여 재었는데, 그러한 단위를 분(分), 리(厘), 모(毛) 등으로 나타낸 것이다.

참고로 중국에서 사용한 소수 단위는 다음과 같다. 우리나라에서는 할, 푼, 리, …로 시작하지만 중국에서는 분, 리, 모, …로 시작한다.

분(分): 10^{-1}　리(厘): 10^{-2}　모(毛): 10^{-3}　사(糸): 10^{-4}
홀(忽): 10^{-5}　미(微): 10^{-6}　섬(纖): 10^{-7}　사(沙): 10^{-8}
진(塵): 10^{-9}　애(埃): 10^{-10}　모호(模湖): 10^{-11}　탄지(彈指): 10^{-12}
찰나(刹那): 10^{-13}　청정(淸淨): 10^{-14}

5) 분수와 소수의 관계

분수를 소수로 고치려면 분자÷분모를 계산하면 간단히 고칠 수 있지만 소수를 분수로 고치는 것은 복잡하다. 순환하지 않는 무한 소수(무리수)는 분수로 나타낼 수 없지만 순환하는 소수인 경우에는 분수로 나타낼 수 있다. 소수의 종류에 따라 분수로 고치는 방법을 알아보자.

① 유한소수인 경우

0.123처럼 유한 소수인 경우는 자리 값에 따라 분수로 고치면 된다. 즉,

$$0.123 = 0.1+0.01\times2+0.001\times3 = \frac{1}{10}+\frac{1}{100}\times2+\frac{1}{1000}\times3 = \frac{23}{1000}$$

② 순순환소수인 경우

$0.\dot{4}\dot{5} = 0.4545454545\cdots$을 x라 하면

$$\begin{array}{rl} 100x &= 45.4545454545\cdots \\ -\quad x &= 0.4545454545\cdots \\ \hline 99 &= 45 \\ x &= \dfrac{45}{99} \end{array}$$

$0.\dot{4}32\dot{6} = 0.432643264326\cdots$을 x라 하면

$$\begin{array}{rl} 10000x &= 4326.43264326\cdots \\ -\quad x &= \quad 0.43264326\cdots \\ \hline 9999000x &= 123456-123 \\ x &= \dfrac{123456-123}{999000} \end{array}$$

③ 혼순환소수인 경우

$0.123\dot{4}\dot{5}\dot{6} = 0.123456456456\cdots$을 x라 하면

$$\begin{array}{rrl} & 1000000x = & 123456.456456456\cdots \\ - & 1000x = & 123.456456456\cdots \\ \hline & 999000x = & 123456-123 \\ & x = & \dfrac{123456-123}{999000} \end{array}$$

④ 비순환 무한소수인 경우

0.14142…과 같이 순환하지 않는 무한소수인 경우는 분수로 나타낼 수 없다. 따라서 비순환 무한소수는 무리수이다.

2 지도의 실제

수는 사물의 개수나 양을 나타내기 위해 발생하였다. 수 세기를 통해 도입된 자연수는 큰 수로 범위가 확장되며 자연수에 대한 사칙계산이 정의된다. 자연수로 나타낼 수 없는 양을 표현하기 위해 수 개념은 분수, 소수로 확장되고 각각에 대한 덧셈과 뺄셈이 정의된다. 수는 수학에서 다루는 가장 기본적인 개념으로, 실생활뿐만 아니라 타 교과나 수학의 다른 영역을 학습하는 데 필수적이다. 또한 사칙계산은 수학 학습에서 습득해야 할 가장 기본적인 기능이며, 이후 학습을 위한 기초가 된다.

(1) 분수와 소수

1) 내용 체계

분수와 소수는 2015 개정 교육과정의 3-4학년군에서 처음 도입된다. 먼저, 양의 등분할을 통하여 분수를 이해하고 읽고 쓸 수 있도록 한다. 그런 후, 단위분수, 진분수, 가분수, 대분수와 그 관계를 이해하며 이를 바탕으로 분모가 같은 분수끼리, 단위분수끼리 크기를 비교한다. 한편, 분모가 10인 진분수를 통하여 소수 한 자리 수를 이해하고 이를 읽고 쓸 수 있도록 하며, 자릿값의 원리를 바탕으로 소수 두 자리 수와 소수 세 자리 수를 이해하고 읽고 쓸 수 있도록 한다. 이를 바탕으로 소수의 크기를 비교한다. 분수와 소수의 개념학습을 한 이후에는 이를 바탕으로 덧셈과 뺄셈을 학습한다. 먼저, 분모가 같은 분수의 덧셈과 뺄셈의 계산 원리를 이해하고 그 계산을 할 수 있도록 하며, 소수 두 자리 수의 범위에서 소수의 덧셈과 뺄셈의 계산 원리를 이해하고 그 계산을 할 수 있도록 한다.

5–6학년군에서는 분모가 다른 분수의 덧셈과 뺄셈, 분수와 소수의 곱셈과 나눗셈을 학습한다. 먼저, 분수의 성질을 이용하여 크기가 같은 분수를 만들 수 있도록 한다. 분모가 다른 분수를 약분, 통분할 수 있도록 하며 이를 바탕으로 분모가 다른 분수의 크기를 비교하며, 분모가 다른 분수의 덧셈과 뺄셈의 계산 원리를 이해하고 그 계산을 할 수 있도록 한다.

분수의 곱셈의 계산 원리를 이해하고 그 계산을 할 수 있도록 하며, (자연수)÷(자연수)에서 나눗셈의 몫을 분수로 나타낼 수 있도록 한다. 이를 바탕으로 분수의 나눗셈의 계산 원리를 이해하고 그 계산을 할 수 있도록 한다. 분수와 소수의 관계를 이해하고 크기를 비교할 수 있도록 하며, 소수의 곱셈의 계산 원리를 이해하도록 한다. (자연수)÷(자연수), (소수)÷(자연수)에서 나눗셈의 목을 소수로 나타내고, 나누는 수가 소수인 나눗셈의 계산 원리를 이해하게 한다. 이를 바탕으로 소수의 곱셈과 나눗셈의 계산 결과를 어림할 수 있게 한다.

분수와 소수와 관련하여 2015 개정 수학과 교육과정에서는 [표 3–1]과 같은 내용을 제시하고 있다(교육부, 2015).

[표 3–1]

영역	핵심 개념	일반화된 지식	학년(군)별 내용 요소			기능
			1~2학년	3~4학년	5~6학년	
수와 연산	수의 체계	수는 사물의 개수와 양을 나타내기 위해 발생했으며, 자연수, 분수, 소수가 사용된다.	•네 자리 이하의 수	•다섯 자리 이상의 수 •분수 •소수	•약수와 배수 •약분과 통분 •분수와 소수의 관계	(수)세기 (수)읽기 (수)쓰기 이해하기 비교하기 계산하기 어림하기 설명하기 표현하기 추론하기 토론하기 문제 해결하기 문제 만들기
	수의 연산	자연수에 대한 사칙계산이 정의되고, 이는 분수와 소수의 사칙계산으로 확장된다.	•두 자리 수 범위의 덧셈과 뺄셈 •곱셈	•세 자리 수의 덧셈과 뺄셈 •자연수의 곱셈과 나눗셈 •분모가 같은 분수의 덧셈과 뺄셈 •소수의 덧셈과 뺄셈	•자연수의 혼합계산 •분모가 다른 분수의 덧셈과 뺄셈 •분수의 곱셈과 나눗셈 •소수의 곱셈과 나눗셈	

2) 성취기준

[초등학교 3~4학년]

① 수와 연산

수는 사물의 개수나 양을 나타내기 위해 발생하였다. 수 세기를 통해 도입된 자연수는 큰 수로 범위가 확장되며 자연수에 대한 사칙계산이 정의된다. 자연수로 나타낼 수 없는 양을 표현하기 위해 수 개념은 분수, 소수로 확장되고 각각에 대한 덧셈과 뺄셈이 정의된다. 수는 수학에서 다루는 가장 기본적인 개념으로, 실생활뿐만 아니라 타 교과나 수학의 다른 영역을 학습하는데 필수적이다. 또한 사칙계산은 수학 학습에서 습득해야 할 가장 기본적인 기능이며, 이후 학습을 위한 기초가 된다.

⑤ 분수

[4수01-10] 양의 등분할을 통하여 분수를 이해하고 읽고 쓸 수 있다.
[4수01-11] 단위분수, 진분수, 가분수, 대분수를 알고, 그 관계를 이해한다.
[4수01-12] 분모가 같은 분수끼리, 단위분수끼리 크기를 비교할 수 있다.

⑥ 소수

[4수01-13] 분모가 10인 진분수를 통하여 소수 한 자리 수를 이해하고 읽고 쓸 수 있다.
[4수01-14] 자릿값의 원리를 바탕으로 소수 두 자리 수와 소수 세 자리 수를 이해하고 읽고 쓸 수 있다.
[4수01-15] 소수의 크기를 비교할 수 있다.

⑦ 분수와 소수의 덧셈과 뺄셈

[4수01-16] 분모가 같은 분수의 덧셈과 뺄셈의 계산 원리를 이해하고 그 계산을 할 수 있다.
[4수01-17] 소수 두 자리 수의 범위에서 소수의 덧셈과 뺄셈의 계산 원리를 이해하고 그 계산을 할 수 있다.

(가) 학습 요소

- 나눗셈, 몫, 나머지, 나누어떨어진다, 분수, 분모, 분자, 단위분수, 진분수, 가분수, 대분수, 자연수, 소수, 소수점(.), ÷

(나) 교수·학습 방법 및 유의 사항

- 보다 작은 양을 나타내는 경우를 통하여 분수의 필요성을 인식하게 하고, 분수를 도입할 때 '분모', '분자'를 사용한다.
- 소수의 덧셈과 뺄셈은 계산 원리를 이해할 수 있는 수준에서 간단히 다룬다.

• 수와 연산 영역의 문제 상황에 적합한 문제 해결 전략을 지도하고, 문제 해결 과정을 설명하게 하여 문제 해결 능력을 기르게 한다.

[초등학교 5~6학년]

① 수와 연산

수는 사물의 개수나 양을 나타내기 위해 발생했으며, 자연수, 분수, 소수가 사용된다. 수 세기를 통해 도입된 자연수 개념을 바탕으로 수 개념이 분수와 소수까지 확장되고, 각각에 대한 사칙계산이 정의된다. 수는 수학에서 다루는 가장 기본적인 개념으로, 실생활뿐만 아니라 타 교과나 수학의 다른 영역을 학습하는 데 필수적이다. 또한 사칙계산은 수학 학습에서 습득해야 할 가장 기본적인 기능이며, 이후 학습을 위한 기초가 된다.

③ 분수의 덧셈과 뺄셈
[6수01-05] 분수의 성질을 이용하여 크기가 같은 분수를 만들 수 있다.
[6수01-06] 분수를 약분, 통분할 수 있다.
[6수01-07] 분모가 다른 분수의 크기를 비교할 수 있다.
[6수01-08] 분모가 다른 분수의 덧셈과 뺄셈의 계산 원리를 이해하고 그 계산을 할 수 있다.
④ 분수의 곱셈과 나눗셈
[6수01-09] 분수의 곱셈의 계산 원리를 이해하고 그 계산을 할 수 있다.
[6수01-10] '(자연수)÷(자연수)'에서 나눗셈의 몫을 분수로 나타낼 수 있다.
[6수01-11] 분수의 나눗셈의 계산 원리를 이해하고 그 계산을 할 수 있다.
⑤ 분수와 소수
[6수01-12] 분수와 소수의 관계를 이해하고 크기를 비교할 수 있다.
⑥ 소수의 곱셈과 나눗셈
[6수01-13] 소수의 곱셈의 계산 원리를 이해한다.
[6수01-14] '(자연수)÷(자연수)', '(소수)÷(자연수)'에서 나눗셈의 몫을 소수로 나타낼 수 있다.
[6수01-15] 나누는 수가 소수인 나눗셈의 계산 원리를 이해한다.
[6수01-16] 소수의 곱셈과 나눗셈의 계산 결과를 어림할 수 있다.

(가) 학습 요소

• 약수, 공약수, 최대공약수, 배수, 공배수, 최소공배수, 약분, 통분, 기약분수

(나) 교수·학습 방법 및 유의 사항

- 약수와 배수는 실생활에서 활용되는 경우를 찾아 자연수 범위에서 다룬다.
- 최대공약수와 최소공배수는 두 수에 대해서 구하게 한다.
- 분모가 다른 분수의 크기 비교에서 수 감각을 이용하여 추론하고 토론하는 활동을 하게 한다.
- 분수의 나눗셈은 '(분수)÷(자연수)', '(분수)÷(분수)', '(자연수)÷(분수)'를 다룬다.
- 소수의 곱셈과 나눗셈은 계산 원리를 이해하는 수준에서 간단히 다루고, 복잡한 계산은 계산기를 사용하게 할 수 있다.
- 수와 연산 영역의 문제 상황에서 문제 해결 전략 비교하기, 주어진 문제에서 필요 없는 정보나 부족한 정보 찾기, 조건을 바꾸어 새로운 문제 만들기, 문제 해결 과정의 타당성 검토하기 등을 통하여 문제 해결 능력을 기르게 한다.

(다) 평가 방법 및 유의 사항

- 최대공약수와 최소공배수에 대한 평가에서 소인수의 곱으로 나타내어 구하는 방법은 다루지 않는다.
- 분수의 사칙계산에서 기약분수로 나타낼 것을 요구하지 않을 경우, 계산 결과를 기약분수가 아닌 분수로 나타내는 것도 허용한다.
- 분수의 통분을 이용한 문제에서 공통분모로 최소공배수뿐만 아니라 분모의 곱과 같은 공배수도 이용할 수 있게 한다.

(2) 분수와 소수의 지도

분수 개념은 학생들이 이해하기 어려운 개념 중의 하나이며, 분수 학습은 사고 수준을 한 단계 높이는 계기가 된다. 즉, 두 양을 비교할 때 덧셈적인 구조로 비교하던 방법에서 곱셈적인 구조로 비교하는 것이다. 덧셈적인 구조보다 곱셈적인 구조가 어렵기 때문에 학생들이 이해하는데 어려움을 가진다.

학생들의 이해를 돕기 위한 방법 중의 하나는 학습 내용을 역사발생적인 입장에서 전개하는 것이다. 분수는 분배와 측정 과정에서 발생되었으므로 학생들에게도 역사발생적인 상황을 제공하는 것이 이해에 도움이 될 것이다.

분수 개념의 지도 순서는 구체적인 조작 활동을 통하여 연속량이나 이산량이 바르게 등분되었는지를 판별할 수 있게 한 다음, 주어진 것이 어떤 것을 몇으로 나눈 것 중의 몇에 해당하는가를 나타내는 방법으로 도입한다.

분수를 지도하는 순서는 대체로 다음과 같다.

① 구체적인 조작 활동을 통하여 등분할을 판단한다.
② 몇 등분한 것의 몇인지 알아본다.
③ 몇으로 나눈 몇을 수로 나타낸다.
④ 두 양의 관계를 분수로 나타내어보고, 분수에 대한 양을 이해한다.

1) 분수의 도입

많은 학생들은 학교에 들어오기 전부터 일상생활을 통하여 '반', 또는 '반의 반' 등의 초보적인 분수를 경험하였다. 학교에서는 이를 바탕으로 분수 수업을 이끌어간다.

활동 자료 1: 반으로 접기

1. 대상: 3학년
2. 목표: 반으로 접을 수 있다.
3. 준비물: 여러 가지 도형
4. 방법
   ① 학생들에게 반과 관련된 경험을 말하게 함으로써 반에 대한 사고의 유창성과 정확성을 진단할 수 있다.
   ② 신문이나 색종이로 다양한 모양을 오려서 짝들에게 나누어준다.
   ③ 학생들에게 2개의 똑같은 크기의 부분이 되도록 한번 접어보게 한다.
   ④ 학생들에게 반에 대해서 토의하게 한다.

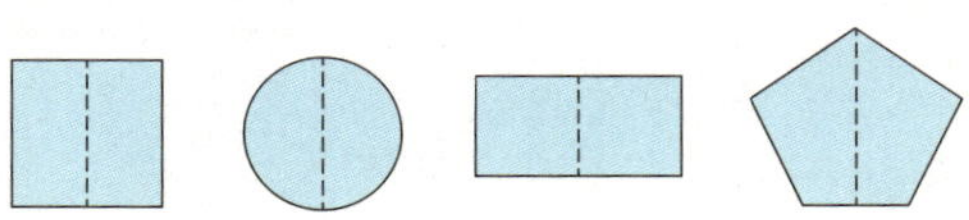

분수를 학습하기 전에 등분할하는 능력을 갖추어야 한다. 많은 학생들이 반으로 나누는 활동에는 익숙하지만 3등분, 5등분하는 일은 어려워한다. 따라서 2등분, 4등분, 8등분하는 활동을 먼저 한 후, 3등분, 6등분, 9등분, 5등분 등의 활동을 하도록 한다. 그리고 처음에는 눈금을 그어 안내를 해주고 익숙해지면 눈금을 없앤 다음 등분하도록 한다.

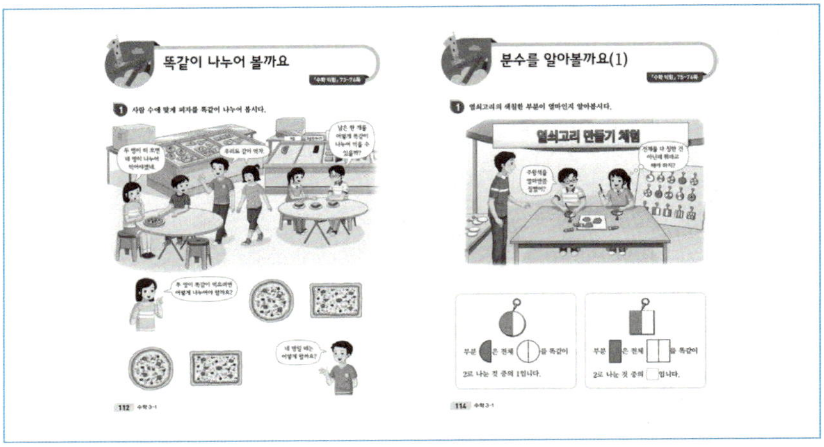

[그림 3.1] 부분-전체를 이용한 분수 도입(3-1)

연속량에 이어 이산량에 대해서도 등분할하는 활동을 한다. 다음 그림과 같이 사탕 12개를 똑같이 나누어 보게 한 다음, 전체의 $\frac{1}{2}$, $\frac{1}{4}$, $\frac{1}{3}$, $\frac{1}{6}$이 각각 얼마인지 알아보게 한다.

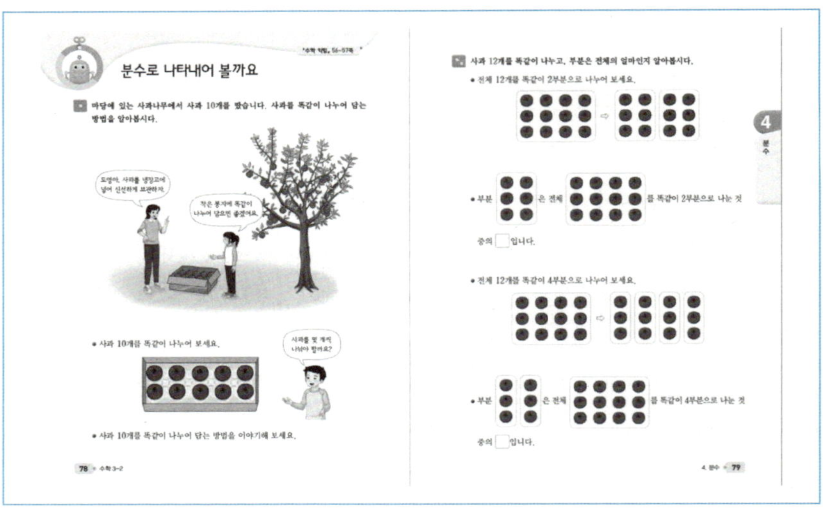

[그림 3.2] 이산량의 등분할을 통한 분수 도입

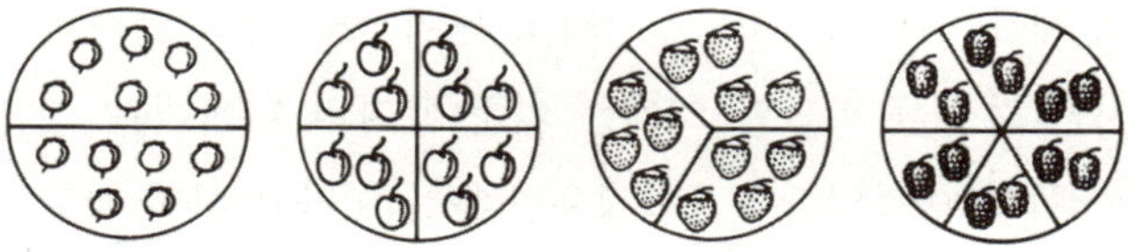

위의 활동은 (자연수)×(분수)를 계산하는 학습과 연결된다. 다양한 조작 활동을 제공하면서 답을 알아보게 하고, 조작 활동을 하지 않고 알 수 있는 방법을 찾아보게 한다.

2) 소수 도입

소수는 분수를 표현하는 방법 중의 하나이다. 정수와 분수에 대한 이해는 소수에 대한 이해의 기초가 된다. 십진수 모형은 소수, 소수의 표기법 등을 학습할 때 유용하게 사용될 수 있다. 그러나 자연수를 학습할 때의 사용 방법과 달라 학생들이 어려워할 수도 있다. 즉, 자연수를 학습할 때에는

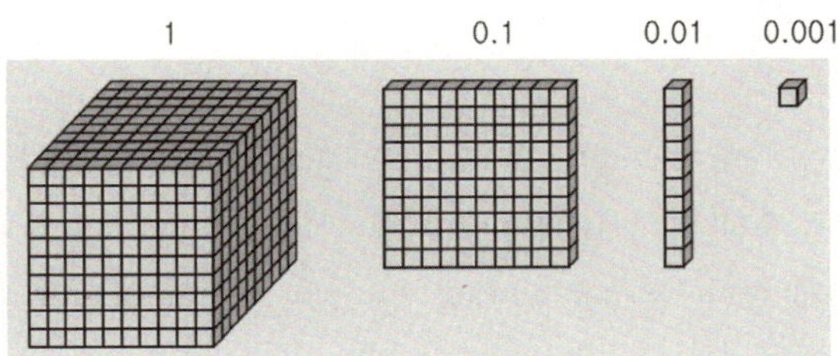

[그림 3.3] 수모형을 이용한 소수 도입

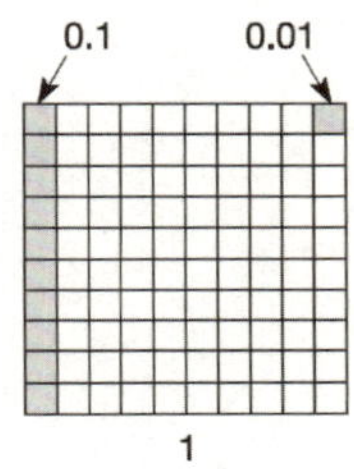

[그림 3.4] 모눈종이를 이용한 소수도입

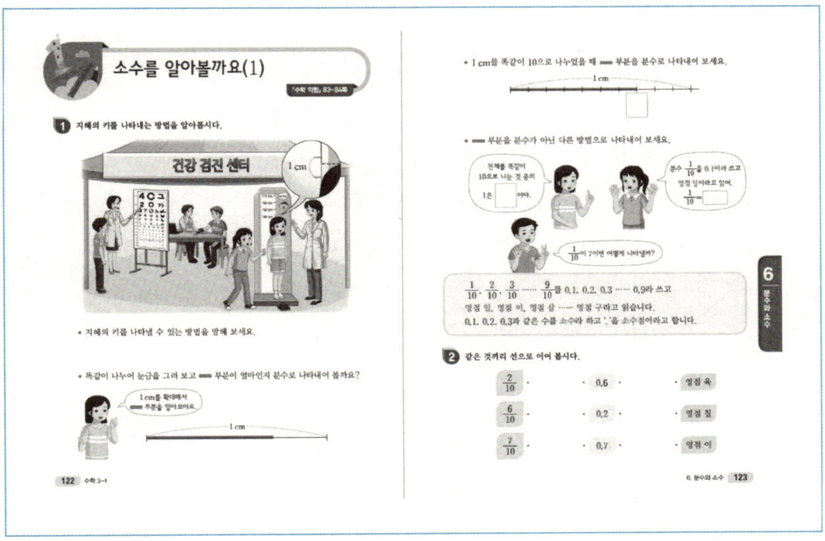

[그림 3.5] 소수의 도입(3-1)

단위 정육면체가 1, 막대가 10, 정사각형 판이 100, 큰 정육면체가 1000을 나타내었지만 소수를 학습할 때에는 기준에 따라 나타내는 값이 다르기 때문에 학생들이 어려워한다. 큰 정육면체를 1이라고 하면 단위 정육면체는 0.001이지만 정사각형 판을 1이라고 하면 단위 정육면체는 0.01이다.

① 0.1, $\frac{1}{10}$

학생들이 0.1과 그 표기법을 이해할 때까지 구체물을 이용한다. 다음에 제시된 활동들은 소수의 도입과 수직선을 이용하여 소수를 확장시키는 활동이다.

활동 자료 2: 0.1, $\frac{1}{10}$의 도입

1. 대상: 3학년
2. 목표: 0.1을 이해하고, 활용할 수 있다.
3. 준비물: 수 모형
4. 방법
   ① 학생들에게 수 모형인 정사각형 판과 막대 10개를 준다.
   ② 학생들에게 막대 10개가 있음을 확인시킨다. 막대 1개의 크기를 말하게 한다. 분수로 나타낼 수 없는 학생이 있다면 $\frac{1}{10}$임을 말한다.
   ③ 막대 2개, 3개, 4개, ⋯, 9개의 크기를 말해보게 하고, 칠판에 써 보게 한다. ($\frac{2}{10}$, $\frac{3}{10}$, ⋯, $\frac{9}{10}$)
   ④ $\frac{1}{10}$을 0.1로도 나타낼 수 있음을 말한다. $\frac{1}{10}$과 0.1은 같은 수임을 설명한다.
   ⑤ 0.9가 될 때까지 소수로 나타내어 보게 한다.
   ⑥ 학생들에게 1과 1.0의 같은 점과 차이점을 설명하게 한다. (같은 크기를 나타내는 수이지만 분할된 상태가 다르다)

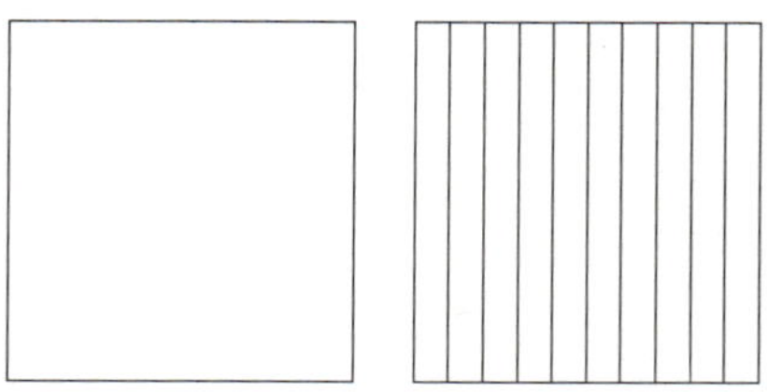

활동 자료 3: 수직선에 소수 나타내기

1. 대상: 3학년
2. 목표: 소수를 이해하고, 수직선에 소수를 나타낼 수 있다.
3. 준비물: 수직선이 그려진 활동지
4. 방법
   ① 학생들에게 아래 그림과 같이 단위와 소수 한 자리 수가 표시된 수직선을 복사해서 나누어준다.
   ② 다음과 같은 활동을 하게 한다.
   - 0에서 시작하여 0.1씩 7칸을 갔을 때 얼마가 되는가를 소수로 나타내시오.
   - 0에서 시작하여 0.1씩 14칸을 갔을 때 얼마가 되는가를 소수로 나타내시오.
   - 0.4에서 시작하여 0.1씩 7칸을 더 갔을 때 얼마가 되는가를 소수로 나타내시오.
   - 1.7에서 시작하여 뒤로 0.1씩 9칸을 갔을 때 얼마가 되는가를 소수로 나타내시오.

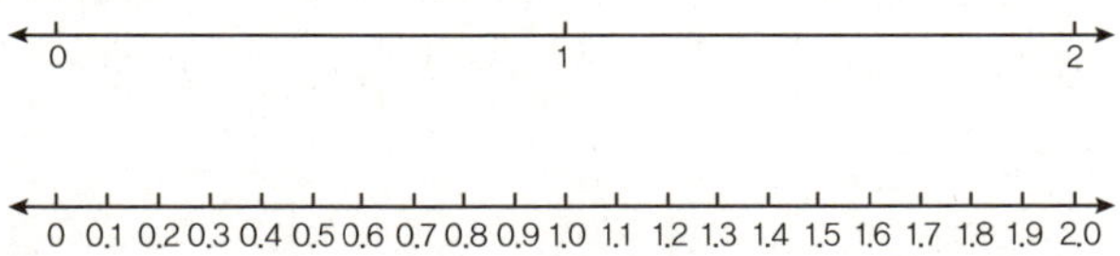

위와 같은 활동을 확장함으로써 소수 두 자리수를 지도할 수 있다.

② 더 작은 소수

소수 세 자리 수를 학습하는 데 사용될 수 있는 자료는 1000을 나타내는 큰 정육면체이다. 소수 한 자리 수와 소수 두 자리 수를 학습한 방법으로 내용을 도입하고 활동 자료를 제공한다. 이보다 더 작은 소수를 구체물로 나타내는 것은 비현실적이다. 이제까지 학습한 내용을 바탕으로 상상해야 한다. 신문이나 잡지 등에는 소수의 표현이 많이 나와 있다. 이를 적극 이용하면 학습에 많은 도움이 될 것이다.

3) 분수와 소수의 크기 비교하기

자연수를 학습할 때 학생들은 구체물, 수직선 등의 자료를 사용하였다.

두 집합의 원소를 일대일 대응시켜 원소가 남는 집합이 큰 수라고 하였다. 또, 수직선에서 다른 수보다 오른쪽에 있으면 더 큰 수이고, 왼쪽에 있으면 더 작은 수이며, 연속되는 두 수의 차이는 1이라는 것을 알았다. 그러나 분수는 자연수에서 사용하는 자료를 그대로 사용할 수 없지만 유사한 방법을 사용한다.

① 분수 크기 비교하기

ⓐ 분모가 같은 분수의 비교

분모가 같다는 것은 그 수를 이루는 단위가 같다는 것을 이해하도록 한다. 단위가 같은 수의 크기 비교는 단위의 몇 배인가를 비교하는 것과 같다. 즉, $\frac{4}{5}$는 $\frac{1}{5}$의 4배(혹은 $\frac{1}{5}$이 4개)이고, $\frac{3}{5}$은 $\frac{1}{5}$의 3배($\frac{1}{5}$이 3개)이므로 $\frac{4}{5}$가 크다. 이런 예를 많이 제시하여 학생들이 스스로 분모가 같은 분수의 크기를 비교하는 원리를 발견하게 한다.

ⓑ 단위 분수의 비교

대부분의 학생들은 단위 분수를 비교하는 데 거의 어려움을 느끼지 않는다. 분수 모델을 사용하면 $\frac{1}{2}$이 $\frac{1}{3}$, $\frac{1}{4}$ 등 다른 단위 분수들보다 크다는 것을 쉽게 알 수 있다.

다음 그림처럼 종이에 분수를 나타낸 다음, $\frac{1}{4}$, $\frac{1}{3}$, $\frac{1}{2}$과 같은 분수를 비교하고 순서대로 늘어놓게 한다.

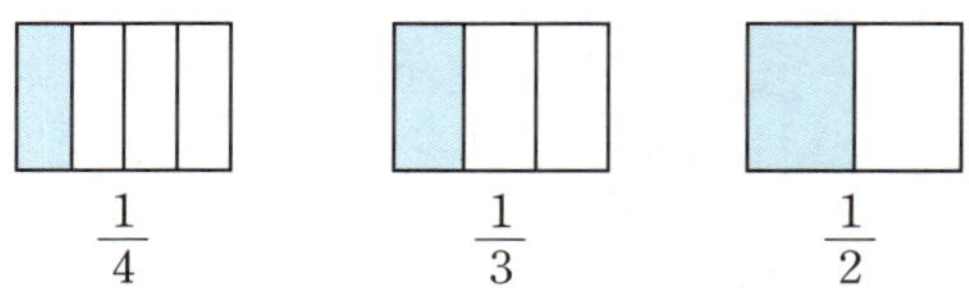

1은 분모를 원하는 대로 정할 수 있음을 보여준다.

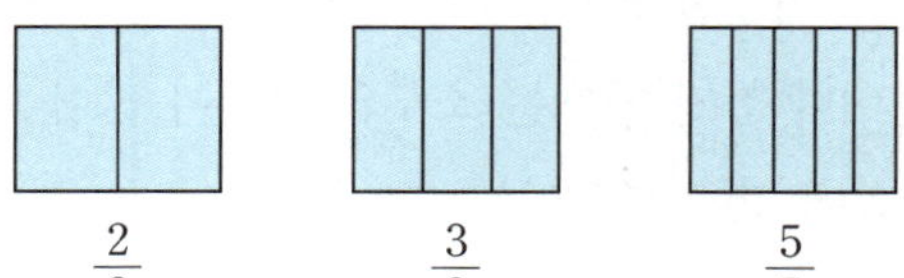

수직선에 분수를 표시하거나 이를 비교하는 것은 영역이나 분수 띠보다 더 추상적인 방법이다. 수직선을 이용하는 것은 분수를 더 깊이 이해하는

데 도움이 된다.

수직선을 이용하여 학생들의 무한에 대한 생각을 이끌어 낼 수 있다. 먼저, 수직선에 0과 1을 표시하게 하고, 그 중점을 찍게 한다. 그 점의 위치를 분수로 나타내면 $\frac{1}{2}$이다. 다시, 0과 $\frac{1}{2}$의 중점을 찍고 분수로 나타내어 보게 한다. 이런 활동을 계속하면서 중점을 분수로 나타내게 한다. 그리고, 다음과 같은 질문을 하면서 학생들이 무한에 대한 생각을 가지게 한다. 분수가 어떻게 변하고, 점의 위치는 어떻게 되는가?, 끝까지 계속할 수 있는가?, 끝이 있는가?, 가장 작은 분수는 얼마일까?

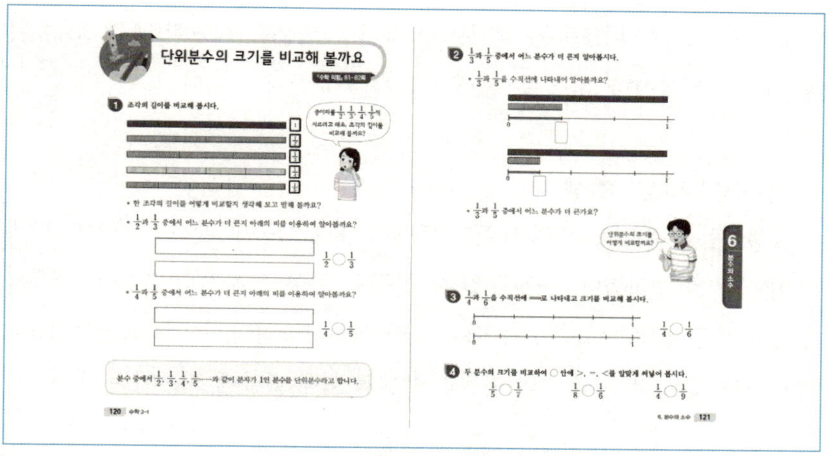

[그림 3.6] 단위분수의 크기 비교(3–1)

ⓒ 분모가 다른 분수의 비교

분모가 다르다는 것은 단위가 다르다는 것을 의미하며, 단위가 다르면 직접 비교할 수 없음을 깨닫게 하고, 비교할 수 있는 방법을 생각하게 한다. 비교하려면 단위를 같게 해야 하며, 단위를 같게 하는 것은 분모를 같게 하는 것이다. 크기가 같은 분수를 찾아 비교한다.

$$\frac{5}{8}=\frac{10}{16}=\frac{15}{24}=\frac{20}{32}=\frac{25}{40}=\cdots\cdots$$

$$\frac{7}{10}=\frac{14}{20}=\frac{21}{30}=\frac{28}{40}=\cdots\cdots$$

$\frac{5}{8}$는 $\frac{25}{40}$과 크기가 같고, $\frac{7}{10}$은 $\frac{28}{40}$과 크기가 같으므로 $\frac{7}{10}$이 더 크다는 것을 알 수 있다.

② 소수의 크기 비교

학생들에게 소수의 크기를 비교하는 문제 상황을 제시하여 해결하게 한다. 소수 개념이 분수 개념과 잘 통합되었다면 소수를 분수로 고쳐서 비교할 수 있을 것이다. 또 다른 방법은 소수 자체의 개념을 이용하여 비교할 수 있다.

다음과 같이 다양한 크기의 소수를 제시하여 소수의 크기를 비교하는 원리를 발견하게 한다.

(0.5, 0.7) (0.09, 0.1) (1.1, 0.9) (21.4, 0.999) (3.54, 3.51)

소수의 크기를 비교하는 원리는 1) 자연수 부분을 비교한다, 2) 소수 첫째 자리를 비교한다, 3) 소수 둘째 자리를 비교한다 등이다.

4) 분수의 덧셈, 뺄셈

학생들은 분수와 소수의 덧셈과 뺄셈에 대해 학습할 때까지 자연수에 대한 연산을 학습하였다. 구체물 조작 활동을 통하여 자연수 연산을 학습하였듯이 같은 방법으로 분수와 소수의 연산을 학습한다. 눈에 익은 수모형을 사용하는 것은 분수, 소수의 덧셈과 뺄셈의 이해 발달에 도움이 된다.

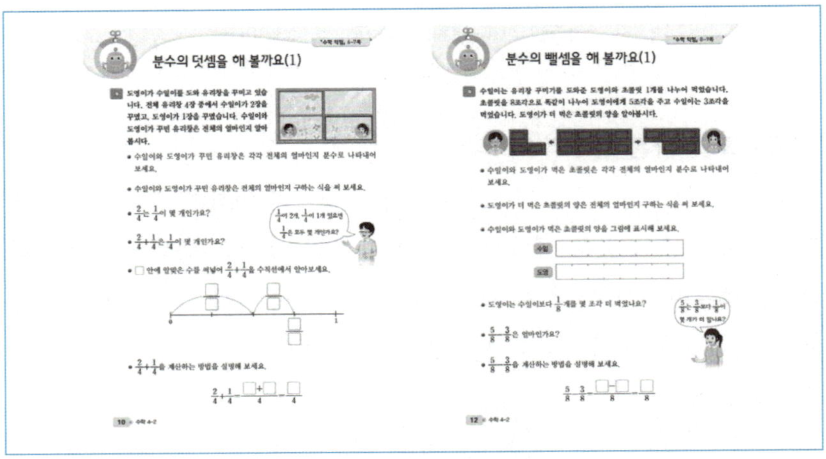

[그림 3.7] 분수의 덧셈과 뺄셈(4-2)

분수의 덧셈과 뺄셈의 학습 순서는 분모가 같은 분수의 계산을 먼저 학습하고, 이를 바탕으로 분모가 다른 분수의 계산을 학습한다. 분모가 같아야 계산할 수 있다는 것은 같은 단위끼리는 계산이 가능하다는 자연수의 계산 원리와 같음을 활동을 통해 깨달을 수 있어야 한다. 문제 상황을 제시하고, 다양한 구체물이나 수직선을 이용하여 문제를 해결하게 한다.

활동 자료 4: 분수의 덧셈

1. 대상: 4학년
2. 목표: 분모가 같은 분수의 덧셈을 할 수 있다.
3. 준비물: 원, 분수 띠 등
4. 방법
   ① 다음과 같이 문제 상황을 제시한다. 민수는 공부를 시작하기 전에 빵의 $\frac{1}{4}$만큼 먹고, 공부가 끝난 후에 빵의 $\frac{1}{4}$만큼 먹었다. 민수가 먹은 빵은 얼마인가?
   ② 짝끼리 구체물 조작 활동을 통하여 문제를 해결하게 한다.
   ③ 문제를 해결한 방법을 발표한다.
   - 원을 4등분하여 $\frac{2}{4}$임을 알았다.

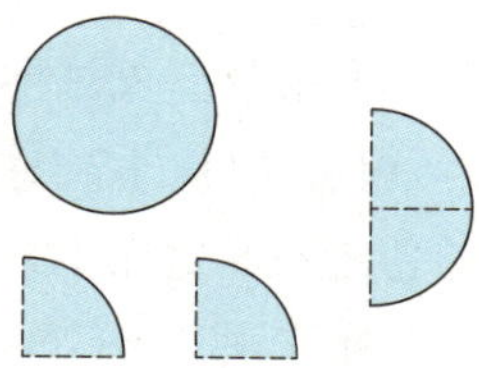

   ④ 분수띠를 사용하여 문제를 해결하였다. 우리는 $\frac{2}{4}$가 $\frac{1}{2}$과 같음을 알았다.

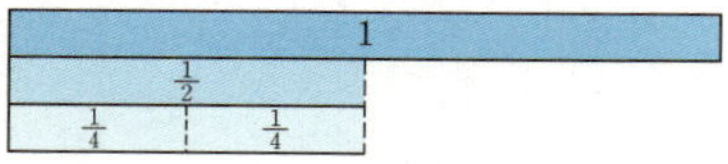

   - 수직선을 사용했다. $\frac{1}{4}$씩 2칸 뛰고, $\frac{3}{4}$에서 멈추었다. 그것은 $\frac{1}{2}$과 같았다.

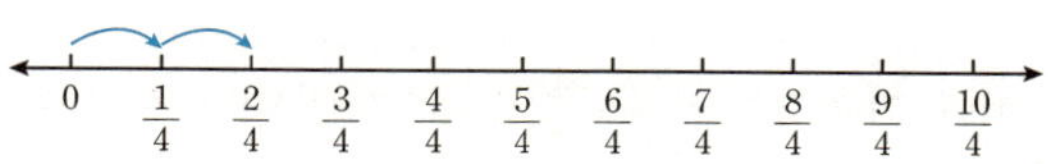

   ⑤ $\frac{1}{4}+\frac{1}{4}=\frac{2}{4}$(혹은 $\frac{1}{2}$)와 같이 덧셈식을 사용한 학생도 있을 것이다. 칠판에 그 식을 쓰게 하고 그것에 관해 논의한다.
   ⑥ 유사한 문제 상황을 가지고 같은 방법으로 활동을 반복한다.

위와 같은 활동에 이어 분모가 같은 진분수의 덧셈과 뺄셈을 학습하도록 한다. 조작 활동을 통하여 분모가 같아야(단위가 같아야) 계산할 수 있음을 느끼도록 한다.

$\frac{2}{3}$와 $\frac{5}{6}$를 더할 때 $\frac{2}{3}$를 $\frac{4}{6}$로 바꾸면 합은 $\frac{4}{6}+\frac{5}{6}=\frac{9}{6}=1\frac{3}{6}=1\frac{1}{2}$이다. 또, $\frac{5}{10}-\frac{1}{3}$을 계산하기 위해 $\frac{1}{3}$을 $\frac{10}{30}$으로, $\frac{5}{10}$를 $\frac{15}{30}$로 바꾸면 $\frac{15}{30}-\frac{10}{30}=\frac{5}{30}=\frac{1}{6}$이다.

다음은 분모가 다른 분수의 덧셈과 뺄셈 학습을 위한 활동이다.

활동 자료 5: 분모가 다른 분수의 덧셈

1. 대상: 5학년
2. 목표: 분모가 다른 분수의 덧셈을 할 수 있다.
3. 준비물: 원, 분수 띠 등
4. 방법

① 생활 장면에서 일어나는 실제적인 문제 상황을 제시한다. 어머니가 치마를 만들려고 옷감의 $\frac{1}{2}$을 사용했고, 블라우스를 위해 $\frac{1}{4}$을 사용했다. 어머니가 사용한 옷감은 전체의 얼마인가?

② 짝끼리 구체물 조작 활동을 통하여 문제를 해결하게 한다.

③ 문제 해결 과정을 설명하게 한다.

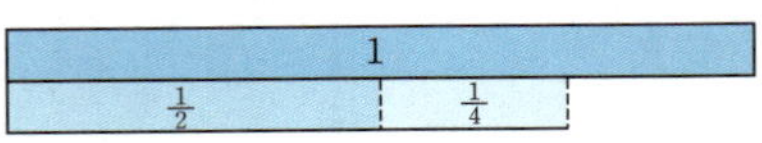

④ 칠판에 덧셈식을 쓰게 한다: $\frac{1}{2}+\frac{1}{4}=\square$

⑤ 분모가 같지 않음을 확인하고, 알고리즘을 논의하게 한다. $\frac{1}{2}$이 $\frac{2}{4}$로 변환되어야 함을 알고, 이를 식으로 나타내게 한다. $\frac{2}{4}+\frac{1}{4}=\frac{3}{4}$

⑥ 분수 띠를 이용하여 $\frac{1}{2}$을 $\frac{1}{4}$조각 2개로 바꿀 수 있음을 설명하게 한다.

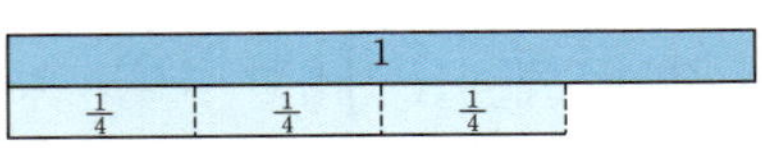

⑦ 유사한 상황으로 활동을 반복한다.

활동 자료 6: 분모가 다른 분수의 뺄셈

1. 대상: 4학년
2. 목표: 분모가 다른 분수의 뺄셈을 할 수 있다.
3. 방법

① 문제 상황을 제시한다. 피자 $\frac{5}{6}$가 있었는데 수영이가 피자 한 판의 $\frac{1}{3}$을 먹었다면, 피자는 얼마나 남았는가?

② 짝끼리 적절한 자료를 활용하여 문제를 해결하게 한다.

③ 문제 해결 과정을 설명하게 한다.

④ 뺄셈식으로 나타내고, 알고리즘을 설명하게 한다.

$$\frac{5}{6}-\frac{1}{3}=\frac{5}{6}-\frac{2}{6}=\frac{3}{6}=\frac{1}{2}$$

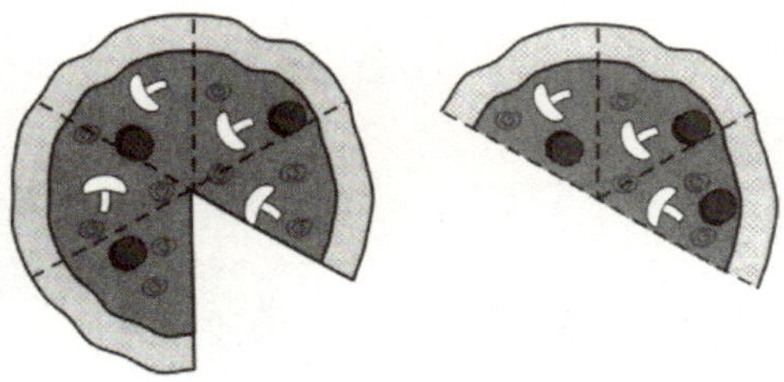

⑤ 비슷한 상황을 제시하여 활동을 반복한다.

단위가 같아야 계산이 가능함을 알고 있으면 대분수의 계산에서도 같은 원리가 적용된다. 자연수는 자연수끼리, 분수는 분수끼리 계산한다.

활동 자료 7: 분모가 다른 대분수 덧셈

1. 대상: 5학년
2. 목표: 분모가 다른 대분수의 덧셈을 할 수 있다.
3. 방법

① 문제 상황을 제시한다. 제과점 진열대의 한 접시에는 $1\frac{1}{2}$의 크림 케이크가 또 다른 접시에는 $1\frac{1}{4}$의 크림 케이크가 있다. 그 제과점은 크림 케이크 3개를 판매할 예정이다. 케이크는 충분히

준비되었는가?

② 학생들이 각자 문제를 여러 가지 방법으로 해결할 수 있는 시간을 준다.

③ 각자 해결한 다양한 방법을 소집단 별로 토의하도록 한다.

- $1\frac{1}{2}+1\frac{1}{4}=\frac{3}{2}+\frac{5}{4}=\frac{6}{4}+\frac{5}{4}=2\frac{3}{4}$
- $1\frac{1}{2}+1\frac{1}{4}=(1+1)+(\frac{1}{2}+\frac{1}{4})=2\frac{3}{4}$
- $1\frac{1}{2}+1\frac{1}{4}=1\frac{2}{4}+1\frac{1}{4}=2\frac{3}{4}$ 등

④ 대분수를 가분수로 바꾸어 계산해도 되지만 계산하는데 불편함이 있음을 깨닫게 하고, 문제를 해결한 자료(모델)를 이용하여 다음과 같은 방법으로 알고리즘을 설명하도록 한다.

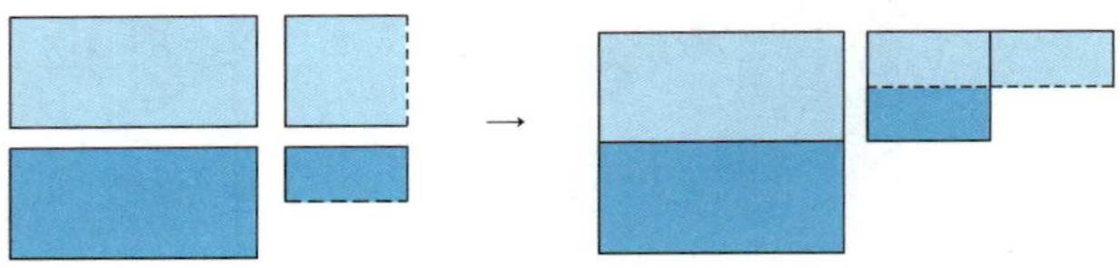

$$\begin{array}{rcl} 1\frac{1}{2} & \rightarrow & 1\frac{2}{4} \\ +\ 1\frac{1}{4} & \rightarrow & 1\frac{1}{4} \\ \hline & & 2\frac{3}{4} \end{array}$$

⑤ 구한 케이크의 양이 판매하기에 충분한지 질문한다.

⑥ 비슷한 문제 상황을 제시하여 앞에서 발견한 알고리즘을 일반화하고 적용한다.

5) 소수의 덧셈, 뺄셈

분수와 소수를 잘 이해하고 있는 학생들은 소수를 계산할 때 어려움이 거의 없을 것이다. 각 연산 과정은 자연수의 연산과 동일하다. 실제적인 문제 상황은 연산의 방법을 이해하는 데 도움이 된다.

소수의 덧셈이 실제적인 상황과 익숙한 모형으로 되면 자연수로 덧셈을 하는 것과 같이 소수의 덧셈을 빨리 이해한다.

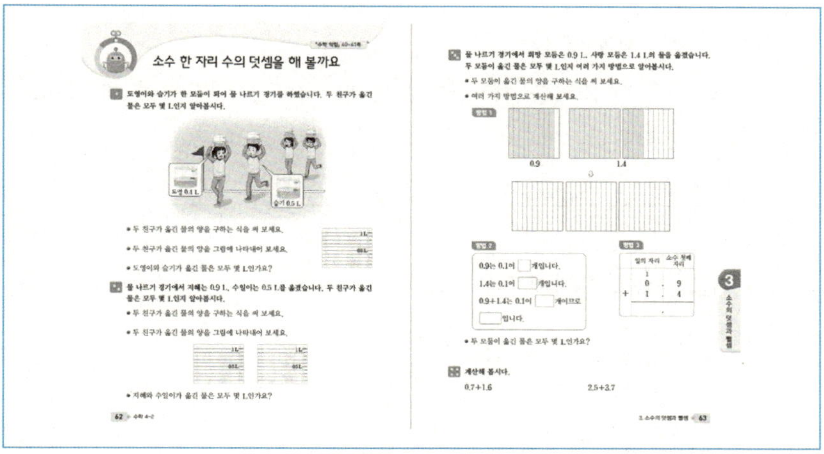

[그림 3.8] 소수의 덧셈(4–2)

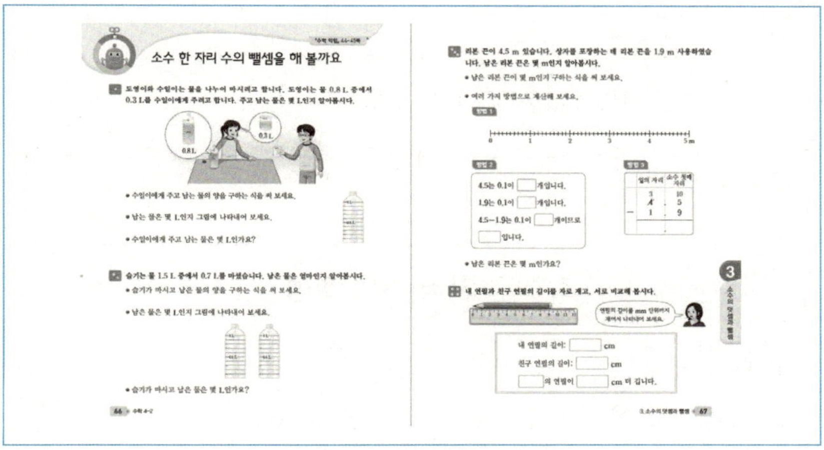

[그림 3.9] 소수의 뺄셈(4–2)

활동 자료 8: 소수 한 자리 수의 덧셈

1. 대상: 4학년
2. 목표: 소수 한 자리 수끼리의 덧셈을 할 수 있다.
3. 준비물: 수모형
4. 방법
   ① 민호는 자전거를 타고 심부름을 한다. 거리 측정기로 거리를 측정했더니 0.7 km, 0.3 km, 0.8 km를 달렸다. 자전거를 탄 거리는 얼마인가?
   ② 자전거를 탄 거리를 어림하도록 한다.
   ③ 문제 상황을 식으로 나타내도록 한다.

$$0.7+0.3+0.8=\square$$

④ 자전거 탄 거리를 수직선이나 다양한 자료를 활용하여 해결하도록 한다.

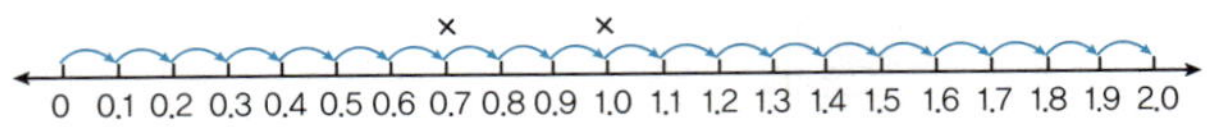

⑤ 알고리즘을 나타내도록 한다.

$$\begin{array}{r} 0.\ 7 \\ 0.\ 3 \\ +\ 0.\ 8 \end{array}$$

⑥ 계산하고 그 결과를 어림한 값과 비교하도록 한다.

$$\begin{array}{r} 0.\ 7 \\ 0.\ 3 \\ +\ 0.\ 8 \\ \hline 1.\ 8 \end{array}$$

⑦ 비슷한 덧셈 상황을 제시하고 해결하도록 한다.

활동 자료 9: 소수 한 자리 수의 뺄셈

1. 대상: 3학년
2. 목표: 소수 한 자리 수끼리의 뺄셈을 할 수 있다.
3. 준비물: 수모형
4. 방법

① 문제 상황을 제시한다. 무게가 4.6 kg인 호박이 있다. 요리하기 위해 1.9 kg을 잘라 사용하였다. 남은 호박의 무게는 얼마인가?

② 문제 상황을 식으로 나타내도록 한다.

$$4.6-1.9=\square$$

③ 수모형으로 4.6을 나타낸다.

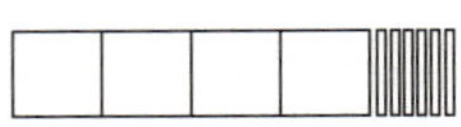

④ 받아내림 없이 4.6에서 1.9를 뺄 수 없으므로, 1을 0.1인 막대 10개로 나타낼 수 있음을 알도록 한다.

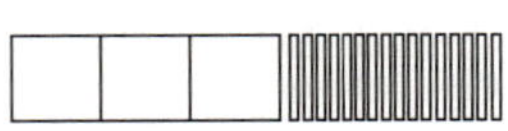

⑤ 수모형 모델에서 1.9를 뺀다.

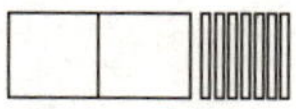

⑥ 위의 과정을 알고리즘으로 나타내도록 한다.

$$\begin{array}{r} 4.\ 6 \\ -1.\ 9 \\ \hline \end{array} \qquad \begin{array}{r} {}^{3}\ \ {}^{10} \\ 4.\ 6 \\ -1.\ 9 \\ \hline 2.\ 7 \end{array}$$

⑦ 비슷한 문제 상황을 제공하여 활동을 반복한다.

6) 분수의 곱셈

분수의 곱셈은 계산 알고리즘은 쉽게 숙달할 수 있지만 그 의미를 이해하는 것은 쉽지 않다. 계산하는 규칙을 배운 학생들은 쉽게 곱셈을 할 수 있지만 계산의 의미를 이해하지 못하는 경우가 많다. 따라서 교사는 단순한 계산 규칙이 아니라 분수 곱셈의 의미를 탐구할 수 있는 실제적인 상황을 제시하고 적절한 도움을 주어야 한다.

① 분수와 자연수의 곱셈

(분수)×(자연수)의 계산은 동수누가로 설명할 수 있다. 예를 들어, $\frac{3}{4}$인 파이가 8조각 있다면 답은 $\frac{3}{4}$을 8번 더하여 구할 수 있다.

① $\frac{3}{4}+\frac{3}{4}+\frac{3}{4}+\frac{3}{4}+\frac{3}{4}+\frac{3}{4}+\frac{3}{4}+\frac{3}{4}=\frac{3\times8}{4}$

② $\frac{3}{4}\times8=\frac{3\times8}{4}$

①의 동수누가 계산을 통하여 ②의 (분수)×(자연수)의 계산 원리를 발견할 수 있도록 한다.

(자연수)×(분수)의 계산은 동수누가로 설명할 수 없으며, 연산자의 의미로 설명한다. $4\times\frac{1}{2}$은 다음과 같이 설명된다.

☆☆☆☆의 $\frac{1}{2}$ → ☆ ☆ : ☆ 2개에 대해 1개를 그린다.

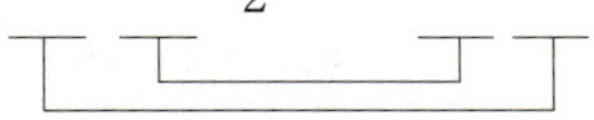

학생이 (자연수)×(분수)의 문제 상황에서 연산자의 의미를 제대로 이해하지 못하면 2의 $\frac{1}{2}$이나 3의 $\frac{2}{3}$를 구하라고 했을 때 $2\times\frac{1}{2}$이나 $3\times\frac{2}{3}$로 생각하여 문제를 해결하는 것이 아니라, $2\frac{1}{2}$이나 $3\frac{2}{3}$라는 엉뚱한 결과를 얻는 오류를 흔히 범한다. 특히, 자연수의 곱셈에서는 항상 곱이 피승수보다 같거나 더 커졌는데, (자연수)×(분수)의 문제 상황에서 분수가 1보다 작은경우에는 곱이 피승수보다 작아지는 결과를 얻게 되므로 학생들은 인지적인 갈등을 겪게 된다. 따라서 일상생활에서 흔히 접하는 "반 배"나 "반의반 배"와 같은 관습적인 언어나 비형식적인 언어를 통해 몇 배를 했을 경우에 반드시 그 곱이 피승수보다 커진다는 고정관념을 깨뜨릴 필요가 있다. 그리고 분수의 연산자의 의미(6의 $\frac{1}{3}$)을 구하는 것과 같은 문제와 분수의 곱셈이 서로 같은 의미라는 것을 이해할 수 있도록 지도할 필요가 있다.

② 분수와 분수의 곱셈

일상생활에서 일어날 수 있는 문제를 다양하게 제공하여 조작 활동을 통하여 해결하는 가운데 계산의 원리를 발견하도록 한다. 앞에서도 언급했지만 분수의 계산 원리를 학습한 다음에 생활 문제를 해결하도록 지도하기보다는 생활 문제의 해결을 바탕으로 계산 원리를 발견하게 하는 것이 다양한 문제 해결 전략 개발, 의사소통 능력 개발, 자신의 아이디어로 해결하는 자신감 등 바람직한 수학적 성향을 형성하는 데 도움이 된다.

만약, 진분수끼리의 곱셈을 처음 배우는 학생들에게 $\frac{2}{3}\times\frac{3}{4}$과 $\frac{3}{4}\times\frac{2}{3}$에 해당하는 실생활 문제를 제시한다면 어떤 문제가 해결하기에 용이할까? 이미 분수 곱셈의 원리를 알고 있는 성인의 관점에서는 두 문제의 난이도가 똑같다. 하지만 구체적인 모델을 그려서 분할을 통해 문제를 해결하는 학생의 입장에서는 두 문제의 난이도가 다르다. 그들의 풀이 과정을 예상해보자.

우선 $\frac{2}{3}\times\frac{3}{4}$의 문제에 대해 학생들은 아래 그림에서와 같이 원 하나를 단위(전체 혹은 1)로 보고, 그것을 3등분한 것 중에 2개를 색칠해야 한다. 그리고 $\frac{2}{3}$를 단위로 보고 그것을 4등분할 수 있어야 한다. 이 과정에서 학생들은 단위를 무엇으로 보아야할지 혼돈을 일으키며 어찌할 바를 몰라 당황하는 경우가 많다. 그러한 경우에는 구하려고 하는 것($\frac{2}{3}$의 $\frac{3}{4}$)이 무엇이고, $\frac{3}{4}$이 무엇을 의미하는지를 인식할 수 있도록 발문해야 한다. 그렇게 하면 학생들은 $\frac{3}{4}$를 4등분한 후 그 중에 3개를 색칠하게 된다. 그리고 색칠한 부분을 해석할 때에는 다시 원을 단위로 보고 해석해야 한다. 이때 모든 조각이 등분되어 있지 않으므로 마지막 그림에서와 같이 등분하여 $\frac{3}{6}$ 혹은 $\frac{1}{2}$이라고 답을 구할 수 있다. 이 경우 단위가 3번이나 바뀌었다는 점에 주목할 필요가 있다. 학생들은 분수의 곱셈에서 단위가 무엇인지를 단계에 따라 인식할 수 있어야 한다.

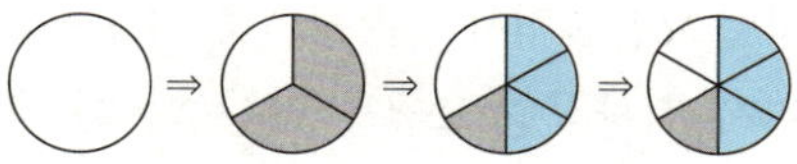

$\frac{3}{4}\times\frac{2}{3}$의 경우에는 앞의 경우보다 해결하기에 훨씬 용이하다. 우선 원을 단위로 인식한 후, 그것의 $\frac{3}{4}$을 색칠하고, 다시 $\frac{3}{4}$을 단위로 생각한 후, 그것의 $\frac{2}{3}$를 덧칠하면 된다. 이때, $\frac{3}{4}$의 $\frac{2}{3}$는 이미 3조각으로 나뉘어져 있으므로 다시 등분할 필요가 없다. 따라서 $\frac{3}{4}$을 단위로 인식하기가 훨씬 용이하다.

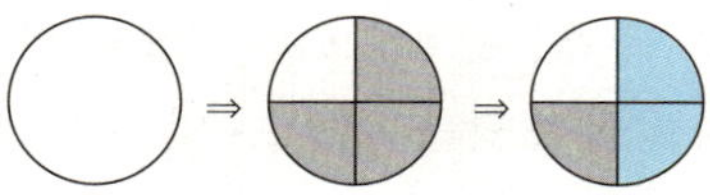

Behr et al.(1992)은 단위를 재개념화하고, 분할하기 위해 분할 지식을 이용하는 방식은 문제 유형에 의해 영향을 받을 수 있다고 제안하였다. 특히, 곱하여지는 분자와 곱하는 분모 사이의 관계가 다음과 같이 단계별로 제시될 때 학생들은 곱하여지는 수를 단위로 인식하기 용이하다고 한다.

① 두 항이 서로 같은 경우: $\frac{a}{b}\times\frac{c}{a}$ (즉, $\frac{4}{5}\times\frac{1}{4}$)

② 한 항이 다른 항의 배수인 경우: $\frac{na}{b}\times\frac{c}{a}$ 혹은 $\frac{a}{b}\times\frac{c}{na}$
(즉, $\frac{9}{10}\times\frac{2}{3}$ 혹은 $\frac{2}{3}\times\frac{3}{4}$)

③ 두 항이 서로 소인 경우: $\frac{a}{b}\times\frac{c}{d}$ (즉, $\frac{3}{4}\times\frac{7}{8}$)

활동 자료 10: 분수끼리의 곱셈

1. 대상: 5학년
2. 목표: 분수와 분수의 곱을 구하는 원리를 이해할 수 있다.
3. 준비물: 연습장, 색종이

4. 방법

① 초콜릿이나 과자, 떡, 피자 등을 나누어 먹었던 경험이나 가족 신문, 벽신문, 꽃밭 등을 나누어 보았던 경험을 이야기해 보게 한다.

② 앞에서 나누었던 대화를 적절히 이용하면서 문제 상황을 말로 제시한다. 특히, 분수와 분수의 곱을 구하는 원리를 발견하기 위해서는 원 모델보다는 직사각형 모델을 이용하는 것이 비교적 용이하다. 따라서 직사각형 모델을 표상하는데 용이한 문제 상황을 제시한다. '학습란의 $\frac{2}{3}$에 과목별로 퀴즈를 내고, 그 중의 $\frac{2}{5}$에는 수학퀴즈에 관해 싣기로 하였다. 수학 퀴즈는 학습란의 몇 분의 몇을 차지하는지 알아보아라.'

③ 얼마쯤 될지 어림해보게 한다.

④ 각자 다양한 방법으로 구해보게 한다.

⑤ 소집단 활동 및 전체 활동을 통하여 곱셈의 원리를 발명하거나 이해하도록 한다. 학생들은 피승수의 분자와 승수의 분모가 서로 같거나 서로 배수인 관계에 있는 문제를 몇 가지 해결해 봄으로써 모델을 이용하여 답을 구할 수 있으나, '분모는 분모끼리 곱하고, 분자는 분자끼리 곱하면 된다.'는 분수 곱셈의 원리를 발견하지 못할 수 있다. 특히, 모델을 이용하여 구한 결과(겹쳐서 색칠된 부분)를 분수로 나타낼 때, 일일이 칸을 세어서 구할 수 있다. 이러한 경우에는 학생이 해결했던 모델을 그림과 같이 백지로 가린 후, 겹쳐서 색칠된 부분은 몇 칸이고 그것은 전체의 몇 분의 몇인지를 구하도록 함으로써 곱셈의 원리를 발명할 수 있도록 격려할 수 있다.

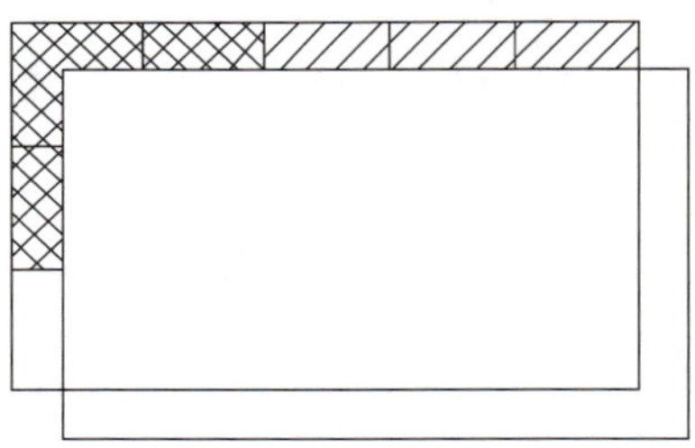

③ 대분수의 곱셈

대분수의 곱셈은 대분수를 가분수로 고쳐서 분수의 곱셈으로 설명할 수 있고, 분배법칙을 사용하여 설명할 수도 있다. 분배 법칙을 사용하여 설명하는 방법은 다음과 같다. 자연수의 곱셈에서 분배법칙의 활용을 경험하였으므로 이를 이용한다.

$$2\frac{1}{2}\times1\frac{1}{4} = (2+\frac{1}{2})\times1\frac{1}{4} = (2\times1\frac{1}{4})+(2\times1\frac{1}{4})$$

$$2\times1\frac{1}{4} = 2\times(1+1\frac{1}{4}) = (2\times1)+(2\times1\frac{1}{4})$$

$$\frac{1}{2}\times1\frac{1}{4} = \frac{1}{2}\times(1+\frac{1}{4})=(\frac{1}{2}\times1)+(\frac{1}{2}\times\frac{1}{4})$$

7) 분수의 나눗셈

많은 교사들이 분수의 나눗셈을 설명할 때 '나누는 수의 역수를 곱하는' 방법을 제시한다. 역수의 의미를 알고 분수의 곱셈을 아는 학생이라면 분수의 나눗셈에 대한 어려움은 없다. 그러나 역수를 곱하는 방법을 사용하는 대부분의 학생들은 계산에 대한 절차적인 지식만 알고 있을 뿐 분수 나눗셈의 의미를 개념적으로 이해하지 못하거나 절차가 왜 그렇게 이루어지는지를 이해하지 못한다.

자연수와 마찬가지로 분수 나눗셈도 등분제와 포함제 상황에서 일어난다. 따라서 두 상황에 대한 이해를 바탕으로 분수 나눗셈에 대한 이해가 발달되어야 할 것이다. 처음에는 학생들이 답을 찾아낼 수 있는 문제 해결 활동으로 시작하는데 이때에는 알고리즘을 가르치는 것이 아니라 나눗셈 상황을 이해하도록 지도해야 한다.

다음 활동은 분수가 포함된 포함제 나눗셈의 의미를 교사가 학생들에게 제공하는 방법에 대한 활동이다. 이와 유사한 활동이 등분제 상황을 도입할 때에도 제공되어야 한다.

활동 자료 11: 분수÷자연수

1. 대상: 6학년
2. 목표: 분수의 나눗셈을 이해할 수 있다.
3. 준비물: 색종이, 종이 띠 등
4. 방법

   ① 원 모양 15개를 자석 칠판에 붙인다. 다음과 같이 질문한다. '우리가 원 모양을 3개씩 묶는다면 몇 묶음이 되겠는가?'

② 이런 포함제(측정) 상황은 동수누감으로 해결할 수 있다는 것을 복습한다.

③ 문제 상황을 제시한다. 길이가 3 m인 벽지가 있다. 이것을 길이가 $\frac{1}{2}$ m인 조각으로 나누려고 한다. 몇 조각으로 나누어지는가?

④ 학생들은 원래 벽지의 길이를 알고 있고(3 m), 1조각의 길이도 알고 있다($\frac{1}{2}$ m). 벽지를 자르면 몇 조각인지를 구하려고 한다. 한 번 자르면 $\frac{1}{2}$ m씩 잘려나간다.

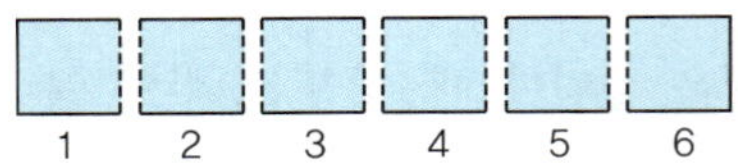

⑤ 다음 그림과 같은 케이크 모델을 보여주고, 문제 상황을 제시한다.

⑥ '$\frac{3}{4}$케이크가 있다. 이것을 1조각의 크기가 $\frac{1}{4}$인 조각으로 자르면 몇 조각이 될까?'

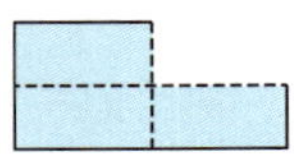

⑦ 이 문제는 포함제(측정) 상황이다. 케이크를 $\frac{1}{4}$크기로 자르면 3조각이 된다.

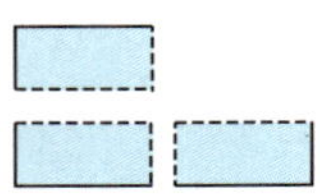

⑧ 답이 자연수가 되는 다른 상황을 제시하여 비슷한 활동을 반복한다.

분수 나눗셈은 (단위분수)÷(자연수)에서 계산 원리를 발견하고, 그 원리를 (진분수)÷(단위분수), (진분수)÷(진분수) 등으로 확장하여 적용한다. $\frac{1}{2}\div 3$을 직사각형 모델로 나타내면 $\frac{1}{2}\times\frac{1}{3}$과 같음을 알 수 있다.

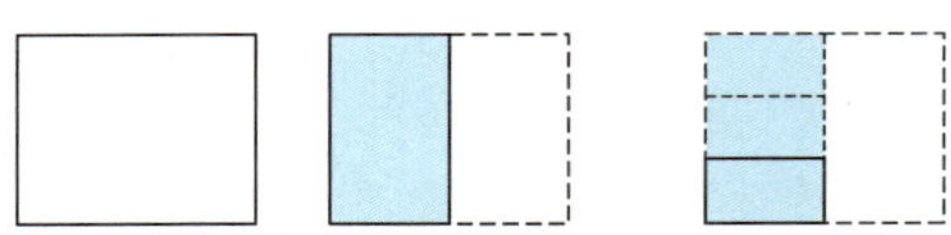

1　　$\frac{1}{2}$　　$\frac{1}{2}\div 3=\frac{1}{2}\times\frac{1}{3}$

위와 같은 활동에서 $\frac{1}{2}\div 3$은 $\frac{1}{2}\times\frac{1}{3}$과 같음을 인식하게 한다. 즉, 분수

의 나눗셈을 곱셈으로 나타내었을 때 무엇이 어떻게 달라졌는지에 주목하게 하여 분수의 나눗셈은 역수의 곱셈과 같다는 원리를 깨닫게 한다.

또, 분모가 같을 때 분모는 분모끼리, 분자는 분자끼리 계산할 수 있다. 즉, $\frac{3}{6} \div \frac{1}{6}$, $\frac{6}{8} \div \frac{2}{8}$는 각각 $\frac{3 \div 1}{6 \div 6}$, $\frac{6 \div 2}{8 \div 8}$와 같다.

이런 사실을 이용하여 분수의 나눗셈을 하기위하여 분모를 같게 한 다음, 분모는 분모끼리, 분자는 분자끼리 나눗셈을 한다. 분모는 같기 때문에 나누면 항상 1이 되므로 분자끼리 나눗셈이 된다. 즉,

$$\frac{1}{2} \div \frac{1}{3} = \frac{3}{6} \div \frac{2}{6} = \frac{3 \div 2}{6 \div 6} = 3 \div 2 = \frac{3}{2}$$

도형, 수직선, 구체물 조작을 통하여 분수를 충분히 이해한 학생들은 분수에 대한 '느낌'을 가지고 있게 된다. 수에 대한 학생들의 감각이 발달됨에 따라 답을 어림하고, 답에 대한 타당성을 판단하는 기능이 발달된다.

교사는 학생들이 수에 대한 감각을 발달시킬 수 있도록 도와주어야 한다. 분수 띠, 수직선 등으로 분수를 학습하는 동안 0, $\frac{1}{2}$, 1에 가까운 분수에 대해 질문한다. 분수 연산에 대해 생각하도록 도와주고, 답의 타당성을 판단하기 위하여 이런 지식이 발달되어야 한다. 사칙연산을 학습할 때 다음과 같은 질문을 자주 해야 한다.

- $\frac{1}{4}$과 $\frac{1}{2}$을 더하면 합은 1보다 (더 작을) (더 클)것이다. 왜?
- $\frac{1}{2}$과 $\frac{3}{4}$을 더하면 합은 1보다 (더 작을) (더 클)것이다. 왜?
- $\frac{2}{3}$와 $\frac{1}{4}$을 더하면 합은 약 __________ 일 것이다. 왜?
- 두 분수의 합이 $\frac{1}{2}$과 1 사이에 있다. 두 분수는 $\frac{1}{3}$과 $\frac{1}{4}$, $\frac{1}{8}$과 $\frac{1}{6}$, $\frac{2}{3}$와 $\frac{1}{2}$인가? 왜?
- 두 진분수를 빼면 답은 1보다 (더 작을) (더 클)것이다. 왜?"
- $12 \times \frac{1}{2}$의 곱은 12보다 (더 작을) (더 클)것이다. 왜?
- $12 \div \frac{1}{2}$을 계산하면 답은 12보다 (더 작을) (더 클)것이다. 왜?
- $\frac{1}{4} \div 2$를 계산하면 답은 $\frac{1}{4}$보다 (더 작을) (더 클)것이다. 왜?"
- $\frac{1}{2} \div \frac{1}{4}$를 계산하면 답은 1보다 (더 작을) (더 클)것이다. 왜?
- $\frac{1}{2} \div \frac{3}{4}$을 계산하면 답은 1보다 (더 작을) (더 클)것이다. 왜?

8) 소수의 곱셈

소수의 곱셈은 자연수의 곱셈과 같은 알고리즘이 적용되기 때문에 알고

리즘을 익히는 것보다 계산 원리를 이해하도록 지도한다.

곱셈 학습은 학생들의 생활과 관련 있는 친숙한 상황으로 도입되어야 한다. 어림은 학생에게 소수 곱셈을 이해하는 데 중요한 측면이다. 답을 구하기 전에 답이 얼마쯤 될 것이라고 어림하는 것은 수 감각을 발달시킬 뿐만 아니라 답의 타당성을 판단하는 능력을 기른다.

분수와 소수의 개념이 잘 통합된 학생이라면 소수의 곱셈을 분수의 곱셈으로 고쳐서 계산할 수 있을 것이다. 소수의 곱셈에서 가장 중요한 것은 소수점을 찍는 방법인데 분수의 곱셈으로 고쳐서 계산하면 그 원리를 이해할 수 있을 것이다.

$$3.24\times5.3=\frac{324}{100}\times\frac{53}{10}=\frac{324\times53}{1000}=\frac{17172}{1000}=17.172$$

결국, 학생들은 곱에서 소수점 아래 자리의 수와 곱하는 두 수에서 소수점 아래 자리의 수의 합이 같다는 것을 일반화하게 되며, 이를 이용하여 곱에 소수점을 적절한 위치에 찍게 된다.

활동 자료 12: 소수의 곱 어림하기

1. 대상: 5~6학년
2. 목표: 계산하기 전에 소수의 곱을 어림할 수 있다.
3. 방법
   ① 칠판에 곱셈식을 쓴다.
   $0.9\times2.1=\square$
   ② 다음과 같이 질문한다.
   - 0.9를 반올림하면 가장 가까운 자연수는 무엇인가? (1)
   - 2.1을 반올림하면 어떤 자연수에 가장 가깝게 되는가? (2)
   - 1의 2배는 얼마인가? (2)
   ③ 소수점이 없이 계산하여 답을 쓰게 한다. (189)
   ④ 다음과 같이 질문한다.
   - 정확한 답을 하기 위해 소수점을 어디에 찍어야 하는가? (1.89)
   - 그 이유에 대해 논의하게 한다. (어림한 값에 비하여 0.189는 너무 작고, 18.9는 너무 크다.)
   ⑤ 다음 곱셈의 결과를 어림하게 하고, 정확한 답과 비교하게 한다.
   $5.7\times8.4=\square$, $12.9\times10.4=\square$, $25.23\times10.2=\square$

위와 같이 계산하기 전에 답을 어림하게 하는 것은 답의 타당성을 검증하는 데 매우 중요한 활동이고, 계산기를 사용할 경우에는 어림이 더욱 중요하게 된다.

9) 소수의 나눗셈

소수의 나눗셈은 자연수의 나눗셈과 마찬가지로 똑같이 나누는 상황(등분제)과 측정하는 상황(포함제)에서 일어난다. 소수의 곱셈과 마찬가지로 몫에 소수점의 위치를 결정하는 것이 중요한데 분수의 나눗셈과 관련짓거나 어림 활동으로 설명할 수 있다.

① 어림 활동으로 소수점 위치 결정하기

29.52÷6에서 29.52는 30에 가까우므로 30을 6으로 나누면 5, 그래서 29.52을 6으로 나누면 몫은 약 5가 될 것이다. 따라서, 몫을 구하면 정답이 4.92가 되도록 소수점을 찍어야 할 것이다.

② 분수 계산으로 소수점 위치 결정하기

29.52÷6은 $\frac{2952}{100} \div \frac{600}{100} = 2952 \div 600$으로 계산하여 소수점의 위치를 결정할 수 있다.

소수의 나눗셈은 (소수)÷(자연수)에서 계산 원리를 이해하고, 그 원리를 (소수)÷(소수)로 확장하여 적용한다.

$$1.2 \div 3 = \frac{12}{10} \div 3 = \frac{12 \div 3}{10}$$

$$4.86 \div 0.6 = \frac{486}{100} \div \frac{6}{10} = \frac{486}{100} \div \frac{60}{100} = 486 \div 60$$

위에서 486÷60과 48.6÷6은 같지만 계산하기에는 48.6÷6이 더 편리하다. 따라서 소수의 나눗셈에서 나누는 수를 자연수로 고쳐서 계산하도록 한다. 예를 들어, 31.374÷6.3은 313.74÷63으로 고쳐서 계산한다.

```
           4.98
6.3∧) 31.3∧74
      252
      ------
       617
       567
      ------
        504
        504
      ------
          0
```

③ 나머지가 있는 소수의 나눗셈

유리수를 나타내는 방법 중 하나가 소수이므로 소수의 나눗셈은 기본적으로 유리수의 나눗셈이다. 유리수는 사칙연산에 모두 닫혀있으므로 소수의 나눗셈에서는 나머지가 발생하지 않는다. 그러나 분수의 나눗셈과 달리 소수의 나눗셈에서는 나누어떨어질 때가지 몫을 구하는 것이 어려운 경우가 많다. 예를 들면, 2.4÷0.7을 계산하면 아래 계산과정 ②와 같이 계산의 편의를 위해 자연수끼리의 나눗셈으로 바꾼 후 계산한다. 이때, 몫을 구해보면 나누어떨어지지 않고 나눗셈이 계속 진행된다. 이런 경우, 몫을 제한된 부분(예를 들면, 소수 한 자리까지)까지만 구하고 나머지를 구하도록 하는 경우가 많다. 계산과정 ③을 보면, 소수 한 자리까지의 몫인 3.4를 구한 후 나머지를 확인할 수 있다. 계산과정 ③에서는 나머지가 0.2인 것처럼 보이지만 실제로 나머지는 0.2가 아님을 검산식을 통해서 알 수 있다.

```
    ①                    ②                      ③
                    3.428…                   3.4
0.7)2.4   →      7)24            →       7)24
                   21                       21
                    30                       30
                    28                       28
                     20                       2
                     14
                      60
                      56
                       4
```

위 계산의 검산식은 7×3.4+0.2=24가 아니다. 24÷7은 계산의 편의를 위해서 원래 문제를 변형한 것이므로 몫만 구할 때는 문제가 없지만 나머지를 구할 때는 원래 문제로 바꾸어서 검산을 해야만 한다. 따라서 검산식은 0.7×3.4+나머지=2.4가 되어야 한다. 이 문제의 경우, 나머지는 0.2가 아닌 0.02이다. 따라서 0.7×3.4+0.02=2.4이므로 계산이 바르게 되었음을 확인할 수 있다.

나머지가 있는 소수 나눗셈의 경우에는 반드시 원래의 문제에 포함된 피제수를 확인한 후 나머지를 구하도록 해야 함을 학생들이 이해할 수 있도록 충분한 경험을 제공하는 것이 필요하다.

[참고문헌]

교육부(2015). 수학과 교육과정. 교육부 고시 제2015-74호[별칙 8].

변희현(2005) 소수 개념의 교수학적 분석. 서울대학교 대학원 박사학위 논문.

Ball, D. L. (1990). Prospective elementary and secondary teachers' understanding of division. *Journal for Research in Mathematics Education*, 21, 132-144. doi:10.2307/749140.

Behr, M., Lesh, R., Post, T., & Silver E. (1983). *Rational Number Concepts. In R. Lesh & M. Landau (Eds.), Acquisition of Mathematics Concepts and Processes, (pp. 91-125).* New York: Academic Press.

Behr, M. J., Harel, G., Post, T., & Lesh, R. (1992). Rational number, ratio, and proportion. In D. A. Grouws(Ed.), Handbook of research on mathematics teaching and learning(pp.296-333). New York: Macmillan.

Booth, J. L., & Newton, K. J. (2012). Fractions: Could they really be the gatekeeper's doorman? *Contemporary Educational Psychology*, 37, 247-253.

Common Core State Standards Initiative(CCSSI). (2010). *Common Core State Standards for mathematics*. Washington, DC: CCSSO & National Governors Association. Retrieved from www.corestandards.org/math

Common Core State Standards Initiative (2010). Common core state standards for mathematics. Washington, DC: National Governors Association Center for Best Practices and the Council of Chief State School Officers. <http://www.corestandards.org/assets/CCSSI_Math%20Standards.pdf>.

Cramer, K., Monson. D., Whitney, S., Leavitt, S., & Wyberg, T. (2010). Dividing fractions and problem solving. *Mathematics Teaching in the Middle School*. 15(6), 338-346.

Depaepe, F., Torbeyns, J., Vermeersch, N., Janssens, D., Janssen, R., Kelchtermans, G., et al. (2015). Teachers' content and pedagogical content knowledge on rational numbers: A comparison of prospective elementary and lower secondary school teachers. *Teaching and Teacher Education*, 47, 82-92. doi:10.1016/j.tate.2014.12.009.

Foley, T., & Cawley, J. (2003). About the mathematics of division: Implications for students with learning disabilities. *Exceptionality*, 11, 131-150. doi:10.1207/s15327035ex1103_02.

Fuchs, L. S., Schumacher, R. F., Sterba, S. K., Long, J., Namkung, J., Malone, A., et al. (2014). Does working memory moderate the effects of fraction intervention? An aptitude-treatment interaction. *Journal of Educational Psychology*, 106,

499-514. doi:10.1037/a0034341.1.

Gelman, R. (1991). Epigenetic foundations of knowledge structures: Initial and transcendent constructions. In S. Carey and R. Gelman, (eds.), The Epigenesis of Mind: Essays on Biology and Cognition. LEA.

Hartnett, P. M, & Gelman, R. (1998). Early understandings of numbers: Paths or barriers to the construction of new understandings? Learning and Instruction: The Journal of the European Association for Research in Learning and Instruction, 8(4), 341-374.

Hatano, G. (1990). Toward the cultural psychology of mathematical cognition. Comment on Stevenson, H. W., Lee, S-Y. (1990). Contexts of achievement. *Monographs of the Society for Research in* Child Development, 55, 108-115.

Hiebert, J., & Wearne, D. (1985). A model of students' decimal computation procedures. *Cognition and Instruction, 2*(3 & 4), 175-205. doi:10.1207/s1532690xci0203&4_1.

Inhelder, B., & Piaget, J. (1958) *The growth of logical thinking from childhood to adolescence: An essay on the construction of formal operational structures.* New York: Basic Books. doi:10.1037/10034-000.

Li, Y., & Kulm, G. (2008). Knowledge and confidence of prospective mathematics teachers: The case of fraction division. *ZDM-The International Journal on Mathematics Education*, 40, 833-843. doi:10.1007/s11858-008-0148-2.

Lortie-Forgues, H., Tian, J., & Siegler, R. S. (2015). Why is learning fraction and decimal arithmetic so difficult ? *Developmental Review,* 38, 201-221. doi: 10.1016/j.dr.2015.07.008.

National Mathematics Advisory Panel. (2008). *Foundations for success: The final report of the National Mathematics Advisory Panel.* Washington, DC: U.S. Department of Education.

National Mathematics Advisory Panel (2008). *Foundations for success: The final report of the National Mathematics Advisory Panel.* Washington, DC: Department of Education.

Neagoy, M. (2017). *Unpacking fractions: Classroom-tested strategies to build students' mathematical understanding.* Reston, VA: National Council of Teachers of Mathematics.

Piaget, J., & Inhelder, B. (1975). The origin of the idea of chance in children. (Trans L. Leake, P. Burrell & H. D. Fishbein). Oxford, England: W.W. Norton.

Rittle-Johnson & Koedinger(2009). Rittle-Johnson, B., & Schneider, M. (2014). Developing conceptual and procedural knowledge in mathematics. In R. Cohen Kadosh & A. Dowker (Eds.), *Oxford handbook of numerical cognition.* Oxford,

UK: Oxford University Press. doi:10.1093/oxfordhb/9780199642342.013.014.

Siegler, R. S., Thompson, C., & Schneider, M. (2011). An integrated theory of whole number andfractions development. *Cognitive Psychology*, 62, 273-296.

Siegler et al. (2012). Siegler, R. S., Duncan, G. J., Davis-Kean, P. E., Duckworth, K., Claessens, A., Engel, M., ... Chen, M. (2012). Early predictors of high school mathematics achievement. *Psychological Science,* 23, 691-697.

Siegler, R. S., & Pyke, A. A. (2013). Developmental and individual differences in understanding of fractions. *Developmental Psychology*, 49, 1994-2004. doi:10.1037/a0031200.

Siegler & Lortie-Forgues(2015). Conceptual knowledge of fraction arithmetic. *Journal of Educational Psychology*. 107(3). 909-918. http://doi.org/10.1037/edu0000025

|연|구|문|제|

1. 분수와 소수의 개념 및 사칙연산 지도와 관련된 2015 개정 교육과정의 교수·학습 방법 및 유의사항은 어떤 것이 있는지 말하여 보시오.

2. 분수와 소수의 개념 및 사칙연산 지도와 관련된 2015 개정 교육과정의 평가 방법 및 유의사항은 어떤 것이 있는지 말하여 보시오.

3. 분수 학습이 어려운 이유를 말하여 보시오.

4. 분수, 소수, 유리수를 비교하여 설명해 보시오.

5. 분수의 부분-전체, 몫, 비, 연산자, 측정의 의미를 설명해 보시오.

6. $\frac{2}{5}+\frac{3}{5}=\frac{5}{10}$라고 계산하는 학생이 있을 때, 이를 교정하기 위해서는 어떤 활동이 제공되어야 하는지 설명해 보시오.

7. $2\frac{2}{7}-1\frac{5}{7}=1\frac{3}{7}$, $3\frac{2}{9}-\frac{7}{9}=3\frac{5}{9}$라고 계산하는 학생의 오류원인은 무엇이며 이를 교정하기 위해서는 어떤 활동이 제공되어야 하는지 설명해 보시오.

8. 분수의 곱셈과 관련해서 $2\frac{4}{7}\times3\frac{2}{5}=6\frac{8}{35}$, $2\frac{1}{6}\times2\frac{4}{7}=4\frac{4}{42}$과 같은 오류반응을 보인 학생이 있을 때, 그 원인과 대처방안을 설명해 보시오.

9. [보기]와 같이 분수 나눗셈을 그림을 이용해서 설명해 보시오.

[보기] $\frac{2}{3} \div \frac{1}{3}$

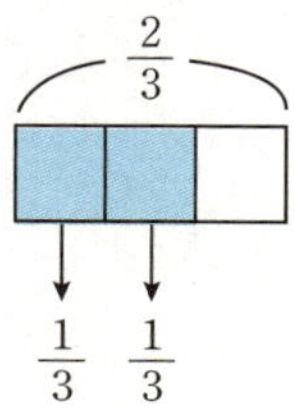

전체가 $\frac{2}{3}$ 인데 $\frac{1}{3}$ 씩 덜어내기를 하면 2번 덜어낼 수 있으므로 몫은 2가 된다.

케이크의 $\frac{2}{3}$ 가 남았는데 한 사람에게 케이크의 $\frac{1}{3}$ 씩 나눠주면 두 사람에게 나눠줄 수 있다.

---

① $\frac{3}{4} \div \frac{1}{2}$　　　　② $\frac{2}{5} \div \frac{3}{4}$

10. 소수의 자릿값 지도에서 수모형(십진블록)이 효과적인 교구인 이유를 설명해 보시오.

11. 소수의 곱셈에 대한 다음의 설명에서 어떤 오류가 있는지 찾아 바로 고쳐 보시오.

오공: 문제에서 보면 □□□□□□□□□□ 이 1을 나타낸다고 되어있어. 그러면 □는 0.1이야.
오정: 그렇구나.
오공: 이제 0.3×0.4를 수모형으로 나타내면 다음 그림과 같아. 가로 0.3, 세로 0.4의 길이를 곱하면 그림과 같이 전체 12칸이 칠해지게 돼. 그런데 □이 0.1이니까 0.1이 12개면 1.2가 되는 거야. 알겠니? 그래서 0.3×0.4=1.2가 돼.

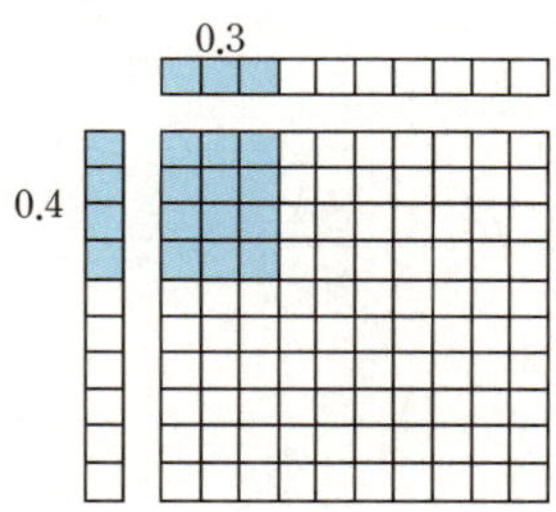

오정: 와! 오공이는 정말 소수 곱셈을 잘 하는구나. 부럽다.

Chapter

04

도형

초등학교 수학과 교육과정에서 도형영역은 수와 연산영역과 함께 가장 기본적인 학습영역이다. 따라서 학습 대상인 도형과 그 성질을 학습하는 것은 초등학교 수학과 교육과정에서의 필수적인 요소라 말할 수 있다. 수학적 개념이 구체에서 추상으로 발달 단계를 거쳤듯이 학생들의 도형 학습 과정도 구체에서 추상·형식으로, 직관에서 논리로 진행되어져야 한다. 학습 과정에서의 비약을 해소하기 위해서 초등학교에서는 빠른 추상화와 형식화보다는 적절한 단계에서 효과적인 학습 도구를 사용하여 구체와 추상·형식 사이를 잇는 가교의 역할이 이루어져야 한다.

우리들의 주변이나 자연세계에는 여러 가지 물체들이 있다. 이들 물체들은 그 자체의 고유한 모양과 크기, 색깔, 재질, 위치, 무게 등 여러 가지 성질들을 지니고 있다. 도형 학습이란 여러 가지 구체물들이 갖는 여러 속성들 중에서 모양과 위치의 관점에서 접근하는 연구 방법론의 하나이다. 초등학교 도형영역의 학습대상인 도형은 그 도형이 놓인 공간에 따라 평면도형과 입체도형으로 구분한다. 평면도형은 점, 직선, 선분, 각, 삼각형, 사각형, 원 등과 같은 2차원 공간의 도형을 의미하고, 입체도형은 직육면체, 각기둥, 원기둥, 각뿔, 원뿔, 구 등과 같은 3차원 공간의 도형을 의미한다. 평면도형과 입체도형의 구성요소는 점, 선, 면이고, 이들의 합성으로 도형이 구성된다.

이번 2015 개정 교육과정의 도형 영역에서도 평면도형과 입체도형을 다루며, 여러 가지 도형을 관찰·분류하고 각 도형의 성질을 추론하며, 이 과정에서 공간 감각을 기르도록 하고 있다.

이 장의 탐구문제

1. 다음 그림에서 선분 AC는 사각형 ABCD의 대각선인지 아닌지를 말하고, 그 이유를 설명하시오.

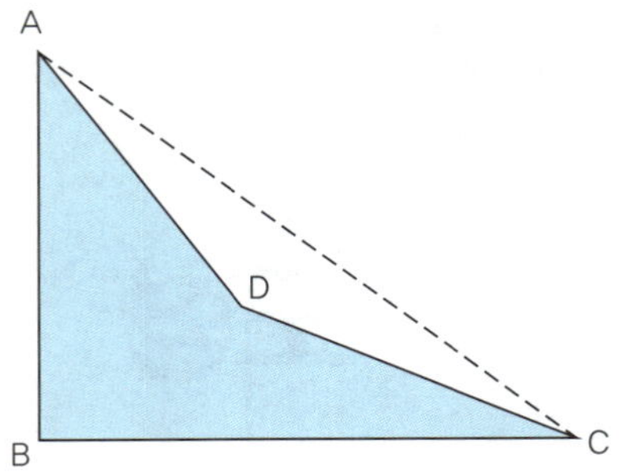

2. 다음 그림은 그 나라의 국기의 일부분을 그린 것이다. 대칭의 형태를 생각해 보시오. 그리고 선대칭은 대칭축을, 회전대칭은 회전의 중심을 찾고 몇 도 대칭인지 말하시오.

스위스 영국 모로코

☞ 위의 탐구문제 1번을 해결해 보고, 도형에서의 정의와 성질 사이의 관계에 대하여 토론해 보시오.

☞ 위의 탐구문제 2번을 해결해 보고, 점대칭을 회전대칭의 관점에서 설명해 보시오.

이 장에서 다루는 주요 개념: 기하, 도형, 공리, 정의

1 이론적 배경

(1) 기하학의 생성과 발달

1) 기하학의 생성

Geometry(기하학)라는 단어는 그리스어의 geometrein으로부터 유래되었다. geo는 땅을, metrein은 측정하다는 의미이므로 땅을 측정하는 학문이 기하학이었다고 말할 수 있다. 우리가 사용하고 있는 기하(幾何)는 명나라의 서광계가 getmometria의 geo를 음역한 것이라는 주장이 널리 퍼져있었으나 이를 부정하고 있는 최근의 연구도 있다.

정기준(2010)

- 幾何는 geometry의 譯語가 아니었다.
- 대한수학회소식 129, 14-16.

기하학의 기원은 고대의 오리엔트, 지금의 이집트에서 Nile강의 정기적인 범람을 둘러싼 토지 측량의 방법으로 거슬러 올라갈 수 있다. 범람 후 재건을 위한 토지 측량의 필요에서 원시적인 기하학이 탄생했다고 전해진다. 즉 농경의 시작과 함께 토지의 측량 기술도 중요해지고 그래서 기하학이 발달했다고 말할 수 있다. 그러나 또 다른 고대문명(바빌로니아, 중국)도 역시 많은 기하학적 지식을 가지고 있었다고 전해진다.

바빌로니아 사람들은 산술과 대수에 있어서 이집트 사람들보다 훨씬 진보되어 있었다.

- Pythagoras가 태어나기도 전에 이미 Pythagoras 정리를 알고 있었다.
- M. J. Greenberg(1994) Euclidean and Non-Euclidean Geometries

고대 Egypt의 기하학은 실험과 관찰, 추측 등에 의하여 도달된 경험의 과정들로 이루어진 것이다. 따라서 정당화가 없는 기하는 그리스시대의 입장에서 보면 단순한 계산 법칙이었기에 학문이라고 하기가 어려웠다. 기하가 고대 그리스로 전파된 이후, 탈레스(Thales, 기원전 624?~기원전 546?)와 그의 제자들에 의하여 기하학으로 출발하게 되었다. 수학의 정리를 증명에 의해 전개한 것이 이 시대 수학의 특징이고, 그 당시로는 이러한 전개가 새로운 것이었다. Thales에 의해 시작된 체계화는 피타고라스(Pythagoras, 기원전 582~기원전 496)와 그의 제자들에 의해 계속 진행되었다. 그 후 기하학의 아버지라 불리는 유클리드(Euclid, 기원전 3세기?)는 당시의 수학을 집대성하여 465개의 명제를 13권의 책에 수록해 수학의 역사에서 가장 큰 영향력을 끼친 책으로 평가받는 '원론'(Stoicheia)을 저술하였다. 이 책은 후에 Elements라는 제목으로 영어로 번역되었다. 이 책은 논증적 학문으로서 기하학의 지위를 확립한 고대 그리스 수학을 대표하는 명저로 19세기말까지 유럽에서는 교과서로 사용되었다. 기하학에 대한 Euclid의 접근 방법은 공리적 방법으로 오늘날의 순수수학이라 불리는 것의 원형이라 할 수 있다. 공리적 방법(axiomatic method)이란 결과가 옳은가를 증명하는 방법이다.

초등수학에서 다루는 도형개념의 대부분은 원론에서 다룬 주제들로 구성되어 있다. 원론의 있는 대부분의 내용이 도형에 관련된 것이기 때문에 원론은 'Euclid 기하학 원론'이라고 불리기도 한다.

원론의 처음에 각 권에서 사용하는 몇 개의 용어에 대한 정의와 공준, 공리들이 기술되어 있다. 특히, 1권에서는 23개의 정의와 5개의 공준, 5개의 공리가 주어져 있으며, 이 구성 방법이야말로 공리적 접근방법에 관한 사고의 시작이라 할 수 있다. 여기서 공리와 공준은 전개될 이론의 기본적인 원리이자 출발점이라는 의미로 해석하면 된다. 그리고 고대 수학은 이들을 구분하였지만, 현대 수학은 이를 따로 구별하여 사용하지 않는다.

원론의 내용 중 도형학습과 관련되는 정의, 공준, 공리의 몇 가지의 내용을 들어본다.

① 정의(定義)

- 점(点)이란 부분으로 분해할 수 없는 것이다.
- 선(線)이란 길이가 있고 폭이 없는 것이다.
- 선의 끝(端)은 점이다.
- 직선이란 그 위의 모든 점이 곧게 놓여 있는 선이다.
- 면이란 길이와 폭만을 갖는 것이다.
- 직선 위에 세워진 한 직선이 서로 같은 접각을 만들 때, 그 같은 각의 각각은 직각이라고 한다. 그리고 직선 위에 서 있는 직선은 다른 직선에 대하여 수직이라 한다.
- 평행선이란 동일 평면상에서 양쪽 방향으로 한없이 연장하여도 그 어느 방향에서도 서로 만나지 않는 두 직선이다.

② 공준(公準)

- 주어진 두 점을 잇는 선분이 유일하게 존재한다.
- 주어진 선분은 어느 쪽으로도 끝없이 연장할 수 있다.
- 임의의 점(중심)에서 임의의 거리(반지름)를 갖는 원이 존재한다.
- 모든 직각은 서로 같다.
- 한 직선이 두 개의 직선과 만나고, 같은 쪽에서 만든 두 안각의 합이

두 직각보다 작을 때 두 직선을 작은 쪽으로 연장하면 만난다(평행선 공준).

Euclid는 **[그림 4.1]**에서처럼 직선 l의 한 쪽에서 만들어 지는 내각 α와 β를 측정하여 $\alpha + \beta < \pi$ 이면 직선 m과 n은 내각 α와 β의 쪽에서 만난다고 한 것이다. 1795년 J. Playfair는 보다 간단한 공준을 우리에게 소개하고 있다. 물론 Euclid의 평행선 공준과 논리적으로 동치이다.

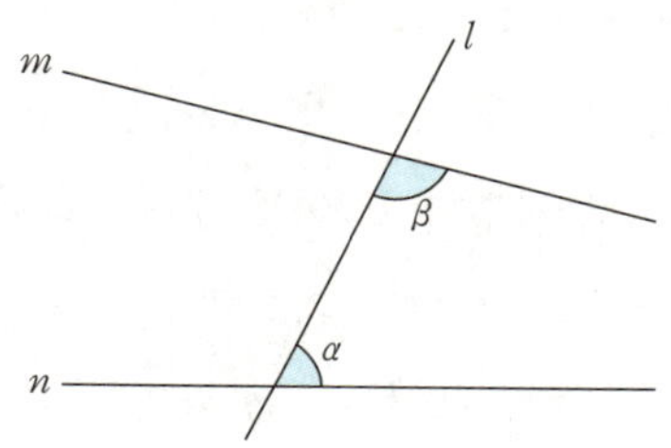

[그림 4.1]

Euclid의 공준은 유클리드 기하에 사용되는 공리이며 다음의 공리는 모든 수학에서 적용되는 일반적인 공리라 할 수 있다.

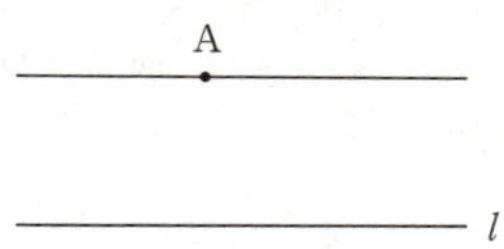

Playfair의 평행선 공준

평면 위에서 직선 l위에 있지 않은 한 점 A를 지나고 직선 l과 만나지 않는 직선은 단 하나 존재한다.

③ 공리(公理)

- 어떤 것과 같은 것은 서로 같다.
- 같은 것에 같은 것을 더하면 그 전체는 서로 같다.
- 같은 것에 같은 것을 빼면 그 나머지는 서로 같다.
- 서로 포개어지는 것은 같다.
- 전체는 부분보다 크다.

원론의 내용 중에는 현대 수학적 관점에서 비판받고 있는 것도 적지 않으나 원론이 수학발전에 기여한 공로는 그것보다 더 크다. 실제로 원론이 현대수학의 발전에 기여한 공로 중 대표적인 것으로 다음을 들 수 있다.

Euclid는 경험적으로 얻어진 정의와 공리, 공준을 미리 가정하고, 이들을 논리적으로 결합하여 많은 정리를 증명하고 있는데, 이러한 접근방법은 수학을 포함한 현대 과학의 중요한 연구방법으로 평가되고 있다.

그러나 Euclid는 명제를 구성하고 있는 기본적인 용어들을 정의하는 과정에서 모순에 직면한다. 이를테면, Euclid는 삼각형을 정의하기 위하여 '점'과 '직선'이란 용어를 사용해야 하고, 이에 따라 점을 '부분으로 분해할 수 없는 것'으로 정의하였다. 그렇다면 '부분'도 정의해야 하는데, 이를 정의하려면 부분이 아닌 다른 용어가 필요하게 된다. 따라서 이런 식으로 용어를 정의하면 기하학은 정의만으로도 끝이 없게 될 것이다. 그는 또한 '직선'을 '그 위에 점들이 곧게 놓여 있는 것'으로 정의하였다. 이 정의를 이해하기 위해서는 이미 우리가 직선에 대한 이미지를 가지고 있어야 한다.

David Hilbert(1862~1943)

출처 : Wikipedia

이러한 무정의용어는 David Hilbert에 의해 만들어졌다. 그의 논문 '기하학의 기초'(1899)는 Euclid의 정의들을 명확히 하였다.

현대 수학에서는 이러한 모순을 해결하기 위하여 기본개념을 나타내는 용어에 대해서는, 이를테면 '점', '선', '면', '위에 있다(lie on)', '사이(between)' 등은 정의가 없는 용어로 가정하고, 이들 무정의용어(無定義用語)들 사이의 상호 관계를 분석함으로써 원래 대상의 성질을 상대적으로 접근하는 방법을 취하고 있다. 또, 원론에서는 도형의 합동과 닮음만이 있고, 그것도 도형의 일부분만의 이동을 취급하였다. 그러나 도형의 성질을 이해하기 위해서는 이동이나 변형에 따른 기하학적 변환개념도 필요하다. 실제로 이러한 개념들은 19세기에 이르러 도형을 이동하게 되면 선분의 길이나 각의 크기도 변한다는 것을 발견함으로써 비로소 연구 가능하게 되었다. 이에 따라 곡선도 직선으로 볼 수 있는 비유클리드기하학이 생성된 것이다.

(2) 기하학의 발달과정

Euclid 기하학은 현실의 세계를 바탕으로 하는 공간, 즉 Euclid 공간에서의 경험적인 사실을 증명하는 데 초점을 두었기 때문에 근대적인 수 개념은 거의 도입될 수 없었다. 이에 따라 대수학은 중세에 이르기까지 기하학에 비하여 거의 발전되지 못하였다. 그 결과 Euclid 기하학은 중세에 이를 때까지 Renaissance 이후의 이탈리아에서 발달한 계산술 및 대수학과는 서로 이질적인 것으로 간주되었다.

그러나 17세기에 이르러 데카르트(Descartes, 1596~1650)는 2개의 실수로 평면 위의 점의 위치를 좌표로 나타내고, 도형을 방정식이나 부등식으로 표현하는 해석기하학(解析, analytic geometry)을 창시하게 되었다. 해석기하학은 좌표를 사용하여 도형을 대수식으로 표현하고 대수적 계산에 의하여 해를 구한 후, 이것을 다시 도형으로 해석하는 것이다. 해석기하학에 의하여

평면 위의 직선 ↔ 1차 방정식
두 직선의 교점 ↔ 연립방정식의 해

와 같이 기하의 세계와 대수의 세계를 넘나들 수 있게 된 것이다.

한편, 벡터는 주로 물리학에서 사용되어 왔으나, 위치벡터의 성분은 그 벡터의 종점의 좌표이므로 해석기하학은 필연적으로 벡터를 도입하게 되었다. 벡터는 도형의 문제들을 보다 쉽게 접근하게 함으로써 선형대수학이라는 매우 중요한 학문으로 발전하였다.

Euclid 기하에서는 삼각형을 겹쳐 놓는 것과 같은 기본적 조작은 있지만, 평행이동, 대칭이동, 회전이동 등 도형의 이동에 관해서는 취급하지 않고 있다. 그리고 닮음에 관한 이론은 있어도 확대, 축소 등 도형의 변형에 관한 이론은 없기 때문에 오늘날에는 Euclid 기하를 정적인 기하라고도 한다. 이에 비해 17세기 이후 미·적분학과 같은 동적인 것을 대상으로 하는 연구방법이 발전함으로써 기하학에서도 데자르그(Desargues, 1591~1661)와 파스칼(Pascal, 1623~1662)에 의해 사영기하학(射影, projective geometry)의 기본 개념이 확립되었다.

그리고 Euclid 기하에서의 평생선 공준은 19세기에 이르기까지 많은 학자들로부터 '다른 공준이나 공리에서 증명될 수 있을 것'이라는 의심을 품게 한 명제이다. 이러한 의심은 결국 '직선 밖의 한 점을 지나 이 직선에 평행한 직선은 적어도 2개 있다.'는 쌍곡선기하와 '직선 밖의 한 점을 지나 이 직선에 평행한 직선은 존재하지 않는다.'는 타원기하라는 비유클리드 기하학을 탄생시켰으며, 19세기 말 이러한 공간의 존재가 확인되었다.

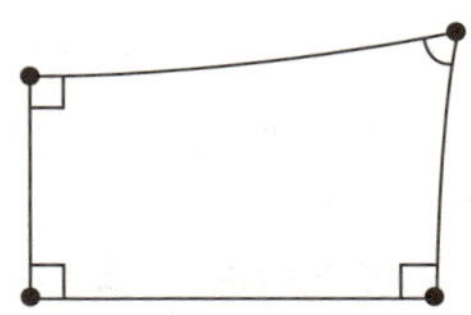

Lambert 사변형

이 사각형의 4번째의 각은 타원기하에서는 예각, Euclid기하에서는 직각, 쌍곡선기하에서는 둔각이 된다.

그림출처: Wikipedia

이들 기하학은 모두 어떤 공간을 생각하고 그 안에서의 도형의 성질을 연구하는 것이다. 결국, 기하학은 도형의 성질을 연구하는 것에서 출발하여 '공간의 구조가 도형에 어떻게 반영되는가?'라는 도형의 공간적 성질을 연구하는 학문으로 발전하게 되었다. 초등학교 수학에서의 도형 학습은 Euclid 기하학이 중심이 되며, 특히 Euclid 평면과 3차원 Euclid 공간에서의 도형의 성질을 연구하는 것이 과제가 된다.

도형의 성질이 그 도형이 존재하는 공간에 의존하는 몇 가지 실례를 들어본다.

- '한 직선에 수직인 두 직선은 서로 평행하다.'라는 성질은 평면에서는 성립하나, 3차원 공간에서는 꼬인 위치에 있을 수 있다.
- '직선 밖의 한 점을 지나고, 이 직선에 평행한 직선은 오직 하나 있다.'라는 성질은 평면에서는 성립하나 구면에서는 성립하지 않는다. 구면에서 직선에 대응하는 것은 원이고 이들 원은 반드시 만나기 때문이다.
- '폐곡선은 평면을 두 부분으로 나눈다.'라는 것은 평면 또는 구면에서는 성립하나 토러스(torus)에서는 성립하지 않는다.

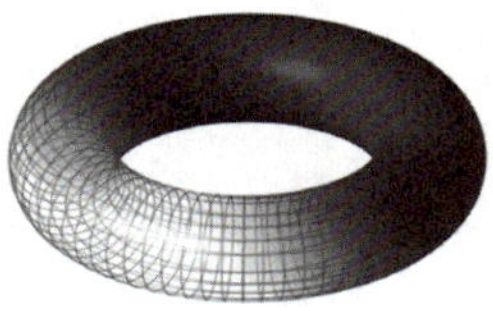

Torus(원환면)

그림출처: Wikipedia

이상으로 예들은 도형의 성질이 공간에 의존함을 보인 것들이다. 결국, 도형의 성질은 기본적으로 공간에 대한 상대적인 개념이므로 공간에 대한 인식이 중요함을 알 수 있다.

(3) 도형 학습과 공간 감각

NCTM(1989)

공간 감각이란? 자기 주위의 상황과 그 물체에 대한 직감.

도형 학습은 주변 세상을 질서 정연하게 표현하고 설명하는 특수한 방법의 하나이다. 아이들은 일상생활의 과정에서 주변의 다양한 사물에 관심이 많기 때문에 특히 어린 아이들은 도형 학습에 대한 적절한 동기를 가지게 된다. 이에 따라 그들의 공간적 능력은 종종 수 기능을 능가하는 데 이러한 힘은 수학의 흥미를 촉진하며 나아가 수의 이해와 기능을 향상시킬 수 있다.

공간에 대한 이해는 우리가 가지고 있는 고유의 기하 세계를 해석하고, 이해하고, 음미하는데 필요하다. 2차원과 3차원의 도형과 그들의 특징에 대한 직관과 통찰, 도형 사이의 상호 관계, 그리고 도형의 변화는 공간 감각의 중요한 측면이다.

일반적으로 아이들의 공간 감각은 공간적 상황에서 관찰자가 느끼는 직관적인 느낌으로서, 이러한 공간 감각을 발달시키기 위해서는 아이들이 도형 사이의 관계에 초점을 둔 경험을 해야 한다. 공간 감각은 공간 지각

(spatial perception) 또는 공간 시각화(spatial visualization)라고 불리기도 하며, 머릿속에서 물체를 회전시키거나 돌리는 등의 조작을 함으로써 그 물체가 어떻게 움직이거나 배치되는지를 상상해보거나 생각하는 것과 같은 몇 개의 공간 능력(spatial ability)으로 특징지을 수도 있다. 초등학교에서의 적절한 공간 능력은 다음과 같다.

첫째, 시각과 운동 신경의 조정(eye–motor coordination) 능력은 여러 활동에서 눈과 신체의 다른 부분을 조정하는 능력이다. 아이들이 모양 따라 만들기(그리기, 본뜨기), 모양에 색칠하기, 성냥개비로 여러 가지 모양 만들기, 여러 조각을 이용하여 모양 만들기, 조각 그림 맞추기 활동 등을 할 때 이용된다.

둘째, 도형–배경 지각(figure–ground perception) 능력은 복잡한 배경에서 도형을 확인하는 시각적 행동능력이다. 색맹 검사, 복잡한 그림이나 교차하는 직선, 겹쳐진 도형에서 특수한 도형 찾기, 탱그램 조작하기, 패턴 블록 조작하기 등의 활동을 할 때, 이 능력이 잘 드러난다.

셋째, 지각적 항존성(perceptual constancy)은 공간에서 물체나 도형의 크기, 위치, 방향이 변해도 그것을 인식할 수 있는 능력을 말한다. 따라서 지각적 항존성은 모양에 대한 형적 항존성과 길이, 넓이, 부피 등과 같은 양적 항존성으로 나누어 생각할 수 있다. 형적 항존성을 가진 아이들은 멀리서 보면 책상이 사다리꼴로 보일지라도 직사각형으로 인식한다. 멀리 있는 농구공이나 손에 있는 농구공이나 크기가 같다고 생각하는 학생은 양적 항존성을 가지고 있다고 말할 수 있다. 이런 능력을 향상시키기 위하여 다양한 자료 조작의 적절한 과제가 필요하다.

넷째, 공간에서 위치 지각(position–in–space) 능력은 공간에 있는 한 물체를 자기 자신과 관계 맺는 능력이다. 아이들은 공간적으로 우주의 중심에 있으며, 물체를 자기중심으로 앞, 뒤, 위, 아래 등에 있다고 지각한다. 이 능력을 포함하는 활동에는 평행이동·회전이동·대칭이동과 거울보기, 거꾸로 읽기 등이 있다.

다섯째, 공간 관계 인지(perception of spatial relation) 능력은 아이들 자신 또는 서로와 관련하여 둘 이상의 물체를 보는 능력을 말한다. 이 능력과 관련된 활동은 대상의 위치 기억하기, 닮은 점·차이 점 찾기, 최단 거리 방법 찾기, 미완성 도형을 완성하기, 점을 차례로 연결하기, 수의 규칙적

교사용지도서(3–1)

2단원 평면도형: 이 단원에서 학습하는 평면도형의 이동은 '공간에서의 위치 지각 능력', '공간 관계에 대한 지각 능력', '시각적 기억력' 등의 공간 감각을 기르기 위한 것.

계열 완성하기, 조각 그림 조립하기 등이 있다.

여섯째, 시각적 변별력(visual discrimination)은 물체 사이의 닮은 점과 다른 점을 구별하는 능력이다. 이 능력은 위치와는 무관하다. 이 능력과 관련된 활동은 모양 따라 나무 쌓기, 속성 블럭(attribute blocks) 분류하기, 동일한 쌍 또는 다른 쌍 찾기 등이다.

일곱째, 시각적 기억(visual memory) 능력은 오랫동안 보지 않은 물체를 회상해내는 능력이다. 이 능력과 관련된 활동은 여러 대상 중 특정 대상 찾고 기억하기, 선반의 물건을 관찰한 후, 가린 상태에서 특정 물체 위치 기억하기 등이다.

이와 같이 아이들의 공간 감각은 다양한 성격의 변인을 보유하기 때문에 교과서의 학습만으로 충분하다고 할 수 없다.

(4) 도형 학습의 특수성

1) 내포(內包)와 외연(外延)

모든 개념은 대상 자체가 갖는 내포와 다른 대상과의 관련성을 의미하는 외연으로 구분된다. 예를 들면, 평행사변형의 개념은 그 본질적인 특성인 '두 쌍의 대변이 평행이다'라는 내포와 그 내포를 만족하는 평행사변형의 집합(직사각형, 마름모, 정사각형 등)인 외연으로 나눌 수 있다. 따라서 구체물을 대상으로 하는 도형 학습은 개념의 내포와 외연을 서로 관련하여 접근하는 것이 바람직하다. 이를테면 여러 구체물을 어떤 기준에 따라 시각적, 감각적으로 분류하는 것은 외연적 접근이고, 분류된 도형에서 공통적인 성질이나 특징을 찾아내는 것은 내포적 접근이다.

도형의 본질적인 특징으로 이루어진 내포는 도형을 비교·분류, 이동, 작도, 구성하는 다양한 조작 활동을 경험함으로서 자연스럽게 의식될 수 있다. 그러나 아린 아이들은 구체물의 위치와 크기나 색깔, 생김새 등의 주변 변인에 영향을 받기 쉽고 따라서 내포 개념을 스스로 발견하기 쉽지 않다. 따라서 교사는 여러 가지 구체적 준비물을 제공하고, 다양한 조작을 유도하는 적절한 발문을 제공하면 아이들은 구성 요소 사이의 관계를 자연스럽게 발견할 수 있게 된다.

2) 추상화(抽象化)

일반적으로 추상화란 여러 구체물이 갖는 이질적 요소를 사상하고 동질적 요소만을 추출하고 이상화하여 새로운 용어로 명명하는 것을 의미한다. 따라서 구체물을 비교·분류·조작하는 과정에서 구체물을 보는 관점을 분명히 하는 것이 중요하다. 이것은 구체물의 여러 속성 중에서 추상되는 것과 사상되는 것을 구별하기 위한 것으로, 이를테면, 책, 책상, 칠판, 창문 등의 관찰 활동에서 그들의 크기나 색깔, 재질, 용도 등을 대부분 사상하고, 모양이라는 측면에서 '같다' '같지 않다(다르다)'를 인식하는 것은 도형 개념을 이해하는 과정에서 가장 기본적인 사고가 된다. 여러 가지 구체물의 공통성을 추상화하여 새로운 용어로 명명하는 과정에서 학생은 나름대로 적절한 추론을 할 수 있게 된다.

한편 초등학교 수학에서 학습하는 개념은 수와 도형 개념으로 나누어지는 데 그 추상화 과정은 대부분 2단계 과정을 거치는 것이 보통이다. 이를테면, 수 '4'와 '사각형'의 추상화 과정을 살펴보자.

[그림 4.2]에서처럼 수 '4'와 '사각형'은 모두 2단계의 추상화 과정을 거치고 있다. 또 수 개념의 추상화 1단계는 '일대일의 대응 관계'로서, 구체물과의 유사성이 적어 아이들은 수 개념을 비교적 명확하게 이해하고 접근할 수 있다. 그러나 도형인 '사각형' 개념은 구체물(책, 집, 창문)의 여러 가지성질(색깔, 재질, 용도, 무게, 크기 등)을 모두 사상(捨象)하고 모양(形)의 특성만을 추상하므로 학생에게 시각적 혼란이 있을 수 있다. 그리고 추상화 2단계는 도형 학습은 그 구성 요소를 직관적으로 관찰하여 접근함으로 비교적 논리적 사고가 가능하다. 수 개 념과 도형개념의

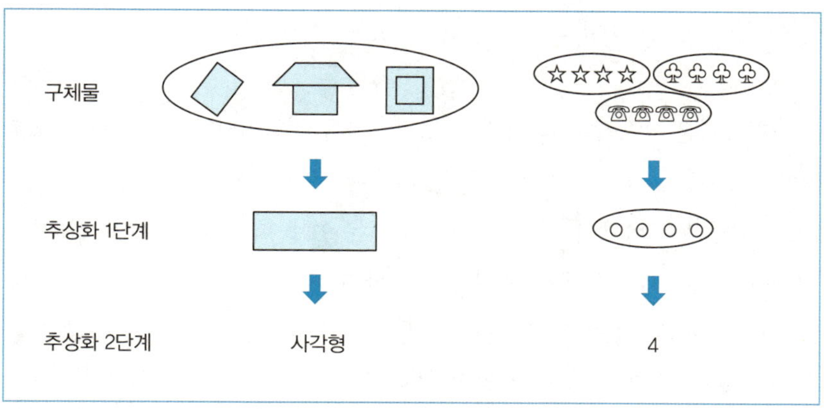

[그림 4.2]

[표 4-1] 문제 해결의 하위 요소의 의미와 기능

단계	도형 개념	수 개념
추상화 1단계	•재질, 색깔 등을 사상하고 모양에만 주목하여 추상. •애매하고 직관적이나 시각적 유사성은 여전히 남아 있음.	•추상하는 방법은 '일대일 대응'이며, 명확하고 엄밀함. •구체물과의 시각적 유사성은 거의 남아 있지 않음.
추상화 2단계	•1단계에서 추출한 여러 가지 모양에 대해 변이나 꼭짓점의 수 등 구성 요소에 주목하여 추상. •분석적이고 논리적임. •표현 방법은 용어.	•추상하는 방법은 위와 같음. •O의 배치나 크기 등을 사상하는 정도. •표현 방법은 기호

추상화 과정은 [표 4-1]과 같이 대비된다.

이와 같이 도형 개념의 추상화는 제1단계에는 시각적 유사성을 계속 유지하는 전체적, 직관적 방법으로, 제2단계에서는 분석적, 논리적 방법으로, 각각의 단계에서 본질적으로 중요한 추상화가 이루어지는 것이 큰 특징이다.

도형 학습은 주변 구체물을 다양하게 비교·분류·조작하는 과정에서 모양이라는 특징이 자연스럽게 추상화 된다. 그러나 학생들에게 구체물의 여러 성질이 통합적으로 동시에 제시되므로 학생들은 직관적으로 선입견을 가질 수 있기 때문에 자칫 체계적인 이해나 지도하는 방법이 어려울 수 있다. 이러한 면에서 도형의 지도 방법과 수의 지도 방법이 반드시 일치하는 것은 아니다.

(5) 도형 학습 이론

도형개념은 초등수학의 가장 기초적인 학습영역이지만, 그 동안의 도형 학습은 도형의 시각적 접근 가능성 때문에 그 지도방법과 학습목표가 수와 연산영역에 비하여 매우 유동적이었다. 이에 따라 도형의 학습내용이나 평가방법에서도 많은 문제점을 유발하여 왔다.

이러한 도형의 특수성 때문에 그 동안의 도형학습에 관한 심리학적 연구도 충분하지 못하였고, 학교수학에서의 도형의 지도체계와 방법 또한 확립되지 못한 면이 있다. 최근에 이르기까지 도형학습에 대한 심리적인 연구자로 대표되는 사람은 피아제(Piaget)와 반 힐(Van Hiele)을 들 수 있는데 이들의 연구결과는 다음과 같다.

1) Piaget의 도형 학습 이론

미시건대학교에서의 Jean Piaget (1896~1980)

출처 : Wikipedia

스위스의 인지심리학자 Piaget는 학생의 도형 학습과 공간개념 발달에 대한 심리적인 접근을 시도하였다. 인간은 처음에는 기본적인 몇 가지 반사작용(보기, 빨기, 쥐기 등)과 동화(同化), 조절(調節)의 기능만을 가지고 태어난다. 그 후 주변 환경과 접촉하며 성장하는 과정에서 기본적인 반사작용과 동화와 조절의 기능이 점진적으로 분화됨으로써 내적 인지구조가 형성된다. 그런데 이러한 인지발달 과정에는 그 특성이 명확한 감각 동작기, 전조작기, 구체적 조작기, 형식적 조작기를 거치게 된다. 이 때 각 단계에 도달하는 연령은 개인에 따라 약간의 차이가 있을 수 있으나, 이 단계를 거치는 순서는 동일하다.

즉, 아이들은 구체물을 조작하는 과정에서 제각기 분리되어 있던 심적 기능들이 서로 관련되어 작동하여 내적 인지구조가 형성되고, 그에 따라 심적 조작이 가능하게 된다. 이러한 관점에서 Piaget는 수학적 사고의 본질은 조작(operation)이고 '조작이 없는 지식은 생각할 수 없다'고 주장하였다.

Piaget는 조작을 사물을 구체적으로 다루는 것과 마찬가지로 사고를 통해 수행할 수 있는 즉, 내면화될 수 있는 가역적 행동으로 설명하고 있다. 도형학습 발달에 관한 피아제의 실험 결과는 다음과 같이 요약된다.

아이들의 공간인식은 단순한 위상적 사고에서 출발하여 사영적 사고, 유클리드적 사고로 발전한다. 즉, 기하는 Euclid 기하에서 생성되어 사영기하, 위상기하의 순으로 발달하였으나, 아이들의 공간인식은 이와는 역순이라는 것이다.

① 위상적(位相的) 사고

도형이 단절되거나 연결된 것은 변별할 수 있으나, 곡선과 직선의 명확한 구분은 곤란한 사고수준이다. 따라서 삼각형과 사각형의 구별이나 다각형과 원의 명확한 구분은 불가능한 수준이다.

② 사영적(射影的) 사고

관찰자의 위치에 따라 대상을 다르게 인지하는 사고수준이다. 이 단계에서는 직선과 곡선, 삼각형과 사각형의 구별은 가능하나, 두 점 사이의 거리나 직선의 평행, 수직의 개념은 이해할 수 없다. 따라서 평행한 철길도 먼 곳에서 만나는 것으로 생각하고, 같은 물건이면 거리에 관계없이 같은 크기로 그리게 된다.

③ 유클리드적(計量的) 사고

도형을 이동하더라도 모양이나 크기가 변하지 않는다는 양의 보존성 개념이 확립된 사고이다. 이 단계에서 학생은 시각의 혼란에서 벗어나 내적 인지구조가 형성되어 초보적인 논리를 전개할 수 있다. 따라서 평행·수직 관계나 두 점 사이의 거리개념을 인지함으로써 도형에 대한 지적 조작이 가능하게 된다.

Piaget의 이론에 대하여 어느 정도 비판적인 견해도 있다. 이를테면, 게젤(Gessel)은 피아제의 의견과는 다르게 위상적, 사영적, 유클리드적 인식이 학생에게 혼재한다고 주장한다. 왜냐하면, 비록 학생이 정밀하게 관찰하였더라도 그것을 묘사하는 것은 손의 기능에 크게 좌우되기 때문이다.

Piaget에 의하면 인간의 사고발달의 본질은 조작이고, 조작은 행동의 조정과 내면화의 산물인 가역적(반성적) 사고의 통합과정이다. 따라서 구체적 조작단계에 있는 초등학교 학생을 대상으로 하는 도형교육은 활동적인 방법으로 접근하는 것이 바람직하다. 그러나 도형개념은 단순히 모양을 지각함으로써 형성되는 것이 아니라 실물이나 구체적 모형에 대한 조작을 통하여 인지된다는 Piaget의 연구는 도형학습 지도에서 하나의 방향을 제시하고 있다.

2) Van Hiele의 기하 학습 수준 이론

기하 학습 수준 이론은 네덜란드 출신의 Van Hiele 부부가 1955년에 발표한 이론이다. Van Hiele 부부는 중등의 수학교사로 재직하면서 학생들이 기하 학습에서 부딪히는 어려움을 해소해 줄 수 있는 방법을 다각적으로 연구하여 학생의 사고 수준을 적절히 분류하고, 각 수준에 적합한 학습 내용을 정선하고 그에 따른 적절한 지도 방법을 적용한다면 학습부진을 예방할 수 있다고 하였다.

실제로 도형의 개념은 구체물에서 추상된 것이지만 구체물을 사용한다고 해서 도형 개념이 쉽게 형성되는 것은 아니다. 왜냐하면, 도형의 내용 수준이나 접근 방법이 학생의 지적 수준에 적절하지 않을 경우에는 효율적인 학습은 불가능하기 때문이다. van Hiele은 기하 학습에 관하여 학생들의 사고 수준을 '방법의 대상화'로 설명되는 다음 다섯 가지의 수준으로 분류하고, 학생들의 기하적 사고는 이 순서를 따라 발달한다고 하였다.

① 제1수준(시각적 인식 수준)

주변의 사물을 전체적인 시각적 외관에 의해서만 파악하며, 이때 도형이 이러한 주변의 사물을 정리하는 수단으로 사용된다. 그러나 이 수준의 학생들은 도형의 구성 요소를 명확히 고려하지는 않는다. 즉, 삼각형, 사각형의 모양이 다르다는 것을 인식하지만 각각의 성질을 명확히 파악할 수는 없다.

② 제2수준(분석적 수준)

구체물에서 벗어나 도형이 학습 대상이 되고 도형의 여러 성질이 그 도형을 정리하는 수단이 된다. 즉, 주변 대상의 정리 수단이었던 도형이 연구 대상이 되며 이러한 도형의 구성 요소와 성질에 대한 비형식적인 분석을 통해 그 도형을 파악한다. 이 수준에 있는 학생은 직사각형은 4개의 직각을 가지고, 대각선의 길이가 같고, 마주보는 변의 길이가 같다는 성질을 알지만, 이런 성질들 사이의 관계를 파악하지 못한다.

③ 제3수준(관계적 수준)

도형의 성질과 도형 사이의 관계가 연구 대상이 되고 명제가 정리하는 수단이 된다. 도형의 여러 가지 성질을 파악할 수 있고, 하나의 성질이 다른 성질에서 연역되며, 도형 사이의 관계를 파악하고, 수학적 정의를 이해할 수 있다. 이 수준의 학생들은 '모든 정사각형은 직사각형이다'와 같은 논리적 정의를 이해할 수 있다.

④ 제4수준(연역적 수준)

수학적 명제가 연구 대상이 되고 이들 명제 사이의 논리적 관계가 정리하는 수단이 된다. 공리, 정의, 정리, 증명의 의미와 역할을 이해하고 기하의 연역 체계를 파악한다. 이 수준의 학생들은 연역적 추론이 가능한 수준이다.

⑤ **제5수준(논리 법칙을 통찰하는 수준)**

기하학의 체계가 연구 대상이 되고 여러 공리 체계의 적용이 정리하는 수단이 된다. 비유클리드기하학을 이해할 수 있고 다양한 연역 체계를 엄밀하게 분석하고 추론하여 일반적인 도형의 성질을 발견할 수 있다. 이 수준은 고등정신 기능이 작용하는 연구자의 수준이다.

수준 이론의 특징으로 다음을 들 수 있다.

첫째, 앞 수준에서 본질이었던 것은 다음 수준에서는 부수적인 것이 된다. 둘째, 각 수준에서는 그 수준에 고유한 언어적 표현과 이를 연결하는 고유한 관계망을 갖는다. 셋째, 서로 다른 수준에서 추론하는 사람들은 서로를 이해할 수 없다. 넷째, 높은 수준으로의 이행은 적절한 지도에 의해 촉진될 수도 있고, 부적절한 지도 때문에 지연될 수도 있다.

결국, Piaget에 따르면 도형학습은 개념의 양적인 누적이 아니라 주변의 물리적 사상들을 적절한 수준으로 개념화하여 점진적으로 내적 인지구조를 구성하는 과정으로 볼 수 있다. 이에 반하여 Van Hiele의 수준 이론은 각 수준에서 개념을 정리하는 방법이 다음 수준의 학습대상이 되고, 이를 조직화하는 활동이 점진적으로 발달하면서 상위수준으로 진행한다. 결국, 도형학습에 관한 Van Hiele의 수준 이론과 Piaget의 공간개념 발달이론의 밑바탕은 서로 일치하는 것으로 볼 수 있다.

(6) 정의의 지도

1) 용어의 약속

수학교실에서 분명하지 않은 애매한 용어와 기호는 적절하지 않다. 왜냐하면 애매모호한 용어·기호의 사용은 상호간의 의사소통이 어렵고, 자칫 오해를 유발하기 때문이다. 이를테면 애매한 용어는 화자나 청자 모두 'p이면 q이다'의 추론을 어렵게 하기 때문이다. 결국 저학년 학생들의 도형

학습은 그들 수준에 적절한 용어와 기호에 대한 일의적인 약속이 필요하게 된다.

일반적으로 논리적 절차에 따라 대상의 외연과 내포를 일의적으로 규정한 명제를 정의라 한다. 그러나 모든 용어를 빠짐없이 정의할 수 없기 때문에 교사는 학생들 수준에 적절한 용어를 정선하여 사전에 약속하고 사용하게 된다. 특히 기본 용어에 대해서는 학생들의 시각적·직관적인 이해가 가능하도록 적절히 예로서 무정의용어로 사용하고 도입한다.

초등수학의 용어·기호의 도입은 그 방법에 따라 예시적 정의와 공리적 정의, 명명적 정의로 분류할 수 있다.

① 예시적 정의

일반적으로 개념을 처음 도입할 때 학생들에게 사용하는 방법으로, 학습자가 익히 아는 구체적인 사상을 예시하여 시각적·직관적 이해가 가능하도록 설명하는 방법이다. 이를테면, 저학년 학생들에게 상자나 성냥갑과 같은 모양을 들고 '직육면체'라 한다든지, 삼각자를 들어 보이면서 '삼각형'을 정의하거나 점을 찍어 보이면서 '점'을 명명하는 것은 모두 예시적인 정의이다.

② 공리적 정의

새로운 용어를 어떤 속성으로 명명하지 않고, 공리와 같이 약속하고 정의하는 방법이다. 이를테면, 삼각형의 밑변은 삼각형의 위치와는 관계없는 개념이므로 세 변 중 어느 변을 '밑변'이라 해도 무방하다. 그러나 저학년 수준에서는 처음에는 밑에 있는 변을 '밑변'이라 약속할 수 있다.

그러나 삼각형의 넓이 개념으로 발전하게 되면, 점진적으로 삼각형의 임의의 한 변을 밑변으로 할 때, 그 삼각형의 '높이'는 그 밑변에 대응되는 꼭짓점에서 밑변에 내린 '수선의 길이'로 약속된다. 결국 삼각형의 '밑변과 높이'는 서로 상대적인 개념이고, 이와 같은 공리적 정의는 학습자와 의논해서 도입하고, 그 약속이 어떤 이유에서 되었는지를 수긍할 수 있도록 지도한다.

③ 명명적 정의

명명적 정의는 개념의 내포를 필요하고 충분하게 명명하는 즉, 상위

개념(類概念)에 종차(種差)를 첨가하여 새로운 하위개념을 생성하는 방법이다. 이를테면, '삼각형 중에서(유개념) 두 변의 길이가 같은(종차) 삼각형을 이등변삼각형이라 한다.'와 같은 정의이다.

(상위개념) T ⊃ C ⊃ B ⊃ A(하위개념)

도형 개념은 대부분 그 구성요소에 관련되어 정의되므로 진술 내용이 비교적 간단하다. 그러나 간단한 언어를 상용한다고 해서 학생들이 도형 개념을 쉽게 이해하는 것은 아니다. 이러한 관점에서 용어 정의의 지도법으로 다음을 생각할 수 있다.

첫째, 도형의 구성요소에 착안하여 정의한다. 도형의 구성요소인 꼭짓점, 변, 모서리, 면의 수를 조사하고, 그들의 위치관계를 조사함으로써 도형의 용어를 자연스럽게 정의한다.

둘째, 새로운 용어는 가능하면 상위개념과 관련시켜 정의한다. 도형 상호간의 관계를 이해할 수 있도록 상위개념에 종차를 첨가해서 하위개념을 점진적으로 도입한다. 예를 들면, 사각형 → 사다리꼴 → 평행사변형 → 마름모 → 직사각형 → 정사각형의 순으로 도입하는 것이 보통이다.

셋째, 정의된 용어는 자주 사용하고 가급적 수정하지 않는다. 구체물에서 추상된 도형의 용어를 자주 사용하지 않으면 다른 용어의 간섭을 받아 망각되기 쉽다. 따라서 약속된 용어를 일상적으로 사용함으로써 그 성질까지 발견하게 한다.

넷째, 학생 주도적 활동의 구성주의에서는 학생들이 용어를 '만드는 기회'를 중시한다. 따라서 용어를 '주어진 것'이기보다는 학생들과 적절히 협의하여 약속함으로서 그들이 '만드는 것'으로 느끼는 것이 바람직하다.

(7) 도형학습 지도 단계

도형은 구체물에서 추상된 개념이므로 그 도입은 구체물에서 출발한다. 따라서 도형학습 단계는 크게 구체물의 수집·관찰 단계, 조작·실험 단계, 이론화 단계로 구분할 수 있다.

1) 수집·관찰 단계

이 단계는 여러 구체물을 관점에 따라 수집하고 분류함으로써 구체물의 공통성을 발견하는 단계이다. 또 구체물의 공통성을 발견하고 분류하는 과정에서 그 공통성을 일상적인 용어로 명명함으로써 적절히 추상화한다. 이 때 사용되는 용어로는 세모, 네모, 동그라미, 막대기, 캔 등이 있다. 이를 통하여 구체물의 위치나 크기, 색깔 등을 사상하고 모양이라는 측면에서 공통성을 인지하게 된다.

이 단계에서의 지도 방법으로 다음을 들 수 있다.

- 구체물의 모양을 비교한다.
- 성냥개비, 색막대, 쌓기나무 등을 이용하여 여러 가지 모양을 구성한다.
- 모양이라는 측면에서 같은 것과 다른 것을 비교, 분류하고 생활용어를 사용한다.

2) 조작·실험의 단계

이 단계는 도형의 특징을 관찰하고 구성요소를 조사함으로써 간단한 성질을 발견한다. 학생들은 도형을 표상하고, 도구를 사용하여 도형을 구성 실험한다. 또, 학생 효율적인 의사소통과 추론을 유도하기 위하여 적절한 수학적 용어를 도입한다.

이 단계는 도형의 구성요소와 간단한 성질을 실험하고 발견함으로써 개념의 특수에서 일반으로 진행하는 이론화의 준비 단계로 볼 수 있다. 이때의 조작·실험활동으로 다음을 들 수 있다.

- 도형을 분할·합성하여 구성하기(종이 접기, 오리기, 겹쳐 포개기 등)
- 실험하고 측정하기(탱그램, 펜토미노 활동)
- 적절한 도구를 사용하여 작도하기

도형의 작도 지도에서는 사용되는 도구의 명칭과 구조상의 특징과 보관 방법에 이르기까지 상세히 지도한다. 또, 도구조작은 손의 조작 기능에 의존하기 때문에 적절히 도입하여야 한다.

3) 이론화의 단계

이 단계는 일반적인 개념에서 특수한 개념으로 심화하고, 간단한 추론이나 초보적 논리로 사고하는 단계이다. 이를테면 다음 지도 방법을 생각할 수 있다.

엄밀한 의미에서 수학적 작도는 눈금이 없는 자와 컴퍼스만 사용한다. 그러나 초등수학에서는 눈금 있는 자와 컴퍼스 및 각도기를 적절하게 사용하도록 한다.

- 기본도형의 성질과 그들 사이의 상호 관계를 이해한다.
- 기본도형의 내포와 외연을 연결하여 이해한다.
- 이를테면, 삼각형과 사각형의 같은 점과 다른 점을 이해하고, 기둥과 뿔의 특징과 구성요소의 상호 관계를 이해한다.
- 도형의 성질을 발견하는 과정에서 간단한 추론을 적용한다.
  도형의 범위를 이해함으로써 도형이 구체물에서 벗어나 언어로 의사소통한다. 개념의 일반과 특수의 상호 관계를 이해하고, 정의와 성질을 구분하며 직관적으로 도형을 변별할 수 있다.
- 평면도형과 입체도형의 상호 관련성을 이해한다.
  도구를 사용하여 도형을 작도하고 이동·변형한다. 또, 도형의 대칭성, 겨냥도, 전개도, 합동 등의 관계개념을 이해, 활용하고, 측도와 관련하여 측정한다.

2 지도의 실제

도형과 그 성질을 연구하는 것은 초등학교 수학과 교육과정의 필수 요소이다. 도형은 대상으로부터 이질적인 성질들은 버리고 모양이라는 동질적인 것을 취급하는 것을 말한다고 할 수 있다. 예를 들면, 창문을 통하여 모양만을 생각하여 직사각형이라 할 수 있으므로 직사각형은 도형이다.

기하는 공간에 있는 물체나 그 물체의 움직임을 연구하는 것이다. 학생들은 자기가 좋아하는 물체들을 직접 만져보고 학습하면서 기하를 이해할 것이다. 초등학교에서는 기하학적 모양들을 형식적인 방법에 우선하여 비형식적인 방법으로 이해시키는 것이 바람직하다. 학생들은 기하학적 모양들을 알기위하여 기하판, 모눈종이 등을 사용하여 추상화할 것이다.

도형 영역에서는 이전 교육과정에서부터 평면도형의 각 구성요소를 학습한 후 언어적이고 명시적인 정의를 통해서 개념을 도입하는 방식 대신, 도형의 모양 인식 및 분류 활동을 토대로 하여 도형 및 구성 요소에 대한 직관적인 이해와 더불어 이름을 학습한 후 점차 분석적, 명시적으로 도형의 개념 및 성질을 학습하도록 하였다.

도형 영역과 관련하여 2015 개정 수학과 교육과정에서는 [표 4-2]와 같은 내용 체계에 관한 표를 제시하고 있다(교육부, 2015).

이 내용 체계표는 해당 학년군뿐만 아니라 타 학년군, 나아가 타 학교급과의 연계성을 파악하도록 한다는 이점이 있다. 기본적으로 가장 중요한 부분인 내용 요소 외에 2015 개정 교육과정에서는 '핵심 개념', '일반화된 지식', '기능'이 추가되었다. '핵심 개념'은 여러 개념들을 아우르는, 교과가 기반을 두고 있는 학문의 가장 기초적인 개념이나 원리를 말하는 것으로, 학생들이 학습한 내용의 세부 사항을 잊어버린 후에도 지속되어야 할 핵심 개념(big idea)을 말한다. '일반화된 지식'은 학년 및 학교급을 통해 학생들이 알아야 할 내용을 명제적 지식의 형태로 진술한 것으로, 핵심 개념과 학년군의 내용 요소를 연결하는 가교 역할을 한다. '기능'은 수학 교과 고유의 탐구 기능 및 사고방식을 반영하는 것으로, 수학 내용을 학습한 후 학생들이 할 수 있거나 할 수 있기를 기대하는 도달점 혹은 수행 능력으로 기술되어 있다(한국과학창의재단, 2015). 그리고 수학 교과 역량을 문제 해결, 추론, 창의·융합, 의사소통, 정보 처리, 태도 및 실천의 6가지 능력으로 설정하고 이 내용을 수학과 교육과정의 각 항목에 반영하였다.

[표 4-2]

핵심 개념	일반화된 지식	학년(군)별 내용 요소			기능
		12학년	34학년	56학년	
평면 도형	주변의 모양은 여러 가지 평면도형으로 범주화 되고, 각각의 평면도형은 고유한 성질을 갖는다.	• 평면도형의 모양 • 평면도형과 그 구성 요소	• 도형의 기초 • 원의 구성 요소 • 여러 가지 삼각형 • 여러 가지 사각형 • 다각형 • 평면도형의 이동	• 합동 • 대칭	만들기, 꾸미기, 그리기, 구별하기, 분류하기, 활용하기, 이름짓기, 이해하기, 채우기, 추론하기, 설명하기, 규칙찾기, 조작하기, 표현하기, 추측하기, 확인하기, 문제 해결하기
입체 도형	주변의 모양은 여러 가지 입체도형으로 범주화 되고, 각각의 입체도형은 고유한 성질을 갖는다.	• 입체도형의 모양		• 직육면체, 정육면체 • 각기둥, 각뿔 • 원기둥, 원뿔, 구 • 입체도형의 공간감각	

(1) 입체도형의 모양

[2수02-01] 교실 및 생활 주변에서 여러 가지 물건을 관찰하여 직육면체, 원기둥, 구의 모양을 찾고, 그것들을 이용하여 여러 가지 모양을 만들 수 있다.
[2수02-02] 쌓기나무를 이용하여 여러 가지 입체도형의 모양을 만들고, 그 모양에 대해 위치나 방향을 이용하여 말할 수 있다.

[2수02-01]의 내용은 1-1 2. 여러 가지 모양

1~2학년군의 입체도형에 대한 학습에서는 주변에 있는 물건 또는 일상 생활이나 놀이에서 쉽게 찾아볼 수 있는 물체에서 기본적인 입체도형의 모양을 인식하고, 이런 모양들로 다양한 모양 만들기를 다룬다. 여기에서는 학생들이 '모양'이라는 형태적 측면에 주목하게 하여 물건의 모양을 추상할 수 있도록 하는 지도가 이루어져야 한다. 그리고 모양의 추상화는 학생에 따라 차이가 있기 때문에 여러 경험을 해 볼 수 있는 기회가 제공되어야 한다.

2009 개정 교육과정 이전까지는 저학년 도형 단원에서 상자 모양, 둥근기둥 모양, 공 모양이라는 용어를 사용하였다. 그러나 2009 개정 교육과정은 상자 모양, 둥근기둥 모양 및 공 모양을 용어로 사용하지 않도록 하였다. 이는 2009 개정 교육과정의 교수·학습상의 유의점에서 '입체도형의 모양이나 평면도형의 모양을 다룰 때 모양의 특징을 직관적으로 파악함으로써 모양을 분류할 수 있게 한다. 이때 분류된 모양의 이름(상자 모양, 둥근기둥 모양, 공 모양)을 붙여 범주화하지 않게 한다.'라고 제시하였기 때문이다. 이와 같은 맥락에서 2015 개정 교육과정의 교수·학습 방법 및 유의 사항에서 '입체도형이나 평면도형의 모양을 다룰 때 모양의 특징을 직관적으로 파악하여 모양을 분류하고, 분류한 모양을 지칭하기 위해 일상용어를 사용하게 할 수 있다.'와 같이 제시하고 있다. 이는 1~2학년군에서는 학생들이 직육면체, 원기둥 및 구를 지칭하는 용어를 사용하지 않고 비언어적 방법으로 찾아보고 분류하는 활동을 한 이후에 각 대상의 이름을 일상적인 용어로 사용하도록 한 것이다. 교사는 각 모양의 이름을 활동을 통해 학생들과 함께 정하기 이전에는 각 모양의 구체물을 만들고 이중에 하나를 집어 들어 '~ 모양'이라고 부르는 비언어적 방법을 사용할 수 있다. 조금 불편한 방법이지만 교육과정은 이를 의도하고 있는 것으로 보인다.

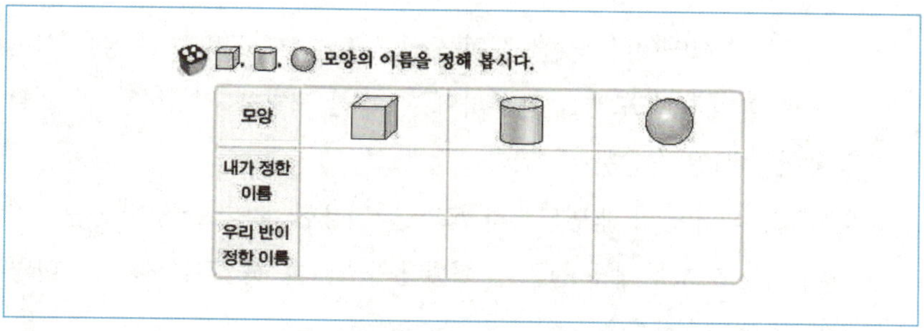

[그림 4.3] 각 모양의 이름에 대한 교과서의 일부분

주어진 모양을 보고 쌓기나무로 똑같이 만들어 보는 활동은 학생들에게 도형의 감각을 기르게 하는 활동이다. 2015 개정 교육과정은 1~2학년군에서 다루는 쌓기나무와 관련하여 물체의 위치와 방향에 대한 내용을 추가하였는데 이것이 [2수02-02]이다. 이와 관련하여 교수·학습 방법 및 유의 사항에 '쌓기나무로 만든 입체도형의 모양에 대해서 '~의 앞', '~의 오른쪽', '~의 위', '2층' 등을 사용하여 말하게 한다.'가 추가되었다. 이것은 성취기준에 포함된 의사소통 방법의 구체화로 생각할 수 있고, 학생들이 어느 정도까지 위치나 방향을 이용하여 말하게 해야 하는지에 대한 가이드라인이라고도 생각할 수 있다.

[2수02-02]의 내용은 2-1 2. 여러 가지 도형

[그림 4.4] 위치와 방향에 대하여 말하기에 대한 교과서의 일부분

(가) 교수·학습 방법 및 유의 사항

• 쌓기나무를 이용한 모양 만들기, 칠교판을 이용한 모양 채우기나 꾸미기를 통하여 도형에 대한 공간 감각을 기르게 한다.

- 입체도형의 모양이나 평면도형의 모양을 다룰 때 모양의 특징을 직관적으로 파악하여 모양을 분류하고, 분류한 모양을 지칭하기 위해 일상용어를 사용하게 할 수 있다.
- 입체도형의 모양과 평면도형의 모양을 이용한 모양 만들기와 꾸미기의 주제는 학생들에게 친근한 소재인 동물, 탈 것, 건물 등으로 다양하게 제시한다.
- 쌓기나무로 만든 입체도형의 모양에 대해서 '~의 앞', '~의 오른쪽', '~의 위', '2층' 등을 사용하여 말하게 한다.
- 도형 영역의 문제 상황에 적합한 문제 해결 전략을 지도하여 문제 해결 능력을 기르게 한다.

(나) 평가 방법 및 유의 사항

- 여러 가지 모양 만들기, 꾸미기, 채우기 활동을 평가할 때에는 과정 중심 평가를 한다.

(2) 평면도형과 그 구성요소

[2수02-03] 교실 및 생활 주변에서 여러 가지 물건을 관찰하여 삼각형, 사각형, 원의 모양을 찾고, 그것들을 이용하여 여러 가지 모양을 꾸밀 수 있다.
[2수02-04] 삼각형, 사각형, 원을 직관적으로 이해하고, 그 모양을 그릴 수 있다.
[2수02-05] 삼각형, 사각형에서 각각의 공통점을 찾아 말하고, 이를 일반화하여 오각형, 육각형을 알고 구별할 수 있다.

[2수02-03]의 내용은 1-2 3. 여러 가지 모양

[2수02-04]와 [2수02-05]의 내용은 2-1 2. 여러 가지 도형

1~2학년군의 평면도형에 대한 학습에서는 주변에 있는 물건 또는 일상생활이나 놀이에서 쉽게 찾아볼 수 있는 물체에서 기본적인 평면도형의 모양을 인식하고, 이런 모양들로 다양한 모양 만들기를 다룬다. 여기에서도 학생들이 '모양'이라는 형태적 측면에 주목하게 하여 물건의 모양을 추상할 수 있도록 하는 지도가 이루어져야 하며, 모양의 추상화는 학생에 따라 차이가 있기 때문에 여러 경험을 해 볼 수 있는 기회가 제공되어야 한다. 평면도형은 입체도형의 구성요소이기도 하면서 각각이 고유한 성질을 가지고 있다. 즉, 입체도형을 학습할 때 2차원인 면(평면도형)에 주목하여 학습한

다. 마찬가지로 평면도형을 학습할 때에도 1차원인 변에 주목하게 한다.

분류의 과정은 새롭고 복잡한 성질이 추가되면서 더 많은 시간을 필요로 한다. 분류를 통한 간단한 묘사는 후속 학습을 용이하게 만든다. 학생들이 관심을 가지는 성질중의 하나는 변의 개수일 것이다. 변의 개수를 세는 활동은 수학적 용어와 관련이 있음을 짐작하게 될 것이고, 변의 개수와 밀접한 관련이 있는 꼭짓점의 개수를 세고 나면 모든 다각형은 변의 개수와 꼭짓점의 개수가 같음을 깨달을 수 있다.

[2수02-03]은 앞서 해설한 [2수02-01]과 동일하게 해설할 수 있다. 상자 모양, 둥근기둥 모양, 공 모양을 네모 모양, 세모 모양, 동그라미 모양으로 바꾸어 적용하면 된다. 사각형, 삼각형 및 원이라는 용어는 2학년에서 예시적 정의로 도입하고 있다.

2학년 때 학생들은 삼각형, 사각형 및 원이라는 수학적 용어를 사용하게 된다. 일반적으로 삼각형은 3개의 선분으로 둘러싸인 도형, 사각형은 4개의 선분으로 둘러싸인 도형, 원은 한 정점에서 같은 거리에 있는 점들의 집합으로 정의한다. 그러나 2015 개정 교육과정은 선분을 3~4학년군에서 제시하고 있어 이러한 삼각형과 사각형의 정의는 사용할 수 없고, 원의 정의는 초등학교에서 사용하지 않는다. 예를 들면, 교과서에서는 원을 '그림과 같은 모양의 도형을 원이라고 합니다.'라고 예시적으로 정의하고 있다. 이런 기본적인 평면도형에 대한 이해를 바탕으로 삼각형, 사각형 및 원의 모양을 찾아보고 그리거나 만들 수 있게 한다.

교사는 학생들이 도형의 성질을 발견함에 있어 도형을 구성하는 요소에 주의를 집중시킬 필요가 있다. 특히 도형 각각의 성질을 알아보는 것도 중요하지만, 서로 관련되는 도형의 성질을 알아보게 하는 것이 바람직하다고 할 수 있다.

(가) 교수·학습 방법 및 유의 사항

- 평면도형의 모양을 이용한 모양 꾸미기 활동에서는 스티커, 잡지에서 오려낸 모양 종이 등을 활용하게 할 수 있다.
- 삼각형, 사각형, 원은 예인 것과 예가 아닌 것을 인식하고 분류하는 활동을 통하여 직관적으로 이해하게 한다.
- 삼각형과 사각형에 대한 직관적 이해를 통하여 도형의 이름과 변 또는 꼭짓점의 개수와의 관계를 파악하고, 그 관계를 일반화하여

오각형과 육각형을 구별하여 이름 지을 수 있게 한다.

- 도형 영역의 문제 상황에 적합한 문제 해결 전략을 지도하여 문제 해결 능력을 기르게 한다.

(나) 평가 방법 및 유의 사항

- 여러 가지 모양 만들기, 꾸미기, 채우기 활동을 평가할 때에는 과정 중심 평가를 한다.

(3) 도형의 기초

[4수02-01] 직선, 선분, 반직선을 알고 구별할 수 있다.
[4수02-02] 각과 직각을 이해하고, 직각과 비교하는 활동을 통하여 예각과 둔각을 구별할 수 있다.
[4수02-03] 교실 및 생활 주변에서 직각인 곳이나 서로 만나지 않는 직선을 찾는 활동을 통하여 직선의 수직 관계와 평행 관계를 이해한다.

[4수02-01]와 [4수02-02]의 내용은 3-1 2. 평면도형

[2수02-03]의 내용은 4-2 2. 수직과 평행 (2009 교육과정)

실생활에서 찾을 수 있는 물건으로부터 선분과 직선을 이해하고, 점에 기호를 붙여 선분, 반직선과 직선을 나타내고 읽을 수 있게 하고, 이에 대한 이해를 바탕으로 그 모양을 그릴 수 있게 한다.

실생활에 있는 구체물이나 활동을 통하여 직관적으로 각과 직각을 이해하게 한다. 이때 건물이나 물체의 모난 부분을 관찰하는 것, 부채를 접었다 폈다하면서 모양을 변화시켜 보는 것, 시계에서 두 바늘을 움직여 보는 것, 자신의 신체를 회전시켜 보는 것 등을 통해 직관적으로 각을 이해하게 할 수 있다. 이를 기초로 각을 추상화하여 도형으로 볼 수 있도록 하고, 각의 구성요소인 각의 꼭짓점과 각의 변을 알고 이를 찾게 한다.

실생활에서 쉽게 볼 수 있는 사물이나 건물 등에서 수직인 곳과 수직이 아닌 곳 그리고 평행인 곳과 평행이 아닌 곳을 관찰하여 그 차이점이 무엇인지 알아보는 활동을 통해 수직과 평행의 의미를 직관적으로 이해한 후, 평면에서 두 직선이 만날 때 이루어지는 각이 직각인 경우를 통해 수직과 수선을 정의하고, 한 직선에 대하여 수직인 서로 다른 두 직선은 평면상에서 아무리 늘여도 만나지 않는다는 것을 직관적으로 알게 함으로써 평행과 평행선을 정의한다. 삼각자를 이용하여 직선 위의 점이나 직선 밖의 점

을 지나 주어진 직선에 대하여 수직인 직선 즉, 수선을 그릴 수 있게 한다. 이 때 직선 밖의 한 점에서 직선에 그은 선분 중에서 길이가 가장 짧은 것이 수선임을 알게 한다. 그리고 삼각자를 이용하여 평행선을 그려 보게 하고, 평행선을 찾게 한다. 평행선 사이의 수직인 선분의 길이로 평행선 사이의 거리를 정의하고 평행선 사이의 거리를 측정하게 하며 한 직선과 주어진 거리만큼 떨어져 있는 평행선을 긋는 방법을 알게 한다. 또한 평행인 두 직선과 한 직선이 만났을 때 크기가 같은 각을 찾아보게 한다.

수선과 평행선의 작도는 정확하게 할 필요가 있으나 초등학교에서는 수선과 평행선의 이해를 깊게 하는 데 목적이 있으므로 너무 작도의 기능에 치우치지 않도록 유의해야 한다. 그리고 초등학교에서의 수직과 평행의 정의는 3차원 공간이 아닌 2차원 평면 위에 한정되어 있으므로 구체물에서 수선과 평행선을 찾을 때 교사는 설명과 발문에 각별히 유의해야 한다.

1) 직선, 반직선, 선분

직선(straight line)은 폭이 없는 곧은 대상을 표현하기위해 고대 수학자들이 소개한 개념이다. Euclid는 직선을 '폭이 없는 길이'로 정의하였지만, 현대의 기하학은 직선의 개념을 정의가 주어지지 않은 직관적 개념으로 취급하고 있다.

직선 위의 한 점 A는 직선을 두 부분으로 분해한다. 이 때 각각의 부분을 반직선(ray)이라고 한다. 기하학에서는 일반적으로 반직선을 직선 위에서 주어진 점의 한 방향에 있는 직선 위의 모든 점을 포함하는 집합으로 정의한다. 이를 $\overrightarrow{AB}$로 나타내고, 반직선 AB라고 한다.

선분(segment, 線分)은 한자의 의미대로 직선의 일부분이다. 기하학에서는 일반적으로 직선의 두 점 A, B와 이 두 점 사이의 모든 점을 포함하는 집합으로 정의한다. 이를 $\overline{AB}$ 또는 $\overline{BA}$로 나타내고, 선분 AB 또는 선분 BA라고 한다. 그리고 두 점 A, B를 그 선분의 끝점(endpoint)이라고 한다.

초등학교에서는 선분, 반직선, 직선의 순으로 교과서에서 제시하고 있다. '두 점을 곧게 이은 선'을 선분으로 약속하고, 선분을 한 점에서 한쪽으로만 끝없이 늘인 곧은 선을 반직선, 선분을 양쪽으로 끝없이 늘인 곧은 선을 직선이라 약속하고 있다.

실제로 평면 위의 서로 다른 두 점 A와 B를 선으로 연결하는 방법은 무수히 많다. 이 때 두 점을 이은 수많은 선들 중에서 특별히 자를 대고 연결한 곧은 선을 선분이라 하고 이를 통하여 선분이란 두 점을 가장 짧은 거리로 이은 선임을 이해한다.

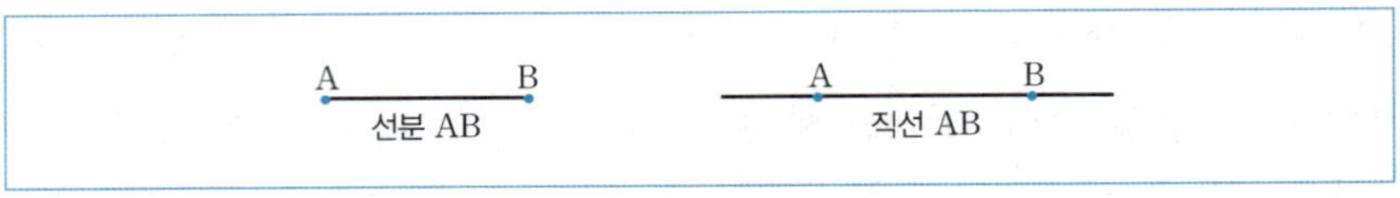

[그림 4.5] 선분과 직선

2) 각(angle)

각은 일반적으로 **[그림 4.6]**과 평면 위의 한 점 O로부터 시작되는 두 반직선 $\overrightarrow{OX}$와 $\overrightarrow{OP}$로 만들어지는 도형을 각이라 하고, 동경 $\overrightarrow{OP}$가 시초선 $\overrightarrow{OX}$를 출발하여 회전한 양을 각의 크기 즉 각도라고 한다. 이때 동경 $\overrightarrow{OP}$가 시계 반대 방향으로 회전한 각을 양의 각, 시계 반대 방향으로 회전한 각을 음의 각이라 한다.

초등학교에서는 간단히 '한 점에서 그은 두 반직선으로 이루어진 도형'을 각이라고 하고, 이 각을 '각 CAB' 또는 '각 BAC'라고 읽는다. 이 때 점 A를 각의 꼭짓점(vertex of angle), 반직선 AB와 반직선 AC를 각각 각의 변(side of angle)이라 한다.

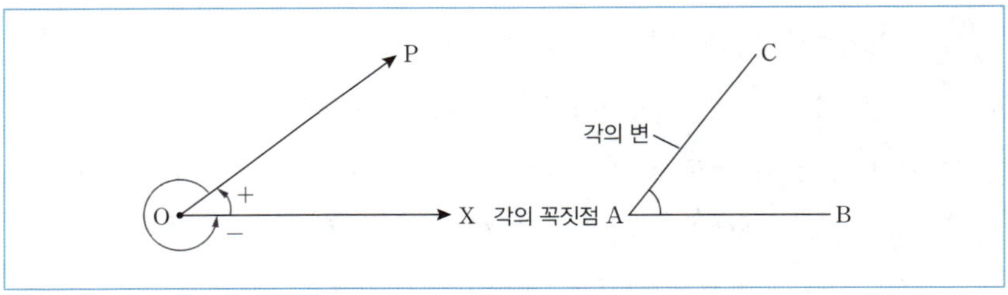

[그림 4.6]

실제로 ∠CBA는 평면을 두 부분으로 나누기 때문에 2개의 각이 만들어 진다. 큰 쪽의 각을 우각(優角), 작은 쪽의 각을 열각(劣角)이라 부르기도 한다. 그러나 초등학교에서는 평각(平角, 180°)을 넘는 각은 지도하지 않으므로 각은 좁은 부분을 나타내는 것으로 지도한다.

각은 여러 가지 구체적 도형을 관찰하고, 그대로 그려보게 함으로써 도입할 수 있다. 이 후 한 직선 위에 있지 않은 세 점 ㄱ, ㄴ, ㄷ을 주고 이 세 점을 이용하여 각 ㄱㄴㄷ을 그려보게 하여 각에 대한 이해를 깊게 할 수 있다.

3) 수직(perpendicular, 垂直)과 평행(parallel, 平行)

① 두 직선의 위치관계

직선과 평면의 개념이 어느 정도 이해되면 이들 상호의 위치관계를 파악한다. 평면도형의 위치관계로서 가장 기본적인 것은 두 직선의 위치관계이다. 두 직선은 만나는 경우와 만나지 않는 경우로 나눌 수 있다. 그리고 두 직선이 만나는 경우는 수직으로 만나는 경우와 그렇지 않은 경우로 나눌 수 있다. 따라서 평면상의 두 직선의 위치관계는 다음 3가지로 구분될 수 있다.

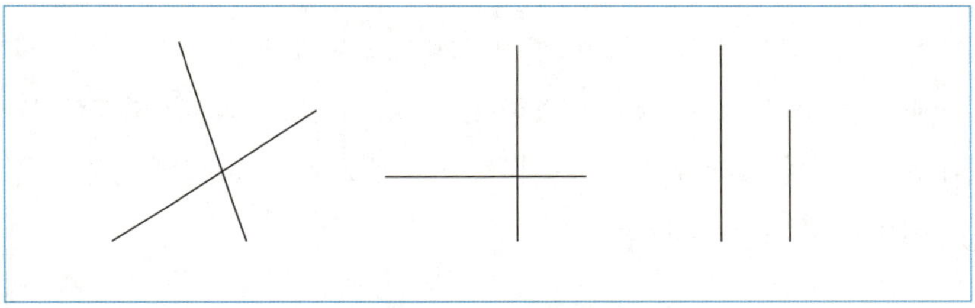

[그림 4.7] 두 직선의 위치관계

② 수직과 수선

두 직선이 만나서 직각을 이루면 두 직선은 서로 수직이라고 하고, 이 때 한 직선을 다른 직선에 대한 수선, 또는 서로 수선이라 한다. **[그림 4.8]**과 같이 두 직선 m, n이 서로 수직일 때 $m \perp n$이라고 나타낸다. 이 수직성(垂直性)은 선분과 반직선에도 쉽게 확장할 수 있다. 예를 들면, $\overline{AB}$와 $\overline{CD}$가 서로 수직이라는 것은 두 선분을 양쪽으로 무한히 늘였을 때, $\overleftrightarrow{AC}$와 $\overleftrightarrow{CD}$가 서로 수직인 것을 말한다. 이것을 기호 $\overline{AB} \perp \overline{CD}$로 나타낸다. 초등학교에서는 두 직선이 만나는 각이 직각일 때 두 직선은 서로 수직이라고 하고, 이 때 한 직선을 다른 직선에 대한 수선이라고 약속한다.

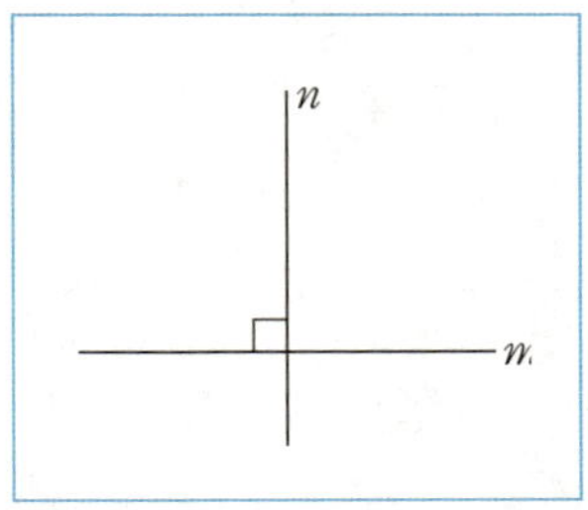

[그림 4.8] 수직

이 때 직각은 특정한 각의 크기를 나타내는 대상 개념이고, 수직은 두 직선의 위치를 나타내는 관계 개념이다. 즉 수직은 두 직선이 만나는 상태의 의미이고, 수선은 수직으로 만나는 다른 직선을 의미한다. 수선은 삼각자를 이용하여 직선 밖의 한 점에서 이 직선에 수선을 긋게 하여 지도할 수 있다.

수선을 이용하여 점과 직선 사이의 거리 개념을 유도할 수 있다. 이를테면,

직선 밖의 한 점 에서 직선 까지의 거리를 다음과 같이 지도한다.

ⓐ 직선 l 위에 몇 개의 점, 이를테면 A, B, C를 잡는다.
ⓑ 선분 PA, PB, PC를 긋고, 그 길이를 측정한다. 이를 통하여 여러 선분의 길이가 같지 않음을 확인한다.
ⓒ 점 P를 지나 직선 l에 수직인 선분을 삼각자를 이용하여 긋고, 그 교점을 Q라 한다.
ⓓ 선분 PQ의 길이를 잰다.

이로부터 직선 밖의 한 점에서 직선까지 그은 가장 짧은 선분이 그 직선에 내린 수선이라는 것을 이해한다. 또 이 수선 PQ의 길이를 '점 P와 직선 l 사이의 거리'라 하고, 특히 점 Q를 점 P에서 직선 l에 내린 수선의 발(foot of a perpendicular)이라 한다.

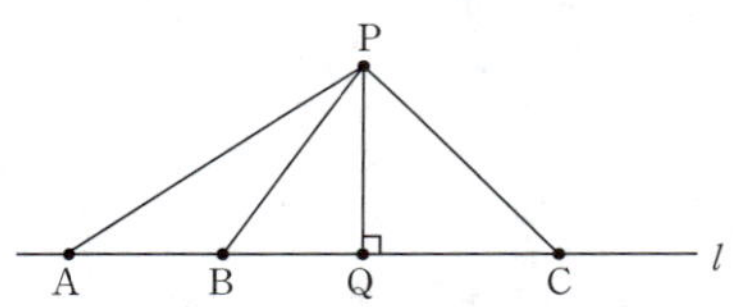

[그림 4.9] 한 점에서 직선까지의 거리

3) 평행과 평행선

평행선은 수직 개념을 이용하여 도입한다. 이를테면, 삼각자를 이용하여 한 직선에 대한 수선을 몇 개 긋고, 그 수선들의 위치관계를 관찰하게 한다. **[그림 4.10]**과 같이 삼각자를 이용하여 평면 위의 한 직선에 수직인 직선을 그으면, 이들 직선들은 모두 같 은 평면 위에 있고 서로 만나지 않는다. 이 때 이들 직선은 모두 '서로 평행하다'고 하고, 평행한 두 직선을

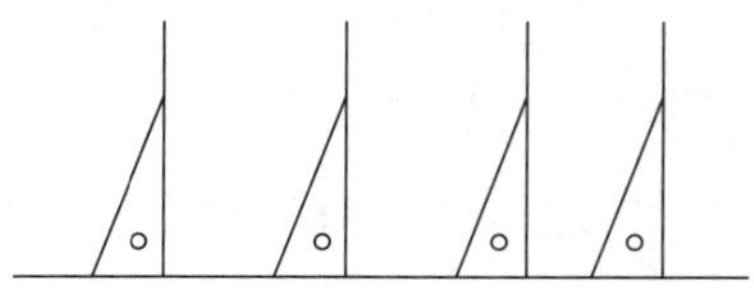

[그림 4.10] 평행선의 작도

평행선이라 한다. 이를 통하여 두 직선이 평행하면 아무리 연장해도 서로 만나지 않음을 이해하고, 생활 주변에서 평행선을 찾게 한다.

평행선을 찾고 종이 접기를 통하여 평행선에 관한 다음 성질을 발견한다.

ⓐ 평행한 두 직선은 방향이 같다(동방향성).
ⓑ 평행한 두 직선 사이의 간격은 항상 같다(등간격성).
ⓒ 평행한 두 직선은 아무리 연장해도 만나지 않는다(불교차성).

두 평행선 사이의 거리는 다음과 같이 지도할 수 있다. 평행선의 한 직선에서 다른 직선과 만나는 선분을 몇 개 그어, 그 선분들의 길이를 측정하면 길이는 모두 다를 수 있으므로 평행선 사이의 거리를 정의할 수 없다. 그러나 평행선의 한 직선에서 다른 직선에 수직인 선분을 몇 개 긋고, 그 선분들의 길이를 재면 모두 같다. 이에 따라 평행선 사이의 거리는 평행선에 수직인 선분의 길이로 약속하고, 그 선분의 길이를 측정하여 평행선의 간격은 일정하다는 것을 이해할 수 있다.

4) 평행선과 각

평행선은 각과 관련시켜 이해하지 않으면 실제 개념으로 이해될 수 없다. 따라서 두 평행선이 한 직선과 만나는 그림을 제시하여, 이때 만들어진 각은 모두 몇 개인지를 확인한다. 또 그 중에서 닮음의 위치에 있는 각(동위각)과 마주보고 있는 각(맞꼭지각)의 크기를 각도기를 이용하여 측정하게 할 수 있다.

예를 들어 **[그림 4.11]**에서 각 AFE의 크기와 같은 각, EFB와 크기가 같은

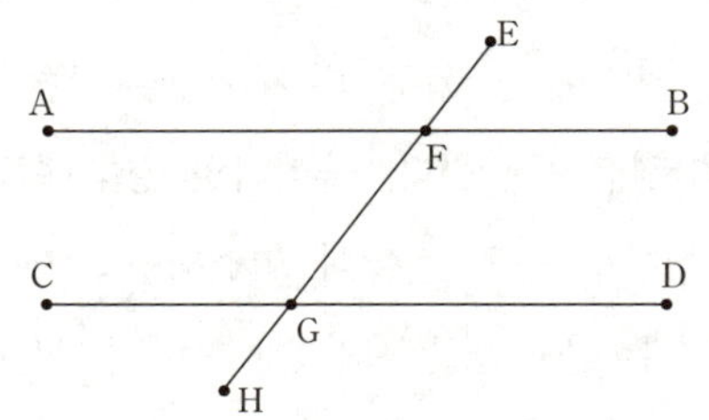

[그림 4.11]

각은 모두 몇 개인지 찾아본다. 이를 통하여 두 평행선과 만나는 한 직선이 이루는 각의 크기는 모두 2종류이며, 동위각과 맞꼭지각의 크기가 같음을 이해한다. 이러한 성질은 각도기 외에 각을 본뜨거나 종이 접기로 구성할 수 있다. 그러나 각의 용어 지도는 초등학교 수학의 교육과정을 벗어난다.

(가) 교수·학습 방법 및 유의 사항

- 구체적인 사례나 활동을 통하여 각을 도입하고, 각의 변이 반직선임을 알게 한다.
- 도형 영역의 문제 상황에 적합한 문제 해결 전략을 지도하고, 문제 해결 과정을 설명하게 하여 문제 해결 능력을 기르게 한다.

(나) 평가 방법 및 유의 사항

- 직선, 선분, 반직선에 대한 평가에서는 정확한 정의나 표현보다 직선, 선분, 반직선을 서로 구별할 수 있는지에 중점을 둔다.

(4) 평면도형의 이동

[4수02-04] 구체물이나 평면도형의 밀기, 뒤집기, 돌리기 활동을 통하여 그 변화를 이해한다.
[4수02-05] 평면도형의 이동을 이용하여 규칙적인 무늬를 꾸밀 수 있다.

[4수02-04]와 [4수02-05]의 내용은 4-1 4. 평면도형의 이동

간단한 평면도형의 밀기, 뒤집기, 돌리기는 공간적 대상의 정신적 이미지를 구성하고 변환하는 능력을 신장함과 동시에 이후에 학습하게 될 합동과 대칭을 이해하는데 기초가 된다. 처음에는 구체물, 그림, 평면도형 등을 직접 밀기, 뒤집기, 돌리기를 통해 그 변화를 관찰하게 하고, 익숙해지면 직접 해보기 전에 어떤 모양이 될지 추측하게 한 후 직접 해보고 확인하게 함으로써 공간 추론을 경험하게 한다. 돌리기의 경우 회전 방향에 대해서는 시계방향, 시계 반대 방향 등의 용어나 회전의 크기에 대해서는 반 바퀴, 반의 반 바퀴 등 친숙한 용어들을 사용할 수 있다. 모양이 같은 여러 장의 도형이나 무늬 카드를 준비하여 제시된 카드의 모양이 되도록 만들게 하는 활동, 제시된 모습대로 몸을 움직여서 만드는 활동, 똑같은 몇 개의 정사각

형들로 만들 수 있는 서로 다른 모양이 몇 개인지를 밀기, 뒤집기, 돌리기 등을 이용하여 알아보는 활동 등 여러 가지 방법으로 이동에 대한 감각을 기르게 한다. 이 때 탐구형 기하 소프트웨어를 통해 밀기, 뒤집기, 돌리기를 활용하게 하는 것이 도움이 될 수 있다. 또한 제시된 구체물이나 그림이 밀기, 뒤집기, 돌리기 중 어떤 과정을 거쳐 변하는지를 설명하게 하는 것도 평면도형의 이동에 대한 이해를 깊게 하는 데 도움이 될 수 있다.

1) 도형의 변환

도형의 위치를 이동하거나 모양이나 크기를 바꾸는 것을 도형의 변환이라 한다. 합동변환이란 도형의 모양이나 크기는 변하지 않고, 위치만을 이동하는 것으로 평행이동, 대칭이동, 회전이동이 있다. 도형을 합동변환하면 각각 대응점과 대응변, 대응각이 만들어지고, 이들 대응요소들의 크기는 각각 같다. 즉, 두 선분이 합동이면 그 길이가 같고, 또 두 각이 합동이면 각의 변의 길이와는 관계없이 각의 크기가 같다.

① 평행이동(translation)

도형을 일정한 방향으로 일정한 거리만큼 이동하는 조작을 평행이동이라 한다. 따라서 평행이동은 도형 위의 모든 점을 일정한 방향으로 일정한 거리만큼 이동시키는 기하학적 변환을 의미한다. 이 일정한 방향은 벡터로 결정되고, 일정한 거리는 이 벡터의 크기이다.

[그림 4.12]는 $\triangle ABC$를 $\triangle A'B'C'$로 옮기는 평행이동을 나타낸 그림이다. 이 평행이동은 벡터 $\overrightarrow{MN}$에 의하여 모든 것이 결정된다. 이 벡터 $\overrightarrow{MN}$의 크기를 d라 할 때, $\overline{AA'} = \overline{BB'} = \overline{CC'} = d$이고 $\overline{AA'} \parallel \overline{BB'} \parallel \overline{CC'}$이다.

이를 쉽게 이해하기 위하여 모눈종이나 점판을 이용하여 도형을 상하

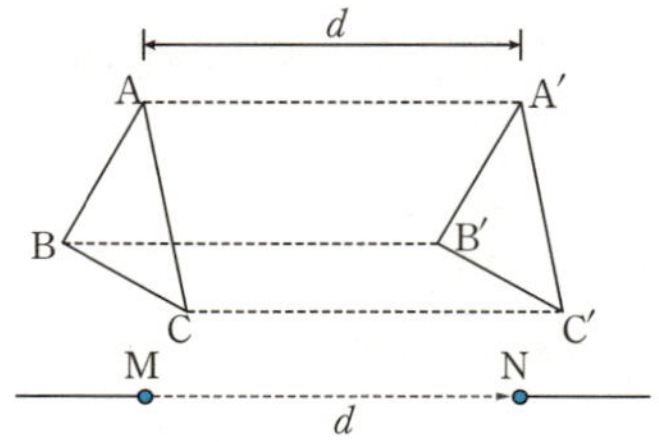

[그림 4.12] 평행이동

좌우로 칸수를 세어서 그리게 한다. 이 과정에서 대응점과 대응변, 대응각을 비교하여 도형 위의 모든 점이 같은 거리만큼 이동된 것임을 이해한다.

② **대칭이동(symmetric)**

대칭에는 점·선·면대칭이 있으나, 초등수학에서는 선대칭과 점대칭만 취급하고 있다. 대칭은 도형을 특징짓는 성질 중의 하나이다.

ⓐ **선대칭**(line symmetry)

자연에서 보는 선대칭
(spider crab)
출처 : Wikipedia

평면도형의 선대칭은 반사대칭(reflection symmetry)과 같은 것이다. 교재에 따라서는 reflection symmetry를 선대칭으로 번역하기도 한다. 이 경우, 입체도형의 선대칭은 면대칭으로 번역한다. **[그림 4.13]**의 모든 그림은 점선에 대하여 대칭이다. 이 선을 대칭축이라 한다.

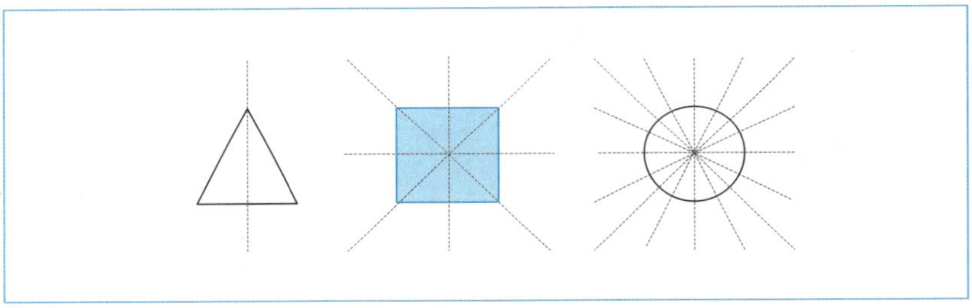

[그림 4.13] 선대칭

초등학교에서는 도형의 내부를 지나는 한 직선을 대칭축으로 하여 접었을 때 완전히 겹쳐지는 도형을 선대칭 도형이라 하고, 그 직선을 대칭축이라 한다. 예를 들면, 선분, 각, 직사각형, 정사각형, 마름모, 이등변삼각형, 정삼각형, 부채꼴 등은 모두 선대칭 도형이다. 그러나 선분과 각에 대하여는 특별히 지도하지 않는다.

선대칭 도형의 두 대응점을 잇는 선분은 대칭축에 의하여 수직 이등분된다. 그리고 선대칭 도형의 대칭축은 여러 개 있을 수도 있다.

ⓑ **회전대칭**(rotational symmetry)

회전대칭은 2 이상의 자연수 n에 대하여, 한 정점을 중심으로 $\left(\frac{360}{n}\right)^\circ$ 회전시킨 도형이 원래 도형과 완전히 겹쳐질 때 $\left(\frac{360}{n}\right)^\circ$ 대칭이라고 한고, 이 정점을 회전의 중심이라고 한다. 예를 들면 $n = 4$인 경우, 90° 회전시킨

도형이 원래 도형과 완전히 겹쳐질 때 90° 대칭이라고 한다. 구미(歐美)에서 swastika라고 알려진 한자 卍은 90° 대칭이다. 오른쪽 태극도의 그림은 180°대칭이다. $n = 1$인 경우는 360° 대칭을 의미하지만, 한 정점을 중심으로 360° 회전시킨 도형은 항상 원래 도형과 완전히 겹쳐지기 때문에 360° 대칭은 대칭의 성질로 보지 않음에 유의해야 한다.

음양을 나타낸 태극도

ⓒ **점대칭**(point symmetry)

회전대칭에서 특별히 180° 대칭을 점대칭이라 하고, 회전의 중심을 대칭의 중심이라 한다. **[그림 4.14]**의 모든 그림은 점대칭이다.

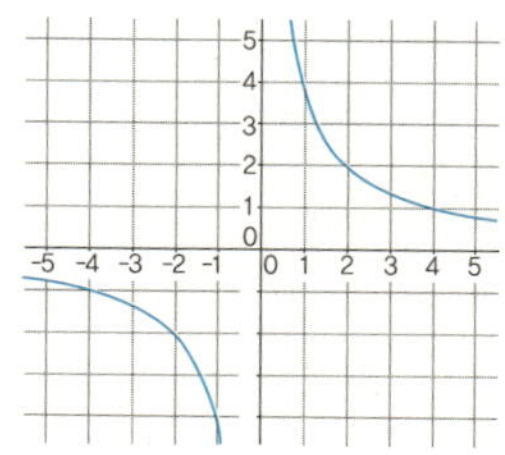

$y = \frac{k}{x}$ 의 그래프는 점대칭

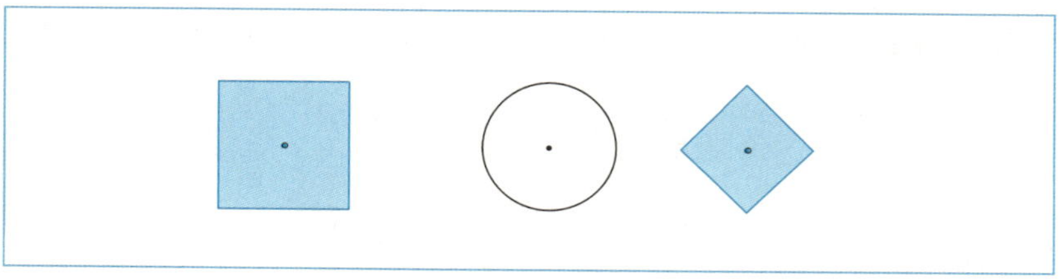

[그림 4.14] 점대칭

초등학교에서는 도형 내부의 한 정점을 중심으로 180° 회전한 도형이 원래 도형과 완전히 겹쳐질 때 이 도형을 점대칭 도형이라 하고, 그 정점을 대칭의 중심이라 한다. 점대칭 도형의 대칭의 중심은 오직 하나 존재한다. 점대칭 도형으로 선분, 직사각형, 평행사변형, 마름모, 원, 구 등이 있다.

점 P가 점대칭 도형위의 임의의 점이라 하자. 이 도형이 회전의 중심 O를 중심으로 180° 회전한다면 대응점 P′이 존재한다. 따라서 점 P, O, P′은 같은 직선 위에 있고, O는 P와 P′을 이은 선분을 등분할한다. 즉 회전의 중심 O는 $\overline{PP'}$의 중점이다. 즉 각 대응점을 이은 선분은 대칭의 중심에 의해서 이등분된다. 이를 이용하여 대칭의 중심에서 대응점까지의 거리를 측정함으로써 점대칭 도형인지 아닌지를 확인할 수 있다.

ⓓ **선대칭의 위치에 있는 도형**

어떤 직선을 접어서 완전히 겹쳐지는 두 도형은 선대칭의 위치에 있다고 정의한다. 즉 선대칭의 위치에 있는 도형은 상호 대칭인 도형이다. 그러므로 평행선이나 합동인 두 각은 선대칭의 위치에 있는 도형이다.

선대칭 도형이나 선대칭 위치에 있는 도형은 종이 접기를 통하여 쉽게 만들 수 있고, '각 대응점은 대칭축에서 같은 거리에 있다.'와 '대응점을 잇는 선분은 대칭축과 수직을 이룬다.' 등의 성질 또한 발견할 수 있다.

ⓔ **점대칭의 위치에 있는 도형**

선대칭의 위치에 있는 도형과 점대칭의 위치에 있는 도형의 내용은 2015 교육과정에서 학습하지 않음.

한 정점을 중심으로 180° 회전하였을 때, 완전히 겹쳐지는 두 도형을 점대칭의 위치에 있다고 정의하고, 이 정점을 점대칭의 중심이라 한다. 평행선이나 합동인 두 각은 점대칭의 위치에 있는 도형이다. 모눈종이나 기하판을 이용하면 '대응점을 이은 선분은 점대칭 중심에 의하여 이등분된다.' 등의 성질을 발견할 수 있다. 특히, 모눈종이를 이용하여 칸수를 세어 점대칭 도형과 점대칭의 위치에 있는 도형을 그리는 것은 대칭성을 이해할 수 있기 때문에 좌표계 도입 이전의 단계로 매우 중요하다고 할 수 있다.

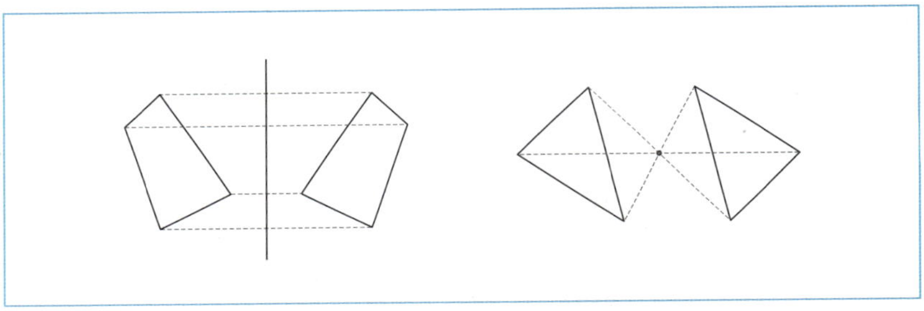

[그림 4.15] 선대칭의 위치에 있는 도형과 점대칭의 위치에 있는 도형

③ 회전(rotation)이동

회전이동은 평명도형을 그 평면위의 한 정점을 중심으로 시계방향이나 반시계방향으로 회전시키는 것을 말한다. 평행이동을 하기 위해서는 이동하는 방향과 이동하는 거리가 필요하듯이 회전이동을 하기 위해서는 한 정점, 회전하는 방향과 회전하는 양이 주어져야 한다. [그림 4.16]는 삼각형 ABC를 원점 O를 중심으로 90° 회전이동한 것이다. 즉, 한 정점인 O, 회전하는 방향인 반시계방향과 회전하는 양인 90°가 주어진 것이다.

밀기, 뒤집기, 돌리기는 정의에 입각하여 이동시키는 것이 아니고, 단지 그림이나 도형을 이동시키더라도 그 모양과 크기가 변하지 않는다는 것을 익히게 하는 것이 목적이다.

초등학교에서는 이와 같은 정의에 입각하여 한 정점과 회전하는 양을 주고 이동시키는 것은 아니다. 단지 그림이나 도형을 이동시키더라도 그 모양과 크기가 변하지 않는다는 것을 감각적으로 익히게 하는 것이 목적이다.

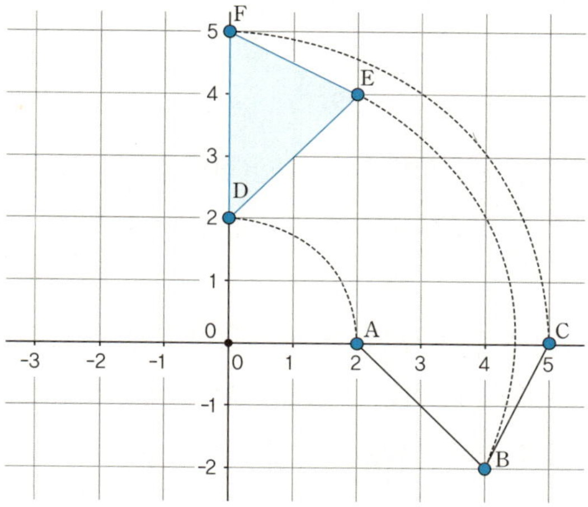

[그림 4.16] 회전이동

(가) 교수·학습 방법 및 유의 사항

- 실생활에서 평면도형의 이동을 활용한 사례를 찾아서 이동에 따른 변화를 추론하고 설명하게 한다.
- 평면도형의 이동을 활용하여 자신만의 규칙적인 무늬를 만들고, 다른 사람이 만든 무늬에서 규칙을 찾아 설명하게 한다.
- 도형 영역의 문제 상황에 적합한 문제 해결 전략을 지도하고, 문제 해결 과정을 설명하게 하여 문제 해결 능력을 기르게 한다.

(5) 원의 구성 요소

[4수02-06] 원의 중심, 반지름, 지름을 알고, 그 관계를 이해한다.
[4수02-07] 컴퍼스를 이용하여 여러 가지 크기의 원을 그려서 다양한 모양을 꾸밀 수 있다.

실생활의 물건이나 현상 중에서 원 모양을 찾아보고, 이런 원의 공통된 특징으로 중심이 있다는 것과 중심에서 원 위의 점까지의 거리는 모두 같다는 사실을 알아보게 하여, 이것이 각각 원의 중심, 원의 반지름임을 알게 하며, 지름과 반지름의 관계도 알게 한다.

[4수02-06]과 [4수02-07]의 내용은 3-2 3. 원 (2009 교육과정)

컴퍼스 사용 방법을 익히고, 컴퍼스를 사용하여 원을 이용한 여러 가지 모양을 그려보게 함으로써 원에 대한 이해를 깊게 할 뿐만 아니라 아름다운 무늬를 통해 수학의 심미적인 측면도 경험하게 한다.

1) 원(circle)

평면상에서 한 정점에서의 거리가 일정한 점의 집합을 원이라 한다. 이 때 이 정점을 원의 중심, 일정한 거리를 반지름이라 한다. 곧 지름의 반은 반지름이다.

원에 대한 내용은 1-1 2단원과 2-1 2단원에서 제시.

1학년에서는 입체의 한 부분으로서 모양을 인식할 수 있도록 한다. 수학적으로 엄밀한 개념을 적용하는 시기가 아니기 때문에 완전한 원이 되지 않더라도 직관적으로 동그란 모양으로 인식할 수 있는 경우 이를 허용하여 직관이 형성될 수 있도록 한다. 이러한 원에 대한 직관이 형성되기 위해 신체를 통한 다양한 활동 및 조작을 통해 탐구할 수 있도록 충분한 시간적 기회가 제공되어야 한다.

2학년에서는 예시적으로 원을 정의한 후, 분류와 구체물을 종이에 본을 뜨는 활동을 통해 원을 이해한다.

3학년에서는 실, 손가락 등을 이용하여 원을 그리고, 삼각형·사각형과 다르게 꼭짓점이나 변이 없고 어느 쪽에서 보더라도 똑같은 모양임을 이해한다. 그리고 원을 구성하기 위하여 중심과 반지름을 이해한 후 컴퍼스의 구조를 알고, 원을 작도하게 한다. 지름을 학습한 후 원을 이용하여 여러 가지 모양을 그리게 한다. 컴퍼스를 사용할 때 정확한 사용법의 안내와 뾰족한 침 부분에 대한 안전 지도를 철저히 하도록 한다.

원의 성질은 다음과 같은 것이 있다.

- 지름은 무수히 많다.
- 지름은 중심에 의하여 이등분된다.
- 지름의 길이의 반은 반지름의 길이이다.
- 원주위의 모든 점은 중심에서 같은 거리에 있다.
- 원은 지름에 의하여 이등분된다.
- 원위의 두 점을 이은 선분의 길이 중에서 지름의 길이가 가장 길다.
- 점대칭 도형이고, 선대칭 도형이다.

(6) 여러 가지 삼각형

[4수02-08] 여러 가지 모양의 삼각형에 대한 분류 활동을 통하여 이등변삼각형, 정삼각형을 이해한다.
[4수02-09] 여러 가지 모양의 삼각형에 대한 분류 활동을 통하여 직각삼각형, 예각삼각형, 둔각삼각형을 이해한다.

삼각형을 변의 길이에 따라 분류해 보거나 삼각형의 변의 길이를 재어 보는 활동을 통하여 세 변 중 두 변의 길이가 같은 삼각형이 이등변삼각형, 세 변의 길이가 모두 같은 삼각형이 정삼각형임을 알게 한다. 예를 들면 기하판에 다양한 삼각형을 만들어 변의 특성에 따라 분류하게 한 다음, '이 삼각형들은 어떤 변의 길이도 서로 같지 않다.' 등과 같이 적절한 분류의 기준을 설명하게 하고, 분류한 결과에 따라 공통의 속성을 추상화하여 개념을 정의하도록 하여 정삼각형, 이등변삼각형을 파악하게 한다.

[4수02-08]과 [4수02-09]의 내용은 4-1 3. 각도와 삼각형 (2009 교육과정)

3학년에서 다룬 직각을 기준으로 예각과 둔각을 이해하게 하고 이에 따라 삼각형을 예각삼각형과 둔각삼각형으로 분류하게 한 다음, '이 삼각형들은 세 개의 예각을 갖는다.', '이 삼각형들은 둔각 한 개와 예각 두 개로 이루어진다.' 등과 같이 분류의 기준을 설명하게 한 다음 이를 이용하여 예각삼각형과 둔각삼각형의 의미를 파악하게 한다.

1) 이등변삼각형과 정삼각형

이등변삼각형이란 두 변의 길이가 같은 삼각형이다. 이 때 두 등변이 만나는 점을 '이등변삼각형의 꼭짓점'이라 하고, 그 대변을 '이등변삼각형의 밑변'이라 한다. 또, 이등변삼각형의 밑변의 양쪽 끝의 두 각을 '이등변삼각형의 밑각'이라 하고, 꼭짓점에 있는 각을 '이등변삼각형의 꼭짓각'이라 한다.

종이접기를 통하여 이등변삼각형의 다음 성질을 발견할 수 있다.

- 두 밑각은 합동이다.
- 이등변삼각형의 꼭짓각의 이등분선은 밑변을 수직으로 이등분한다.
- 밑변의 수직이등분선은 이등변삼각형의 꼭짓점을 지난다.
- 이등변삼각형은 선대칭도형이다.

세변의 길이가 같은 삼각형을 정삼각형이라 한다. 정삼각형은 이등변삼각형의 특수한 경우이므로 이등변삼각형에서 성립하는 성질은 정삼각형에서도 성립한다. 종이 접기를 통하여 이들 특수한 삼각형을 구성하고 나아가 자와 캠퍼스, 각도기를 이용하여 작도하게 한다.

삼각형의 내각 중에서 한 내각이 직각이면 직각삼각형, 한 내각이 둔각이면 둔각삼각형, 내각이 모두 예각이면 예각삼각형이라 한다.

삼각형은 닫힌 도형(폐곡선)이므로 내부와 외부 영역을 가지고 있다. 일반적으로 삼각형의 내부 영역의 크기를 수치화한 것을 삼각형의 넓이라 한다.

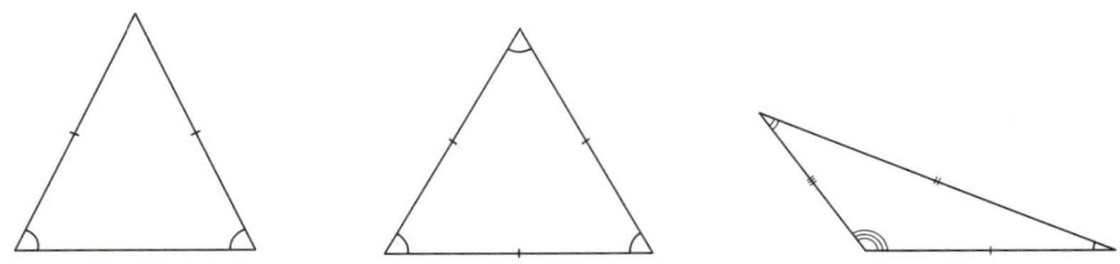

(가) 교수·학습 방법 및 유의 사항

- 여러 가지 삼각형과 사각형을 이름 짓는 활동을 통하여 각 도형의 정의에 대해서 학생들 스스로 사고하게 한다.
- 도형 영역의 문제 상황에 적합한 문제 해결 전략을 지도하고, 문제 해결 과정을 설명하게 하여 문제 해결 능력을 기르게 한다.

(7) 여러 가지 사각형

[4수02-10] 여러 가지 모양의 사각형에 대한 분류 활동을 통하여 직사각형, 정사각형, 사다리꼴, 평행사변형, 마름모를 알고, 그 성질을 이해한다.

[4수02-10]의 내용은 4-2 3. 다각형 (2009 교육과정)

여러 가지 사각형의 공통된 성질을 인식하여 사다리꼴, 평행사변형, 마름모, 직사각형, 정사각형의 개념을 알게 한다. 종이 접기, 종이 오리기, 칠교판, 기하판 등 다양한 교구를 이용하여 구체적인 조작 활동을 통해, 변, 각, 대각선에 대한 간단한 성질들을 알아보게 한다. 2015 교육과정은 3학년에서 직각을 정의하고 직각과 관련이 있는 직각삼각형, 직사각형과 정사각형을 먼저 학습하도록 하고, 이후 4학년에서 사다리꼴, 평행사변형, 마름모의 순으로 정의를 제시하고 각각의 성질들에 대하여 학습한다. 이 때 직사각형과 정사각형의 성질에 대해서도 학습하게 하고 있다.

1) 사각형

4개의 선분으로 이루어진 닫힌 도형을 사각형이라 한다. 이 때 의도적으로 삼각형, 오각형, 육각형을 제시하여 꼭짓점과 변의 수를 비교하고, 무엇으로 부르면 좋을지를 결정한다. 사각형의 지도는 보통 다음과 같다.

① 사각형의 개념 이해

먼저 삼각형과 사각형을 비교한다. 또, 자를 사용하여 그려보고 4개 선분으로 둘러싸인 도형을 사각형으로 약속한다. 이 때 네 개의 점을 사각형의 꼭짓점, 네 선분을 사각형의 변이라 한다. 또, 사각형의 모양을 가진 주변의 구체물을 찾고 종이 접기와 오리기를 통하여 사각형을 구성한다.

② 사각형 성질의 발견

사각형의 서로 이웃하지 않는 두 꼭짓점을 이은 선분을 대각선이라 한다. 사각형의 작도과정에서 학생은 사각형의 다음 성질을 발견한다.

- 4개의 꼭짓점, 4개의 변, 4개의 각이 있다.
- 대각선이 2개 있다.
- 한 대각선에 의하여 두 개의 삼각형으로 분할된다.
- 사각형의 내각의 합이 360°이다.
- 각도기로 사각형의 내각을 모두 측정한다.
- 한 대각선으로 나누어, 삼각형의 내각을 이용한다.

③ 특수한 사각형 분류하기

초등수학에서는 볼록사각형만 취급함으로 대각선은 모두 그 사각형 내부에 존재한다. 오목사각형은 개념의 일반화가 어렵기 때문에 초등학교에서는 취급하지 않는다. 따라서 사각형의 구성요소에서, 특히 변의 위치와 각의 크기를 고려하여 사각형을 구성하고 특수화한다. 이에 따라 사다리꼴, 평행사변형, 직사각형, 마름모, 정사각형의 개념을 도입할 수 있다.

ⓐ **사다리꼴**(trapezoid)

한 쌍의 대변이 서로 평행한 사각형을 사다리꼴이라 한다. 이 때 평행한 두 변을 위치에 따라 아랫변, 윗변으로 구분하고, 아랫변과 윗변 사이의 거리를 사다리꼴의 높이라 한다. 실제로 종이테이프를 직선으로 자르면 여러 가지 모양의 사다리꼴을 만들 수 있다.

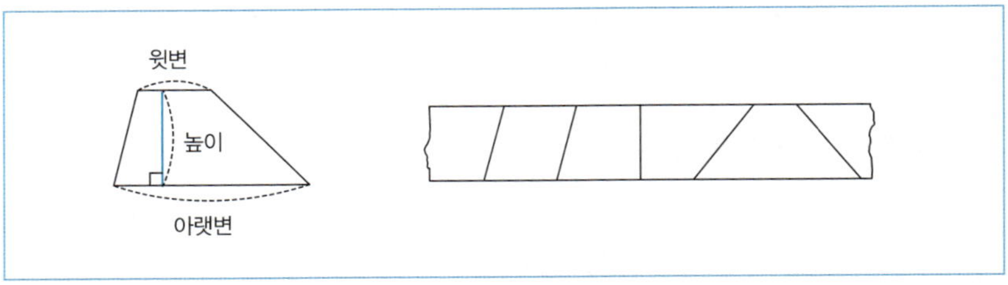

[그림 4.17]

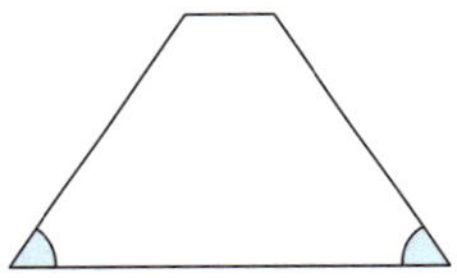

등변사다리꼴

특히 아랫변의 양 끝점에 있는 두 내각의 크기가 서로 같은 사다리꼴을 등변사다리꼴(isosceles trapezoid)이라 한다. 이 때 윗변의 양 끝점에 있는 두 내각의 크기도 서로 같고, 평행하지 않는 한 쌍의 대변의 길이도 같다. 등변사다리꼴은 선대칭도형이고 대칭축은 아랫변의 중점과 윗변의 중점을 지나는 직선이다.

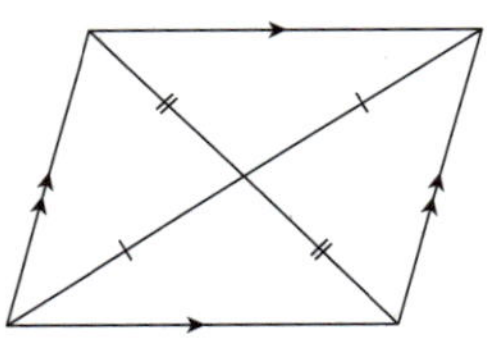

평행사변형

ⓑ **평행사변형**(parallelogram)

평행사변형이란 두 쌍의 대변이 각각 서로 평행한 사각형을 말한다. 따라서 평행사변형은 사다리꼴의 특수한 경우이다. 종이 접기를 통하여 평행사변형을 만들고, 자를 이용하여 작도하게 한다. 이러한 활동을 통하여 평행사변형의 마주보는 변과 각은 각각 합동임을 이해한다.

평행사변형의 성질로는 다음과 같은 것이 있다.

- 마주보는 변의 길이가 같다(합동).
- 마주보는 변은 서로 평행하다.
- 마주보는 각의 크기는 같다.
- 두 대각선의 중점이 같다
- 점대칭 도형이고 대칭의 중심은 두 대각선의 교점과 같다.

ⓒ **직사각형**(rectangle), **마름모**(rhombus), **정사각형**(square)

네 각의 크기가 모두 같은 사각형을 직사각형이라 한다. 따라서 직사각형의 내각은 모두 직각이다. 직사각형은 평행사변형의 특수한 경우이므로, 평행사변형의 성질은 직사각형에서도 모두 성립한다. 특히, 직사각형을 한 대각선으로 분할하면 합동인 직각삼각형이 얻어진다. 이 때 얻어진 두 직각삼각형을 이용하면, 합동 개념과 등적 변형의 개념을 유도할 수 있다.

네 변의 길이가 모두 같은 사각형을 마름모라 한다. '마름'이란 마름꽃과의 일년생 식물로 그 열매와 잎 모양이 네 변의 길이가 같은 다이아몬드 모양이다. 마름모라는 이름은 이 식물 이름에 유래한다. 마름모는 평행사변형의 특수한 경우이므로 평행사변형의 성질은 마름모에서도 성립한다. 마름모에서는 평행사변형 성질 외에도 다음 성질이 있다.

- 두 대각선은 서로 수직으로 만난다.
- 점대칭 도형이고, 선대칭 도형이다.

네 각의 크기가 모두 같고, 네 변의 길이가 모두 같은 사각형을 정사각형이라 한다. 따라서 정사각형은 마름모이고 동시에 직사각형이다.

이들 사각형의 포함관계는 다음과 같다.

사각형의 포함관계는 2015 교육과정에서 학습하지 않음.

{정사각형} ⊂ {직사각형} ⊂ {평행사변형} ⊂ {사다리꼴} ⊂ {사각형}
{정사각형} ⊂ {마름모} ⊂ {평행사변형} ⊂ {사다리꼴} ⊂ {사각형}

정사각형, 직사각형, 마름모는 모두 평행사변형의 부분집합이므로 평행사변형의 성질이 모두 성립하게 된다.

사각형에서 마주보는 변, 즉 꼭짓점을 공유하지 않는 변을 서로 대변(對邊), 마주보는 각을 서로 대각(對角)이라 한다.

각 사각형의 정의는 다음의 그림을 통해 기억하는 것이 좋다.

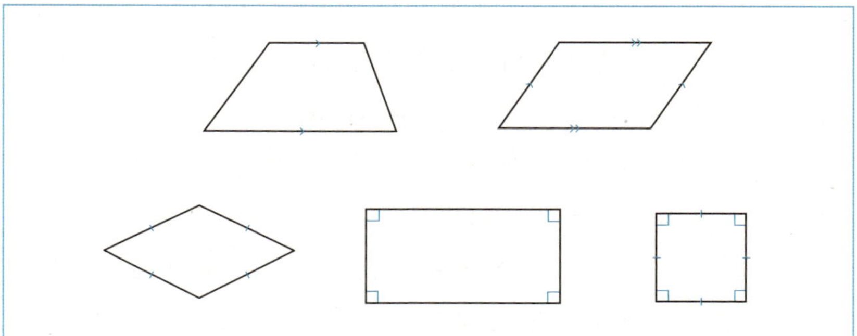

[그림 4.18] 각 사각형의 정의

(가) 교수·학습 방법 및 유의 사항

- 여러 가지 사각형의 성질은 구체적인 조작 활동을 통하여 간단한 것만 다루고, 여러 가지 사각형 사이의 관계는 다루지 않는다.
- 도형 영역의 문제 상황에 적합한 문제 해결 전략을 지도하고, 문제 해결 과정을 설명하게 하여 문제 해결 능력을 기르게 한다.

(8) 다각형

[4수02-11] 다각형과 정다각형의 의미를 안다.
[4수02-12] 주어진 도형을 이용하여 여러 가지 모양을 만들거나 채울 수 있다.

[2수02-11]과 [2수02-12]의 내용은 4-2 3. 다각형 (2009 교육과정)

다각형의 정의를 알고, 다각형 중 변의 길이와 각의 크기가 모두 같은 다각형이 정다각형임을 이해하며, 삼각형이나 사각형도 다각형의 한 종류임을 이해하게 한다. 구체적인 조작 활동을 통해 다각형의 성질을 파악하게 한다. 기하판을 이용하여 조건에 맞는 여러 가지 다각형을 만들어 보게 함으로써 다각형의 성질을 좀 더 깊이 있게 이해하게 할 수도 있다. 주어진 도형 조각을 맞추어 삼각형, 사각형 등과 같은 여러 가지 평면도형이나 동물, 집 등과 같은 여러 가지 모양을 만들 수 있게 한다. 또 색종이를 오린 모양이나 다양한 교구 등을 이용해서 주어진 도형을 여러 가지 방법으로 덮을 수 있게 한다.

1) 정다각형(regular polygon)

평면상의 곡선은 평면 위에서 연필 끝을 떼지 않고 그린 도형으로 그 점이 그 평면 위를 연속적으로 이동한 모든 점의 집합이다. 이 때 곡선의 시점과 종점이 만나지 않을 때의 곡선을 개곡선(open curve, 열린 곡선), 시점과 종점이 만나는 곡선을 폐곡선(closed curve, 닫힌 곡선)이라 한다. 특별히 삼각형, 사각형, 원 등과 같이 시점과 종점에서만 만나는 폐곡선을 단일폐곡선(simple closed curve)이라 한다.

선분들의 합집합으로 이루어진 단일폐곡선을 다각형(polygon)이라 하고, 각 선분을 다각형의 변, 선분의 끝점을 다각형의 꼭짓점이라 한다. 그리고 다각형의 변의 수에 따라 삼각형, 사각형, 오각형, …이라 한다.

모든 변의 길이가 같은 다각형을 등변다각형이라 하고, 모든 각의 크기가 같은 다각형을 등각다각형이라 한다. 따라서 등변다각형이고 등각다각형인 다각형을 정다각형이라 한다.

정삼각형은 등변삼각형
마름모는 등변사각형
직사각형은 등각사각형

도형을 정삼각형이나 정사각형의 구성방법은 여러 가지가 있다. 이를테면, 종이 접기 또는 막대기, 컴퍼스, 자, 각도기 등을 이용하여 이들 정다각형을 구성할 수 있다.

일반적으로 정다각형은 원에 내접·외접하기 때문에 원과 관련하여 지도하는 것이 효과적이다. 이를테면, 정오각형은 원의 중심각을 5등분하여 원주와 만나는 점을 차례로 연결하여 구성한다. 이 과정에서 컴퍼스와 각도기, 자를 사용하게 되고, 자연스럽게 정다각형의 변의 길이와 내각을 측정하여 합동임을 확인할 수 있다. 즉 이러한 구성활동을 통하여 각도기와 자, 컴퍼스를 자유롭게 사용할 수 있게 된다.

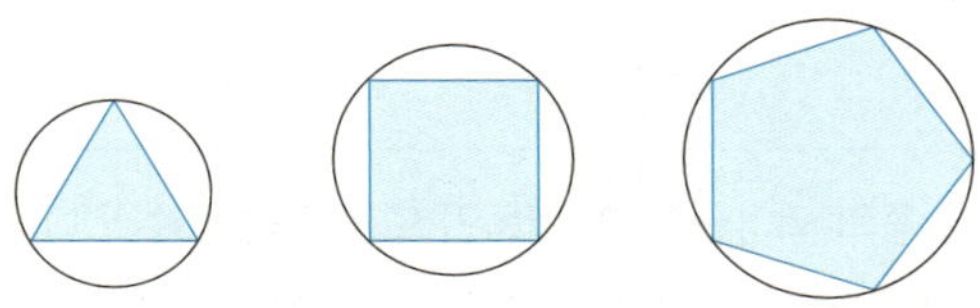

[그림 4.19]

2) 오목(convex)다각형과 볼록(concave)다각형

오목과 볼록에 대한 수학적인 정의는 매우 다양하다. 여기서는 영역(region)으로 정의하기로 한다. 어떤 영역 내의 서로 다른 두 점을 연결한 선분을 생각할 때, 이 선분 위의 모든 점이 영역 내에 있을 때 이를 볼록이라 하고, 볼록이 아닌 것을 오목이라 한다. 다각형에서 이 정의를 적용하면 다각형의 영역 내의 서로 다른 두 점을 연결한 선분을 생각할 때, 이 선분 위의 모든 점이 다각형의 영역 내에 있을 때 이를 볼록다각형이라 하고,

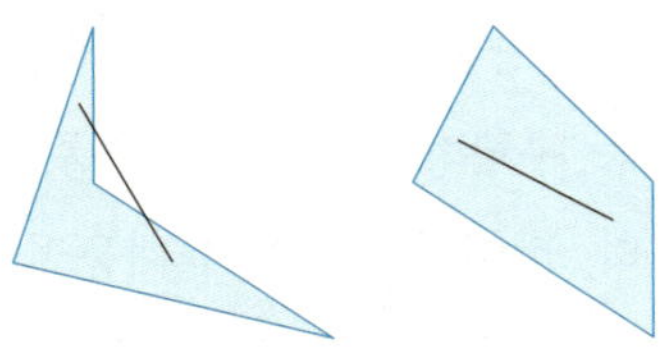

[그림 4.20] 오목다각형과 볼록다각형

볼록다각형이 아닌 것을 오목다각형이라 한다.

오목다각형의 특징으로는 이 도형 외부에 대각선이 있고, 180° 보다 큰 내각이 존재한다.

(가) 교수·학습 방법 및 유의 사항

- 도형 영역의 문제 상황에 적합한 문제 해결 전략을 지도하고, 문제 해결 과정을 설명하게 하여 문제 해결 능력을 기르게 한다.

(나) 평가 방법 및 유의 사항

- 평면도형의 이동을 활용하여 모양의 변화나 무늬를 설명하게 할 때 설명 방법이 다양할 수 있음에 유의하여 평가한다.

(9) 합동과 대칭

[6수02-01] 구체적인 조작 활동을 통하여 도형의 합동의 의미를 알고, 합동인 도형을 찾을 수 있다.
[6수02-02] 합동인 두 도형에서 대응점, 대응변, 대응각을 각각 찾고, 그 성질을 이해한다.
[6수02-03] 선대칭도형과 점대칭도형을 이해하고 그릴 수 있다.

[6수02-01]과 [6수02-02]와 [6수02-03]의 내용은 5-2 2. 합동과 대칭 (2009 교육과정)

실생활에서 쉽게 볼 수 있는 물건이나 무늬, 동식물, 건축물, 조형물 등을 살펴봄으로써 대칭의 의미를 직관적으로 이해하게 한다. 사람, 물건, 글자, 점 등을 거울에 비쳐 보는 활동, 데칼코마니나 여러 가지 모양을 반으로 접는 활동 등 다양한 구체적 조작 활동을 통해 선대칭도형과 대칭축의 의미를 알게 한다. 선대칭도형에서 대응점, 대응변, 대응각을 찾아보고, 대응변의 길이와 대응각의 크기가 같고 대칭축은 대응점을 이은 선분을 수직 이등분한다는 성질을 알게 한다. 선대칭도형의 성질을 이용하여 선대칭도형의 나머지 부분을 그릴 수 있게 한다.

바람개비, 태극무늬 등 다양한 도형에서 도형의 한 점 중심으로 180° 회전하여 겹쳐보게 하는 등 구체적 조작 활동을 통해 점대칭도형과 대칭의 중심의 의미를 알게 한다. 점대칭 도형에서 대응점, 대응변, 대응각을 찾아보고, 대응점은 대칭의 중심에서 같은 거리에 있고 대응변과 대응각의 크기가 같다는 성질을 알게 한다. 점대칭도형의 성질을 이용하여 점대칭도

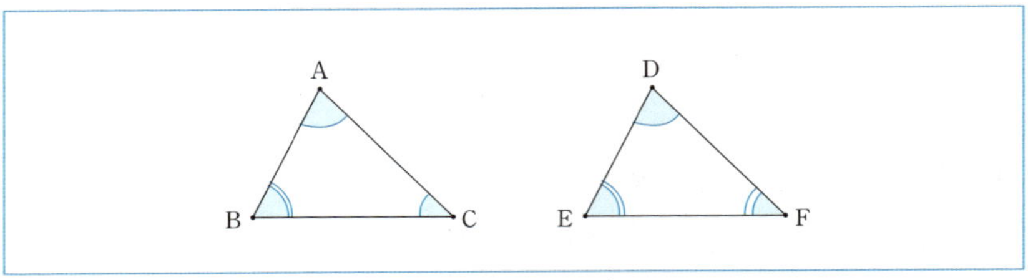

[그림 4.22] 두 삼각형의 합동

두 삼각형의 합동을 증명하는데 위의 정의보다 조금 더 간단한 조건이 있다. 즉 세 변의 길이와 세 각의 크기를 제시하지 않고서도 밝힐 수 있다.

① SAS 합동

두 변의 길이와 두 변으로 이루어진 각의 크기만 제시되었다고 하자. 이 경우 유일한 방법으로 삼각형을 완성할 수 있다. 단순히 두 꼭짓점을 연결하여 새로운 변을 만들면 삼각형이 만들어 진다. 이것이 SAS 합동 조건의 기초이다. 변(side)–각(angle)–변(side) 합동이라 하기도 한다.

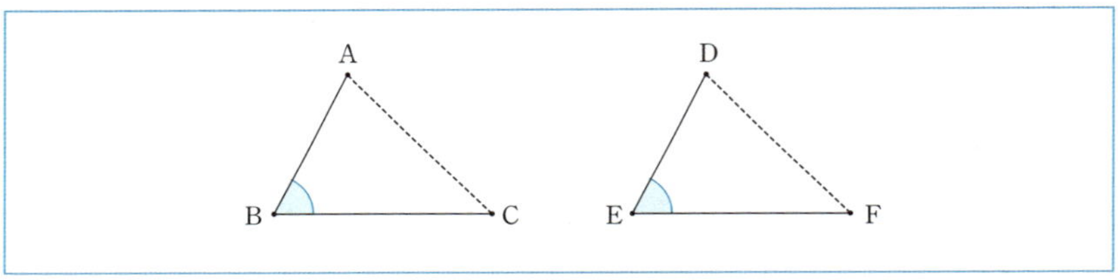

[그림 4.23] SAS 합동 조건

② ASA 합동

두 각의 크기와 두 각이 공유하고 있는 변의 길이만 제시되었다고 하자. 이 경우 두 각이 공유하지 않은 두 변을 연장하면 한 점에서 유일하게 만난다. 따라서 이 경우도 유일한 방법으로 삼각형이 결정된다. 이것이 ASA 합동 조건의 기초이다. 각–변–각 합동이라 하기도 한다.

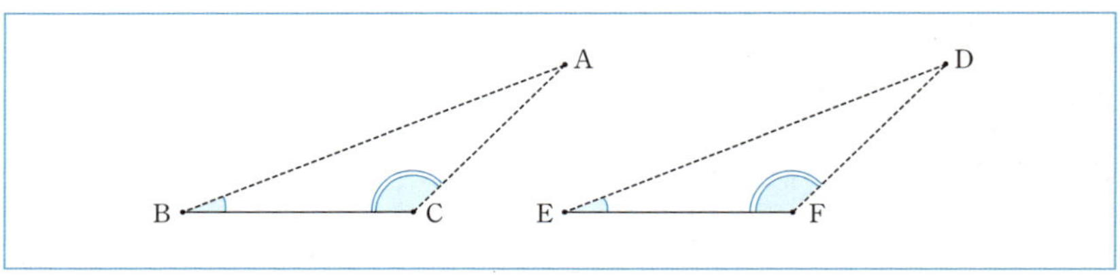

[그림 4.24] SAS 합동 조건

③ SSS 합동

세 변의 길이만 제시되었다고 하자. 이 경우 임의의 두 변의 길이의 합이 다른 한 변의 길이를 넘지 않음을 가정하자. 가장 긴 변을 기준으로 이 변의 끝점을 중심으로 다른 두 변을 회전시키면 가장 긴 변 위에 있지 않은 한 점에서 만나고 따라서 이 경우도 유일한 방법으로 삼각형이 결정된다. 이것이 SSS 합동 조건의 기초이다. 변-변-변 합동이라 하기도 한다.

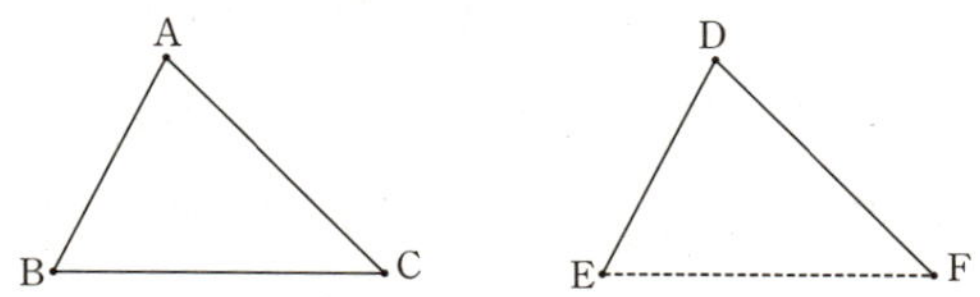

[그림 4.25] SSS 합동 조건

(가) 교수·학습 방법 및 유의 사항

- 실생활에서 같은 무늬 찾기, 종이 겹쳐 오리기, 도장 찍기, 데칼코마니 등 구체적인 조작 활동을 통하여 도형의 합동의 의미를 알게 한다.
- 실생활에서 선대칭도형과 점대칭도형의 예를 찾아 설명하게 한다.
- 선대칭도형과 점대칭도형의 성질을 이용하여 각 도형의 나머지 부분을 그리게 한다.
- 도형 영역의 문제 상황에서 문제 해결 전략 비교하기, 주어진 문제에서 필요 없는 정보나 부족한 정보 찾기, 조건을 바꾸어 새로운 문제 만들기, 문제 해결 과정의 타당성 검토하기 등을 통하여 문제 해결 능력을 기르게 한다.

(나) 평가 방법 및 유의 사항

- 선대칭도형과 점대칭도형 그리기를 평가할 때 점판이나 격자를 이용하여 쉽게 그릴 수 있게 한다.

(10) 직육면체와 정육면체

[6수02-04] 직육면체와 정육면체를 알고, 구성 요소와 성질을 이해한다.
[6수02-05] 직육면체와 정육면체의 겨냥도와 전개도를 그릴 수 있다.

[6수02-04]와 [6수02-05]의 내용은 5-1 2. 직육면체 (2009 교육과정)

구체물이나 교구를 활용하여 직육면체와 정육면체의 정의를 알게 하고, 그 구성요소인 꼭짓점, 면, 모서리가 무엇인지 알게 한다. 직육면체와 정육면체의 꼭짓점, 모서리, 면의 수를 알아보고, 직육면체와 정육면체의 관계를 알게 한다. 또한 직육면체나 정육면체에서 면의 평행과 수직에 대해서 알아보고, 평행인 면과 수직인 면을 찾아보게 한다.

직육면체와 정육면체의 겨냥도를 이해하고, 겨냥도를 그리는 방법을 알고 그리게 한다. 직육면체와 정육면체의 전개도를 이해하고, 전개도를 그리는 방법을 알고 그리게 하며, 전개도에서 평행인 면과 수직인 면을 찾게 한다. 이 때 상자를 직접 자라보거나 다양한 교구 등을 이용해서 만든 직육면체와 정육면체를 평면으로 펼쳐보는 활동을 통해 직육면체와 정육면체의 전개도를 직관적으로 이해하고, 하나의 도형에 대해서 여러 가지 전개도가 있음을 알고 그려보게 한다. 또한 전개도의 어느 정도 익숙해지면 주어진 그림이 직육면체나 정육면체의 전개도가 될 수 있는지를 추측한 후 직접 확인해 보고 그 이유를 설명해 보게 한다.

1) 입체도형

평면도형과는 달리 입체도형은 시각적으로 보이지 않는 면이 있으므로 구체적인 조작활동을 하지 않으면 이해하기 쉽지 않다. 따라서 입체도형을 학습하기 위해서 사전에 구체적인 모형 조작 활동이 필요하게 된다.

초등수학에서 다루는 입체도형은 주로 정육면체, 직육면체, 각기둥, 원기둥, 각뿔, 원뿔, 구를 대상으로 한다. 특히, 원기둥, 원뿔, 구는 회전이동 입장에서도 관찰하고 그 성질을 이해한다. 학생은 입체도형을 학습하는 과정에서 점, 직선, 평면의 개념을 직관적으로 파악한다. 실제로 점은 공간 내의 위치를 의미하므로 점, 직선은 모든 도형의 공간 내에 있는 도형이다.

저학년에서는 모형과 구체물을 모양이라는 측면에서 관찰하고 일상적 용어로 표현하고 이해한다. 이를테면, 상자모양과 공 모양에서 평면과 곡면의 개념을 이해하고 일상적인 용어로서 '뾰족하다', '둥글다', '평평하다',

'모가 났다' 등의 용어를 사용한다.

여러 가지 모형의 비교 분류활동을 통하여 적절히 생활 용어와 수학적 용어를 도입하고, 그들의 구성요소의 위치관계를 조사한다.

이론화 단계에서는 전개도 겨냥도를 통하여 입체동형을 평면적으로 이해하고 구성한다. 실제로 입체도형의 개념을 구성요소의 위치관계와 겨냥도 전개도를 통하여 파악하는 것은 매우 중요하다. 또, 도형영역에서 사용하는 변환은 주로 합동변환으로서, 평행이동, 대칭이동, 회전이동을 들 수 있다. 특히, 회전이동을 통하여 회전체의 간단한 성질을 발견할 수 있다.

2) 직육면체와 정육면체

일반적으로 6개의 평면으로 둘러싸인 입체를 육면체(Hexahedron)라고 한다. 이 때 면과 면이 만나는 선을 모서리라고 하고, 세 모서리가 만나는 점을 꼭짓점이라 한다. 따라서 육면체는 8개의 꼭짓점과 12개의 모서리, 6개의 면을 가지고 있다. 이 때 특히 이웃하는 면이 모두 수직일 때 이 육면체를 직육면체라고 한다. 따라서 직육면체의 모든 면은 직사각형이다. 특히, 직육면체의 모든 면이 정사각형일 때 이 직육면체를 정육면체라고 한다. 따라서 정육면체와 직육면체는 평면도형에서의 정사각형과 직사각형에 대비되는 개념이다. 직육면체와 정육면체의 학습은 우선 그 경계면만을 생각하기로 한다.

① 직육면체의 개념 이해

직육면체의 개념은 모형과 구체물을 직관적으로 관찰하고 조작함으로써 접근한다. 저학년에서는 상자나 성냥갑, 주사위, 쌓기나무와 같은 구체물을 관찰하고, 특히 쌓기나무를 조작하여 여러 가지 입체모형을 구성한다. 이를 통하여 직육면체의 구성요소를 이해하고 그 성질을 조사한다. 이때 입체도형을 관찰하는 관점으로 다음을 들 수 있다.

- 구성요소의 수를 조사한다.
- 구성요소 사이의 위치관계를 조사한다.
- 구성요소 사이의 상등관계를 조사한다.

이를 통하여 학생은 직육면체에 관하여 다음을 발견한다.

- 직육면체의 모든 면은 직사각형이다.
- 마주보는 면은 서로 합동이다.
- 마주보는 면은 서로 평행하다.
- 8개의 꼭짓점과 12개의 모서리, 6개의 면이 있다.
- 꼭짓점에서 만나는 세 모서리는 서로 수직이다.
- 정육면체의 모든 면은 합동인 정사각형이다.

② 겨냥도(sketch)와 전개도(net)

입체도형은 보는 위치에 따라 모양이 다르게 보이고, 또 보이지 않는 면이 있다. 따라서 입체도형을 시각적으로 이해하기 위하여 겨냥도와 전개도를 이용한다. 입체도형의 전체 모양을 알 수 있도록 평면 위에 그린 그림을 겨냥도라고 한다. 따라서 겨냥도를 그릴 때는 입체의 상이 머릿속에 떠오르게 그리는 것이 중요하다. 이를 위해서, 겨냥도는 시각적으로 보이지 않는 면이나 모서리, 꼭짓점에 대해서도 이해되도록 점선으로 그리는 것이 보통이다.

겨냥도를 그릴 때 유의점은 다음과 같다.

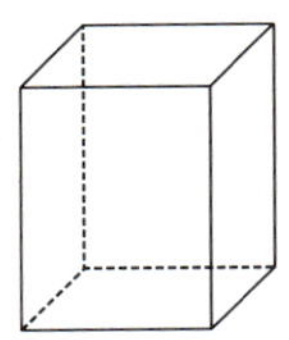
[그림 4.26] 직육면체의 겨냥도

- 평행한 모서리는 평행하게 그린다.
- 보이는 모서리는 실선으로, 보이지 않는 모서리는 점선으로 그린다.
- 각의 크기와 모서리 길이는 고려하지 않는다.
- 잘 알아볼 수 있는 위치에 그린다.

또, 입체도형을 2차원 평면에 펼쳐서 그린 그림을 전개도라 한다. 전개도의 접는 선에 따라 접으면 입체도형이 구성된다. 이를테면, 직육면체, 정육면체, 각기둥, 원기둥, 각뿔, 원뿔 등은 평면 위에 전개 가능하나 구는 전개할 수 없다. 전개도를 통하여 입체도형의 면과 모서리의 대응관계와 연결성을 이해하고, 도형을 구성할 수 있다.

일반적으로 입체도형의 전개도는 자르는 방법에 따르므로 무수히 많다. 그러나 초등학교에서는 입체도형의 모서리를 잘라서 펼쳐 놓은 그림을 전개도라 정의하고 있다. 이런 이유로 잘리지 않은 모서리는 점선으로, 잘린 모서리는 실선으로 나타내도록 하고 있다. 특히, 전개도를 이용하여 입체를 구성할 때에는 이어 붙이는 부분이 있도록 가위로 잘라야 한다.

직육면체의 전개도를 작도하는 활동은 학생들에게 매우 어려운 활동이라 할 수 있으므로 모눈종이를 사용하여 작도하는 활동을 먼저 충분히 연습한 다음 종이에 작도하는 방법을 권장한다.

③ 정육면체의 전개도

정육면체는 직육면체의 특수한 경우이므로 직육면체의 성질은 정육면체에서도 모두 성립한다. 일반적으로 정육면체의 전개도는 모서리를 자르는 방법에 따라 모두 11가지가 있다.

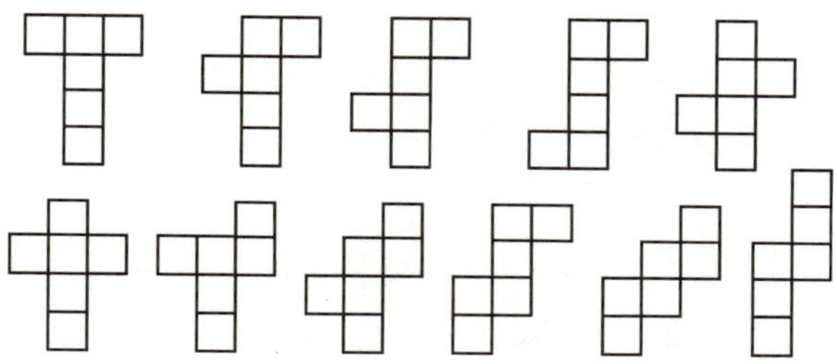

[그림 4.27] 정육면체의 11가지 유형의 전개도

일반적으로 입체도형의 각 면이 평면의 일부분으로 둘러싸인 닫힌 도형을 다면체라 한다. 따라서 다면체의 각 면은 다각형이다. 특히, 모든 꼭짓점에서 만나는 모서리의 수가 같고, 모든 면은 합동인 정다각형으로 된 다면체를 정다면체(regular polyhedra)라고 한다. 정다면체는 정사면체, 정육면체, 정팔면체, 정십이면체, 정이십면체의 다섯 가지 종류가 있다.

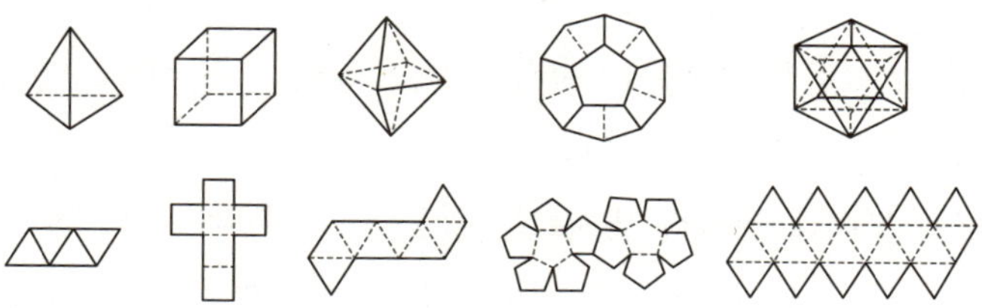

[그림 4.28] 정다면체와 각각의 전개도

(가) 교수·학습 방법 및 유의 사항

• 직육면체의 전개도에서 수직인 면과 평행한 면을 찾게 하여 전개도로

부터 입체도형을 추측할 수 있게 한다.

- 도형 영역의 문제 상황에서 문제 해결 전략 비교하기, 주어진 문제에서 필요 없는 정보나 부족한 정보 찾기, 조건을 바꾸어 새로운 문제 만들기, 문제 해결 과정의 타당성 검토하기 등을 통하여 문제 해결 능력을 기르게 한다.

(나) 평가 방법 및 유의 사항

- 입체도형의 전개도에 대한 평가는 전개도가 될 수 있는 것과 될 수 없는 것을 구별하는 데 중점을 둔다.

(11) 각기둥과 각뿔

[6수02-06] 각기둥과 각뿔을 알고, 구성 요소와 성질을 이해한다.
[6수02-07] 각기둥의 전개도를 그릴 수 있다.

[6수02-06]과 [6수02-07]의 내용은 6-1 1. 각기둥과 각뿔 (2009 교육과정)

5학년에서 배운 직육면체와 정육면체에 이어 6학년에서는 각기둥과 각뿔을 다룬다. 실생활의 다양한 물건을 관찰하여 각기둥과 각뿔을 직관적으로 인식하고, 각각 그 공통 성질을 알아내어 각기둥과 각뿔의 의미를 이해하게 하고, 구성요소를 알게 한다. 평행인 면과 수직인 면을 찾아보는 것을 통해 각기둥에 대한 이해를 깊게 하며, 꼭짓점, 모서리, 밑면의 모양 등의 특징을 알아보는 것을 통해 각뿔의 성질을 알게 한다. 또한 지금까지 배운 입체도형과 관련하여 주어진 조건을 만족하는 입체도형 찾기, 주어진 밑면과 옆면의 모양에 맞는 각기둥 찾기 등을 통해 입체도형의 성질을 깊이 있게 이해하도록 할 수 있다.

각기둥의 모서리를 잘라 펼쳐보는 활동을 통해 각기둥의 전개도를 이해하고, 그릴 수 있게 한다. 전개도에서 평행인 면, 수직인 면, 맞닿은 변을 찾고, 전개도를 접어서 각기둥을 만들어 보는 활동을 통해 각기둥에 대한 이해를 깊게 한다. 이때 각기둥에 대한 전개도는 간단한 경우만 다룬다.

1) 각기둥(prism)

평면 위의 다각형 모양을 이 평면을 지나는 한 선분에 따라 평행이동할 때 만들어지는 입체도형을 각기둥이라 한다. 이 때 원래의 평면도형을 그 각기둥의 밑면, 한 선분을 모선(母線)이라 하고, 그 모선에 따라 이동하면서 생긴 면을 그 기둥의 옆면이라 한다. 특히, 각기둥의 모선이 밑면과 수직을 때의 기둥을 직각기둥이라 하고, 수직이 아니면 빗각기둥(oblique prism)이라고 한다. 초등학교수학에서는 직각기둥만 취급하므로 간단히 각기둥이라고도 한다.

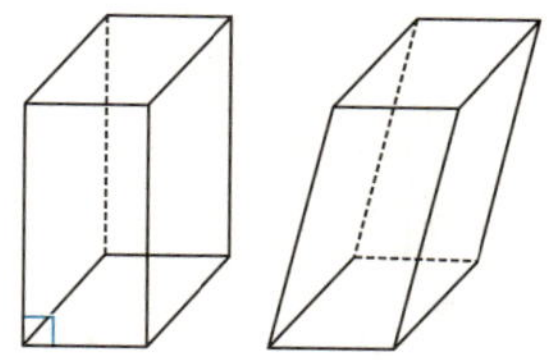

직각기둥과 빗각기둥의 예

초등학교에서는 예시적으로 각기둥을 정의한 후, 서로 평행하고 나머지 다른 면에 수직인 두 면을 밑면, 밑면에 수직인 면을 옆면으로 정의한다. 밑면의 모양이 각각 삼각형, 사각형, 오각형, … 일 때, 그 각기둥을 삼각기둥, 사각기둥, 오각기둥, … 이라고 한다. 그리고 면과 면이 만나는 선분을 모서리, 모서리와 모서리가 만나는 점을 꼭짓점, 두 밑면 사이의 거리를 높이라고 정의하고 있다.

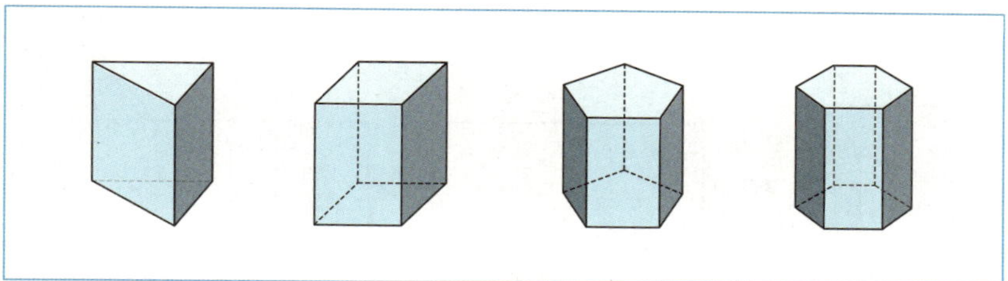

[그림 4.29] 각기둥의 예

각기둥의 개념은 모형을 관찰함으로써 개념을 이해하고 입체를 변별할 수 있다. 따라서 초등학교에서는 각기둥을 지도할 때는 실물이나 모형을 통하여 구성요소 및 구성요소의 수와 위치관계를 관찰하고 직관적으로 이해하도록 한다. 삼각기둥 모형을 관찰함으로써 '두 개의 평행하고 합동인 삼각형과 이들에 수직인 세 개의 직사각형(옆면)으로 둘러싸인 입체'로서 파악할 수도 있다. 또, 직육면체는 밑면이 직사각형인 사각기둥과 같으므로 직육면체의 성질이 사각기둥에서도 똑같이 성립한다. 직육면체는 입체로서 도형을 관찰하는 것이고, 사각기둥은 기둥의 관점에서 본 것이다. 각기둥의 모형을 관찰 과정에서 학생들은 다음도 발견할 수 있다.

- 두 밑면은 서로 평행하다.
- 두 밑면은 서로 합동이다.
- 옆면은 모두 직사각형이다.
- 밑면이 정다각형이면 옆면은 모두 합동인 직사각형이 된다.
- 밑면에 수직인 평면으로 자른 단면은 직사각형이다.

2) 각기둥의 전개도와 겨냥도

겨냥도를 통해서 각기둥의 보이지 않는 면을 이해하고, 전개도를 통하여 구성요소의 관계를 이해하고 입체를 구성할 수 있다. 이를테면 입체모형의 전개도에서 다음 관점에서 관찰한다.

- 평행하는 면은 어느 것인가?
- 수직관계의 면은 어느 것인가?
- 어느 변과 어느 변이 연결된 모서리인가?

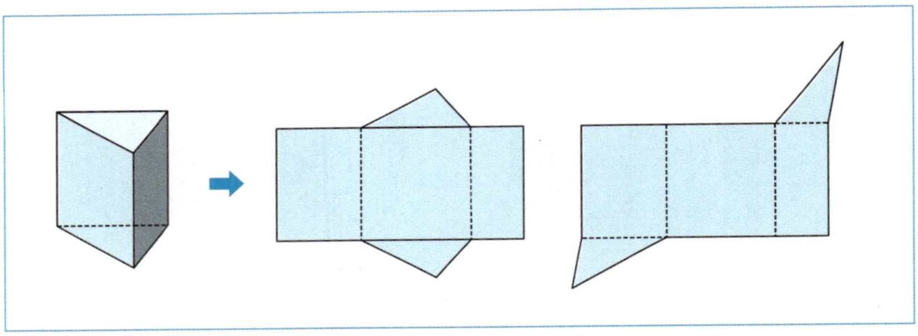

[그림 4.30] 삼각기둥의 전개도

3) 각뿔(pyramid)

평면 위의 다각형 모양과 이 평면 밖의 정점 를 연결한 직선들로 이루어진 도형을 각뿔이라 한다. 이 때 정점 P를 각뿔의 꼭짓점이라 하고 다각형 모양을 각뿔의 밑면, 각뿔의 꼭짓점에서 밑면에 내린 수선의 길이를 각뿔의 높이, 각뿔의 꼭짓점과 밑면의 모서리를 연결한 삼각형의 면을 옆면이라고 한다. 각뿔에도 직각뿔과 빗각뿔이 있다. 초등학교에서는 직원뿔만을 대상으로 하므로 이를 간단히 각뿔이라고 한다.

초등학교에서는 가급적 각뿔의 수학적 정의는 피하고, 모형을 통하여 이해한다. 이를테면, 모형을 이용하여 꼭짓점, 모서리, 옆면, 밑면 등을 설명하고 그 수를 알아본다. 특히, 각뿔의 높이는 각뿔의 꼭짓점에서 밑면에 내린 수선의 길이이므로 옆면의 삼각형의 높이와 같지 않음에 유의해야 한다. 각뿔의 모형을 관찰하여 학생들은 다음을 발견할 수 있다.

- 밑면은 다각형이다.
- 옆면은 모두 삼각형이다.
- 밑면의 꼭짓점은 옆면의 꼭짓점이 된다.

초등학교에서는 예시적으로 각뿔을 정의한 다음 밑면과 옆면을 정의한다. 밑면의 모양이 각각 삼각형, 사각형, 오각형, …일 때, 그 각뿔을 삼각뿔, 사각뿔, 오각뿔, …이라고 한다. 그리고 면과 면이 만나는 선분을 모서리, 모서리와 모서리가 만나는 점을 꼭짓점, 꼭짓점 중에서도 옆면이 모두 만나는 점을 각뿔의 꼭짓점, 각뿔의 꼭짓점에서 밑면에 수직인 선분을 높이라고 정의하고 있다.

각뿔의 전개도는 초등학교에서 다루지 않음.

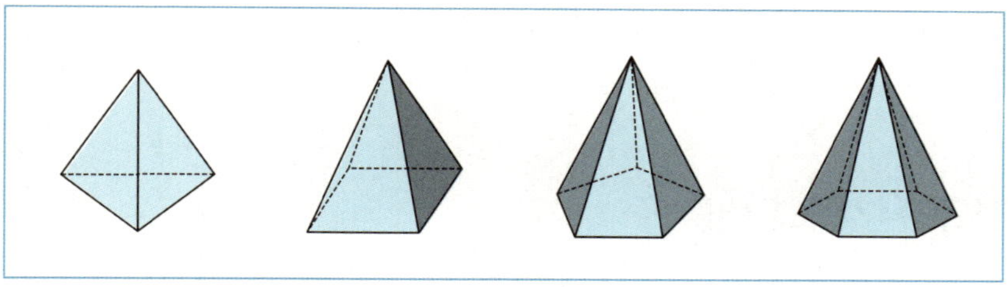

[그림 4.31] 각뿔의 예

4) 오일러(Euler)의 정리

초등학교에서 다루는 유일한 위상적 성질이 Euler의 다면체정리이다. 어떤 다면체의 꼭짓점 수의 수를 v, 모서리의 수를 e, 면의 수를 f라

[표 4-3]

	삼각기둥	사각기둥	오각기둥	n 각기둥	삼각뿔	사각뿔	오각뿔	n 각뿔
v	6	8	10	$2n$	4	5	6	$n+1$
e	9	12	15	$2n$	6	8	10	$2n$
f	5	6	7	$n+2$	4	5	6	$n+1$
$v-e+f$	2	2	2	2	2	2	2	2

하면 Euler 표수(characteristic number)라고 불리는 $v-e+f$는 항상 2로 불변량이다. 초등학교에서는 $v+f-e$를 통해 규칙을 찾게 하고 있다.

(가) 교수·학습 방법 및 유의 사항

- 직육면체의 전개도에서 수직인 면과 평행한 면을 찾게 하여 전개도로부터 입체도형을 추측할 수 있게 한다.
- 각기둥의 전개도는 간단한 형태만 다루고, 각뿔과 원뿔의 전개도는 다루지 않는다.
- 도형 영역의 문제 상황에서 문제 해결 전략 비교하기, 주어진 문제에서 필요 없는 정보나 부족한 정보 찾기, 조건을 바꾸어 새로운 문제 만들기, 문제 해결 과정의 타당성 검토하기 등을 통하여 문제 해결 능력을 기르게 한다.

(나) 평가 방법 및 유의 사항

- 입체도형의 전개도에 대한 평가는 전개도가 될 수 있는 것과 될 수 없는 것을 구별하는 데 중점을 둔다.

(12) 원기둥과 원뿔

[6수02-08] 원기둥을 알고, 구성 요소, 성질, 전개도를 이해한다.
[6수02-09] 원뿔과 구를 알고, 구성 요소와 성질을 이해한다.

[6수02-08]과 [6수02-09]의 내용은 6-2 3. 원기둥, 원뿔, 구 (2009 교육과정)

실생활에서 쉽게 접할 수 있는 여러 가지 물건, 건축물 등을 관찰하여 원기둥과 원뿔을 직관적으로 인식하고, 여러 가지 입체도형에서 원기둥과 원뿔을 찾아내어 각각의 공통된 성질을 알아봄으로써 원기둥과 원뿔의 의미를 이해하게 하고, 원기둥의 밑면, 옆면, 높이와 원뿔의 꼭짓점, 옆면, 밑면, 모선, 높이 등 구성요소를 알게 하며, 원기둥과 원뿔의 여러 가지 성질을 찾아보게 한다.

원기둥의 모형을 잘라 펼쳐보는 활동을 통해 원기둥의 전개도를 이해하고, 원기둥의 전개도를 찾을 수 있게 한다. 또한 주어진 원기둥의 전개도 중에서 원기둥을 만들 수 없는 전개도를 찾고 왜 만들 수 없는지 설명하형의 나머지 부분을 그릴 수 있게 한다.

1) 합동(congruence, 合同)

도형을 이동하여 다른 도형에 완전히 겹칠 수 있을 때 두 도형은 합동이라 한다. 즉, 두 도형이 합동이면 그 크기와 모양이 같다. 합동의 개념을 유클리드 기하학에서 중요한 개념이다. 합동인 도형을 언급할 때는 대부분 평면 위에 있는 도형을 말한다. 예를 들면 두 선분이 합동이라는 것은 선분의 길이가 같다는 의미이다. 그리고 $\overline{AB}$가 $\overline{CD}$에 합동이면 $\overline{AB} \equiv \overline{CD}$라고 쓴다. 특히 두 변이 합동이면 등변(equilateral, 等邊)이라 한다. 동일하게 두 각이 합동이라는 것은 각의 크기가 같다는 의미이다. 각의 변의 길이는 생각하지 않고 한 각이 다른 각에 완전히 겹칠 수 있을 때 두 각은 합동이다. 그리고 $\angle XYZ$가 $\angle GHI$에 합동이면 $\angle XYZ \equiv \angle GHI$이라고 쓴다. 특히 두 각이 합동이면 등각(equiangular, 等角)이라 한다.

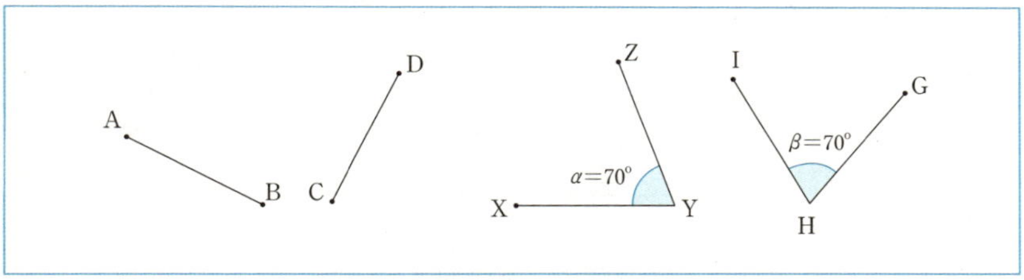

[그림 4.21] 선분과 각의 합동

2) 삼각형의 합동

현 5학년 교과서에서는 합동인 삼각형을 작도하게 하고 있다. 따라서 특별히 삼각형의 합동에 대하여 논의하기로 하자. 만약 두 삼각형이 합동이라면 두 삼각형은 서로 다르게 위치할 수도 있으나 같은 크기와 같은 모양을 가진다. 합동은 각 꼭짓점과 짝을 이루는 대응으로 이루어진다. 따라서 두 삼각형이 합동임을 증명하기 위해서는 꼭짓점 사이에 명확한 대응이 주어져야하고 이를 바탕으로 대응하는 변과 대응하는 각이 합동임을 밝혀야 한다. 즉 두 삼각형에서 꼭짓점이 A와 D, B와 E, C와 F가 대응을 이루고, 대응하는 모든 변들이 합동이고 대응하는 모든 각이 합동일 때 삼각형 ABC가 삼각형 DEF에 합동이라고 하고, $\triangle ABC \equiv \triangle DEF$라고 쓴다.

게 한다. 이때 원기둥의 전개도를 정확하게 그리는 활동은 하지 않는다.

원기둥, 원뿔, 구를 어떤 도형을 회전축을 중심으로 회전시켰을 때 생기는 입체인지를 회전시킨 기본 도형과 짝지어 보게 한다. 2009 교육과정에 따른 교과서에는 다소 수학적이지 않은 방법으로 원기둥, 원뿔을 정의하고 있다. 회전체의 개념과 성질에 대한 탐구가 삭제되었지만, 교사는 한 직선을 중심으로 돌리는 활동을 통하여 회전체의 발생에 따른 의미로 교수하는 것이 필요하다.

현행 교과서는 원기둥을 둥근기둥 모양의 도형으로 정의하고 있다.

1) 원기둥(cylinder)

평면 위의 원 모양을 이 평면을 지나는 한 선분에 따라 평행이동할 때 만들어지는 입체도형을 원기둥이라 한다. 이 때 원래의 원 모양을 원기둥의 밑면, 한 선분을 모선(母線)이라 하고, 그 모선에 따라 이동하면서 생긴 면을 옆면이라 한다. 특히, 원기둥의 모선이 밑면과 수직을 때의 기둥을 직원기둥이라 하고, 수직이 아니면 빗원기둥이라고 한다.

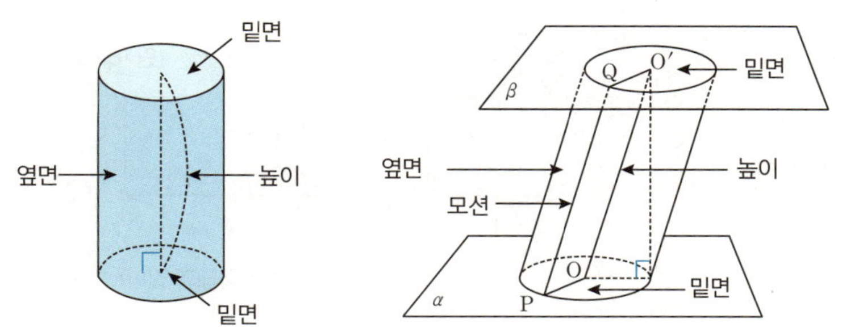

[그림 4.32] 직원기둥과 빗원기둥

초등학교수학의 원기둥은 직원기둥만 취급한다. 원기둥 모형을 이용하여 상하좌우에서 원기둥을 살펴보고, 두 밑면의 관계를 조사한다. 또, 원기둥 모형을 굴려보는 조작을 통하여 다음 성질을 발견하도록 한다.

- 두 밑면은 합동인 원이다.
- 두 밑면은 평행하다.
- 옆면은 어느 쪽에서 보더라도 모양이 같다.
- 옆면을 전개하면 직사각형이 된다.

• 두 밑면의 중심을 잇는 직선은 밑면에 수직이다.
• 꼭짓점이 없다.

2) 원기둥의 전개도

원기둥의 옆면을 전개하면 직사각형이 되는데 이 직사각형의 세로 길이는 원기둥의 높이와 같고 가로 길이는 밑면의 원주와 같다. 이를 이해하기 위하여 원기둥을 직접 잘라보게 한다. 역으로 원기둥을 구성하기 위하여 전개도를 그려보게 한다.

원기둥의 전개도 지도는 다음과 같다.

① 원기둥의 옆면을 모선에 따라 자른다.
② 두 밑면의 원이 옆면의 전개도인 직사각형의 양쪽에 하나씩 접하도록 한다.
③ 원주의 길이와 직사각형의 가로의 길이가 같다.

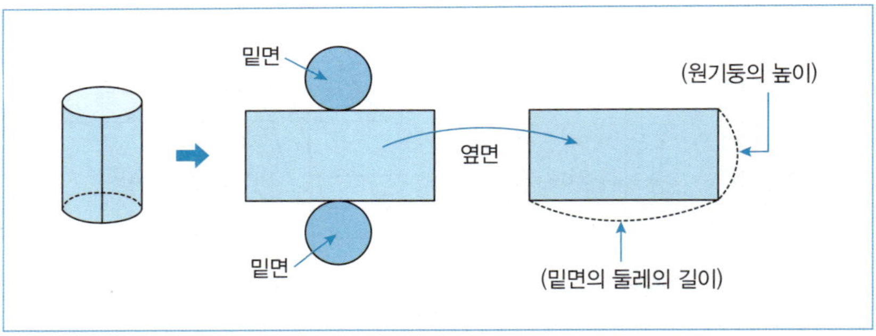

[그림 4.33] 원기둥의 전개도

현행 교과서는 원뿔을 둥근 뿔 모양의 도형으로 정의하고 있다.

3) 원뿔(cone)

평면 위의 원 모양과 이 평면 밖의 정점 P를 잡고, 점 P와 원 모양 위의 점을 직선으로 연결한 도형을 원뿔이라 한다. 이 때 정점 P를 원뿔의 꼭짓점이라 하고 원 모양을 원뿔의 밑면, 원주 위의 점과 를 연결한 선분을 원뿔의 모선이라 한다. 그리고 원뿔의 꼭짓점에서 밑면에 내린 수선의 길이를 높이라고 한다. 원뿔에는 빗원뿔과 직원뿔이 있다. 초등학교에서는 밑면의 중심과 원뿔의 꼭짓점이 밑면에 수직인 직원뿔만을 대상으로 한다.

원의 영역과 곡면으로 둘러싸인 입체를 원뿔임을 알게 하고, 밑면, 꼭짓점, 모선, 옆면 등의 의미를 모형을 통해서 이해시킨다. 모형을 관찰·조작

함으로써 학생은 원뿔에 관한 다음 성질들을 발견한다.

- 원뿔에는 꼭짓점은 1개 있고, 모서리는 없다.
- 옆에서 보면 삼각형의 모양이다.
- 모선은 무수히 많다.
- 원뿔을 옆에서 보면 삼각형이고, 위에서 보면 원의 모양이다.

원뿔의 전개도는 초등학교에서 다루지 않음.

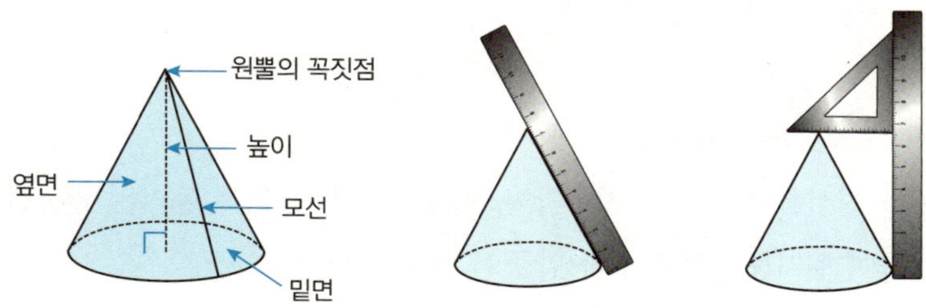

[그림 4.34] 원뿔, 원뿔의 모선과 높이 재기

4) 구(球, sphere)

구는 3차원 공간의 한 정점에서의 거리가 일정한 점의 집합을 의미한다. 이 때 이 정점을 구의 중심, 일정한 거리를 구의 반지름이라 한다. 구는 원과 유사한 성질을 가진다. 예를 들면 원에 중심이 있듯이 구에도 중심이 있고, 원의 중심에서 원주까지의 길이(반지름의 길이)가 모두 같은 것과 같이 구의 중심에서 구의 표면까지의 길이도 모두 같다. 그리고 구는 어느 쪽에서 보더라도 그 모양이 원으로서 모두 합동이다.

현행 교과서는 구를 공 모양의 도형으로 정의하고 있다.

구를 평면으로 자르면 그 단면은 원이 된다. 특히, 구의 중심으로 지나는 평면으로 자르면 그 단면은 가장 큰 원(대원, great circle)이고, 단면이

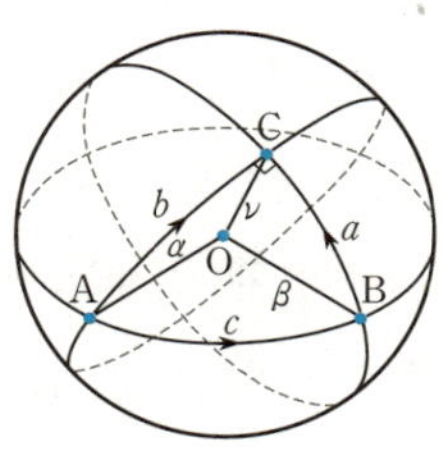

[그림 4.35] 구

구를 중심에서 멀어질수록 만들어지는 원은 점점 작아진다. 이것은 수박이나 박을 이용하여 실험할 수도 있다. 평면에서 두 점 사이의 가장 짧은 거리는 두 점을 연결한 선분이다. 구면 위에서 두 점 사이의 가장 짧은 거리는 구의 중심을 지나는 평면으로 잘라서 얻어지는 대원에서 짧은 쪽의 호가 이에 해당한다. 이를 기하학에서는 측지선(測地線, geodesic)이라고 한다. 간단한 예를 들면 서울에서 뉴욕으로 가는 최단거리는 서울의 한 곳과 뉴욕의 한 곳을 지나는 대원의 짧은 쪽의 호를 따라 이동하면 된다. **[그림 4.35]**에서는 작은 쪽의 호 $\overset{\frown}{AB}$이다.

(가) 교수·학습 방법 및 유의 사항

- 한 직선을 중심으로 직사각형, 직각삼각형, 반원을 돌리는 활동을 통하여 원기둥, 원뿔, 구를 만들어 보게 한다.
- 모형을 이용하여 입체도형의 구성 요소와 성질을 확인하게 한다.
- 도형 영역의 문제 상황에서 문제 해결 전략 비교하기, 주어진 문제에서 필요 없는 정보나 부족한 정보 찾기, 조건을 바꾸어 새로운 문제 만들기, 문제 해결 과정의 타당성 검토하기 등을 통하여 문제 해결 능력을 기르게 한다.

(13) 입체도형의 공간 감각

[6수02-10] 쌓기나무로 만든 입체도형을 보고 사용된 쌓기나무의 개수를 구할 수 있다.
[6수02-11] 쌓기나무로 만든 입체도형의 위, 앞, 옆에서 본 모양을 표현할 수 있고, 이러한 표현을 보고 입체도형의 모양을 추측할 수 있다.

[6수02-10]과 [6수02-11]의 내용은 6-2 1. 쌓기나무 (2009 교육과정)

2학년에서는 쌓기나무로 만든 모양을 보고 똑같이 만들거나 5~6개의 쌓기나무로 여러 가지 입체도형을 만들어 보았다. 6학년에서는 입체도형의 구조를 파악하는 활동으로 쌓기나무로 만든 입체도형을 보고 사용된 쌓기나무의 개수를 구하게 한다. 이 때 입체도형을 평면에 나타낸 모양만을 보고 입체도형의 구조를 완전히 파악할 수 없는 경우도 있기 때문에 사용된 쌓기나무의 개수를 구할 때 학생들에게 구조를 추측하게 하고 의사소통하게 한다. 처음에는 간단한 도형을 다루고 점차 복잡한 도형을 다룬다.

정확이는 비슷한 문제를 풀어 보자며 오른쪽 그림과 같이 문제를 냈습니다. 이번에도 친구들은 서로 다른 답을 내놓았습니다. 탐정이는 14개, 예리는 10개, 모험이는 13개라며 그 이유로 다음과 같이 그렸습니다. 물음에 답하시오.

•이번에도 친구들이 서로 다른 답을 내놓는 이유는 무엇이라고 생각합니까?

•탐정이는 암호 편지에 쓰인 조건만으로는 문제를 풀 수 없다고 말했습니다. 왜 그렇게 말했습니까?

[그림 4.36] 쌓기나무에 대한 교과서의 한 장면

쌓기나무로 만든 모양을 보고 규칙을 찾게 하며, 그 규칙을 이용하여 사용된 쌓기나무의 개수를 구할 수 있게 한다. 입체도형의 구조를 파악하는 다른 방법으로 쌓기나무로 만든 입체도형을 위, 앞, 옆에서 본 모양으로 표현할 수 있게 하고, 위에서 본 모양에 층수로 표현할 수 있다. 역으로 어떤 입체도형을 위, 앞, 옆에서 본 모양으로 표현한 것이나 위에서 본 모양에 층수로 표현한 것에서 그 입체도형의 모양을 알 수 있게 한다. 이는 입체도형을 평면도형으로 표현하는 것과 평면도형으로 표현된 것을 보고 입체도형의 구조를 파악하는 활동이다. 이 때 입체도형을 위, 앞, 옆에서 본 모양만으로 입체도형의 구조를 완전히 파악할 수 없는 경우도 있음을 알게 한다. 이런 경험을 통해 위에서 본 모양에 층수로 표현한 방법이 보다 정확한 방법임을 알게 한다.

쌓기나무로 만든 입체도형 외에도 실생활에서 볼 수 있는 여러 가지 물체, 건축물, 예술품 등의 구조를 위, 앞, 옆에서 본 모양으로 표현하게 할 뿐만 아니라 역으로 위, 앞, 옆에서 본 모양으로부터 이런 대상들의 구조를 추측하게 하고, 이에 대해 서로 의사소통하게 한다.

(가) 교수·학습 방법 및 유의 사항

• 도형 영역의 문제 상황에서 문제 해결 전략 비교하기, 주어진 문제

에서 필요 없는 정보나 부족한 정보 찾기, 조건을 바꾸어 새로운 문제 만들기, 문제 해결 과정의 타당성 검토하기 등을 통하여 문제 해결 능력을 기르게 한다.

(나) 평가 방법 및 유의 사항

- 쌓기나무로 만든 입체도형의 위, 앞, 옆에서 본 모양에 대한 평가를 할 때에는 간단한 모양을 이용한다.

[참고문헌]

강홍재(2018), 교대생을 위한 대학수학 10강, ㈜교우.

김성준외(2013). 초등학교 수학과 교재연구와 지도법, 동명사.

교육부(2017). 수학 1-1, ㈜천재교육.

교육부(2017). 수학 1-2, ㈜천재교육.

교육부(2017). 수학 2-1, ㈜천재교육.

교육부(2017). 수학 2-2, ㈜천재교육.

교육부(2018). 수학 3-1, ㈜천재교육.

교육부(2018). 수학 4-1, ㈜천재교육.

교육부(2014). 수학 3-2, ㈜천재교육.

교육부(2014). 수학 4-2, ㈜천재교육.

교육부(2015). 수학 5-1, ㈜천재교육.

교육부(2015). 수학 5-2, ㈜천재교육.

교육부(2015). 수학 6-1, ㈜천재교육.

교육부(2015). 수학 6-2, ㈜천재교육.

교육부(2015). 수학과 교육과정, 교육부 고시 제2015-74호 [별책 8]

박성택외(1994). ≪수학교육≫, 동명사.

배종수(1999). ≪초등수학교육 내용 지도법, 제7차 교육과정을 중심으로≫, 경문사.

정기준(2010). 기하(幾何)는 geometry의 역어(譯語)가 아니었다. -한중일 삼국(三國)에서의 4백년간의 오해(誤解)- 대한수학회소식 129, 14-16

정상권(2008). 초등학교 수학을 따라가는 수학, 교우사.

최창우(2017). 초등수학 교재연구, 경문사.

한국과학창의재단(2015). 「2015 개정 수학과 교육과정 시안개발연구 II」. 교육부.

渡辺 純成(2005), 滿洲語資料からみた「幾何」の語源について, 數理解析研究所講究錄 1444, 34-42 京都大學.

NCTM(1989). Curriculum and Evaluation Standards for School Mathematics, Reston, VA:Author.

Howard Eves(1976), An Introduction to the History of mathematics, Fourth Edition, Holt, Rinehart and Winston, USA.

Tinne Hoff Kjeldsen(2010), History of Convexity and Mathematical Programming, Proceedings of the International Congress of Mathematicians, Hyderabad, India.

|연|구|문|제|

1. 도형 영역에서 2015 개정 교육과정과 2009 개정 교육과정을 비교하고, 무엇이 변화되었는지를 말하여 보시오.

2. 초등학교 수학의 도형 영역에서 다루는 내용은 어떤 것이 있는지 말하여 보시오.

3. 삼각형 사이의 관계에 대하여 알아보시오.

4. 다음에 제시한 삼각형을 그리시오. 만약 그릴 수 없다면 그 이유를 제시하시오.

   ① 이등변 예각삼각형　② 이등변 직각삼각형　③ 이등변 둔각삼각형
   ④ 부등변 예각삼각형　⑤ 부등변 직각삼각형　⑥ 부등변 둔각삼각형

5. 사각형 사이의 관계에 대하여 알아보시오.

6. 평행사변형을 '한 대각선으로 평행사변형을 두 개의 삼각형으로 분해'할 때, 발견할 수 있는 성질에 대하여 알아보시오.

7. 전개도를 사용하여 입체도형을 구성할 때 지도상의 유의점에 대하여 논하시오.

8. 각뿔에서도 Euler의 정리가 성립함을 보이시오.

9. 그리스 사람들은 수 $\alpha = \frac{1+\sqrt{5}}{2}$ 를 황금비(golden ratio)라고 불렀고, 두 변이 이 비를 이루는 직사각형을 황금직사각형(golden rectangle)이라고 불렀다. 황금직사각형이 직각자와 컴퍼스를 가지고 다음과 같이 작도될 수 있음을 확인하시오.

(1) 정사각형 ABCD를 작도하라.

(2) 변 AD의 중점 M을 작도하라.

(3) $\overline{MC} = \overline{ME}$인 점 E를 작도하라.

(4) 점 E로부터 $\overline{BC}$의 연장선 위에 내린 수선의 발 를 작도하라.

(5) 직사각형 ABFE는 황금직사각형이다.

이 때, 직사각형 DCFE도 황금직사각형임을 증명하시오.

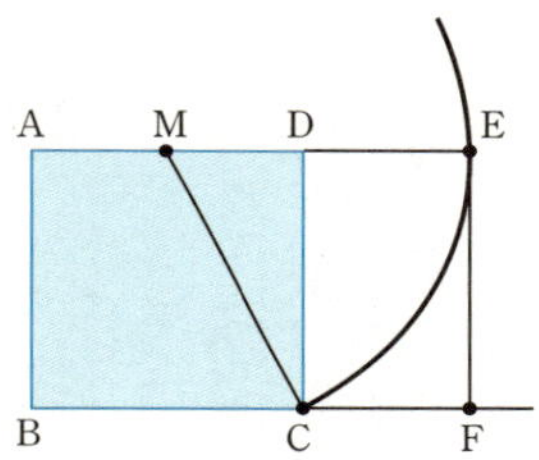

10. van Hiele의 기하 사고 수준 이론에 근거하여 현행 초등학교 도형 영역의 특징에 대하여 논하시오.

11. '합동인 각'과 '같은 각'은 동일한 의미인지 아닌지에 대하여 논하시오.

12. 한붓그리기의 원리에 대하여 알아보고 구체적 예를 들어 설명하시오.

13. 측지선(測地線, geodesic)이라는 용어에 대하여 알아보고, 서울의 한 곳에서 뉴욕의 한 곳으로 가는 최단 거리를 예로 하여 설명해 보시오.

Chapter

05

측정

초등학교 수학 교육과정에서 측정은 학생들의 일상생활에서 가장 직접적으로 사용되는 영역이다. 이와 같이 측정은 학생들이 일상생활에서 수학의 유용성을 이해하는데 상당한 도움이 될 뿐만 아니라 교육과정의 다른 분야에서도 유용하게 활용할 수 있다. 측정이 수학과 교육과정의 없어서는 안 될 또 다른 이유는 다른 영역의 토픽으로는 하기 어려운 일부 학생들까지 포함하여 많은 유형의 학생들을 수업에 참여시킬 수 있기 때문이다. 대체적으로 측정 영역의 학습은 다양한 어림과 측정활동으로 이루어지는데 학생들이 의미 있는 활동을 통해 측정을 하는 경험을 가지고 양감을 발달시키는데 초점이 주어져야 한다. 이번 2015 개정 교육과정에서도 이런 관점에 따라 측정 활동을 바탕으로 측정의 기본 개념을 이해하게 할 뿐만 아니라 수학의 실용성을 인식하게 하고, 수학 학습에 흥미와 자신감을 가지도록 하고 있다.

이 장의 탐구문제

1. 다음 물건에서 측정해야 할 항목과 어떻게 그것을 측정할 수 있는가를 설명해 보시오.

   ① 학생들의 의자 ② 휴지통
   ③ 칠판 ④ 어항

2. 여러분 각자가 일주일 동안 얼마나 많이 측정을 활용했는지 기록해 보시오. 그리고 여러분이 측정을 하기위해 사용한 방법, 이를테면 어림을 했는지, 측정도구를 사용했는지 또는 측정값을 계산했는지에 따라 분류해 보시오.

☞ 위의 탐구문제를 해결해 보고, 생활 속에서 문제의 예시와 같이 측정의 개념이 이용되는 여러 가지 사례를 들어 토론해 보시오.

이 장에서 다루는 주요 개념: 측정, 양, 여러 가지 단위, 어림하기

1 이론적 배경

(1) 양의 개념과 분류

양의 개념을 파악하는 것은 측정의 의미를 이해하는데 있어 중요한 요인이다. 초등학교 수학에서의 양은 사물을 크기라는 관점에서 관찰할 때 관측자로 하여금 대소의 차이를 느끼게 하는 추상 개념을 말한다. 아동이 일상생활에서 자주 직면하는, 이를테면 크고 작음, 많고 적음, 무겁고 가벼움, 길고 짧음, 높고 낮음 등으로 표현될 수 있는 것이 주 대상이다. 예를 들어, 연필이 가지고 있는 양은 길이, 무게, 부피, 겉넓이, 부피 등으로서 적당한 단위의 설정으로 그 크기를 수 값으로 나타낼 수 있는 것이다.

따라서 아동이 양의 개념을 이해하기 위해서는 사물을 크기라는 관점에서 관찰하고 비교하는 다양한 조작 활동이 필요하고, 이러한 면에서 양의 학습은 측정의 방법을 탐구하는 활동과 연결된다.

일반적으로 양은 분리량(이산량)과 연속량으로 분류된다. 분리량이란 더 이상 분할할 수 없는 양으로, 이를테면 사람의 수, 사과의 개수와 같이 독립된 개체의 수를 나타내는 양을 뜻한다. 분리량을 수치화하는 과정을 '센다'라고 하고, 그 수치는 정수가 대응되며 단위가 자연적으로 생성된다.

이에 반하여 연속량은 길이, 넓이, 부피, 무게, 시간, 각도 등과 같이 얼마든지 분할이 가능한 양이다. 연속량을 수치화하는 과정은 '측정한다.'라고 하고, 이때는 실수가 대응된다. 또, 연속량은 길이, 넓이, 부피, 시간, 무게, 들이와 같이 가법적인 양과 속력, 밀도, 농도와 같이 비가법적인 양으로 분류될 수 있다. 전자는 사물의 외형적 크기를 나타내는 양으로 외연량(外延量)이라 하고, 후자는 사물의 속성의 크기를 나타내는 양으로 내포량(內包量)이라 한다. 이를테면, 10 m인 끈과 5 m인 끈을 연결하면 그 길이는 15 m가 되므로 길이는 가법적인 양으로 외연량이다. 그러나 농도가 10%인 소금물과 5%인 소금물을 합치더라도 그 농도는 15%가 되지 않으므로 농도는 가법적인 양이 아니므로 내포량이다. 내포량은 (속력)=(거리)÷(시간), (인구밀도)=(인구)÷(땅의 넓이)와 같이 두 외연량의 몫으로 표현되는 경우가 많다.

[그림 5.1] 양의 분류

내포량은 다시 도(度)와 율(率)로 분류되는데 도는 속력과 같이 분자와 분모에 오는 외연량이 다른 종류의 양이고, 율은 농도와 같이 분모, 분자에 오는 외연량이 같은 종류의 양이다.

(2) 양의 기본 성질

양은 여러 가지 성질이 있으나 여기서는 초등학교에서 주로 다루는 외연량의 기본 성질인 비교성, 연속성, 가법성에 대해 생각해보기로 한다.

1) 양의 비교성

같은 종류의 양끼리는 대소 상등의 관계를 비교할 수 있다는 것이 양의 비교성이다. 같은 종류의 두 양에 대한 대소, 상등의 관계를 비교하기 위해서는 길이, 넓이, 각의 크기 등이 속해 있는 사물을 포개어 보아 합동관계에 있는지 없는지를 알아보는 것이 중요하다.

직접비교, 간접비교

[2수03-01]구체물의 길이, 들이, 무게, 넓이를 비교하여 각각 '길다, 짧다', '많다, 적다', '무겁다, 가볍다', '넓다, 좁다' 등을 구별하여 말할 수 있다.

비교하는 방법에는 두 가지가 있다. 하나는 그 양이 속해있는 사물을 이동하여 포개 보는 직접 비교 방법이고, 다른 하나는 매개물을 이용하는 간접 비교 방법이다.

직접 비교하는 경우에는 한 양을 이동하여 다른 양에 포개어보는 작업이이루어 지는데 이와 같이 양을 이동하거나 분할하거나 변형하거나 할 때 양의 크기가 변하지 않는다는 사실이 전제되어야 하며 이와 같은 성질을 양의 보존성이라고 한다. 간접 비교하는 경우에는 양의 독립성, 즉 양은 그것이 소속된 물체와는 독립된 개념이므로 다른 물체로 대치 가능하다는 것이 전제된다.

양의 대소·상등 관계에 대한 성질은 다음과 같다.

① 같은 종류의 두 양 a, b에 대하여 아래 세 관계 중 어느 하나만 성립한다.

$$a > b, \quad a = b, \quad a < b$$

② 같은 종류의 양 a, b, c에 대하여 $a = b$, $b = c$이면 $a = c$이고, $a > b$, $b > c$이면 $a > c$이다.

③ 같은 종류의 양에 대해서 $a = a'$, $b = b'$, $a > b$이면 $a' > b'$이다.

위의 ①과 ②에 의하여 같은 종류의 양은 대소로 순서를 결정할 수 있다. 한편 ③은 양의 독립성을 말하는 것으로, 이를테면 어떤 물체의 길이라도 그 물체의 속성에는 관계없이 길이라는 양 자체에 대한 대소를 생각할 수 있다는 것이다.

2) 양의 연속성

분리량의 측정에서는 측정치가 양의 정수에 대응되나 길이, 넓이, 부피와 같은 연속량의 측정에서는 측정치가 양의 실수에 대응된다.

실수의 집합에서는 연속성이 있으므로 양의 성질에서도 연속성을 지니게 되는데 이와 같은 성질을 양의 연속성이라 하고 아래와 같은 성질을 갖는다.

① 같은 종류의 두 양 a, b에 대해서 $a < b$일 때, $a < c < b$인 양 c가 존재한다(양의 조밀성).

② 양 a와 자연수 n에 대하여 $b \times n = a$가되는 양 b가 존재한다(양의 등분성). 이때 b를 a의 n등분이라 한다.

③ 같은 종류의 두 양 a, b에 대하여 $a > b$일 때 $a \leqq n \times b$가 되는 자연수 n이 존재한다(아르키메데스의 원리).

이는 같은 종류의 양에 대해서는 최대의 양도 최소의 양도 없고, 보다 작은 양에 의해서 측정이 가능하다는 것을 의미한다.

3) 양의 가법성

양의 가법성은 양의 합을 생각할 수 있다는 성질로써, 같은 종류의 두 양을 합쳐서 하나의 양으로 볼 수 있다는 것이다. 이를테면 소금물을 만들지 않더라도 소금과 물 무게를 따로 측정하여 소금물의 무게를 구할 수 있다.

일반적으로 두 물체 A, B에 딸려있는 어떤 양을 각각 $m(A)$, $m(B)$라고 할 때 A, B를 합병한 $A \cap B$(단, $A \cap B = \phi$)의 양 $m(A \cup B)$사이에

$$m(A) + m(B) = m(A \cup B)$$

인 관계가 성립한다는 것으로, 두 물체를 합병하면 그 물체에 딸려 있는 양도 합으로 직결된다는 것이다. 이와 같은 양 $m(A)$, $m(B)$를 가법적인

양이라고 한다.

연속량 가운데도 농도, 밀도, 속력 등의 내포량에 대해서는 단순한 합을 생각할 수 없다. 초등학교 수학에서 가법적인 양 즉, 외연량의 대표적인 예로는 길이, 넓이, 들이, 무게 시간, 각도 등이 있다.

양의 가법에 관한 성질은 다음과 같다.

① 같은 종류의 양에 대해서 $a = a'$, $b = b'$ 이면 $a + b = a' + b'$이다. 즉, 같은 종류의 양은 물체에 관계없이 합할 수 있다는 의미이다.

② 같은 종류의 세 양 a, b, c에 대하여

- $a + b = b + a$ (교환법칙)
- $(a + b) + c = a + (b + c)$ (결합법칙)

즉, 물체를 합병해서 얻어지는 양의 크기는 물체를 합하는 순서에 무관하다는 것을 나타내고 있다. 이는 양의 크기에 대한 보존성에 기인한다.

③ 같은 종류의 양 a, b, c에 대하여

- $a + b > a$
- $a > b$이면 $a = b + c$가 되는 양 c가 존재한다.

이것은 양의 대소 관계와 합과 차의 관계를 나타내는 것이다. 여기서 c를 $a-b$로 나타내고, a와 b의 차라고 한다. 여기서 $a = b$이면 $a-b$는 양이 아니지만 이것을 양이라고 보고 0으로 나타낸다면 양의 합, 차는 수의 합, 차와 같은 성질을 가진다.

(3) 측정과 그 지도

수는 양으로부터 추상된 개념이라는 측면에서 양의 측정이 수·연산에서 어떤 의미를 갖는지를 이해하는 것은 아동에게 매우 중요하다. 왜냐하면 그의 측정 활동이 수치화됨으로서 그의 적절한 수 감각과 양감이 증진되기 때문이다. 이러한 측면에서 측정은 구체물과 수학을 연결하는 촉매제로 역할하게 된다.

양의 측정이란 주어진 양의 크기가 기준이 되는 양의 '몇 배에 해당하는가?'를 수치화하는 과정이다. 이 때 기준 되는 양의 크기를 단위(單位)라

하고, 주어진 양이 단위의 몇 배가 되는지를 나타내주는 수를 그 단위에 의한 측도(measure)라 한다. 측정값은 측도를 단위와 함께 나타낸 값이다. 실제로 아동은 자신의 측정 활동이 수학에서 어떻게 표현되는가를 이해함으로써 수학의 위력을 체득하고 신뢰할 수 있다.

일반적으로 측정의 지도는 다음 순서를 따르는 것이 보통이다.

1) 양에 대한 인식

측정은 측정하려는 것이 무엇인가를 인식하는 것으로부터 시작된다. 측정되는 것을 감각으로 느끼고 지각함이 없이 아동에게 측정 도구의 눈금을 설명한다는 것은, 눈금 읽기를 훈련시키는 것에 불과하다. 이를테면 길이를 측정하기 위해서는 길이가 무엇인지를 먼저 알아야한다. 아동이 길이를 비교하거나 측정을 하기 전에 '길다, 짧다', '높다, 낮다', '깊다, 얕다'와 같은 말이 어떤 상황에서 쓰이지는 아는 것이 필요하다. 다시 말하면 길이라는 양이 어떤 매체에 의해 어떤 장면에서 나타나는가를 알아야 하는 것이다. 아동의 주변 세계에 대한 지각 경험은 체계적인 방법으로 하게 되는 것이 아니므로, 교사는 아동들에게 측정되는 대상의 여러 성질들을 경험할 수 있게 해줘야 한다. 이런 활동이 측정을 학습하는 근본적인 출발점이 된다.

그러나 임의 단위로 측정하면 비교 대상을 이동하지 않고 견주어 볼 수는 있으나, 임의 단위의 크기가 일정하지 않으므로 시공간적으로 의사소통에 많은 문제가 발생한다. 이를테면 임의 단위의 매개물이 사라지면 측정 수치가 무의미해 진다. 이러한 임의 단위의 불편성은 표준 단위의 필요성을 의식토록 한다.

결국, 표준 단위의 도입에 앞서 임의 단위의 측정 경험은 표준 단위의 도입을 수월하게 할 수 있다. 이러한 면에서 측정 학습의 본질은 측정 기능의 훈련보다는 '왜, 어떻게' 측정해야 하는가의 인식이 매우 중요하게 된다.

2) 양의 측정

① 직접 측정

직접 측정이란 측정 도구나 계기를 이용하여 측정하는 방법이다. 직접 측정에는 단위로 분할하는 측정과 계기의 눈금을 이용하여 측정하는 방법이 있다.

ⓐ 단위로 분할하는 측정

양을 적절한 크기로 분할하여 분리량화해서 측정하는 방법으로, 어떤 거리를 뼘으로 재어서 '몇 뼘'으로 말하거나 곡식을 홉, 되, 말 등의 일정한 그릇에 담아 정량화해서 측정하는 방법이다.

단위로 분할하는 측정은 가장 기본적인 측정 방법이다. 이 방법은 자연수를 바탕으로 연속량의 측정 학습과 더불어 근삿값 개념도 이해할 수 있다. 또, 양을 일정한 단위로 분할하여 측정하면 측정값의 의미가 보다 분명해지고 나아가 표준 단위를 자연스럽게 도입할 수 있다.

ⓑ 눈금을 이용한 측정

눈금을 이용한 측정은 양을 계기판의 수치나 눈금에 대치시키는 측정 방법이다. 이를테면, 자, 매스실린더, 저울, 시계, 각도기 등은 양을 선분화하여 계기의 눈금에 대치하는 기구이다. 이 때 구체물의 양은 계기의 눈금에 의하여 시각화된다.

계기를 이용한 측정 지도에서는 계기 조작의 숙달에 앞서 계기의 구조와 기능에 대한 사전 지식이 필요하다. 아동은 계기의 모양과 특징, 용도, 기점인 0의 위치와 그 의미를 이해하여야 하고, 이를 바탕으로 눈금의 의미를 이해하고 계기를 유효하게 조작하게 된다. 따라서 계기의 성질은 아동이 직접 조작하지 않으면 적절한 양감은 형성될 수 없다.

양을 측정하기 위해서는 먼저 계기를 물체에 접근시켜야 하고, 또 눈금을 정확하게 읽어야 한다. 따라서 직접 측정의 경우에는 계기를 취급하는 손가락 조작과 시각적 관찰력도 중요하다. 그러나 계기의 조작과 시각적 관찰이 정확하더라도 기준 단위에 대한 양감이 적절하지 않으면 그 측정값은 무의미한 수치로 인식되기 쉽다.

② 간접 측정

계기만으로 측정할 수 없는 양이 우리의 주변에는 많이 있다. 전선의 길이나 배의 무게, 원의 넓이, 각기둥의 부피, 산의 높이 등은 계기만으로는 측정할 수 없다. 이 경우에 측정 가능한 일부의 양과 수학의 원리를 결합하여 계산하게 된다. 이와 같이 직접 측정의 결과 값과 수학을 이용하여 측정하는 것을 간접 측정이라 한다.

다음은 간접 측정의 예이다.

ⓐ 전선 일부의 무게를 재어 전선의 전체 길이를 구하는 일

ⓑ 부채꼴의 넓이를 반지름과 중심각을 측정하여 구하는 일

ⓒ 닮음비를 이용하여 나무의 높이를 구하는 일

ⓓ 전개도를 이용하여 원기둥의 겉넓이를 구하는 일

이와 같이 우리 주변에는 직접 측정이 불가능한 경우가 적지 않으므로 고학년의 측정 학습의 본질은 간접 측정 방법을 개발하는 것이 되어야 한다. 이러한 면에서 간접 측정의 효율성이 이해되는 적절한 장면을 구안 제공하는 것이 바람직하다. 또, 저학년에는 측정 결과보다 과정을 중시하고, 보다 편리한 방법을 찾아보려는 태도 양성에 초점을 맞추어야 한다.

3) 단위의 도입

양을 임의 단위로 측정하면 임의 단위에 따라 그 측정값은 서로 다르게 나타난다. 따라서 임의 단위에 의한 측정은 의사소통에 여러 문제점을 유발하여 사회적으로 일반화될 수 없다. 이에 따라 사회적으로 통용될 수 있는 표준 단위가 필요하게 된다. 이를테면, 일상생활에서 자주 사용되는 '5 m의 길이', '8 kg의 무게', '10 L짜리 병' 등의 표준 단위 표현은 사회적으로 원활한 의사소통을 가능하게 한다.

그러나 표준 단위를 사용하더라도 아동이 단위에 대한 양감이 적절하게 형성되어 있지 않으면 유효한 측정을 전개할 수 없다. 따라서 계기에 의한 측정 지도에 앞서 표준 단위에 대한 양감을 적절하게 이해하여야 한다. 즉 표준 단위에 대한 적절한 양감은 계기를 효율적으로 사용하기 위한 필요한 조건이 된다.

표준 단위를 지도하기 위해서는 표준 단위에 대한 다음과 같은 관점이 필요하게 된다.

ⓐ **단위는 누구나 쉽게 이해하고 사용할 수 있도록 적절한 이론적 배경을 가져야 한다.**

실제로 아무리 좋은 이론적 배경의 단위라도 사용하기에 불편하다면 단위로서의 가치는 적다. 따라서 모든 사람들이 사용하기 위해서는 단위의 명칭과 크기, 기호가 쉽게 이해되는 적절한 이론적 배경이 필요하게 된다. 우리의 전통 단위는 조상들이 사용해 온 역사성이 있

기 때문에 현재의 우리 생활에 사용되는 경우도 있다. 그러나 이러한 전통 단위는 국제적 호소력이 적은 것이 결점이다. 따라서 개방화 시대에 비추어 단위는 국제단위계(SI)와 같이 이론적 바탕과 역사적 배경이 있는 것이 바람직하다.

Ⓑ **독립된 단위계는 가능한 한 적고, 기본 단위를 간단하게 연결하여 다른 양의 단위계로 확장될 수 있어야 한다.**

독립단위계는 기본 단위를 정하고 그것에서 몇개의 유도 단위를 만듦으로써 생겨난 동족(同族)의 단위계열을 말한다. 예를들면 미터법의 MKS단위계, CGS단위계, 야아드, 파운드법, 척관법(尺貫法) 등이다.

연속량은 무수히 많다. 그러나 양마다 독립된 단위계를 설정한다면 이를 기억하고 사용하기에는 매우 불편할 것이다. 따라서 독립된 단위계를 줄이기 위하여 기본 단위와 관련시켜 다른 양의 단위계를 구성할 수 있는 것이 바람직하다. 이를테면, 길이 단위로서 선분을 사용하고 넓이는 정사각형을, 부피는 정육면체를 이용하면 넓이와 부피는 길이 단위로서 구성할 수 있다. 또, 속력의 단위를 따로 정하기보다는 거리와 시간의 단위를 결합하여 사용할 수 있다.

Ⓒ **단위량은 측정 대상보다 작아서 취급이 간편하여야 한다.**

만약, 단위량이 측정 대상보다 너무 큰 경우에는 그 측정값은 0과 1 사이의 소수로 나타나게 되어 계기 눈금을 읽거나 측정하기가 쉽지 않다. 또, 단위량이 대상보다 너무 작은 경우에는 그 측정값은 너무 큰 수로 나타나게 된다. 따라서 이러한 불편성을 예방하기 위하여 측정 대상의 종류에 따라 적절한 크기의 단위를 설정하는 것이 바람직하다. 실제로 이러한 난점을 극복하기 위하여 극단적인 양에 대해서는 보조 단위를 도입하여 사용한다.

4) 측정값의 이해

계기를 사용하여 구체물을 측정하는 실질적인 활동을 통하여 아동은 양이 물체의 여러 속성들이 사상된 객관적인 개념으로 파악하게 된다. 이에 따라 아동은 양의 직접 비교에서 점진적으로 계기를 조작하고 또한 수와 연산의 조작으로 대치할 수 있게 된다. 그런데 연속량을 측정하면 측정값이 정수로 떨어지는 경우는 극히 드물고, 대부분 단위 미만의 나머지 부분이 나타나게 된다. 이와 같이 측정값이 정수로 떨어지지 않을 경우에는 측정값의 용도를 고려하여 적절히 끝수 처리를 하여야 한다. 끝수 처리의 방법에는 반올림, 올림, 버림의 3가지 경우가 있다.

실제로 어떤 사물의 길이를 뼘, 보폭, 막대, 연필 등의 구체물로 측정하면 대부분 '약간 길다(짧다)', '조금 더(덜) 된다', '약 4뼘' 등의 용어를 사용하게 된다. 이를테면, 어떤 양 A를 단위 E인 계기로 측정한 측도 A/E가 12.5이면, 그 측도는 12.45≤A/E<12.55의 범위의 수로서 인식되는 것이 보통이다. 따라서 아무리 정밀한 계기라도 일반적으로 계기에 의한 측정값은 대부분 근삿값이다.

실제로 자기의 체중을 정확히 아는 사람은 없고, 그가 아는 수치는 대부분 근삿값이며 참값이 아니다. 그런데 아동은 대부분 이러한 측정 과정을 망각하고, 계기의 수치만을 참값으로 믿기 쉽다. 따라서 계기에 의한 실제적인 측정을 통하여 자연스럽게 '약', '보다 크다', '보다 작다' 등을 사용하게 한다.

결국, 여러 가지 양을 비교하는 과제를 제시하고 자연스럽게 간접비교를 유도하고, 이를 확인하기 위하여 표준단위에 의한 측정활동을 전개함으로써 양의 개념 이해와 더불어 계측 기능까지 육성할 수 있게 된다.

국제단위계는 현재 세계 대부분의 국가에서 사용하고 있는 단위계이며, 이 단위계의 명칭 '국제단위계'와 국제적 약칭 'SI'는 1960년 11차 국제도량형총회(CGPM)에서 결정되었다. 우리나라에서는 1964년 1월 1일 계량법에 의거 이 단위계만 사용하도록 하였다. 국제단위계는 크게 기본 단위, 보조 단위, 유도 단위로 구분된다.

국제단위계(SI: Le Systeme International d'Unites(佛) = The International System of Units)

① 기본 단위

양을 측정하는 데 사용되는 기본 단위로는 길이(m), 질량(kg), 시간(s), 전류(A), 열역학적 온도(K), 물질량(mol), 광도(cd)의 7개가 있다. 다른 양들은 대부분 이들 기본단위를 결합함으로써 표현될 수 있다. 측정 영역에서 지도하는 기본 단위로서 1미터(m), 1킬로그램(kg), 1초(s)에 대하여 그 이론적 배경을 알아본다.

ⓐ **길이의 기본 단위는 1 m(meter):** 1875년 국제미터조약회의에서 지구 자오선 길이의 4천만 분의 1의 길이를 기본 단위 1 m로 규정하였다. 그러나 과학 기술의 발전에 따라 보다 정밀한 단위 기준이 필요하게 되어 길이 단위 1 m를 진공 상태에서 1/299792458초 동안에 빛이 진행한 경로의 길이로 다시 수정하였다(1983년 17차 CGPM).

ⓑ **질량(무게)의 기본 단위는 1kg(kilogram):** 1 kg의 무게는 1기압 하에

서 최대 밀도(3.98℃)인 순수한 물 1 L의 질량으로 결정하고, 이에 해당하는 국제 킬로그램 원기(1 kg)를 만들어 질량의 기준으로 삼기로 하였다(1901년 3차 CGPM).

ⓒ **시간의 기본 단위는 1초(second):** 1초는 평균 태양일의 86400분의 1을 진자가 1회 흔들리는 데 요하는 시간으로 결정하였으나 다시 Cesium 133(^{133}Cs)원자가 바닥상태에 있는 두 초미세 준위간의 전이에 대응하는 복사선의 9192631770 주기의 지속 시간으로 개정하였다(1967년 13차 CGPM).

② 보조 단위

기본 단위만으로는 너무 크거나 작은 양에 대해서는 효율적으로 사용할 수 없다. 왜냐하면, 이와 같은 극단적인 양에 대하여 기본 단위에 의한 측정값은 너무 작거나 크고, 따라서 눈금읽기가 쉽지 않다. 이러한 특수한 양에 대비하여 보조 단위를 도입한다. 보조 단위는 보통 기본 단위에 접두사를 첨가하여 사용한다. 미터법에 따른 보조 단위의 구조는 **[표 5-1]**과 같다.

[표 5-1] 보조단위

배율	접두사	기호	길이	무게		들이	넓이
10^{12}	tera	T					
10^{9}	giga	G					
10^{6}	mega	M	Mm	Mg	Mt	ML	Ma
10^{3}	kilo	k	km	kg	kt	kL	
10^{2}	hecto	h	hm	hg			ha
10	deca	da			t		
1			m	g		L	a
10^{-1}	deci	d	dm	dg		dL	
10^{-2}	centi	c	cm	cg			
10^{-3}	mili	m	mm	mg		mL	
10^{-6}	micro	μ	μm	μg		μL	
10^{-9}	nano	n					
10^{-12}	pico	p					

③ 유도 단위

유도 단위란 기본 단위와 보조 단위를 결합하여 만든 단위로 넓이, 부피, 속력, 밀도, 농도 등은 모두 유도 단위를 사용하여 표현된다. 이를테면, 넓이는 (길이)×(길이)로 나타낼 수 있으므로 넓이 단위는 길이 단위에 따라 cm^2, m^2, km^2로 나타낼 수 있다.

보편 단위가 도입되기 전 우리 조상들은 여러 가지 전통 단위를 만들어 생활에 사용하여 왔다. 이를테면 전통 단위로는, 길이 단위로서 '자(尺)와 리(里)', 넓이 단위로서 '평(坪), 마지기, 정보', 무게 단위로서 '돈, 근, 관', 부피 단위로서 '홉, 되, 말, 섬' 등이 있다. 실제로 미국에서는 '인치(inch), 피트(feet)' 외에도 '배럴(barrel), 갤런(gallon)' 등이 사용되고 국제 무역에서도 사용되고 있다. 전통 단위는 지역적인 민족 문화의 특수성을 반영하고 있어서 각국에서도 관습적으로 사용되고 있다. 공식적으로는 SI단위를 사용하는 것이 원칙이지만 일상생활에서 거리, 무게, 들이, 넓이, 부피를 나타내는 전통 단위를 외면하기는 쉽지 않다. 따라서 전통 단위는 아동으로 하여금 조상 문화를 이해하고 일상생활의 문제 해결과 함께 부모와의 실질적인 대화를 가능하게 한다. 따라서 전통단위 지도는 실제적인 측정 활동을 통하여 양감각을 형성하는 것에 의의를 두는 것이 바람직하다. 이러한 관점에서 사회에서 자주 사용되는 전통 단위를 개략적으로 소개한다.

- 길이 단위: 1자약=30.3 cm, 1인치(inch)약=2.54 cm, 1피트(feet)=12인치, 1마일(mile)=1609.3 m
- 무게 단위: 1돈중=3.75 g, 1근=600 g, 1관1000돈=3.75 kg
- 부피 단위: 1말=10되, 1되=10홉, 1리터(L)=5.54홉, 1홉=180 cm^3
- 넓이 단위: 1평=6자×6자, 1정보=3000평, 1단보=300평

2 지도의 실제

생활 주변에는 시간, 길이, 들이, 무게, 각도 등 다양한 속성이 존재한다. 측정은 여러 가지 속성의 양을 비교하고, 단위를 이용하여 재거나 어림해봄으로써 양을 수치화하는 것이다. 측정 과정에서 경험하는 양의 비교, 측정, 어림은 수학 학습을 통해 길러야 할 중요한 기능이고, 이는 실생활

이나 타 교과의 학습에서 유용하게 활용된다. 또한 측정을 통해 길러지는 양감은 수학적 소양을 기르는 데 도움이 된다.

초등학교 수학에서 취급되는 양은 주로 외연량으로서 길이, 시간, 넓이, 부피, 들이, 무게, 각도 등이 있다. 이에 관한 학습을 통하여 아동은 양의 일반적인 개념을 이해하고, 계기를 사용하여 측정함으로써 양에 대한 기본 지식과 측정 기능을 습득한다. 양의 도입은 아동들이 실생활에서 많이 접할 수 있고 모든 양의 기본이 되는 길이에서 출발한다. 측정 영역과 관련하여 2015 개정 수학과교육과정에서는 [표 5-2]와 같은 내용을 제시하고 있다(교육부, 2015).

[표 5-2]

영역	핵심 개념	일반화된 지식	학년(군)별 내용 요소			기능
			1~2학년	3~4학년	5~6학년	
측정	양의측정	생활 주변에는 시간, 길이, 들이, 무게, 각도, 넓이, 부피 등 다양한 속성이 존재하며, 측정은 속성에 따른 단위를 이용하여 양을 수치화하는 것이다.	•양의비교 •시각과 시간 •길이(cm, m)	•시간, 길이 (mm, km), 들이, 무게, 각도	• 원주율 •평면도형의 둘레, 넓이 •입체도형의 겉넓이, 부피	비교하기 구별하기 (시각)읽기 표현하기 이해하기 계산하기 측정하기 어림하기 그리기 추론하기 설명하기 활용하기 문제 해결하기
	어림하기	어림을 통해 양을 단순화하여 표현한다.			•수의 범위 •어림하기 (올림, 버림, 반올림)	

(1) 양의비교

[2수03-01] 구체물의 길이, 들이, 무게, 넓이를 비교하여 각각 '길다, 짧다', '많다, 적다', '무겁다, 가볍다', '넓다, 좁다' 등을 구별하여 말할 수 있다.

1) 직접 비교

어떤 양의 속성을 인식하게 되면 자연스럽게 그 양을 다른 양과 비교하게 된다. 직관적으로 쉽게 비교할 수 있는 경우도 있지만 그렇지 않은 경우 직접 이동하여 서로 맞대어 보거나 겹쳐본다. 대상을 직접 이동하여 겹치거나 견주어 봄으로써 양의 대소를 비교하는 방법을 직접 비교라 한다.

직접 비교를 하는 과정을 통해서 아동은 양의 보존성을 체득하게 된다. 그러나 대상을 이동하는 과정에서 아동은 물체의 크기나 위치에 따라 시공간적 불편성에 직면한다. 이러한 직접 비교의 불편성의 경험은 그로 하여금 대상을 이동하는 대신 매개물을 이용하는 간접 비교의 방법을 모색토록 한다.

2) 간접 비교

비교하는 양을 이동할 수 없을 경우에는 다른 구체물을 이용하여 비교하여야 한다. 이 때 사용하는 구체물을 임의 단위라 하는데, 아동이 사용하는 임의 단위로는 양에 따라 뼘, 보폭, 막대기, 책, 바둑돌, 구슬, 성냥개비 등이 있다. 아동은 대상을 이동하는 대신에 이들 임의 단위를 이용하여 비교하게 된다.

적절한 임의 단위를 사용하여 측정하는 과정에서 아동은 양의 독립성을 체득할 수 있다. 그러나 임의 단위로 측정하면 비교 대상을 이동하지 않고 견주어 볼 수는 있으나, 임의 단위의 크기가 일정하지 않으므로 시공간적으로 의사소통에 많은 문제가 발생한다. 이를테면 임의 단위의 매개물이 사라지면 측정 수치가 무의미해 진다. 이러한 임의 단위의 불편성은 표준 단위의 필요성을 의식토록 한다.

결국, 표준 단위의 도입에 앞서 임의 단위의 측정 경험은 표준 단위의 도입을 수월하게 할 수 있다. 이러한 면에서 측정 학습의 본질은 측정 기능의 훈련보다는 '왜, 어떻게' 측정해야 하는가의 인식이 매우 중요하게 된다.

(가) 교수·학습 방법 및 유의 사항

- 양의 비교는 직관적인 비교, 직접 비교, 간접 비교 등을 상황에 따라 알맞게 다룬다.
- 측정 영역의 문제 상황에 적합한 문제 해결 전략을 지도하여 문제 해결 능력을 기르게 한다.

(2) 시각과 시간의 지도

[2수03-02] 시계를 보고 시각을 '몇 시 몇 분'까지 읽을 수 있다.
[2수03-03] 1시간은 60분임을 알고, 시간을 '시간', '분'으로 표현할 수 있다.
[2수03-04] 1분, 1시간, 1일, 1주일, 1개월, 1년 사이의 관계를 이해한다.
[4수03-01] 1분은 60초임을 알고, 초 단위까지 시각을 읽을 수 있다.
[4수03-02] 초 단위까지의 시간의 덧셈과 뺄셈을 할 수 있다.

시각은 시계의 침이 가리키는 때의 위치를 나타내는 말이고, 시간은 두 시각 사이의 양을 나타내는 말이므로 시각과 시간은 시각적인 양이 아니다. 따라서 시각과 시간의 개념을 도입하기 위하여 주변의 사상을 구체적인 활동을 통하여 비교하게 된다.

1) 시간의 비교

시간은 비교에 앞서서 시간을 어떻게 추출할 것인가를 생각하지 않으면 안 된다. 시간의 비교는 등속으로 흘러나오는 물의 축적량 등으로 대치해서 어느 쪽이 더 오랫동안 받은 물인가를 알아보는 일이 된다. 이와 같은 비교를 통해서 시간을 등속운동량(부피, 길이)으로 나타낼 수 있을 때의 경과 정도로 알게 하는 것이 필요하다.

2) 시간의 단위

참고할 만한 사이트 초등아이스크림(www.tsherpa.co.kr)

시간의 단위는 일상생활에서의 시계에 의한 시각 읽기를 통해서 시각의 차이로부터, 시, 분 등의 단위와 이들 사이의 관계가 도입된다. 이 때 시각과 시간의 구별에 유의해야 한다. 즉, 일과표 등과 관련지어 시각은 시계의 침이 가리키는 때의 위치이고, 시간은 침의 회전량으로 나타나는 시각 사이의 차이 또는 때의 흐름의 양임을 명백히 해야 한다. 이 구별이 명확하지 않으면 아동들이 혼동하기 쉽다.

1초 단위의 시간은 스톱워치(stop watch)의 초읽기나 시계추의 진동 주기를 이용하여 단위량의 크기를 이해시키고, 초읽기와 1분의 단위사이의 관계 지도를 통해서 복명수 단위의 시각 읽기와 시간 알아보기 및 시간의 가법성 등을 이해하도록 해야 할 것이다.

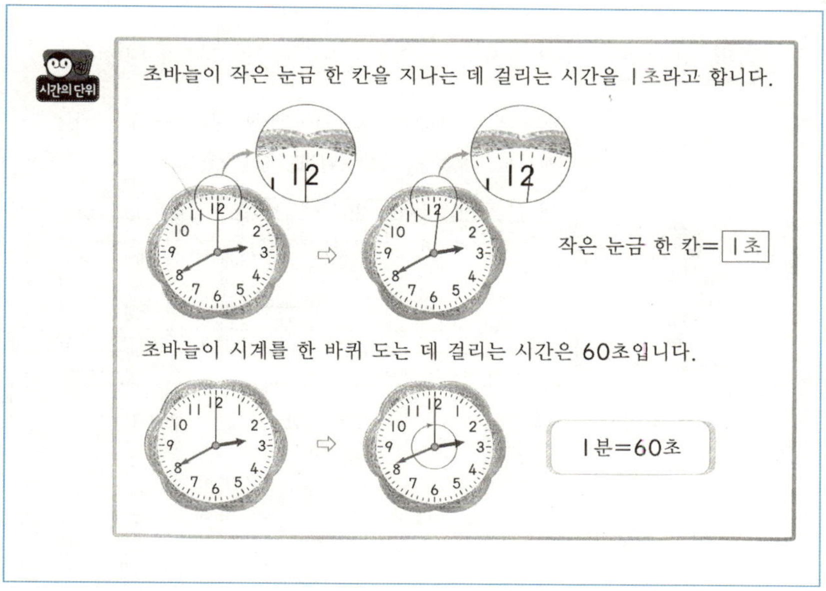

[그림 5.2] 시간의 단위

3) 시간의 계산

시간의 계산을 위하여 먼저 '1시간=60분'의 관계를 이해하여야 한다. 이를 위하여 적절한 문제 상황을 제시하고, 또 모형시계를 이용하여 60분이 넘는 시간, 이를테면 '80분=1시간 20분, '145분=2시간 25분'임을 이해한다.

시각과 시간 사이의 관계는 구체적인 문제 상황을 통하여 지도한다. 이를테면 '몇 시 몇 분'의 계산은 먼저 시 또는 분이 같은 경우에서 출발하여 점진적으로 시와 분이 모두 다른 경우로 진행한다.

일반적으로 시간은 양이고 시각은 위치를 나타내는 것으로서 그들 사이의 계산에서는

(시간)±(시간)=(시간) ··· ①

(시각)±(시간)=(시각) ··· ②

의 두 가지 유형이 있다.

시간의 계산은 언제나 양을 대상으로 하기 때문에 시각을 쓰지만 시각도 양, 곧 시간으로 보고 셈하고 있는 것임을 알아야한다. 위치는 원래 양화되지 않으면 계산의 대상이 되지 않는다. 위치에 양을 더하거나 빼어주면 새로운 위치 ②의 형이 결정된다.

활동2 달리기 대회 시간표가 물에 젖어 일부가 지워졌습니다. 경기 시각과 걸리는 시간을 알아보시오.

달리기 대회 시간표

순서	시작 시각	끝나는 시각	걸리는 시간	일정
1	09:00	09:20	20분	준비 체조
5		10:50	20분	단거리 달리기
6	11:10	11:50		장거리 이어달리기

- 단거리 달리기를 시작하는 시각을 어떤 방법으로 알 수 있습니까?
- 식을 쓰고 계산하시오.
- 장거리 이어달리기를 하는 데 걸리는 시간을 어떤 방법으로 알 수 있습니까?
- 식을 쓰고 계산하시오.

[그림 5.3] 시간의 계산

(가) 교수·학습 방법 및 유의 사항

- 시각 읽기는 학생의 경험을 소재로 하고, 학생들이 모형 시계를 조작하며 '몇 시', '몇 시 30분', '몇 시 몇 분', '몇 시 몇 분 전' 등의 시각을 읽게 한다.
- 시간의 여러 가지 단위를 지도할 때 단위 사이의 관계를 이해하는 데 중점을 두고, 지나친 단위 환산은 다루지 않는다.
- 시각과 시간의 의미는 구체적인 상황 속에서 구별하여 사용할 수 있는 정도로 이해하게 한다.
- 실제로 재거나 어림하는 측정 활동을 통하여 시간, 길이, 들이, 무게, 각도에 대한 양감을 기르게 한다.
- 측정 영역의 문제 상황에 적합한 문제 해결 전략을 지도하여 문제 해결 능력을 기르게 한다.

(나) 평가 방법 및 유의 사항

- '몇 시 몇 분 전'의 시각 읽기를 평가할 때 '5분 전', '10분 전', '15분 전' 등과 같이 실생활에서 자주 사용되는 경우를 다루고, '2시 48분'을 '3시 12분 전'으로 나타내는 것과 같이 복잡한 경우는 다루지 않는다.

• 1일, 1주일, 1개월, 1년 사이의 관계를 평가할 때에는 달력을 이용하여 그 관계를 이해하는지 파악하는데 중점을 둔다.

(3) 길이의 지도

[2수03-05] 길이를 나타내는 표준 단위의 필요성을 인식하고, 1cm와 1m의 단위를 알며, 상황에 따라 적절한 단위를 사용하여 길이를 측정할 수 있다.
[2수03-06] 1m가 100cm임을 알고, 길이를 단명수와 복명수로 표현 할 수 있다.
[2수03-07] 여러 가지 물건의 길이를 어림하여 보고, 길이에 대한 양감을 기른다.
[2수03-08] 구체물의 길이를 재는 과정에서 자의 눈금과 일치하지 않는 길이의 측정값을 '약'으로 표현할 수 있다.
[2수03-09] 실생활 문제 상황을 통하여 길이의 덧셈과 뺄셈을 이해한다.
[4수03-03] 길이를 나타내는 새로운 단위의 필요성을 인식하여 1mm와 1km의 단위를 알고, 이를 이용하여 길이를 측정하고 어림할 수 있다.
[4수03-04] 1cm와 1mm, 1km와 1m의 관계를 이해하고, 길이를 단명수와 복명수로 표현할 수 있다.

길이는 모든 양 중에서 가장 기본이 되는 개념이다. 즉, 길다·짧다, 두껍다·얇다, 높다·낮다, 깊다·얕다, 멀다·가깝다 등은 모두 길이로서 측정된 표현이며, 다른 양들도 측정 계기에서 대부분 길이로 표현된다. 따라서 길이 개념은 양 지도 과정에서 가장 확실하게 이해되어야 할 개념이며, 길이의 지도는 앞으로의 양의 지도에 기초가 된다.

1) 길이의 비교

길이 개념을 이해하기 위하여 길이로 표현되는 여러 가지 물체를 비교하게 한다. 이를테면, 두 연필의 한쪽 끝을 맞추어 나란히 놓거나 세워서 그 길이를 비교한다. 이와 같이 길이로 나타나는 여러 가지 구체물을 직접 비교함으로써, 아동은 구체물을 '길다·짧다', '높다·낮다', '멀다·가깝다'로 표현하게 된다.

길이의 직접 비교 활동을 충분히 실행한 뒤에는 직접 비교가 불가능한 예를 제시한다. 이를테면, 책상의 가로와 세로의 길이는 직접 비교할 수 없다. 이때는 적절한 매개물을 이용하여 길이를 비교하는데, 이 때 사용되는 매개물은 임의 단위로 사용된다. 아동이 매개물로 사용하는 구체물로는 연필, 지우개, 막대, 끈, 뼘 등이다.

아동들이 활동을 통해 우리 일상생활에서 임의단위로 사용할 수 있는 여러 가지 매개물들을 경험한다.

참고할만한 사이트: www.indischool.com

[그림 5.4] 길이의 직접비교

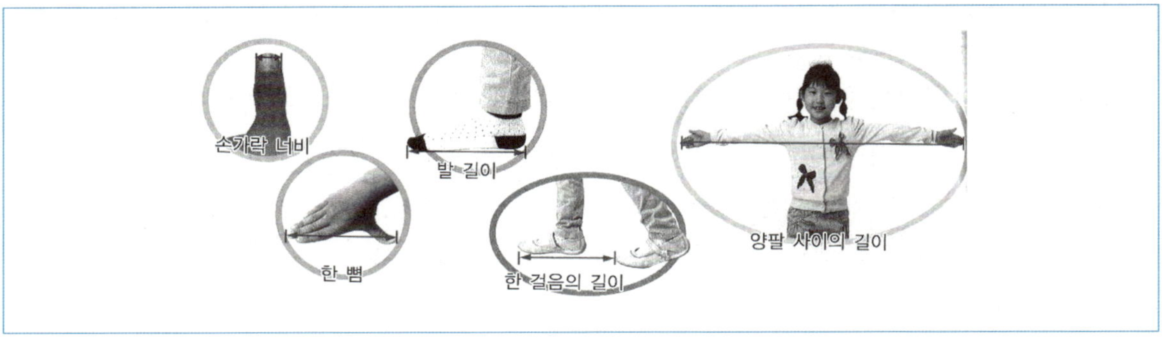

[그림 5.5] 신체의 일부를 활용한 임의단위

길이의 비교는 구체적 조작에 의하여

① 대상 그 자체가 길이로 생각되는 것들(막대, 철사, 노끈 등)의 비교
② 길이가 물건의 한 측면(책상의 가로·세로, 상자의 높이, 원통의 둘레 등)이라고 생각되는 것들의 비교
③ 길다짧다 로 표현되지 않는 것(두껍다, 얇다, 넓다, 좁다, 깊다, 얕다, 멀다, 가깝다 등)들의 비교

의 3가지 경우가 모두 경험되도록 지도한다. ①의 경우 물체를 직접 이동하여 직접 비교하고, 다음에는 ②의 경우로서 적절한 임의 단위를 사용하여 간접 비교하게 한다.

길이를 끈이나 막대로 대치하게 되면, 이를 이용하여 2배, 3배가 되는 길이를 만드는 조작을 통하여 길이의 보존성과 가법성을 이해하게 한다. 아울러 ③의 활동을 통하여 길이와 관련된 여러 가지 표현도 바르게 사용하게 한다.

길이는 선분이 전제되어야 하므로 임의 단위로는 실이나 막대기, 뼘과 같이 팽팽하게 당겨져 직선형으로 만들 수 있는 구체물을 사용하여야 한다. 나아가 실이나 끈을 통하여 곡선에도 길이가 존재함을 이해하고, 곡선의 길이도 비교할 수 있는 방법을 구안하게 한다.

2) 길이의 단위 지도

길이의 단위를 도입하기 위해서 '어느 쪽이 더 긴가'에서 '얼마나 더 긴가'로의 관점의 전환이 필요하다. 이를테면, 책상의 가로의 길이와 세로의 길이를 비교하려면 사실상 직접 비교가 불가능하므로 "뼘" 혹은 "필통의 길이"를 임의 단위로 하여 간접 비교 하게 된다. 여기서 책상의 길이는 "몇 뼘" 혹은 필통의 길이로 "몇 번"과 같이 임의 단위로 수치화가 가능하나 사람마다 이용한 단위길이가 다르면 의사소통이 어렵게 된다. 이와 같이 임의 단위의 불편함을 깨닫게 하여 길이의 표준 단위의 필요성을 인식하게 한다.

이 후 자를 이용하여 표준 단위 1 cm를 도입하고 자의 특징과 용도를 살펴보게 한다. 자는 단위길이를 직선으로 이어 붙여서, 그 개수로서 길이의 측도를 바로 읽을 수 있게 만든 기구이다.

길이의 단위를 기본 단위 1 m부터 시작하게 되면, 2 m, 3 m, 4 m, … 등을 취급하여야 하므로 아동의 조작 능력에 비추어 양감 형성이 어려울 것

[그림 5.6] 임의 단위의 불편성

이다. 따라서 길이 단위는 자를 이용하여 보조 단위 1 cm부터 지도하는 것이 보통이다.

3) 길이의 측정

거리는 두 점을 잇는 선 가운데 가장 짧은 선의 길이를 의미한다. 그러나 일상생활에서 사용하는 거리는, 이를테면 집에서 학교까지 걸어온 거리는 걸어 온 여정을 의미하기 때문에 길이와는 다른 측면도 있다.

두 점 사이의 거리를 측정하기 위하여 자를 이용하여 두 점을 선으로 잇고, 선분의 길이를 측정한다. 또, 측정을 좀 더 정확하게 하기 위하여 5 cm와 6 cm 사이의 길이를 재게 하여 1 mm를 도입할 수 있다. 이를 통하여 아동은 보조 단위 'mm'의 필요성을 이해하고 작은 칸수를 세는 과정에서 길이의 보존성과 가법성을 이해한다.

또, 교실의 가로, 세로의 길이를 30 cm인 자로 재어 보면 몇 번이고 재어야 하는 불편성을 경험한다. 이 때문에 보다 큰 단위가 필요하게 되고 자연스럽게 기본 단위 '1 m'를 도입하고, '1 m=100 cm'임을 이해한다.

또, 먼 거리를 잴 경우에도 길이의 보조 단위가 필요함을 이해하고 '1 km'를 도입한다. 1 km를 지도하는 경우, '1 km=1000 m'라는 관계뿐만 아니라 1 km의 거리를 어림해 봄으로써 적절한 양감을 형성할 수 있다. 이를 통하여 1 m, 1 cm, 1 mm, 1 km 사이의 관계를 이해하고 활용한다.

길이의 보조 단위를 이해하게 되면 복명수를 읽고 계산할 수 있게 한다. 이를테면, 235 cm를 2 m 35 cm로 표현하고, 여러 가지 길이 단위의 합과 차를 구해 본다.

(가) 교수·학습 방법 및 유의 사항

- 표준 단위를 도입하기 전에 여러 가지 임의 단위를 사용하여 구체물의 길이를 재어보게 한다.
- 실제로 재거나 어림하는 측정 활동을 통하여 시간, 길이, 들이, 무게, 각도에 대한 양감을 기르게 한다.
- 시간, 길이, 들이, 무게의 단위를 지도할 때 단위 사이의 관계를 이해하는 데 중점을 두고, 지나친 단위 환산은 다루지 않는다.
- 길이, 들이, 무게, 각도를 측정할 때 측정도구의 눈금에 일치하지 않는 측정값을 '약'으로 표현 하게 한다.

- 측정 영역의 문제 상황에 적합한 문제 해결 전략을 지도하여 문제 해결 능력을 기르게 한다.

(4) 들이의 지도

[4수03-05] 들이를 나타내는 표준 단위의 필요성을 인식하여 1L와 1mL의 단위를 알고, 이를 이용하여 들이를 측정하고 어림할 수 있다.
[4수03-06] 1L와 1mL의 관계를 이해하고, 들이를 단명수와 복명수로 표현 할 수 있다.
[4수03-07] 실생활 문제 상황을 통하여 들이의 덧셈과 뺄셈을 이해한다.

일반적으로 측정에서의 들이는 용기의 내부 공간에 담을 수 있는 양을 의미하므로 들이는 용기를 전제로 한 개념이다. 따라서 들이는 보통 용기에 들어가는 액량의 부피로서 측정된다. 들이의 본질적 개념은 부피가 된다.

들이의 개념을 지도하기 전에 '들이'의 용어에 대한 지도가 필요하다.

1) 들이의 비교

들이의 개념을 지도하기 위하여 용기를 사용한다. 이 때 사용하는 용기로는 컵, 깡통, 그릇, 주전자, 접시 등이 있다. 이들 용기를 제시하고 그 내부 공간의 크기를 비교하게 한다. 실제로 용기의 들이는 그의 내부 공간에 관련된 양이므로 외형만으로는 정확하게 비교할 수 없다. 직접 비교를 하기 위해서는 물과 같은 채우는 물질이 필요하다. 두 용기가 비어 있는 경우 한 용기에 물을 채우고, 어느 쪽이 더 들어 있는지를 알기 위해 그것을 다른 용기에 붓는다. 이런 과정을 거쳐 어느 용기에 더 많이 들어가는지를 알 수 있다.

두 용기를 직접 비교할 수 없을 때, 다음과 같은 방법으로 간접 비교하게 한다.

- 용기에 들어 있는 액량을 같은 모양의 용기에 붓고, 그 수면의 높이를 비교한다. 이때에는 수면의 높이가 높을수록 들이가 크다.
- 컵이나 비커 등을 이용하여 액량을 등분할 한다.

활동2 여러 가지 작은 컵을 사용하여 물통의 들이를 비교해 보시오.

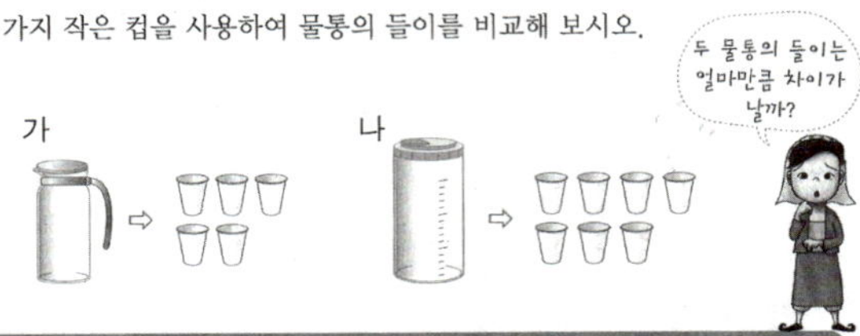

단위	가 물통	나 물통	무엇이 얼마나 더 많이 들어 있습니까?
종이컵	□개	□개	□ 물통이 □ 물통보다 종이컵 □개만큼 더 많이 들어 있습니다.

[그림 5.7] 들이의 비교

액량을 등분할하거나 여러 용기의 액량을 큰 용기에 합치는 실험을 통하여 아동은 들이의 보존성을 이해한다. 실제로 컵이나 비커에 의한 액량의 등분할 조작은 임의 단위에 의한 측정이므로 한 컵, 두 컵, 세 컵, … 등으로 셀 수 있다. 그러나 임의 단위에 의한 들이 측정은 꼭 맞아떨어지는 경우가 거의 없고, 대부분 약간의 양이 남게 된다. 이때에는 어림값으로 '약간 더 된다.', '약간 덜 된다.'를 사용한다. 임의 단위를 이용할 경우 컵에 따라 측정 수치가 달라질 수 있으므로 의사소통에 불편이 따르게 된다. 따라서 자연스럽게 표준 단위의 필요성을 인식시킨다.

2) 들이의 표준 단위

들이의 표준 단위로서 1 L와 1 mL가 있다. 1 L는 용기의 내부 공간이 가로, 세로, 높이가 각각 10 cm인 정육면체의 부피에 해당하는 양이다. 즉, 1 L=1000 mL, 1 mL(들이)=1 cm^3(부피), 1 L(들이)=1000 cm^3(부피)이다.

하지만 들이와 부피 사이의 관계는 지도하지 않고 실제적인 들이의 측정 활동으로 1 L와 1 mL의 양감을 기르고, 1 L와 1 mL 사이의 관계만을 이해하게 한다.

용기의 들이를 1 L와 1 mL 단위를 이용하여 측정하는 경우 측정하고자 하는 물건의 들이가 1 L와 1 mL의 몇 배인가를 중심으로 들이를 측정하는 일을 한다. 이 때 측정하고자 하는 그릇의 들이를 미리 어림으로 예측해 보고 1 L 또는 1 mL로 확인하는 과정을 거치면서 1 L와 1 mL에 대한 양감을 기르는 활동을 한다. 보다 적은 양을 측정하고자 할 때에는 계기의 표면에 외부에서 쉽게 관찰할 수 있도록 용량을 눈금을 나타내어 사용한다. 이를테면, 비커나 매스실린더(masscylinder)와 같은 용기의 표면에는 용액의 수면을 관찰할 수 있도록 눈금으로 표시되어 있어서 쉽게 그 액량을 측정할 수 있다.

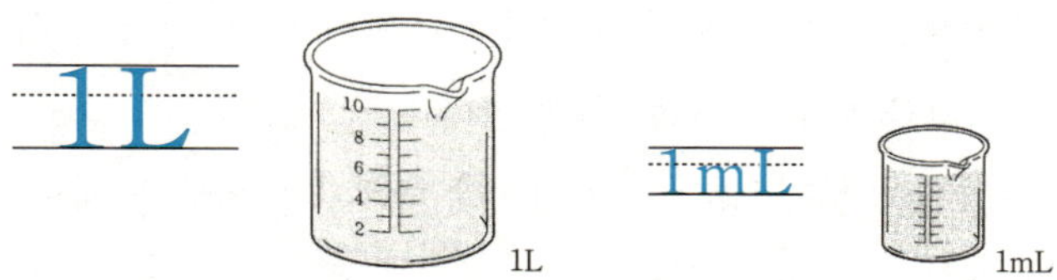

[그림 5.8] 들이의 측정단위

들이의 단위를 이해한 다음에는 들이의 양을 더하거나 빼는 계산을 한다. 이를 위하여 1 L=1000 mL 의 관계를 이용하여 단명수와 복명수의 관계를 이해한다. 이를테면, '1200 mL= 1 L 200 mL'임을 실험을 통하여 확인한다.

또, "그릇에 3 L 500 mL의 물이 있는데 여기에 700 mL의 물을 더 부으면 물의 양은 모두 얼마가 될까요?" 등의 질문으로 계산 방법을 지도한다. 이러한 계산은 실제적인 조작과 더불어 시행하여야 효과적이다.

	3L	500mL
+		700mL
	3L	1200mL
+	3L	←1000mL
	4L	200mL

[그림 5.9]에서와 같이 3 L 500 mL+700 mL=4 L 200 mL임을 알 수 있다. 이것을 덧셈 식으로 계산하면 아래와 같음을 발견하게 한다.

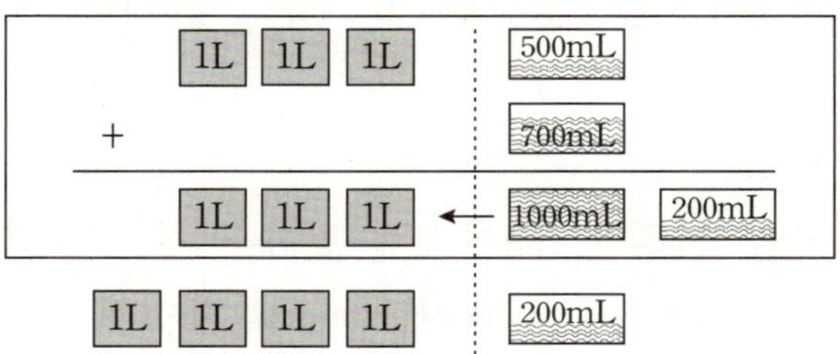

[그림 5.9] 들이의 계산

실제로 우리 주변에서 대부분 사용되고 있는 우유, 음료수, 주사량 등은 모두 mL로 표현되고 있다.

(가) 교수·학습 방법 및 유의 사항

- 실제로 재거나 어림하는 측정 활동을 통하여 시간, 길이, 들이, 무게, 각도에 대한 양감을 기르게 한다.
- 시간, 길이, 들이, 무게의 단위를 지도할 때 단위 사이의 관계를 이해하는 데 중점을 두고, 지나친 단위 환산은 다루지 않는다.
- 길이, 들이, 무게, 각도를 측정할 때 측정도구의 눈금에 일치하지 않는 측정값을 '약'으로 표현 하게 한다.
- 측정 영역의 문제 상황에 적합한 문제 해결 전략을 지도하고, 문제 해결 과정을 설명하게 하여 문제 해결 능력을 기르게 한다.

(5) 무게의 지도

[4수03-08] 무게를 나타내는 표준 단위의 필요성을 인식하여 1g과 1kg의 단위를 알고, 이를 이용하여 무게를 측정하고 어림할 수 있다.
[4수03-09] 1kg과 1g의 관계를 이해하고, 무게를 단명수와 복명수로 표현 할 수 있다.
[4수03-10] 실생활에서 무게를 나타내는 새로운 단위의 필요성을 인식하여 1t의 단위를 안다.
[4수03-11] 실생활 문제 상황을 통하여 무게의 덧셈과 뺄셈을 이해한다.

길이나 부피는 시각적으로 접근이 가능하지만 무게는 물체와 지구 사이의 인력작용이기 때문에 시각적으로 쉽게 판정할 수 없다. 따라서 외연량 중에서 아동들이 가장 어렵게 받아들이는 양 중의 하나이다. 왜냐하면, 무게는 부피가 같더라도 그 재질에 따라 다를 수 있기 때문이다.

1) 무게의 비교

무게의 개념을 도입하기 위하여 먼저 물체를 직접 들어보고 비교한다. 먼저 주변의 여러 가지 구체물, 즉 사과, 배, 책, 의자, 책상, 가방 등의 무게를 직접 비교하게 한다. 무게를 직접 비교하는 과정에서 '더 무겁다', '더 가볍다'로 표현하고, 직접 비교의 불편성을 체득한다. 실제로 무게를 직접 비교하기 위해서는 물체의 부피, 무게가 적당한 크기이어야 한다. 아동은 무게를 직접 비교하는 과정에서 다음의 성질을 발견한다.

- 모든 물체는 무게를 지닌다.
- 무게는 모양이나 부피로는 판단할 수 없다.
- 무게는 가법적인 양이다.
- 무게는 비교할 수 있다.

무게를 직접 비교하기 위해서는 신체 조작이 필요하다. 따라서 손으로 들 수 없을 정도로 무겁거나 또는 너무 가벼운 경우에는 직접 비교할 수 없다. 이러한 불편을 극복하려면 무게를 시각적으로 관찰할 수 있는 양으로 대치해야 한다.

무게의 대소를 시각적으로 판단하기 위하여 먼저 천칭(양팔저울)을 사용한다. 천칭을 이용하여 무게를 비교하는 과정에서 아동은 다음 성질을 이해한다.

활동 2 바둑돌, 공깃돌 또는 추 등을 사용하여 물건의 무게를 비교해 보시오.

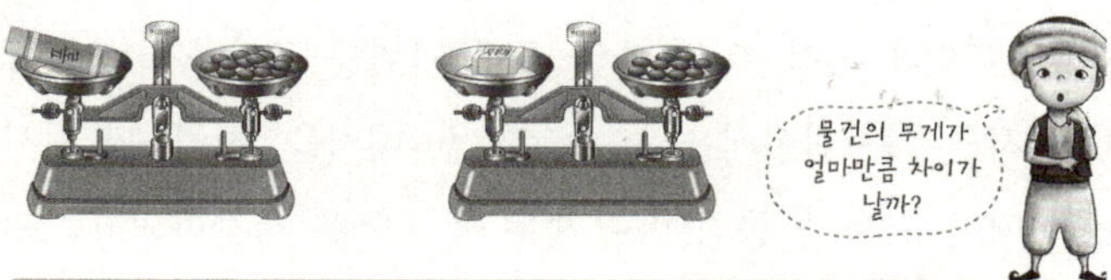

물건 / 단위	풀	지우개	무엇이 얼마나 더 무겁습니까?
바둑돌	□개	□개	□이 □보다 바둑돌 □개만큼 더 무겁습니다.
공깃돌			
추			

- 사용하는 단위가 다르면 어떤 점이 불편합니까?
- 무게를 비교하는 방법을 이야기해 보시오.

[그림 5.10] 무게의 비교

- 물체의 무게가 다를 때 그 사이에 존재하는 무게가 있다.
- 무게는 순서가 있다.

그러나 천칭에 의한 무게 비교는 '어느 편이 더 무거운가?'는 알 수 있으나 '얼마나 더 무거운가?'는 알 수 없다. 이를 위하여 매개물을 이용한 간접 비교의 방법을 고안한다. 이를테면, 임의 단위로서 바둑돌, 구슬, 성냥개비, 건전지 등의 구체물을 이용하여 그들 무게의 몇 개분인가를 실험한다.

무게에 관한 실험은 아동으로 하여금 다양한 활동을 유도할 수 있다. 이를테면, 물체를 분할, 합성하거나 또는 가루로 만들어 분리하거나 혼합하여 측정하더라도 그 결과 값은 불변임을 발견한다.

2) 무게의 단위

무게는 길이, 넓이, 부피와 같은 시각적인 양이 아니기 때문에 이들 단위로부터 유도될 수 없다. 그러나 동일한 재질의 물체의 무게는 그의 부피에 비례하기 때문에 무게는 부피와 밀접한 관련이 있다.

천칭에 의한 무게를 비교하는 데에는 한계가 있다. 이를테면, 분필, 구슬, 바둑돌 등을 단위로 해서 천칭을 사용하면 매우 불편하고 무게를 표현하기도 어렵게 된다. 이에 따라 표준 단위를 도입하기 위하여 저울을 사용한다. 저울에는 접시저울, 용수철저울, 대저울, 천칭, 판 지시 저울 등이 있다. 이러한 저울을 통하여 무게는 선분으로 시각화되고, 또 실수를 대응시킬 수 있게 된다.

저울을 이용하여 표준 단위로서 1g과 1kg을 도입한다. 이 때 1kg의 무게는 대략 물 1L의 무게와 같다는 것을 확인한다. 1kg의 무게에 대한 양감을 기르기 위하여 비닐봉지에 담은 1L의 물과 1kg의 분동을 직접 들어본다.

또, 눈금이 g으로 매겨진 저울에 물건을 놓고 그 무게를 알아보고, g은 무게를 나타내는 단위라는 것을 이해시킨다. 또, 무게의 단위로는 kg, g 외에 큰 무게를 재기 위해 '톤(t)'을 도입하고, 1t=1000kg임을 이해한다.

> 2015 개정교육과정에서 무게단위인 t은 3~4학년 군의 다른 무게 단위인 g, kg과 함께 다룬다.

이러한 활동은 양의 개념을 이해하기 위한 것이기 때문에 물건을 직접 들어보지 않고 모양만으로 무게를 추측해서는 효과가 적다. 또, 저울의 눈금을 읽기 전에 저울의 모양과 눈금의 구성 원리를 지도한다. 왜냐하면, 저울의 눈금 읽기는 모든 계기의 눈금 읽기의 기초가 되기 때문이다.

저울의 눈금에는 보통 큰 눈금과 작은 눈금이 있다. 눈금 0은 저울에 물건을 올려놓지 않았을 때의 무게이고, 모든 물체는 무게가 있음을 이해시킨다. 따라서 저울을 사용할 때는 물건이 놓이지 않은 상태에서 눈금이 0을 가르치는지를 확인한다.

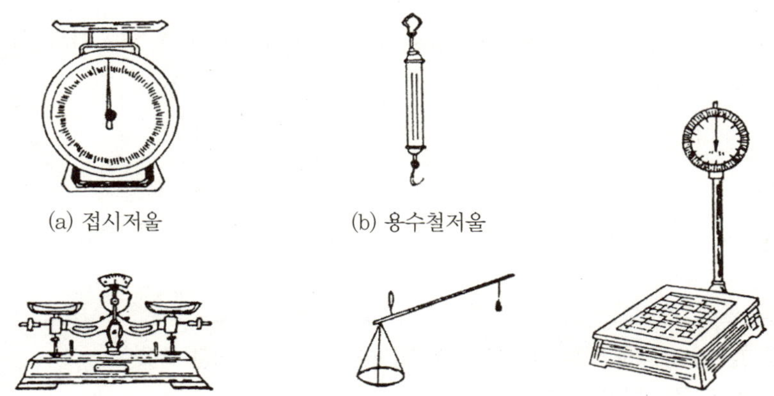

(a) 접시저울 (b) 용수철저울 (c) 천칭 (d) 대저울 (e) 판지시저울

[그림 5.11] 각종 저울

용수철저울은 용수철의 탄성률을 이용하여 탄성 한계 내에서 '물체의 무게는 용수철의 늘어난 길이에 비례한다.'는 성질을 이용한 것이다. 또, 대저울은 시소의 원리를 이용한 것으로 '대칭의 중심(손잡이가 달린 점)에서 물체가 있는 곳까지의 거리와 그 물체의 무게와의 곱은 서로 같다'는 원리를 이용한 것이다.

그런데 선분화하는 것은 눈금화하는 것으로 무게에 따라 저울의 무게중심이 이동한다. 따라서 저울의 지침은 무게중심의 이동으로 나타나고 이에 따라 양의 선분화가 가능하게 된다.

(가) 교수·학습 방법 및 유의 사항

- 실제로 재거나 어림하는 측정 활동을 통하여 시간, 길이, 들이, 무게, 각도에 대한 양감을 기르게 한다.
- 시간, 길이, 들이, 무게의 단위를 지도할 때 단위 사이의 관계를 이해하는 데 중점을 두고, 지나친 단위 환산은 다루지 않는다.

- 길이, 들이, 무게, 각도를 측정할 때 측정도구의 눈금에 일치하지 않는 측정값을 '약'으로 표현하게 한다.
- 측정 영역의 문제 상황에 적합한 문제 해결 전략을 지도하고, 문제 해결 과정을 설명하게 하여 문제 해결 능력을 기르게 한다.

(나) 평가 방법 및 유의 사항

- 무게 단위 사이의 관계에 대해 평가 할 때 1 g과 1 t 사이의 단위 환산은 다루지 않는다.

(6) 각도의 지도

[4수03-12] 각의 크기의 단위인 1도(°)를 알고, 각도기를 이용하여 각의 크기를 측정하고 어림할 수 있다.
[4수03-13] 주어진 각도와 크기가 같은 각을 그릴 수 있다.
[4수03-14] 여러 가지 방법으로 삼각형과 사각형의 내각의 크기의 합을 추론하고, 자신의 추론 과정을 설명할 수 있다.

각도란 각의 두 변이 벌어진 정도를 나타내는 양이다. 따라서 각을 정적인 도형으로 보면 각의 크기는 180° 이상은 생각할 수 없다. 그러나 각을 동적인 측면에서 보면, 선분의 한 끝점을 고정하고 다른 끝점을 회전 이동하였을 때 회전한 양으로 볼 수 있다. 이 경우 각도는 360° 이상이 될 수 있다. 이와 같은 회전량으로 각도를 지도하는 것은 고등학교에서이다.

1) 각도의 비교

각도는 여러 가지 모형과 도형을 이용하여 각의 크기를 직접 비교함으로써 도입한다. 아동은 각의 꼭짓점에서 두 각의 크기를 비교하는 과정에서 자연스럽게 '더 뾰쪽하다', '무디다' 등으로 표현한다. 평면도형으로서 각도의 비교는 종이를 접어 보거나 또는 본을 떠서 겹쳐봄으로써 직접 비교할 수 있다. 또, 연필이나 빨대 등을 이용하여 비교하게 한다. 이 과정에서 아동은 각도가 각의 변의 길이와는 무관하며, 또 가법적인 양임을 이해한다.

활동3 각의 크기가 일정하도록 부챗살을 넣었습니다. 부채 갓대가 이루는 각의 크기를 비교해 보시오.

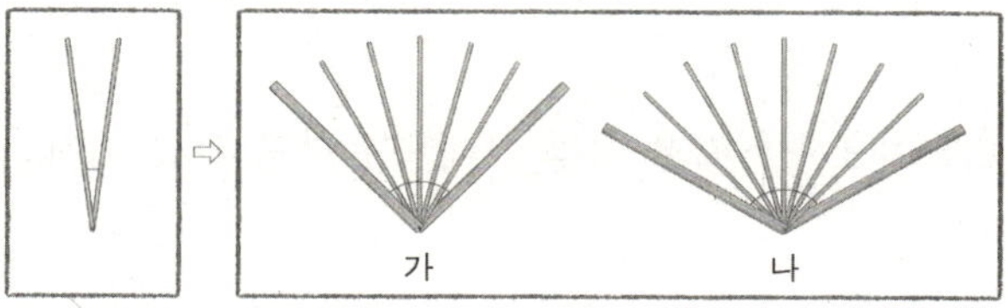

● 오른쪽 두 부채 갓대가 이루는 각의 크기를 어떻게 비교할 수 있는지 이야기해 보시오.

[그림 5.12] 각의크기 비교

2) 각도의 단위와 측정

빨대 등의 임의 단위를 사용하여 각도를 비교하는 과정에서 아동은 여러 가지 불편성에 직면한다. 이에 따라 표준 단위를 도입하기 위하여 각도기를 사용한다. 각도기의 눈금에 의하여 각의 크기는 수치화되고 그 수치로서 각도를 비교한다.

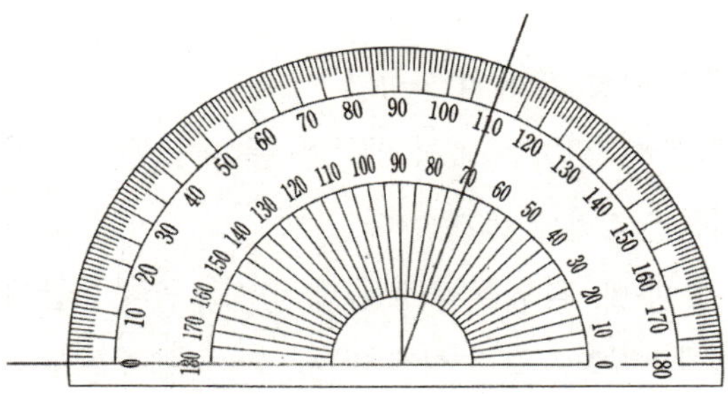

[그림 5.13] 각도의 측정

그런데 각도기를 효율적으로 사용하기 위해서는 각도기의 모양과 용도 및 구조를 이해하여야 한다. 각도기는 도형 위에 겹쳐보는 계기이므로 투명하고, 또 각의 위치에 따라 편리하게 사용하도록 좌우 대칭으로 수치가 기록되어 있다. 이를 통하여 1직각을 90등분한 한 각의 크기를 1°(1도)로 정의하고, 이것이 각의 크기를 재는 단위라는 것을 이해한다. 나아가 각의 두 변이 포개졌을 때 각의 크기가 0°이고, 일직선일 때 각의 크기가 180°임을 이해한다. 각도기를 사용할 때에는 다음 사항에 유의하도록 지도한다.

- 각의 변이 짧은 경우에는 변을 적절히 연장한다.

- 각도기의 중심을 각의 꼭짓점에 맞춘다.
- 각도기의 기선(0도의 선)을 각의 한 변에 맞춘다.

각도기를 이용하여 각을 측정할 때에는 다음과 같은 지도 방법을 생각할 수 있다.

- 먼저 90°이하의 각을 재고 점진적으로 180°까지의 각을 재어본다.
- 삼각형, 사각형 등 여러 가지 도형의 내각을 측정한다.
- 만나는 두 직선이 이루는 각을 측정하여 맞꼭지각의 크기가 같음을 확인한다.
- 각도기를 이용하여 각을 이동한다.

각도의 보조 단위로서 1°의 $\frac{1}{60}$을 1'(1분)이라 하고 1'의 $\frac{1}{60}$을 1″(1초)라 한다. 그러나 이러한 각도의 보조 단위는 실용성이 적기 때문에 소개하는 정도로 그친다.

(가) 교수·학습 방법 및 유의 사항

- 실제로 재거나 어림하는 측정 활동을 통하여 시간, 길이, 들이, 무게, 각도에 대한 양감을 기르게 한다.
- 길이, 들이, 무게, 각도를 측정할 때 측정도구의 눈금에 일치하지 않는 측정값을 '약'으로 표현 하게 한다.
- 측정 영역의 문제 상황에 적합한 문제 해결 전략을 지도하고, 문제 해결 과정을 설명하게 하여 문제 해결 능력을 기르게 한다.

(7) 원과 원주율의 지도

[6수03-07] 여러 가지 둥근 물체의 원주와 지름을 측정하는 활동을 통하여 원주율을 이해한다.
[6수03-08] 원주와 원의 넓이를 구하는 방법을 이해하고, 이를 구할 수 있다.

원둘레의 길이를 원주(圓周)라고 한다. 또, 원의 크기는 지름에 의하여 결정되므로, 원의 크기는 지름과 밀접하게 관련된다. 그런데 모든 원은 닮은꼴이므로 지름에 대한 원주의 비는 일정하다. 그러므로 원주의 지름에 대한 비의 값을 원주율로 정의한다.

초등학교 수학에서의 원주율은 원형의 구체물을 이용하여 원주율을 확인하는 정도로서 지도한다.

(원주율)=(원주)÷(지름)

실제로 반지름이 10 cm인 원의 원주율이나 반지름이 5 cm인 원의 원주율이 다같이 3.14159……라는 것은 아동의 이해 수준에서 보면 경이적인 일이다.

원주율은 여러 가지 원형의 구체물, 즉 컵, 동전, 타이어, 깡통, 병, 접시 등을 이용하여 원주와 지름의 길이를 측정하여 구한다.

원주율을 구하기 위해서는 적절한 원형의 구체물을 선택하고 매개물을 이용하여 원주와 지름을 측정하여야 한다. 따라서 원주율의 개념은 협력 학습을 통해서 지도하는 것이 바람직하다. 이 때 소집단별로 계산한 수치는 구체물의 종류와 측정 방법에 따라 다양하게 나타난다. 따라서

활동 2 여러 가지 둥근 물건들을 모아 보고, 원주는 지름의 몇 배인지 알아보시오.

준비물 계산기

- 원주는 지름의 몇 배쯤 될 것이라고 생각합니까?
- 그렇게 생각한 이유를 이야기해 보시오.
- 원주와 지름을 재어 보고 (원주)÷(지름)을 계산하시오.

물건의 이름	원주(cm)	지름(cm)	(원주)÷(지름)

- 원주와 지름 사이에는 어떤 관계가 있는지 이야기해 보시오.

[그림 5.14] 원주율 구하기

각 결과 값을 평균하여 자연스럽게 원주율은 '약 3.14'임을 지도한다. 즉

$$(\text{원주}) \div (\text{지름}) = 3.14$$

이고, 또 이로부터

$$(\text{원주}) = (\text{지름}) \times 3.14$$

임을 이해한다.

(가) 교수·학습 방법 및 유의 사항

- 원주율을 나타내는 3, 3.1, 3.14 등은 정확한 값이 아님을 알고 상황에 따라 적절하게 선택하여 사용할 수 있게 한다.
- 원주율, 원주, 원의 넓이, 입체도형의 겉넓이와 부피 등을 구할 때 복잡한 계산은 계산기를 사용하게 할 구 있다.
- 측정 영역의 문제 상황에서 문제 해결 전략 비교하기, 주어진 문제에서 필요 없는 정보나 부족한 정보 찾기, 조건을 바꾸어 새로운 문제 만들기, 문제 해결 과정의 타당성 검토하기 등을 통하여 문제 해결 능력을 기르게 한다.

(나) 평가 방법 및 유의 사항

- 원주율과 관련하여 계산이 지나치게 복잡한 문제는 다루지 않는다.

(8) 평면도형의 둘레와 넓이의 지도

[6수03-03] 평면도형의 둘레를 재어보는 활동을 통하여 둘레를 이해하고, 기본적인 평면도형의 둘레의 길이를 구할 수 있다.
[6수03-04] 넓이를 나타내는 표준 단위의 필요성을 인식하여 1, 1, 1의 단위를 알며, 그 관계를 이해한다.
[6수03-05] 직사각형의 넓이를 구하는 방법을 이해하고, 이를 통하여 직사각형과 정사각형의 넓이를 구할 수 있다.
[6수03-06] 평행사변형, 삼각형, 사다리꼴, 마름모의 넓이를 구하는 방법을 다양하게 추론하고, 이와 관련된 문제를 해결할 수 있다.

1) 평면도형의 둘레

둘레(perimeter)란 물체나 도형의 가장자리를 따라 한 바퀴 돈 길이이다. 평면도형에서의 둘레는 다각형인 경우 변의 길이의 합을 의미하며 원의 경우는 원주(circumference)를 말한다. 아래에 주어진 직사각형과 정사각형에서의 둘레는 다음과 같이 구할 수 있다.

① 직사각형의 둘레

이것은 6cm인 변이 2개, 4cm인 변이 2개이므로 6×2+4×2=20(cm) 또, 6cm인 변과 4cm인 변의 길이 합의 2배이므로 (6+4)×2=20(cm)

따라서 (직사각형의 둘레)={(가로)+(세로)}×2와 같이 구할 수 있다.

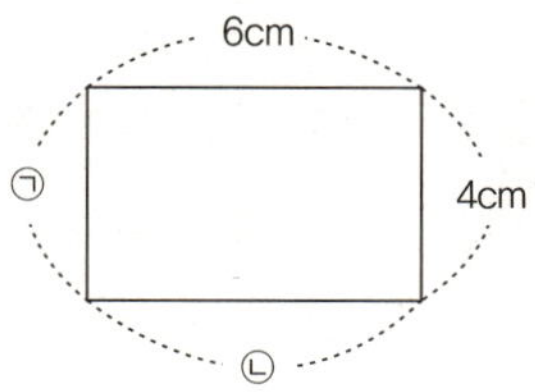

- 먼저 ㉠, ㉡의 길이: 직사각형에서는 마주 보는 변의 길이가 서로 같기 때문에(㉠은 4cm, ㉡은 6cm)
- 직사각형 둘레의 길이는: 6 + 4 + 6 + 4 = 20(cm)

참고할 만한 사이트
초등아이스크림
www.i-scream.co.kr

② 정사각형의 둘레

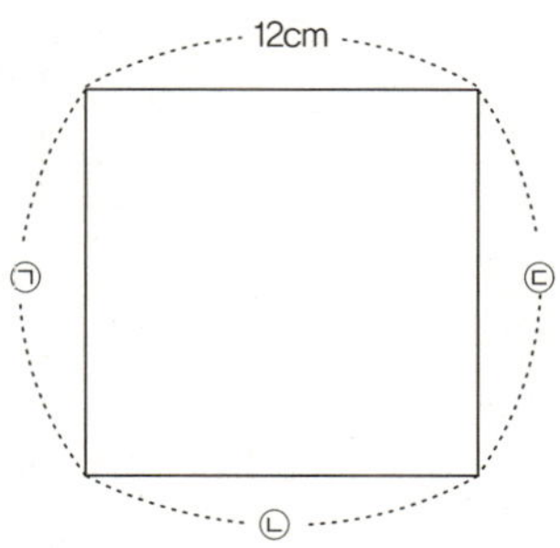

- 먼저 변 ㉠, ㉡, ㉢의 길이: 모두 12cm(정사각형의 성질)
- 정사각형의 둘레는 12 + 12 + 12 + 12 = 48 (cm)
  이것은 12cm의 4배이므로 12 × 4 = 48 (cm)
  따라서 (정사각형의 둘레) = (한 변의 길이) × 4

2) 평면도형의 넓이

'길이'는 선분에 대한 1차원의 기본량인데 비해 '넓이'는 2차원 평면도형의 기본량이다. 따라서 2차원의 양은 대부분 넓이를 이용하여 처리될 수 있으므로 넓이 개념은 길이 다음으로 중요한 개념이다.

① 넓이의 비교

넓이 개념을 도입하기 위하여 구체적인 두 사물의 넓이를 직관적으로 비교하게 한다. 이를테면, 공책과 책, 교실과 화장실, 운동장과 화단, 차도와 인도의 넓이를 직관적으로 비교하게 한다. 또 종이를 오려 놓고 그 중에서 가장 넓은 종이를 고르고, 겹쳐보게 한다. 이 때 아동은 '더 넓다', '더 좁다'로 표현함으로서 자연스럽게 넓이 개념을 체득한다. 또, 넓이의 직접 비교가 불가능한 적절한 예를 제시하여 매개물을 사용하여 간접 비교하게 한다.

도형의 넓이를 비교하기 위하여 먼저 본을 떠서 겹쳐보게 한다. 이를테면, 가로의 길이가 같고, 세로의 길이가 다른 직사각형이나 반지름의 길이가 비슷한 두 원을 본떠 겹쳐보게 한다. 나아가 완전히 겹쳐지지 않는 두 개의 직사각형의 넓이를 비교하게 하면 본을 뜨더라도 비교가 불가능하게 된다. 이 때 일부 아동은 직사각형의 넓이 비교를 둘레의 길이로서 비교하는 경향이 있다.

이를테면, **[그림 5.15]**와 같은 두 도형 A, B를 비교하게 하면 보통 둘레의 길이가 같음을 알고 그 넓이가 같다고 생각한다. 이 경우에는 그들 도형을 이동하여 겹쳐보더라도 완전히 포개어지지 않음을 알 수 있다.

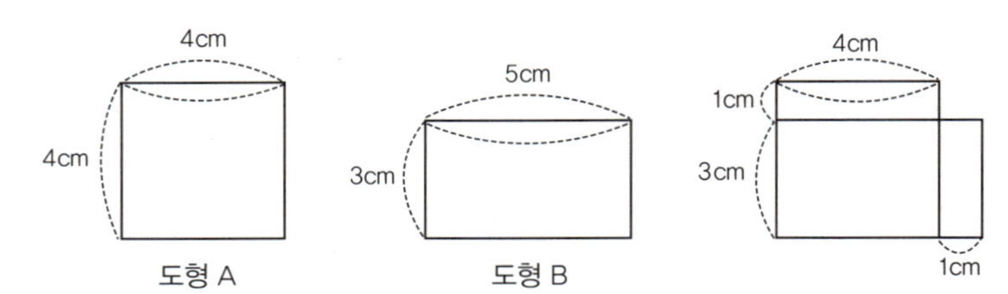

[그림 5.15] 넓이의 비교

이로부터 공통부분을 제외한 나머지 부분을 오려서 그것을 겹쳐보고 넓이를 비교한다. 이러한 조작은 넓이의 보존성이 이해되었을 때 가능한 것이다. 따라서 양의 보존성이 이해되지 않은 아동에게는 이와 같은 조작을 기대할 수 없다. 결국, 넓이의 개념을 이해하기 위해서는 도형을 분할하고 이동하여 합성하는 조작, 즉 등적 변형을 이해하여야 한다. 등적 변형이란 도형을 분할, 합성하여 넓이는 같고 모양이 다른 도형으로 구성하는 것이다. 이것은 '합동인 도형은 넓이가 같다'는 성질에 기초한다.

[그림 5.16]과 같이 정사각형을 대각선으로 잘라 2개의 직각이등변삼각형으로 분해하고, 이를 다시 적절히 합성하면 이등변삼각형과 평행사변형으로 나타난다. 따라서 이들 세 도형은 모양은 다르나 그 넓이는 모두

같으므로 등적 변형된 도형이다.

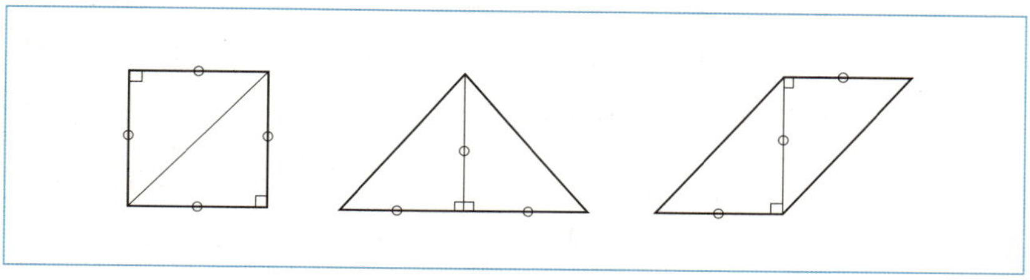

[그림 5.16] 등적 변형

등적 변형에는 카발리에리(Cavalieri)의 원리, 즉 "높이가 같은 두 평면도형을 밑변에 평행한 직선으로 자른 횡단선의 길이가 같으면 두 도형의 넓이는 같다"라는 변형 방법이 있으나 이것은 중학교 이후에 지도 가능하다.

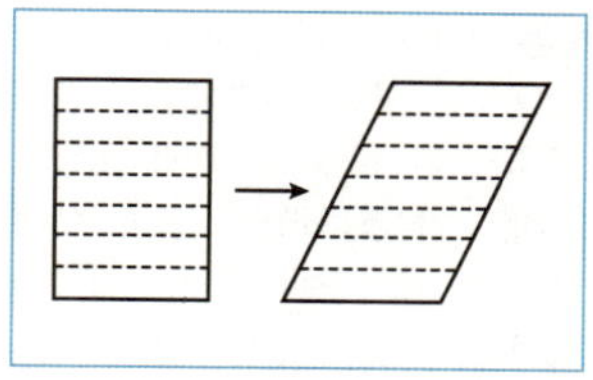

[그림 5.17] 카발리에리의 원리

② **넓이의 표준 단위**

두 도형의 넓이를 객관적으로 비교하기 위하여 일정한 크기의 도형을 단위로 하여 측정대상이 단위 넓이의 몇 개분에 해당하는가를 파악하여야 한다. 이를 위하여 넓이 측정판이나 모눈종이를 이용하여 도형에 포함된 모눈의 수를 세어서 비교하게 한다. 이를테면, **[그림 5.18]**에서 도형 A는 모눈의 수가 15개이고, 도형 B는 16개이므로 도형 B의 넓이가 도형 A보다 한 개 더 많음을 알 수 있다.

임의 단위에 의한 도형의 넓이는 단위 넓이의 몇 개분으로 표현되므로 자연스럽게 단위의 의미를 체득한다. 따라서 모눈 대신에 표준 단위로서 가로 1 cm, 세로 1 cm인 정사각형의 넓이를 간단히 $1\,cm^2$(제곱센티미터)로 표기하고, 이것이 넓이 단위로 사용된다는 것을 적절히 이해시킨다.

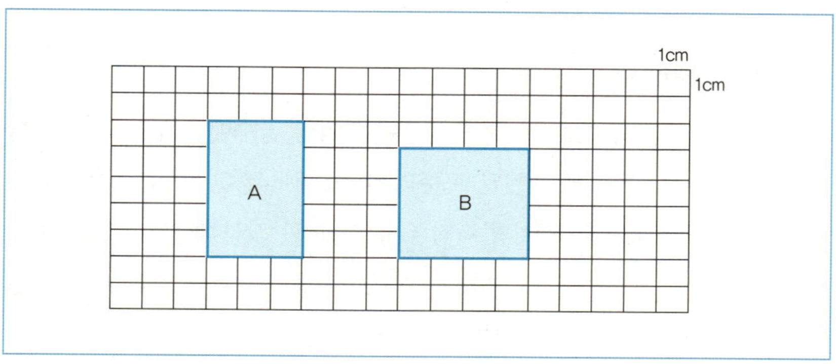

[그림 5.18] 넓이의 측정

실제로 넓이 지도의 초기에는 넓이가 $1\,\text{cm}^2$인 정사각형을 단위로 하여 직사각형 안에 포함된 정사각형이 몇 개인가를 세게 한다. 이를 위하여 직사각형을 간격이 1 cm인 투명판으로 만들어진 넓이 측정판으로 덮어서 모눈의 수를 세어 그 넓이를 측정한다.

이 때 삼각형과 같이 일반적인 도형은 모눈을 완전히 포함하지 않고 일부만 포함하는 경우도 있다. 이때는 도형에 완전히 포함된 모눈의 수 (a)와 도형에 일부만 포함된 모눈의 수 (b)를 세어 그 넓이는 '$a + \frac{b}{2}$'로 계산하게 한다. 이러한 측정 방법은 곡선도형에 대해서 도 적절히 적용한다.

한 변의 길이가 1 m, 1 km인 정사각형의 넓이를 단위 넓이로 사용하는데, 이 정사각형의 넓이가 각각 $1\,\text{m}^2$, $1\,\text{km}^2$임을 지도한다. 또, 이들 사이의 단위를 환산할 수 있게 한다.

> 2009 개정교육과정의 5~6학년 군에서 넓이의 큰 단위로 다루어 졌던 a, ha의 단위가 2015 개정교육과정에서는 삭제로 인해 넓이 단위인 km는 5~6학년 군의 평면도형의 둘레와 넓이에서 다룬다.

$$1\text{m}^2 = 10000\,\text{cm}^2,\ 1\text{km}^2 = 1000000\text{m}^2$$

또, 논밭이나 산림 등 매우 큰 넓이를 나타낼 때에는 아르(a), 헥타르(ha) 등의 단위를 사용한다.

$$1 = 100\,\text{m}^2, \qquad 1ha = 100$$

③ 도형의 넓이

초등수학에서 평면도형의 넓이는 직선형의 넓이와 곡선형의 넓이 두 가지로 크게 대별된다. 직선형의 넓이는 대개 '직사각형 → 정사각형 → 평행사변형 → 삼각형 → 사다리꼴 → 마름모'의 순으로 지도한다. 곡선형의 넓이의 대표적인 것은 원이며 직선형, 곡선형 어느 것이든 간에 그 넓이를 구하는 기본 모델은 직사각형이라 할 수 있다.

ⓐ 직사각형의 넓이

직사각형의 가로, 세로의 길이가 단위 길이의 정수배인 경우, 직사각형의 넓이는 가로, 세로에 나열된 모눈의 수를 세어서 그 넓이를 계산한다. 이를테면, 가로, 세로의 길이가 각각 4 cm, 5 cm인 직사각형에는 20개의 모눈이 있으므로 그 넓이는 $(4 \times 5)\,\text{cm}^2$로 계산할 수 있다. 그러나 이러한 방법만으로는 일반적인 도형의 넓이를 구하기는 불편하다.

이를 위하여 넓이 측정판 위에 굽은 자(ㄱ자)를 상하 좌우로 이동하면서 모눈판 위의 직사각형의 넓이는 가로, 세로의 길이에 관계되는 양이라는 것을 이해시킨다.

[그림 5.19]와 **[표 5-3]**를 관찰하고 직사각형의 넓이와 가로, 세로의 길이 사이의 관계를 조사함으로써 다음 공식을 유도한다.

(직사각형의 넓이)=(가로의 길이)×(세로의 길이)

특히, 가로, 세로의 길이가 같으면 정사각형이므로

(정사각형의 넓이)=(한 변의 길이)×(한 변의 길이)

참고할 만한 사이트
초등아이스크림
www.i-scream.co.kr

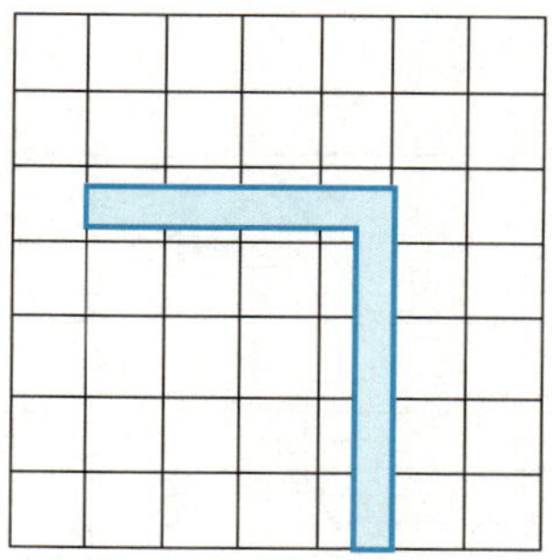

[그림 5.19]

[표 5-3]

가로의 길이	세로의 길이	넓이
2cm	3cm	$6cm^2$
2cm	4cm	$8cm^2$
3cm	5cm	$15cm^2$
4cm	2cm	$8cm^2$

이 때 직사각형의 넓이를 구하는 공식에서 가로, 세로의 길이는 모두 같은 단위로 측정된 것임에 유의한다.

ⓑ 평행사변형의 넓이

평행사변형의 넓이는 여러 가지 방법이 있으나 보통 직사각형으로 등적 변형하여 지도한다. **[그림 5.20]**과 같이 삼각형 BCE는 삼각형 ADF와 합동이므로, 평행사변형 ABCD의 넓이는 직사각형 ABEF의 넓이와 같다.

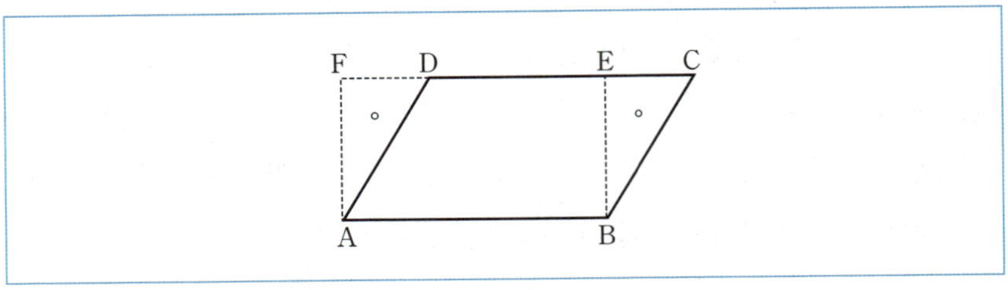

[그림 5.20] 평행사변형의 넓이

따라서 다음 공식이 얻어진다.

(평행사변형의 넓이)=(직사각형의 넓이)=(밑변의 길이)×(높이)

다음 그림과 같이 평행사변형을 등적 변형할 수도 있다.

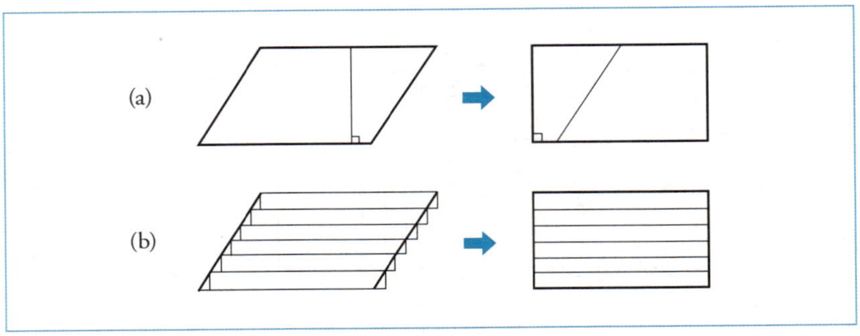

[그림 5.21] 평행사변형의 등적변형

ⓒ 삼각형의 넓이

삼각형의 넓이는 평행사변형을 이용하여 도입한다. 아래 그림과 같이 합동인 두 개의 삼각형으로 평행사변형을 만들 수 있으므로

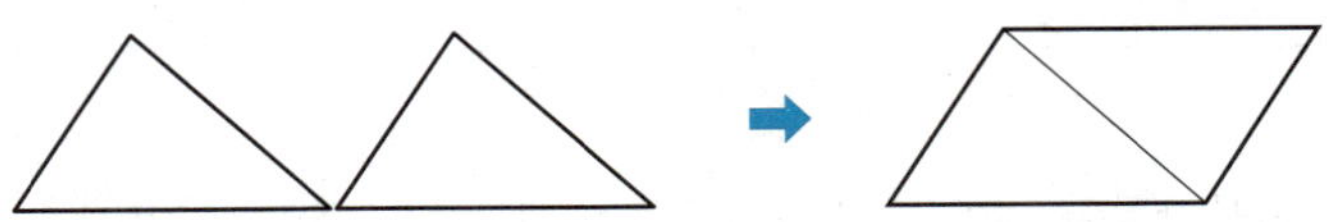

(삼각형의 넓이)=(평행사변형의 넓이)÷2=(밑변)×(높이)÷2

삼각형의 높이는 꼭짓점에서 그 대변에 내린 수선의 길이이므로 꼭짓점을 잡는 데에 따라 3가지 경우가 있다. 따라서 삼각형의 높이는 점과 직선 사이의 거리를 예로 들어 산의 높이, 사람의 키, 나무의 높이, 다이빙대의 높이 등을 이용하여 꼭짓점에서 그 대변에 내린 수선의 길이로서 지도한다.

ⓓ **사다리꼴의 넓이**

사다리꼴은 평행사변형의 넓이를 이용하거나 대각선으로 분할하여 그 넓이 공식을 유도할 수 있다. 사다리꼴 ABCD와 합동인 사다리꼴 FEDC를 만들어 **[그림 5.22]**와 같이 평행사변형 ABFE가 되도록 합성할 수 있다.

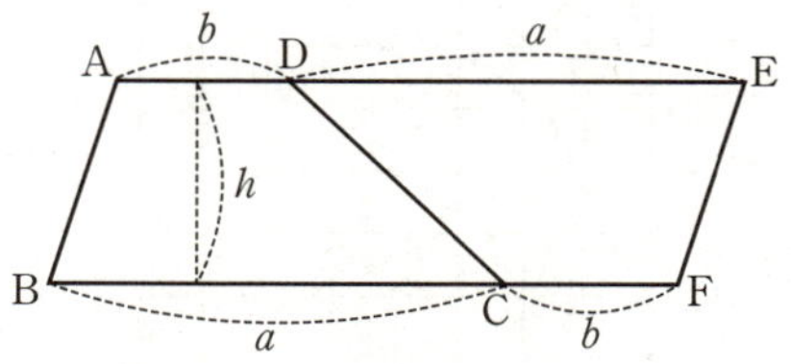

[그림 5.22] 사다리꼴의 넓이

[그림 5.22]에서 사다리꼴 ABCD의 넓이는 평행사변형 ABFE의 넓이의 반이므로 다음 공식이 성립한다.

(사다리꼴 ABCD의 넓이)=(평행사변형 ABFE의 넓이)÷2
=(밑변 BF의 길이)×(높이)÷2={(윗변)+(아랫변)}×높이÷2

일반적으로 다각형의 넓이는 삼각형과 사각형으로 분할하고 합성하여 등적 변형하여 구할 수 있다. 따라서 등적 변형은 단순히 도형의 넓이를 구하는 학습에 그치지 않고 그 근저에는 수학적 사고와 수학의 효율성을 체득하게 한다.

ⓔ **마름모의 넓이**

마름모의 넓이는 한 대각선을 그어 두 개의 합동인 삼각형으로 분할하여 생각하거나 마름모를 둘러싸고 있는 직사각형 넓이의 반으로 생각하여 공식을 유도할 수 있다. 어느 경우든

(마름모의 넓이)=(한 대각선의 길이)×(다른 대각선의 길이)÷2

이다.

ⓕ **원의 넓이**

원의 넓이는 먼저 근사적으로 계산하여 귀납하고, 연역적으로 확인하는

2단계의 지도방법을 생각할 수 있다. 첫 단계는 다음 그림과 같이 넓이 측정판이나 모눈종이를 이용하여 원에 포함된 모눈의 수를 세어 원의 넓이를 근사적으로 계산하고, 그 넓이가 반지름을 한 변으로 하는 정사각형의 넓이의 몇 배인지를 조사하는 방법이다.

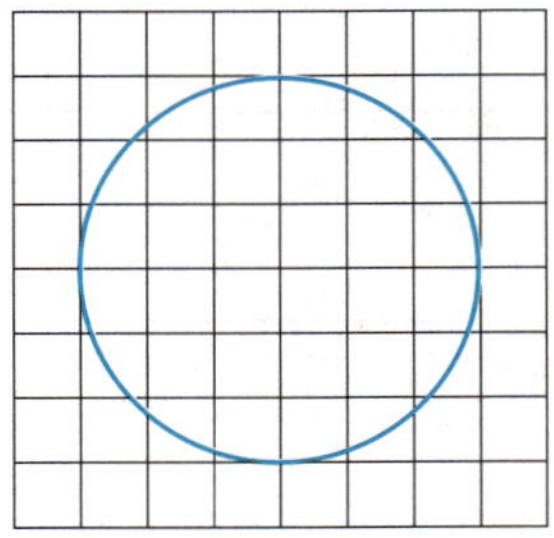

[그림 5.23] 원의 근사적 넓이 계산

다른 방법은 원을 4개의 지름으로 8등분하여 8개의 부채꼴을 아래, 위로 4개씩 늘어놓음으로써 평행사변형과 비슷한 모양으로 등적 변형한다. 마찬가지로 원을 16등분, 32등분하여 앞에서와 같이 반씩 나누어 사각형 모양으로 배치한다.

이와 같이 원을 한없이 등분하여 사각형 모양으로 만들어 가면 점점 직사각형 모양에 가까워진다. 이 때 직사각형의 가로의 길이는 원주의 1/2과 같고, 세로의 길이는 반지름과 같게 된다. 따라서 주어진 원의 넓이는 직사각형의 넓이와 같게 된다. 즉

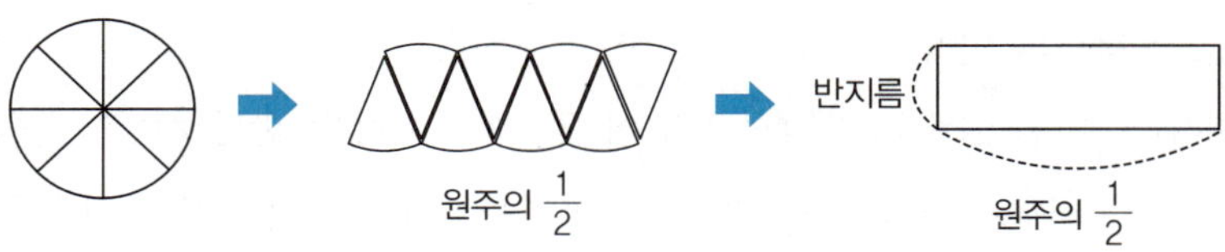

$$
\begin{aligned}
(\text{원의 넓이}) &= (\text{반지름의 길이}) \times (\text{원주의 반}) \\
&= (\text{반지름의 길이}) \times (\text{지름의 길이}) \times (\text{원주율}) \div 2 \\
&= (\text{반지름의 길이}) \times (\text{반지름의 길이}) \times (\text{원주율})
\end{aligned}
$$

원의 넓이를 구하는 기타방법으로 **[그림 5.24]**와 같이 털실로 원을 감아 만든 후 반지름을 잘라 조각을 세로로 쌓아서 큰 삼각형 모양으로 만들어

원의 넓이를 구할 수도 있다.

[그림 5.24] 원의 넓이 구하는 공식의 유도

원의 넓이(삼각형의 넓이)=(밑변)×(높이)÷2
=(원의 둘레)×(반지름)÷2
=(반지름×2)×(원주율)×(반지름)÷2
=(반지름)×(반지름)×(원주율)

(가) 교수·학습 방법 및 유의 사항

- 삼각형의 넓이는 높이가 삼각형의 외부에 있는 것도 다룬다.
- 원주율을 나타내는 3, 3.1, 3.14 등은 정확한 값이 아님을 알고 상황에 따라 적절하게 선택하여 사용할 수 있게 한다.
- 원주율, 원주, 원의 넓이, 입체도형의 겉넓이와 부피 등을 구할 때 복잡한 계산은 계산기를 사용하게 할 구 있다.
- 겉넓이와 부피를 구하는 방법에 대하여 다양한 추론을 하고, 자신의 추론 과정을 다른 사람에게 설명하게 한다.
- 측정 영역의 문제 상황에서 문제 해결 전략 비교하기, 주어진 문제에서 필요 없는 정보나 부족한 정보 찾기, 조건을 바꾸어 새로운 문제 만들기, 문제 해결 과정의 타당성 검토하기 등을 통하여 문제 해결 능력을 기르게 한다.

(나) 평가 방법 및 유의 사항

- 원주율과 관련하여 계산이 지나치게 복잡한 문제는 다루지 않는다.
- 넓이 단위 사이의 관계에 대해 평가할 때 1 cm^2와 1 km^2사이의 단위 환산은 다루지 않는다.

(9) 입체도형의 겉넓이와 부피의 지도

[6수03-09] 직육면체와 정육면체의 겉넓이를 구하는 방법을 이해하고, 이를 구할 수 있다.
[6수03-10] 부피를 이해하고, 1, 1의 단위를 알며, 그 관계를 이해한다.
[6수03-11] 직육면체와 정육면체의 부피를 구하는 방법을 이해하고, 이를 구할 수 있다.

입체도형의 겉넓이는 도형의 외부 표면의 넓이를 합한 것이다. 밑면을 갖는 입체도형에 대하여 옆넓이는 겉넓이에서 밑면의 넓이를 뺀 넓이이다. 각뿔과 각기둥 같은 다면체에 대하여 겉넓이는 다면체 표면의 넓이를 합한 것이다.

물체의 부피는 그 물체가 차지하고 있는 공간의 크기이므로 부피의 차가 큰 경우에는 시각적으로 직접 비교가 가능하다. 그러나 모양이 매우 다르거나 액체와 고체와 같은 이질적인 물체의 부피는 직접 비교하기 어렵다.

또 주먹 크기의 돌 1개와 바둑돌 30개의 부피와 같이 모양이 매우 다른 경우에는 시각적으로 부피의 대소를 비교할 수 없다. 이러한 경우에는 용기의 액량을 이용하여 수면의 변화를 관찰함으로써 비교할 수 있다(아르키메데스의 원리). 또, 액체나 분말의 부피는 용기를 이용하여 측정한다. 따라서 부피와 들이는 밀접한 관련이 있다.

1) 직육면체의 겉넓이

직육면체의 겉면에 모두 색종이를 붙이려면 얼마의 색종이가 필요한지를 아는 데는 전개도를 그려서 붙여 보면 된다(**그림 5.25**).

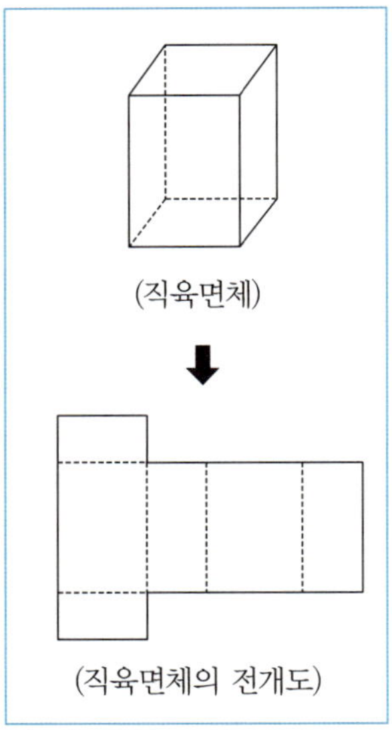

[그림 5.25] 직육면체의 전개도

직육면체는 2개의 밑면과 4개의 옆면으로 이루어져 있다. 한 밑면의 넓이를 '밑넓이'라 하고, 4개의 옆면의 넓이를 '옆넓이'라고 하며, 두 밑넓이와

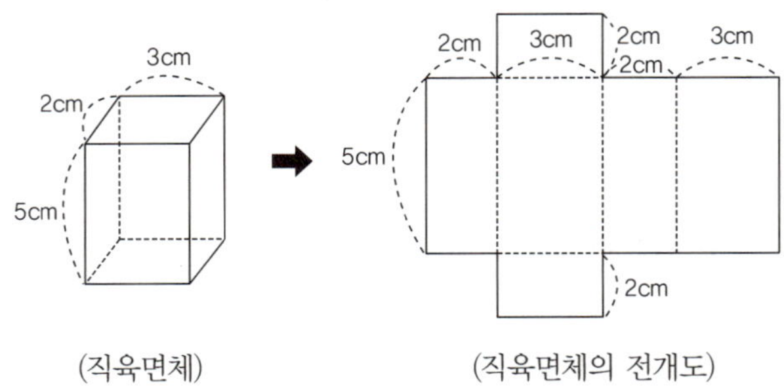

옆넓이를 합한 것이 '직육면체의 겉넓이'가 된다.

밑넓이 $3\times2=6(cm^2)$

옆넓이 $(2\times5+3\times5)\times2=25\times2=50(cm^2)$

겉넓이 $6\times2+50=62(cm^2)$

(직육면체의 겉넓이) = (밑넓이)×2+(옆넓이)

정육면체와 원기둥, 원뿔 등의 겉넓이도 같은 방법으로 구할 수 있다.

2) 직육면체의 부피

부피는 입체에 관련된 양이므로 기본단위로서 정육면체를 사용하는 것이 편리하다. 즉, 가로, 세로, 높이가 각각 1 cm인 정육면체의 부피를 $1\,cm^3$(일세제곱 센티미터)라고 한다.

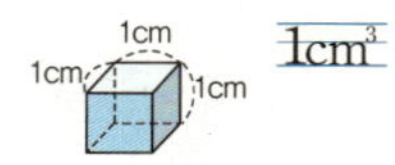

[그림 5.26] 한 변이 1cm인 정육면체의 부피

직육면체의 부피 공식을 유도하기 위하여 **[그림 5.27]**와 같이 부피가 $1cm^3$인 쌓기나무를 직육면체 모양으로 쌓아본 다음 쌓은 쌓기나무의 수와 부피를 구해본다. 이것을 바탕으로 아래 **[표 5-4]**를 완성해 본다.

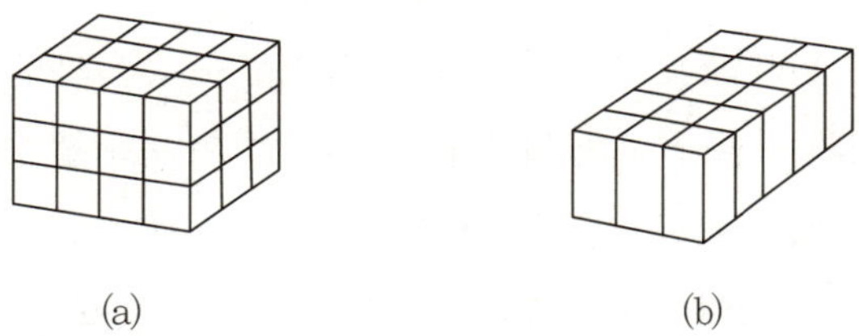

[그림 5.27] 직육면체의 부피

[표 5-4] 직육면체의 부피

	가로(cm)	세로(cm)	높이(cm)	부피(cm^3)
(a)				
(b)				

이로부터 각 직육면체 모양의 상자의 부피는 쌓기나무의 수와 관련됨을 알고, (밑넓이)×(높이)임을 유도한다. 또, 밑면은 직사각형이므로 직사각형의

넓이 공식에서 다음 공식을 유도할 수 있다.

(직육면체의 부피) = (밑넓이)×(높이) = (밑면의 가로의 길이)
×(밑면의 세로의 길이)×(높이)

정육면체의 부피 공식은 다음과 같다.

(정육면체의 부피) = (밑넓이)×(높이) = (한 변의 길이)
×(한 변의 길이)×(한 변의 길이)

또, 큰 부피를 재기 위하여 표준 단위 1 m^3를 도입한다. 이를테면, 수영장이나 우물의 물의 부피를 구하려고 할 때 1 cm^3의 쌓기나무를 단위로 해서는 너무 많으므로, 한 모서리의 길이가 1 m인 정육면체를 단위로 하면 좋겠다는 것을 이해한다. 또, 한 변의 길이가 1 m인 정육면체의 부피를 1 m^3(일세제곱미터)라고 한다.

$$1\,m^3 = (100\times100\times100)cm^3 = 1000000\,cm^3$$

2015 개정 교육과정에서는 원기둥의 겉넓이와 부피가 초등학교에서 중학교로 이동되었다.

3) 원기둥의 부피

초등학교 수학에서의 원기둥은 직원기둥을 대상으로 하므로 원기둥의 높이는 모선이 된다. 원은 다각형으로도 접근할 수 있으므로 원기둥의 부피는 직육면체의 부피 공식을 귀납적으로 적용하여 유도할 수도 있다.

원기둥의 부피를 다음과 같이 유도한다.

원기둥을 8등분하여 삼각기둥과 비슷한 모양으로 분할하고 [그림 5.28]과 같이 등적 변형한다. 이 때 밑면은 평행사변형과 비슷한 모양이 된다.

다시 16등분, 32등분, ……하여 앞에서와 같은 절차를 되풀이하면 밑면

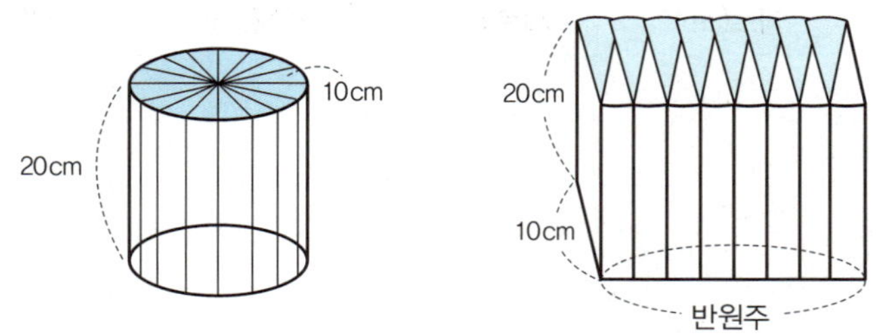

[그림 5.28] 원기둥의 부피

은 점차 직사각형 모양에 가까워져서 입체는 직육면체에 가까워진다.

따라서 원기둥은 직육면체로 등적 변형되므로 원기둥의 부피는 다음과 같이 구할 수 있다.

(원기둥의 부피) = (반원주)×(반지름)×(높이)
= (반지름×3.14)×(반지름)×(높이)
= (원기둥의 밑넓이)×(높이)

(가) 교수·학습 방법 및 유의 사항

- 원주율, 원주, 원의 넓이, 입체도형의 겉넓이와 부피 등을 구할 때 복잡한 계산은 계산기를 사용하게 할 구 있다.
- 겉넓이와 부피를 구하는 방법에 대하여 다양한 추론을 하고, 자신의 추론 과정을 다른 사람에게 설명하게 한다.
- 측정 영역의 문제 상황에서 문제 해결 전략 비교하기, 주어진 문제에서 필요없는 정보나 부족한 정보 찾기, 조건을 바꾸어 새로운 문제 만들기, 문제 해결 과정의 타당성 검토하기 등을 통하여 문제 해결 능력을 기르게 한다.

(나) 평가 방법 및 유의 사항

- 넓이 단위 사이의 관계에 대해 평가할 때 $1\,\mathrm{cm}^2$와 $1\,\mathrm{km}^2$ 사이의 단위 환산은 다루지 않는다.

(10) 수의 범위와 어림하기

[6수03-01] 실생활 장면에서 이상, 이하, 초과, 미만의 의미와 쓰임을 알고, 이를 활용하여 수의 범위를 나타낼 수 있다.
[6수03-02] 어림값을 구하기 위한 방법으로 올림, 버림, 반올림의 의미와 필요성을 일고, 이를 실생활에 활용할 수 있다.

우리는 일상생활에서 자주 어림수를 사용한다. 따라서 어림수의 지도는 독립된 단원으로 지도하기보다는 모든 영역에서, 이를테면 개념의 접근

과정이나 문제해결 과정에서 적용하는 것이 효율적이다. 실제로 문제의 성질상 정확한 수치가 필요 없거나 또는 참값을 구할 수 없을 때에는 대부분 어림수를 사용한다.

어느 도시의 인구가 177,586명일 때, 우리는 보통 '약 18만 명' 또는 '약 17만 8천명'으로 표현하기도 한다. 또, 개인의 키와 몸무게 등을 측정하여 얻은 값은 모두 어림값으로 근삿값이다. 실제로 연속량은 얼마든지 세분할 수 있으므로 아무리 정밀한 계기를 사용하여 측정하더라도 그 참값을 알 수 없다. 따라서 각 개인이 알고 있는 신장과 체중은 모두 어림해서 얻어진 측정값이다. 단지, 정밀한 계기를 사용하면 참값에 가까운 측정값을 구할 수 있을 뿐이다. 결국 연속량의 측정에서는 오차가 발생하기 쉽다.

참값 A 대신에 그것에 가까운 값 a를 택하면, a는 A의 근삿값이 된다. 따라서 어림수의 지도에 있어서는 '어림수를 취하는 경우에 어느 자리까지 정확하게 취하느냐'와 '어림수를 취할 때에 남은 부분을 어떻게 처리하느냐'의 두 가지 문제가 발생할 수 있다.

초등학교 수학에서 어림수를 취하는 유형은 대체로 아래와 같은 것이 있다.

1) 버림, 올림, 반올림

먼저 어림수가 쓰여 지는 경우를 살펴보면 대체로 다음과 같다.

- 참값은 있으나 그다지 자세한 수 값을 필요로 하지 않는 경우: 대한민국의 넓이는 22 km^2이다.
- 양의 크기가 조금씩 변하는 경우: 우리나라 남한의 인구는 약 4000만이다.
- 어떤 양을 고정된 단위에 맞추려는 경우나, 측정 용구의 정밀성 때문에 정확한 측정치를 얻기가 어려운 경우: 이 연필의 길이는 약 18 cm 이다.
- 나눗셈에서 몫이 나누어떨어지지 않을 때: $8.7 \div 2.1 = 4.142 \cdots$ 따라서 몫 4.1

다음에는 어떻게 어림수를 구하는지 그 방법에 대하여 알아보도록 하자. 어림수를 구하는 방법에는 버림, 올림, 반올림이 있는데 이들 측정값을 목적에 따라 구하는 방법은 아래와 같다.

- 25 m의 끈을 한 도막이 120 cm인 도막으로 잘라서 사용하려고 한다. 모두 몇 도막을 만들 수 있을까요?
- 2500÷120 = 20.8333⋯ 이므로 20도막을 만들 수 있고 나머지는 99.996 즉 약 100 cm이다. 따라서 100 cm의 도막은 쓸모가 없으므로 버리게 된다. 이것은 소수 첫째자리 이하를 버림 하여 얻을 수 있다.
- 초등학교 어린이 523명이 45인용 버스를 타고 수학여행을 가려고 한다. 수학여행을 가는데 필요한 버스는 모두 몇 대입니까?
- 523÷45 = 11.6222⋯ 소수 첫째자리 이하를 올림하게 되면, 모두 12대가 있어야 한다.
- 반올림은 정확한 측정값을 얻으려고 노력할 때 일어난다. 근삿값을 취하는 경우에 가장 많이 쓰이는 방법으로서, 측정할 때의 계기의 가장 가까운 눈금을 읽는 일에 해당한다. 참값에 가까운 쪽을 취하되 반은 올려서 큰 쪽을 잡는다는 근삿값의 처리 방법을 반올림이라고 한다. 따라서 반올림에 의한 근삿값이 7.3이면 그 참값 A의 범위는

$$7.25 \leqq A < 7.35$$

이 된다. 이 때 오차의 한계는 0.05가 된다. 일반적으로 반올림에 의한 근삿값의 오차의 한계는 그 끝자리의 반(半)이 된다.

2) 이상, 이하, 미만, 초과

측정값을 말할 때 구간을 정하여 말하는 경우가 있다. 우리가 자주 쓰는 이상(以上), 이하(以下), 미만(未滿), 초과(超過) 등의 뜻은 무엇이며 이들은 어떻게 표현되는지를 알아 두는 일은 대상을 분명히 한다는 의미에서나 부등식 표시의 의미 이해에 중요하다. 이들의 표시 방법과 그 의미는, 이를테면 어떤 수 A를 다음과 같이 나타낼 수 있다. 이들 표시 방법은 근삿값에서의 참값의 존재 범위의 표현이나 부등식 또는 그 해의 의미 지도 등에 유용하다.

2015 개정 교육과정에서는 수의 범위와 어림하기가 3~4학년 군에서 5~6학년 군으로 이동하였다.

3) 어림셈의 활용

어림셈은 수를 계산을 할 때 어림수를 써서 근사적인 값을 구하는 것

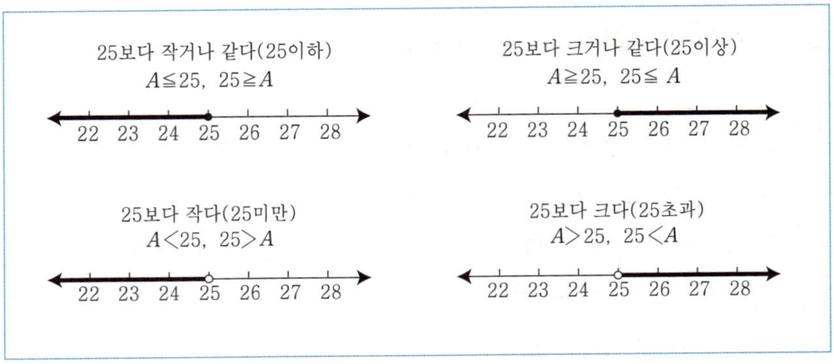

[그림 5.29] 이상, 이하, 미만 , 초과

이다. 따라서 어림셈은 문제해결의 방향을 제공하고 결과에 대한 반성의 과정에 활용될 수도 있다. 어림셈을 하는 경우에는 대강 얼마라는 값을 구하는 경우와 상당히 세밀한 값을 구하는 경우가 있다.

전자의 경우에는 문제를 해결하기 이전에 직관적으로 대강의 값을 어림함으로써 문제해결의 방향이나 전략을 수립하고, 또 결과 검정에 활용할 수 있다. 그러나 후자의 경우에는 계산기와 컴퓨터가 보급됨에 따라 복잡한 계산을 간편하게 처리할 수 있게 되어 아동은 문제 상황에 적절한 끝수 처리를 취하여 필요한 값을 구할 수 있다.

초등수학의 어림셈 지도는 형식적 처리 방법보다는 어림셈이 필요한 상황을 제시하여 지도하는 것이 바람직하다. 문제 상황에 비추어 계산의 결과 치를 어느 자리까지 구해야 하는가를 이해하는 것은 해결에 들어가기 전에 필수적인 과정이다. 따라서 이러한 판단에 따라 각 수를 어느 자리까지 어림수로 나타낼 것인가를 결정하게 된다.

예를 들면 "33명이 소풍을 가는데 소풍비용을 1인당 1,800원씩 걷으려고 한다. 걷을 돈은 약 몇 만원이 되겠는가?"라는 문제에서 ① 7만원보다 많은가, 적은가?(35명×2000원) 또는 ② 45000원보다 많은가, 적은가?(30명×1500원=45000원), 또 2,000원×33명=66,000원으로 하거나 필산으로 1,800원×33명=59,400원으로 확인하는 것이 바람직하다.

어림셈에서 오차가 너무 크게 되는 경우에는 한 자리 내려서 어림수를 잡아 계산하여 요구하는 것에 알맞게 처리한다. 초등학교에서는 이 정도의 수준에서 그치고, 너무 깊이 들어가지 않는 것이 좋다.

[참고문헌]

김성준외(2013). 초등학교 수학과 교재연구와 지도법, 동명사.

교육부(2013). 수학 1-1, (주)천재교육.

교육부(2013). 수학 1-2, (주)천재교육.

교육부(2013). 수학 2-2, (주)천재교육.

교육부(2014). 수학 3-2, (주)천재교육.

교육부(2015). 수학 6-1, (주)천재교육.

교육부(2015). 수학과 교육과정, 교육부 고시 제2015-74호 [별책 8]

박성택외(1994). 『수학교육』, 동명사.

배종수(1999). 『초등수학교육 내용 지도법, 제7차 교육과정을 중심으로』, 경문사.

최창우(2017). 초등수학 교재연구, 경문사.

|연|구|문|제|

1. 측정 영역에서 2015 개정 교육과정과 2009 개정 교육과정을 비교하여 무엇이 변화 되었는지를 말하여 보시오.

2. 초등학교 수학의 측정 영역에서 다루는 내용은 어떤 것이 있는지 말하여 보시오.

3. 양의 기본 성질에 대하여 알아보시오.

4. 휴지통이나 깡통의 높이와 둘레의 길이를 비교할 수 있는 방법을 제시하여 보시오.

5. 길이의 표준단위 1 cm를 도입하기 위해 그 이전에 어떤 활동을 해야 하는지 차례대로 기술하여 보시오.

6. 끝수 처리 과정에서 올림, 반올림, 버림을 각각 자연스럽게 지도할 수 있는 지도방안을 고안하여 보시오.

7. 넓이의 전통단위인 1평은 약 3.3m라고 한다. 33평 아파트의 경우 그 넓이는 약 몇 m인가?

8. 소집단 활동을 통하여 운동장의 트랙 길이를 여러 방법으로 재어 보시오.
   - 보폭의 수를 세어서 곱한다.
   - 자전거의 바퀴를 굴려서 센다.
   - 막대기 또는 줄자로 잰다.

9. 다음 절차에 따라 원의 넓이 공식을 유도하시오.

(a) 반지름 5cm인 원을 그린다.

(b) 단면이 5mm 정도의 끈을 이용하여 원의 중심에서 출발하여 원형으로 포갠다.

(c) 원형의 끈을 지름을 따라 자른다.

(d) 자른 끈을 모두 사용하여 직사각형 모양이 되게 배치한다.

10. 길이의 어림재기의 지도 방법으로 어떤 것이 있는지 조사하시오.

11. 3492058을 다음에 지시한대로의 어림수로 고쳐보시오.

① 천의 자리에서 반올림

② 만의자리 이하 버림

③ 십만의 자리 미만 반올림

④ 천의 자리 미만 올림

12. 두 쌀 가게에 같은 품질의 쌀을 각각 무게를 다르게 판매한다고 한다. 어느 상점에서 사는 것이 유리한가?

상점	쌀의 무게	쌀의 가격
A상점	55kg	10만원
B상점	25kg	4만5천원

13. 주어진 둘레로 그릴 수 있는 직사각형의 개수를 찾아보시오.

둘레(cm)	가능한 직사각형
8	3
10	
12	
14	
16	0

Chapter

06

자료와 가능성

2015 개정 교육과정에 따른 초등학교 수학과의 영역 구분에 있어서 가장 큰 변화는 지금까지 '확률과 통계' 영역으로 명명되었던 영역이 '자료와 가능성' 영역으로 변화된 것이다. 이는 2009 개정 교육과정에서부터 초등수학에서 '확률'을 대신하여 사건이 일어날 '가능성'을 다루어 온 것과 함께 '통계'라는 용어 자체보다 통계의 과정에서 다루어지는 자료의 수집, 자료의 분류, 자료의 정리 및 해석에 있어서 '자료'를 중심으로 하고 있기에 '자료와 가능성' 영역에서 이러한 부분을 강조하기 위한 변화이다. 자료의 분류와 정리는 중요한 통계 활동이다. 다양한 자료를 분류하고 정리함으로써 미래를 예측하고 합리적인 의사 결정을 하는 민주 시민으로서의 기본 소양을 기를 수 있다. 자료를 수집하고 분류한 다음 정리하고 해석하는 과정은 통계의 주요 과정이다. 한편 사건이 일어날 가능성을 수치화하는 경험은 확률의 기초가 된다. 신문, 인터넷 등에 있는 표와 다양한 그래프를 소재로 하여 자료를 해석하고 판단하는 능력을 기르면서 이와 함께 사건이 일어날 가능성을 말과 수로 표현할 수 있는 능력을 기르는 것은 초등수학에서부터 출발하게 된다. 이 장에서는 '자료와 가능성' 영역을 살펴보기 위해 이론적 배경과 지도의 실제로 구성되어 있다.

이론적 배경에서는 '자료와 가능성'에서 먼저 '자료'에 해당하는 통계학의 역사에 대해 다루고 이어서 통계의 과정에 대해 설명하고 있다. 그리고 '가능성'에서는 확률론의 역사를 다루고 확률 개념 및 아동의 확률 개념의 발달에 대해 기술하고 있다. 지도의 실제에서는 학년군별로 '자료와 가능성' 영역의 내용을 요약해서 정리하고 있다. 먼저 1–2학년군에서의 분류하기, 표 만들기, 그래프 그리기를 주제로 하여 교육과정 및 교과서, 교사용 지도서에서 다루고 있는 내용을 설명하고 있다. 그런 다음 3–4학년군에서의 자료의 정리를 주제로 하여 간단한 그림그래프, 막대그래프, 꺾은선그래프를 설명하고, 5–6학년군에서는 자료의 정리에 해당하는 그림그래프, 띠그래프, 원그래프에 대해 교과서를 중심으로 설명하고 있다. 이와 함께 5–6학년군에서의 평균, 가능성을 주제로 하여 평균의 의미, 사건이 일어날 가능성을 말과 수로 표현하는 것에 대해 설명하고 있다.

자료와 가능성은 중·고등학교 수학에서 다루어지는 확률과 통계의 기초적인 개념들을 다루고 있다. 무엇보다 확률과 통계는 정보사회에서 요구되는 자료 해석 및 판단 능력, 특히 다양한 그래프를 해석할 수 있는 능력과 함께 다루어져야 하며, 또 확률적 사고를 통해 가능성에 대한 비판적 판단 능력을 기를 수 있도록 해야 한다. 따라서 초등수학의 '자료와 가능성' 영역에서는 실생활에서 자료를 수집, 분류, 정리, 해석하는 과정을 이해하고 또 확률의 기초 개념으로서 사건이 일어날 가능성을 실생활 상황과 함께 이해할 수 있도록 지도해야 한다.

이 장의 탐구문제

1. 기준을 정하여 교통안전판을 분류해 보시오.

2. 다음 표를 보고 ○를 이용하여 그래프로 나타내어 보시오.

준기네 반 학생들이 배우고 싶은 악기별 학생 수

악기	오카리나	리코드	우쿨렐레	피아노	합계
학생 수(명)	8	6	5	4	23

준기네 반 학생들이 배우고 싶은 악기별 학생 수

피아노										
우쿨렐레										
리코더										
오카리나										
악기 / 학생 수(명)	1	2	3	4	5	6	7	8	9	10

3. 자료를 수집, 분류, 정리하여 자료의 특성 및 목적에 맞는 그래프를 그리고 그래프를 해석하는데 있어서 다음에 대해 토론해 보시오.
   ① 막대그래프와 꺾은선그래프로 나타낼 수 있는 자료의 특성에 대해 말해 보시오.
   ② 띠그래프와 원그래프를 비교하고 막대그래프와의 차이점에 대해 말해 보시오.

☞ 위의 탐구문제를 해결해 보시오. 그리고 신문, 인터넷 등에서 문제 2, 3에서 제시된 표, 그림그래프, 막대그래프, 꺾은선그래프, 띠그래프, 원그래프의 예시를 찾아보고 이들 그래프의 특징에 대해 토론해 보시오.

이 장에서 다루는 주요 개념: 표, 그래프, 그림그래프, 막대그래프, 꺾은선그래프, 띠그래프, 원그래프, 평균, 가능성

1 이론적 배경

(1) 자료와 가능성(확률과 통계) 지도의 의의

초등학교 수학에서 '자료와 가능성' 영역은 중·고등학교 수학에서의 확률과 통계 학습을 위한 기초 개념을 다루고 있는데, 다양한 정보 속에서 살고 있는 현대 사회에서 점점 그 중요성이 확대되고 있는 분야이다. 예를 들면, 인터넷이나 신문, 방송 등에서 국가 경제, 사회 통계, 여론 조사, 의학 자료, 산업 자료 등 많은 자료들이 보고되고 있는데, '자료와 가능성'에서 다루는 내용은 이와 같은 자료를 수집, 정리, 해석하고 이를 바탕으로 의사결정을 하는 데 도움이 된다.

통계학은 어떤 집단의 성질을 연구하는 학문이다. 통계학에서 다루는 현상은 하나하나로 보면 불규칙적이지만 많은 현상을 묶어 놓고 관찰하면 규칙성이 존재한다. 이러한 규칙성을 찾아 현상을 설명하는 학문이 통계학이다. 통계와 관련된 기록은 고대 이집트나 중국으로 거슬러 올라가며, 조사한 자료를 바탕으로 어떤 규칙성을 발견하여 미래를 예측하는데 사용되어 왔다. 이와 같이 자료를 조사하여 미래를 예측하던 단순한 형태의 통계는 조사의 필요성을 인식하고, 자료를 수집하고 정리하며, 제한된 자료나 정보를 바탕으로 불확실한 사실에 대하여 합리적인 의사결정을 내릴 수 있도록 그 방법을 제시하는 통계학으로 발전하여 오늘날 사회에서는 필수불가결한 도구가 되었다.

확률은 우연한 현상의 결과인 여러 가지 사건이 일어날 것으로 기대되는 정도를 수량화한 것이다. 확률과 관련된 주사위 게임 등은 바빌로니아 시대로 거슬러 올라가며, 그 이후에도 주사위 게임 등에 대한 연구는 지속되었지만 확률을 수학적으로 다루기 시작한 것은 17세기 이후이다. 이런 확률론의 발달은 일상생활에서 일어나는 많은 우연 현상들을 해석하는 도구를 제공하고 있다.

초등학교 '자료와 가능성' 영역에서는 실생활에서 통계가 활용되는 상황을 알아보고, 어떤 사실에 대하여 목적에 따라 자료를 수집하고, 수집된 자료를 분류하고 정리하여 표로 만들고, 그 자료의 특성을 잘 나타내는 그래프로 표현하고 해석하는 일련의 과정을 경험하게 하는 것이 중요하다.

또 비율이나 평균 등에 의하여 집단의 특성을 수로 나타내고, 이것을 해석하며 이용할 수 있는 지식과 능력을 기른다. 확률과 관련하여 확률의 수치적 표현보다 학생들에게 친숙한 실생활 상황에 대하여 공정한지 아닌지와 같은 직관적인 확률 개념을 '사건이 일어날 가능성'을 통해 형성하도록 한다.

교육과정과 관련성

자료의 수집, 분류, 정리, 해석은 통계의 주요 과정이다. 다양한 자료를 수집, 분류, 정리, 해석함으로써 미래를 예측하고 합리적인 의사 결정을 하는 민주 시민으로서의 기본 소양을 기를 수 있다.

초등학교 수학에서 '자료와 가능성' 영역은 그 자체로 학생들에게 흥미있는 내용이며, 실세계의 문제와 사회, 과학 등 다른 과목의 문제를 해결하는 데 사용될 수 있을 뿐 아니라, 아동들이 활동을 하면서 논의하고 기술할 때 의사소통을 이끌어낼 수 있게 한다. 무엇보다 정보화 사회에 정보를 다룰 수 있는 시민을 양성하기 위해 자료와 가능성은 중요한 내용이다. '자료와 가능성'이 초등학교에서 '수와 연산', '도형', '측정', '규칙성' 등과 함께 독립된 영역이 된 것은 다음과 같은 이유라고 볼 수 있다.

첫째, 현대 통계학의 급속한 발전은 컴퓨터의 진보와 보급과 더불어 응용 분야가 물리, 공학은 물론 경제, 경영, 생물학, 심리학 등 다방면으로 확대되고 있기 때문이다.

둘째, 21세기 정보화 사회에서는 범람하는 정보를 올바르게 이해하는 능력, 정보가 타당한지 판단하는 능력, 그 정보를 다른 사람과 교환하는 능력 등 정보 처리 능력이 기본 소양으로서 필요하기 때문이다.

셋째, 과학 기술의 혁신을 이끌어내기 위해서는 그 근저에 놓여 있는 현대 수학 개념에 기반을 둔 수학교육이 중요하기 때문이다.

초등학교 수학에서 자료와 가능성을 지도할 때 유의해야 할 사항으로는 학생의 관심과 의욕을 높여주기 위해서 현실적인 과제, 즉 실생활에서부터 만날 수 있는 구체적인 자료를 소재로 택하며, 다양한 실험이나 관찰을 통해 이해할 수 있도록 해야 한다. 또한 자료 수집과 분류, 정리 등의 활동 목적, 실험이나 관찰 등의 조작 활동의 목적을 명확하게 제시해야 한다. 무엇보다 자료와 가능성을 통한 확률과 통계를 활용하는 것은 수학 내적 연결성 못지않게 수학 외적 분야와의 연결성을 이끌어낼 수 있어야 하며 따라서 타 교과와 통합해서 지도할 수 있어야 한다.

(2) 통계의 이론적 배경

1) 통계학의 탄생

통계학은 간단히 말하면 '어떤 집단의 성질을 연구하는 학문'이라고 할 수 있다. 어떤 집단의 현상, 구조를 수량적으로 파악하고, 이것을 분류·정리하여 그 집단에 관한 특징이나 경향을 수량적으로 나타내는 것 곧, 수를 사용해서 우리 주위의 세계를 기술하고 해석하는 학문인 것이다 그러나 이러한 정의만으로는 현대 통계학의 모든 것을 설명하기에는 부족하다. 그 의미를 보다 분명하게 이해하기 위해 통계학이 어떤 과정을 거쳐 발전했는지를 간략하게 알아본다.

이집트의 피라미드, 중국의 만리장성 등을 건설하는 데는 많은 사람, 자재, 식량이 필요했기에 당연히 초보적인 형태의 통계가 있었던 것으로 생각된다. 실제로 이집트에는 B.C. 3050년, 중국에는 B.C. 2300년경의 통계 조사 기록이 발견되었다. 또 알렉산더 대왕이나 칭기즈 칸의 대군에 의한 대원정이나 11세기경의 십자군 원정 등에는 수십만의 병사와 말, 무기, 식량이 필요하며 이를 기록하기 위한 '수표(數表)'가 만들어졌었다. 그러나 통계라는 것은 단순한 수표를 만드는 것과는 다르며 아무렇게나, 무의미하게 나열되어 있는 수에서 하나의 경향을 찾아내어 전체로서 어떤 판단을 하는 것이다. 이런 의미에서의 통계의 탄생은 17세기 독일과 영국에서 우연하게도 각각 독립적으로 일어난 것으로 알려져 있다.

독일에서는 종교전쟁인 30년 전쟁(1618–1648)이 벌어져 프랑스, 스웨덴, 폴란드 등으로 출병하게 되고, 그 결과 국론은 분열되고 도시, 농촌은 모두 황폐화하여 인구가 줄고 생산이 미약하게 되었다. 이렇게 폐허화된 국가를 건설하기 위해 콘링(H. Conring, 1606~1681)은 토지, 국민, 재정 등 국가 사정을 알기 위한 국세 조사의 필요성을 강조했는바, 이것이 1660년의 일로서 근대 통계학의 시작이라고 말할 수 있다. 통계학이라는 statistics는 국가라는 state에 그 근원을 두고 있다.

한편 영국에서는 16세기 이후 런던이 유럽 해외 무역의 중심지로서 여러 외국 무역선이 출입했기 때문에 전염병이 만연하여 많은 시민이 사망하였다. 이 때문에 런던에서는 16세기말부터 시민의 출생, 사망과 그 원인을 나열한 사망표를 만들었는데, 상인인 그랜트(J. Graunt, 1620~1674)가 일견 불규칙하게 보이는 수표에서 몇 개의 경향이나 규칙성이 있다는 것을 발견하였다. 그래서 그는 수 십 년 전의 사망표를 수집하고 그것을 기초로 하여 1662년 "사망표에 관한 자연적 및 정치적 제 관찰"이라는 논문을 공표했다. 이것은 인구의 과학적 연구로서는 최초의 것으로서 그 결과 그랜트를 '통계학의 콜럼버스'라고 부르고 있다. 그는 당시 런던에서는 사망자 수가 출생자 수를 능가하였음에도 불구하고 인구가 줄지 않는 이유가 이주(移住)에 기인한다는 것을 확인하였고 사망자를 연령별로 배열하고 각 연령에서의 사망률도 산출하였다. 이것은 이후 생명보험 이론의 기초가 되었다.

케틀레(A. Quetlet, 1796~1874)

이와 같이 통계학의 초기 단계에서는 국가나 사회 상황을 기술하는 것이 주된 목적이었다. 독일의 통계학을 정치통계학이라고 한다면, 영국의 통계학은 사회통계학이라고 말할 수 있을 것이다. 그 후 대량 관찰을 하는 것과 함께 확률 개념을 필요로 하게 되었다. 통계학에 확률 개념을 도입한 사람은 벨기에의 천문학자 케틀레(A. Quetlet, 1796~1874)였다. 그는 '통계학의 아버지'로 불리고 있는 바, 자연 현상에 법칙이 있는 것과 같이 사회 현상에도 법칙이 있다고 보고 그것을 통계적 방법에 의해 찾아내려고 노력했다. 천문학이라는 당대의 첨단 학문에 누구보다 박식했던 그는 이미 오래 전부터 실시되어온 출생과 사망에 관한 정부의 통계가 불합리한 방법에 많이 의존하고 있음을 주목하였다. 통계 조사 기관의 설치, 통계 조사 방법의 고안, 통계 제도 정비 등 관청 통계를 발달시킨 것은 그의 공적이다.

갈톤(F. Galton, 1822~1911)

2) 기술통계학(記述統計學)

19세기 중반부터 케틀레의 뒤를 이은 대표적 인물로는 영국의 생물학자였던 갈톤(F. Galton, 1822~1911)과 피어슨(K. Pearson, 1857~1936)이 있다.

재능이 가문 내에 유전되는가에 관심을 가졌던 갈톤은 당시의 유명 인사와 그 친척들로부터 자료를 수집하고 분석하는 통계적 방법을 고안하였다. 특히 기발한 아이디어로 유명한 그는 이항분포와 정규분포 사이의 관계를 간단한 실험으로 직접 확인할 수 있도록 하였다. 그는 변수와 변수 사이의 관계에 주목하였는데, 아버지와 아들의 키를 분석하는 과정에서 상관관계에 관한 아이디어를 이론화하였다. 그의 이론은 수학과 과학 성적, 키와 몸무게, 지능지수와 성적 등 오늘날 상관관계에 관한 분석에서 다양하게 이용된다.

피어슨(K. Pearson, 1857~1936)

두 변수 사이에 관계가 있는지 없는지를 추측하기 위한 방법이 상관분석이라면, 한 변수의 값으로부터 다른 변수의 값에 대한 예측을 필요로 하는 경우에 사용하는 통계적 방법은 회귀분석이다. 예를 들어, 수학 성적으로부터 과학 성적을 예측한다거나, 키로부터 몸무게를 예측하는 경우, 각 문제에서 두 변수를 함수식으로 표현하고 분석하는 것이다. 이러한 회귀분석 역시 갈톤에 의하여 처음으로 시도되었다.

상관과 회귀 개념이 갈톤에 의해서 도입된 이후 이론적 발전이 중점적으로 이루어진 것은 피어슨에 이르러서였다. 특히, 피어슨은 비정규 분포에 관한 연구에 몰두하였다. 피어슨은 유전학, 인류학 등의 연구로 유명한데, 그가 개발한 개념과 방법은 기술통계학(descriptive statistics)을 낳게 되었다. 자료의 양이 방대할 때에는 그 자료의 전반적인 내용을 파악하기가 쉽지 않다. 따라서 대푯값, 자료의 대칭성 등을 비롯한 전반적인 분포 형태 등을 요약해 놓으면 방대한 자료의 특징을 쉽게 알아 볼 수 있게 된다. 이와 같이 자료를 정리하여 표나 그래프를 만들거나 또는 자료를 요약하여 대푯값이나 분포의 형태 등을 구하는 방법을 다루는 분야를 기술통계학이라고 한다. 초등학교에서 지도되는 통계 내용(표, 그래프, 평균 등)은 대부분 기술통계학에 속한다고 볼 수 있다.

3) 추측통계학(推測統計學)

19세기 후반부터 20세기에 이르러 고세트(W. S. Gosset, 1876~1936), 피셔(R. A. Fisher, 1890~1962), 네이만(J. Neyman, 1894~1981), 왈드(A. Wald, 1902~1950) 등으로 이어지는 통계학자들의 연구 업적은 통계를 독자적인 이론의 위치로 끌어올리기에 충분하였다.

고세트(W. S. Gosset, 1876~1936)

기술통계학은 대량 관찰을 전제로 하고 있었다. 따라서 대량의 자료를 얻을 수 없는 경우에도 사용될 수 있는 새로운 연구 방법이 모색되기 시작하였는데, 그 시초가 된 것이 바로 고세트의 t-분포이다. 아일랜드의 맥주회사에서 일하던 고세트는 소표본(小標本)으로 모집단(母集團)에 대한 통계적 추론을 하는 방법에 관하여 연구하였다. 회사의 규정상 본인의 이름으로 연구 결과를 발표할 수 없었던 그는 'Student'라는 가명(假名)으로 1907년 t-분포에 관한 연구를 발표하였고, 이 때문에 t-분포는 Student t-분포라는 이름으로 불리게 되었다. 이것이 바로 대집단(大集團)으로부터 일부의 표본을 추출한 뒤, 이 표본을 바탕으로 모집단에 관해 추측하는

피셔(R. A. Fisher, 1890~1962)

추측통계학(inferential statistics)의 시작이다. 추측통계학은 현대통계학의 핵심이 되는 분야로서, 일부 자료에서 얻어진 결과를 활용하여 전체집단의 특성을 추측하는 학문이다. 곧, 추측통계학에서는 통계적 모형을 설정하고, 또한 설정된 모형이 합리적인지 여부를 평가하여 자료로부터 얻어지는 정보를 근거로 미지(未知)의 특성에 대한 결론을 내리고 미래에 일어날 현상에 대한 예측을 하게 된다. 케틀레와 갈톤, 피어슨 등에 이르는 통계적 방법의 이론화 과정에서 주로 많은 수의 자료가 추론에 필수적인 요소로 다루어졌는데, 이렇게 많은 자료는 정규분포를 따르기 때문이었다. 그러나 소표본은 정규분포를 따른다는 보장이 없으며, 대량 관찰이 불가능하거나 불필요한 경우는 그 반대의 경우 못지않게 많기 때문에 이에 대한 이론화는 통계학의 발전에 큰 공헌을 하게 되었다.

추측통계학의 이론적 체계를 확립한 사람은 영국의 한 농사 시험장의 통계 기사인 피셔였다. 그는 새로운 분포 법칙을 유도하고, 또 변량분석법과 각종 검정법을 고안함으로써 추측통계학을 굳건한 반석 위에 올려놓았다. 고전통계학과 기술통계학의 제약을 벗어나 통계학이 독립적인 존재로 인식되기 시작한 것은 바로 피셔의 추측통계학 이후라 하여도 과언이 아니다. 종래의 전수(全數) 조사를 대체하는 표본 조사는 각종 통계 조사에 깊이 관련되어 있는 바, 현재 관청 통계, 경제 조사, 사회 조사, 시장 조사, 여론 조사 등에 광범위하게 이용되고 있다. 더욱이 추측통계학의 성과는 대량 생산의 품질 관리에 이용되어 통계적 품질 관리 방법이 1940년대부터 현저하게 발전하였다.

왈드는 통계적 가설 검정에서 틀린 가설을 채택하거나 옳은 가설을 기각(棄却)하는 위험에 대하여 인식하고 이를 통계적으로 이론화하였다. 한편, 네이만은 피어슨(E. S. Pearson, 1895~1980)과 더불어 가설 검정 이론을 발전시켰다. 가설 검정은 그 가설을 기각할 것인지 채택할 것인지를 결정하기 위한 과정으로서, 대개의 경우 대립가설(對立假說: alternative hypothesis)과 영가설(零假說: null hypothesis) 사이의 관계를 밝힘으로써 기각 여부를 결정하게 된다. 피셔가 통계학을 귀납적 사고로 설명하려고 했다면 이에 비해 네이만은 통계적 사고의 이면에는 여전히 연역적 추론이 강하게 들어 있음에 주목하였다. 네이만 역시 피셔 못지않은 지대한 영향을 통계학 영역에 미쳤다. 특히 그는 농학, 천문학, 생물학, 기상학 등을 포함한 여러 분야에서 통계학을 정확히 사용하도록 이론적 근간을 마련하였다는 평가를 받고 있다.

4) 통계의 과정

통계의 과정은 대체로 다음과 같은 순서로 수행된다.

목적 확인 → 자료 수집 → 분류·정리 → 해석 → 판단

이 통계 과정의 각 단계에서 유의해야 할 사항을 알아보기로 하자.

① 목적 확인

통계를 실시함에 있어서 그 목적이 분명해야 한다. 곧, '무엇 때문에 이와 같은 통계를 실시하는가?'가 분명해야 된다. 만일 그 목적이 무엇인지 확실하지 않으면, 이 후 자료 수집과 분류, 정리를 제대로 할 수 없게 된다. 따라서 보다 구체적인 목표를 설정하고 이에 따라 필요한 계획을 세우는 것이 통계를 시작하는 출발점이 된다.

② 자료 수집

자료를 수집할 때 고려해야 할 사항으로서는 '자료는 목적에 비추어 알맞은 자료인가?'라는 타당성의 문제와 '조사 방법은 정확히 되었는가?'라는 신뢰성의 문제가 있다. 만약 자료의 타당성과 신뢰성이 결여되어 있다면, 산출된 통계 값은 믿을 수 없고, 해석하고 판단할 가치가 없게 된다. 따라서 자료를 만들 때에는 대상을 잘 인식하여 자료 내용의 난이도, 표현 방법 등 세심한 곳까지 주의를 기울일 것은 물론, 조사 방법에서도 시간, 감독 등 정확성과 조건의 동일성을 꾀하는 데 노력하지 않으면 안 된다.

[교육과정과 관련성]

[2수05-01] 교실 및 생활 주변에 있는 사물들을 정해진 기준 또는 자신이 정한 기준으로 분류하여 개수를 세어 보고, 기준에 따른 결과를 말할 수 있다.
[4수05-01] 실생활 자료를 수집하여 간단한 그림그래프나 막대그래프로 나타낼 수 있다.

③ 분류·정리

어떤 집단에 대하여 조사한 결과 그대로는 전체의 구성이나 특징을 파악하기 어렵다. 따라서 어느 집단의 성격을 장소, 시간, 상황, 양, 모양 등의 관점에 따라 같은 점과 다른 점으로 분할할 필요가 있다. 이렇게 분할하는 것을 분류라 하고, 분류된 자료를 표나 그래프로 나타내 보거나 평균 등을 산출하여 알기 쉽게 만드는 것을 정리라고 한다. 그러나 분류와 정리는 통계 처리 과정에서 엄격하게 구별되는 것은 아니다.

[교육과정과 관련성]

[4수05-03] 여러 가지 자료를 수집, 분류, 정리하여 자료의 특성에 맞는 그래프로 나타내고, 그래프를 해석할 수 있다.

[6수05-04] 자료를 수집, 분류, 정리하여 목적에 맞는 그래프로 나타내고, 그래프를 해석할 수 있다

분류·정리를 할 때는 중복이나 누락이 되지 않도록 유의하여야 하며, 특히 집계를 할 때 0이 된 항목도 무의미한 항목으로 취급하지 않도록 해야 한다. 분류에는 직업, 성별, 각종 현상 등과 같은 질적(質的)인 것과 연령, 키, 몸무게 등과 같은 양적(量的)인 것이 있다. 질적인 분류에서 얻은 통계를 속성(屬性) 통계라 하고, 양적 구조를 나타내는 통계를 변량(變量) 통계 또는 변수(變數) 통계라 한다.

④ **해석**

표나 그래프가 만들어지고, 평균과 같은 대푯값이 산출되었다면, 이것을 분석해 봄으로써 객관적이고 정당하게 자료를 해석하도록 해야 한다. 예를 들면, 종류별 개수, 합계, 가장 많은 것과 가장 작은 것, 가장 많은 것과 가장 작은 것의 차, 종류에 따른 개수 비교 등의 발문으로 얻어진 통계 자료가 가지는 집단의 특성을 찾아보게 한다.

⑤ **판단**

앞의 해석을 바탕으로 자료에 없는 구간에 대한 사상이나 그 범위 밖의 사상 또는 앞으로 일어날 것을 예상하고 판단하도록 한다. 그렇게 함으로써 통계 집단의 특성을 제대로 개관할 수 있게 된다.

초등학교에서는 표와 그래프를 작성하거나 대푯값을 산출하는 데에는 지도가 이루어지지만, 이들을 해석하고 판단하는 지도는 소홀히 하는 경우가 없지 않다. 통계의 목표는 결과를 얻는데 그치는 것이 아니라, 얻어진 결과를 객관적으로 해석하고 판단하여 통계 집단의 성질을 구명하는데 있기에 분류·정리된 자료에 대한 해석과 판단 역시 다루어질 수 있어야 한다.

(3) 확률의 이론적 배경

1) 확률론의 역사

확률 개념은 우연 현상을 수량화하려는 수학자들의 노력에 의하여 개념화되었다. 확률적 정보가 내재되어 있는 경우가 우연 현상이 많다 보니 확률론의 역사는 수학의 다른 어떤 분야보다도 역사가 짧다. 확률론이 하나의 학문으로서 그 체계를 정리한 것은 17세기 이후지만, 문자를 사용하

경주에서 발견된 국내 最古 1400년전 정육면체 주사위

기 전 사람들도 '아마', '혹시', '행운' 등의 개념에 대해서 어떤 식으로든 생각하고 의사소통을 했을 것이며, 이러한 개념 속에는 소박한 확률에 대한 이해가 들어 있다고 볼 수 있다. 기원전 3500년 경 주사위 놀이에 사용되었던 것으로 보이는 양의 뒤꿈치 뼈가 발견되었고, 기원전 300년 경 바빌론에서 사용된 것으로 보이는 엷은 황색 도자기는 거의 완벽한 정육면체 주사위였다. 기원 후 850년 경 인도의 수학자들은 개 가운데 개를 택하는 방법의 수, 곱의 법칙, 같은 종류의 문자가 포함된 여러 문자를 정렬하는 방법 등에 관하여 알고 있었으며, 중국에서는 1100년 경에 오늘날의 파스칼 삼각형이라는 것을 다루고 있었다. 12세기 말 이슬람 국가에서는 조합론에 관한 연구도 이루어졌다. 조합 규칙과 문제는 르네상스 시대의 교재에서도 발견되는데, 대개는 증명 없이 제시되어 있다.

확률의 역사를 다룬 글에서는 거의 도박에 대해 언급하고 있다. 도박과 마찬가지로 확률은 주어진 정보를 토대로 가능성을 계산하고 그에 따른 손익을 따지는 것이 핵심적인 의미를 이루기 때문이다. 실제로 15~16세기 대 항해 시대 유럽 제국 특히 이탈리아, 프랑스 등에서는 일확천금의 사회 분위기로 도박이 성행했는데, 도박에 이기기 위한 과학적, 이론적 추구가 확률론이라는 학문을 탄생시키게 된 계기가 되었다고 해도 과언이 아니다. 확률은 불확실한 미래를 예측하기 위하여 과거와 현재에 관한 사전 정보를 해석하고, 많은 관찰 자료를 토대로 특별한 경향을 추측하기 위하여 이론화된 것이다.

수학사에 확률론과 관련지어 처음으로 등장하는 사람은 카르다노(Cardano, 1501~ 1576)로서 도박에 통달한 사람이었던 것 같다. 그는 '우연'을 처음으로 수량적으로 취급했던 사람으로서 그 당시 도박장에서 유행한 사기 행위를 방지하기 위하여 여러 가지 도박 방법을 수학적으로 음미하여 '주사위의 승부에 대해서'라는 논문을 쓰기도 했다. 여기서 그는 주사위 게임에 관한 아이디어를 정돈하고, 주사위를 6번 던져서 반드시 한 번 1의 눈이 나오지는 않지만, 많이 던지면 1/6에 해당하는 만큼 1의 눈이 나온다는 사실을 지적하였다.

17세기 프랑스 수학자 갈릴레오(Galilei, G., 1564~1642)도 확률에 관심을 가지고 '주사위 도박에 관한 고찰'이라는 논문을 썼다. 그는 세 개의 주사위를 던졌을 때, 눈의 합이 9인 경우와 10인 경우가 다른 확률로 나오는 이유를 수학적으로 설명하였다. 눈의 합이 10인 경우가 전체 216가지 경우가운데 두 가지 더 많게 되므로, 약 0.0093의 확률만큼 10이 더 잘 나온다. 이 두 경우의 확률 차이는 아주 작기 때문에 경험적으로 이를 감지하기는 어렵다.

페르마(Fermat, 1601~1665)

1654년 파스칼(Pascal, 1623~1662)과 페르마(Fermat, 1601~1665)는 서신 왕래를 통하여 주사위 게임, 돈의 분배 문제 등을 다루었다. 파스칼과 페르마의 연구는 확률에 대한 지대한 관심을 불러일으켰고, 수학적인 확률 이론에 관한 거의 대부분의 책에서는 이들의 서신 왕래를 확률 이론의 시초로 소개하고 있다.

1655년에 파리를 여행했던 호이겐스(Huygence, C., 1629~1695)는 파스칼의 아이디어에서 많은 것을 배웠다. 여행에서 돌아온 후 그는 확률에 관한 독자적인 논문을 작성했는데, 그 논문은 확률론에 관한 최초의 출판물(1657년)이었으며, 그 논문에서 기댓값의 수학적 정의를 하고 있다.

스위스의 수학자 가족의 한 사람인 야곱 베르누이(Bernoulli, J., 1654~1705)는 큰 수의 법칙, 순열, 집합 이론을 만들었다. 사후 1713년에 '추측술'이 출판되어 확률론의 기초를 구축한 것으로 알려져 있다.

또 1718년에는 드 무아브르(De Moivre, A., 1667~1754)가 '우연의 법칙'이라는 책을 출판했다. 그 후 18, 19세기에는 오일러(Euler, L., 1707~1783), 가우스(Gauss, K. F., 1777~1855) 등의 노력에 의해 확률론은 더욱 발달했다. 특히 라플라스(Laplace, P. S., 1749~1827)는 당시까지의 확률에 관한 논의를 체계적으로 정리하고, 전체 경우의 수와 부분 경우의 수의 비(比)로서 확률을 정의하였을 뿐 아니라 이항분포에서 시행 회수가 무한히 커지면 정규분포에 가까워진다는 중심극한 정리를 이끌어 내었다.

20세기 들어 확률론은, 그 수학적 기초를 공고히 하고자 하는 수학자들의 노력에 힘입어 그 면모를 새롭게 하게 되었다. 이러한 노력의 절정은 1930년대에 출판된 콜모고로프(Kolmogorov, A., 1903~1987)의 '확률론의 기초'이다. 이 책에서 그는 확률론을 엄밀한 공리론적 토대 위에서 전개하고 있다.

콜모고로프
(Kolmogorov, A., 1902–1987)

이러한 과정을 거쳐 발달해 온 확률론은, 특히 통계학에 그 이론이 이용되면서 통계학의 발전에 큰 영향을 미치게 되었다. 현대에 이르러 확률론의 연구 내용은 더욱 심화되어 물리학, 생물학, 경제학, 심리학 등 많은 학문 분야에 이용될 뿐만 아니라, 여러 가지 사회 현상을 다루는 과학적 방법으로 등장하게 되었다.

2) 확률 개념

확률은 역사적으로 조금씩 다르면서도 서로 관련된 여러 개념들과 결합되어 사용되어 왔는데, 그 의미에 대해서는 수학자와 철학자들 사이에 의견의 일치를 보지 못하고 있다. 그러나 수학자들은 대체로 확률을 수학적 확률(Laplace), 통계적 확률(Mises), 공리론적 확률(Kolmogorov)과 같이 세 가지로 분류하고 있다.

① 수학적 확률

라플라스
(Laplace, P. S., 1749~1827)

같은 조건 아래 여러 번 반복할 수 있는 어떤 시행에서, 일어날 가능성이 있는 모든 결과를 원소로 하는 집합을 그 시행의 표본공간이라고 한다. 예를 들어 주사위를 1회 던졌을 때 나오는 눈의 수는 6가지이다. 이 때 U={1, 2, 3, 4, 5, 6}이라고 하며, 전체집합 U는 표본공간이다. U의 임의의 부분집합 E를 사건이라고 하고 특히 하나의 원소로 이루어진 집합을 근원사건이라고 한다. 이를테면 짝수의 눈이 나오는 사건은 E={2, 4, 6}이며, 집합 {2}, {4} 등은 근원사건이다.

라플라스는 근원사건이 n개인 표본공간 S에서 각 근원사건이 일어날 가능성이 모두 같은 정도(equally likely)일 경우, a개의 근원사건으로 구성된 사건 A가 일어날 확률 P(A)는

$$P(A) = \frac{a}{n}$$

으로 정의하였다. 이 정의에 따르면, 주사위를 던져서 6이 나올 확률은 일어날 가능성이 같다고 가정할 수 있는 면이 6개이므로 1/6이라고 할 수 있다. 1/6이라는 값은 주사위를 던지기 이전에 구할 수 있는 값이며, 이러한 정의는 어떤 시도를 실제로 해보기 전에 확률 계산을 허용한다는 점에서 선험적(先驗的) 확률이라고 부르기도 한다.

② 통계적 확률

통계적 확률은 상대 도수라는 통계적 개념에 근거한 것으로, 어떤 사건에 대한 확률이란 시행 횟수에 대한 그 사건의 상대 도수의 극한값을 뜻한다. 곧, 다수의 사건의 계열은 사례수가 증가함에 따라 일정한 값에 수렴해 가는데 그 상대 도수의 극한값을 확률로 정의한다. 예를 들어, 찌그러진 동전의 앞면이 나올 확률은 미리 알 수가 없으며 실제로 많이 던져

보아야 한다. 이 동전을 1만 번 정도 던졌을 때 앞면이 7560번 나왔다면 앞면이 나올 경험적 확률은 0.756이 된다. 이 정의에 의한 확률은 경험에 의하여 확률 값을 얻게 되므로 경험적 확률이라고 부르기도 한다. 미세스(von Mises, R. E. 1883~1953)는 이러한 확률을 이론화한 대표적인 수학자이다.

[참고] 일기 예보의 강수(降水) 확률은 일종의 통계적 확률이다. 강수 확률은 통계적으로 현재와 비슷한 기상 상태에서 과거 실제로 비가 내렸던 경우의 확률을 나타낸 것이다. 보통 강수 확률이 10% 이하일 때 일기도에는 비가 올 요소가 나타나지 않는다. 20%에서는 일부 지방에서 소나기 등이 내릴 가능성이 있다는 의미이다. 비 맞는 것을 몹시 싫어한다면 30%부터는 우산을 갖고 외출하는 것이 좋다. 약한 전선이나 저기압 기운이 접근할 때 예보된다.

③ 공리론적 확률

콜모고로프(Kolmogorov, A., 1903~1987)는 표본 공간 S의 임의의 사건 E에 대하여 아래 세 조건을 만족하는 실수값 P(E)를 대응시킬 수 있을 때, P(E)를 사건 E의 공리론적 확률이라고 정의하였다.

- 임의의 사건 $E \subset S$에 대하여 $0 \le P(E) \le 1$
- $P(S) = 1$
- $E_1, E_2, \ldots E_i, \ldots$가 서로 배반 사건이면,
- $P(E_1 \cup E_2 \cup \ldots \cup E_i \cup \ldots) = P(E_1)+P(E_2)+\ldots P(E_i)+\ldots$

예를 들어 1, 2, 3의 숫자가 적힌 구슬을 주머니에 넣고, 잘 섞은 다음 1개를 꺼낸다고 하자. i(i=1, 2, 3)의 숫자가 나오는 사건을 E_i라고 하면,

- $S = \{E_1, E_2, E_3\}$
- (예 1) $P(S) = 1,\ P(\{E_i\}) = 1/3$
- (예 2) $P(S) = 1,\ P(\{E_1\}) = 2/4,\ P(\{E_2\}) = P(\{E_3\}) = 1/4$

(예 1)과 (예 2) 모두 3가지 공리를 만족하므로, 확률이 정의되었다고 할 수 있다. 특히 (예 2)와 같은 경우는 실제 문제와는 달라도 공리를 만족하므로 $P(\{E_i\})$는 공리론적 확률이다.

확률 개념의 발달 과정을 정리하면 다음과 같다.

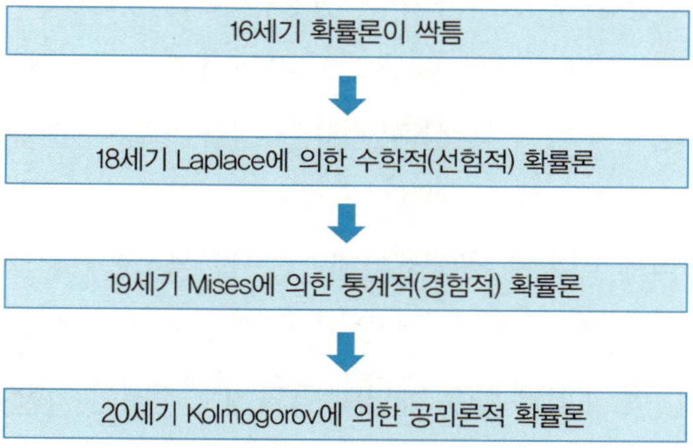

확률 개념의 발달 과정

3) 아동의 확률 개념의 발달

확률 개념을 지도하는 교사는 교과서에 제시된 확률 개념을 학생들의 사고와 경험에 맞게 재구성하는 역할을 한다. 교사가 확률 개념의 배경과 학생들의 개인적인 경험을 살려내기 위해서는 확률 개념에 관한 수학자의 사고를 이해해야 한다. 이를 위해 학생들의 확률에 대한 개념적 사고가 어떻게 발달해왔는지에 대해 알아보기로 한다.

피아제(Piaget)는 임상적 방법으로 아동의 확률 개념이 어떻게 수학적으로 세련되어 가는가를 분석하고, 그 분석을 토대로 연령에 따른 확률 개념 발달 단계를 제시하였다. 피아제는 확률 개념의 발달을 3단계로 나누어 설명하고 있다.

제1단계는 대체로 7세 이하 아동들이 갖는 특성으로, 우연적인 사건과 필연적인 사건을 구별할 수 없다. 곧, 확률론적 현상과 결정론적 현상을 구별할 수 없는 단계이다. 피아제에 의하면, 이 단계의 아동들은 임의로 섞여진 것에서도 순서를 찾으려고 한다. 또 아동들은 모집단 비율을 전적으로 무시하고 가장 자주 관찰된 사건이 일어날 것이라고 예측한다. 예를 들어 한 상자에는 검정 구슬 3개, 흰 구슬 1개가 들어 있고, 또 다른 상자에는 검정 구슬 6개, 흰 구슬 2개가 들어 있다는 것을 아동에게 보이고, 각 상자에서 검정 구슬을 꺼낼 가능성이 같은지 아니면 다른지를 아동에게 물었을 때, 아동들은 검정 구슬이 6개 들어있는 상자에서 검정 구슬을 꺼낼 가능성이 더 크다고 대답하는 경우가 많다.

제2단계는 14세까지의 아동이 해당하는 단계로서 우연적인 사건과 필연적인 사건을 구별할 수 있어서 우연 현상은 우연 현상으로서 파악하지만, 가능성의 목록을 체계적으로 만들어 내지는 못한다. 이 단계의 아동은 조합적 기능을 갖지 못하며, 추상적인 확률 실험 모델을 만들만큼 수학적으로 성숙하지 못한 단계이다.

제3단계는 14세 이후에 해당하는데, 조합적 분석을 시작하며 비율적 사고를 하여 확률을 상대도수의 극한으로 이해하게 되는 단계이다. 따라서 피아제에 의하면, 비 개념이 확률 개념의 발달에 결정적인 역할을 하게 된다.

결론적으로 피아제는 일상적인 행동과 사고에 확률 직관이 요구되고 확률적 판단이 요구되는 문제 상황을 계속 접하게 되면서 아동들의 확률적 사고는 자발적으로 발달해 간다고 보았다.

피쉬바인
(Fishbein, E., 1920–1998)

한편 우정호(2009)에 따르면 피쉬바인(Fischbein, E., 1920~1998)은 우연에 대한 원시적인 직관은 비교적 일찍 형성되며, 구체적 조작기에 적절한 지도를 하면 비율적 사고와 가능성의 비교를 할 수 있다고 주장한다. 하지만 확률 개념은 인지 발달에 따라 자발적으로 발달되는 것이 아니라 형식적 조작기에 도달하여도 학교에서 의도적인 확률 교육을 통해서만 발달되는 것으로 보고 있다. 피쉬바인(Fischbein)은 학교수학에서는 연역적이고 결정론적인 사고방식을 가르치는데 치중하고 있는 바 이와 같은 사고방식으로는 확률의 의미를 이해시킬 수 없다고 본다. 그는 일상적인 인간 행동 자체가 확률적인 것임에도 불구하고, 확률 현상의 이해에 대한 지도가 등한시되고 있음을 지적하면서 교육을 통한 확률 직관의 개발을 강조하고 있다.

2 지도의 실제

초등학교 '자료와 가능성' 영역에서는 실생활에서 자료의 수집과 분류가 어떻게 이루어지는지 그리고 정리와 해석은 어떤 상황에서 전개되는지를 알아본다. 즉, 실생활에 있는 자료를 수집하고, 그 자료를 정해진 기준으로 분류하여 나타내어 보고, 또 수집된 자료를 정리하는 단계에서 표를 만들거나 자료의 특성을 잘 나타내는 그래프로 표현함으로써 자료에 대한 해석을 가능하게 하는 일련의 과정을 경험한다. 이와 함께 학생들은 실생활에서 가능성과 관련된 상황을 직관적으로 알아보고 가능성을 수 또는 말로 표현하는 활동을 한다. 학년군별로 '자료와 가능성' 영역에서 다루는 내용을 살펴보면 다음과 같다.

1-2학년군에서는 사물을 정해진 기준 또는 자신이 정한 기준에 따라 분류하여 개수를 세는 것을 다루고, 분류한 자료의 크기를 표로 나타내거나 ○, ×, / 등을 이용하여 그래프로 나타내는 것을 다룬다. 3-4학년군에서는 실생활 자료를 수집하여 간단한 그림그래프나 막대그래프로 나타내고 자료의 특징을 찾아 설명한다. 연속적인 변량에 대한 자료를 수집하여 꺾은선그래프로 나타내고, 이를 이용하여 자료를 정리하고 표현한다. 또 여러 가지 자료를 수집, 분류, 정리하여 자료의 특성에 맞는 그래프를 나타내는 것을 다룬다. 5-6학년군에서는 주어진 자료의 평균을 구할 수 있고, 주어진 자료를 띠그래프와 원그래프로 나타냄과 동시에 목적에 맞는 그래프를 나타내고 해석할 수 있다. 또 실생활에서 가능성과 관련된 상황을 수와 말로 표현하고 가능성을 비교하면서 사건이 일어날 가능성을 표현하는 것을 다룬다(교육부, 2015).

[표 6-1] 2015 개정 교육과정 '자료와 가능성' 영역 요약

핵심	일반화된 지식	학년(군)별 내용 요소			기능
		1~2학년	3~4학년	5~6학년	
자료 처리	자료의 수집, 분류, 정리, 해석은 통계의 주요 과정이다.	•분류하기 •표 •○, ×, /를 이용한 그래프	•간단한 그림그래프 •막대그래프 •꺾은선그래프	•평균 •그림그래프 •띠그래프, 원그래프	분류하기 (개수)세기 표만들기 그래프 그리기 표현하기 수집하기 정리하기 해석하기 설명하기 이해하기 활용하기 비교하기 문제 해결하기
가능성	가능성을 수치화하는 경험은 확률의 기초가 된다.			•가능성	

(1) 분류하기

1-2학년군 ① 분류하기

[2수05-01] 교실 및 생활 주변에 있는 사물들을 정해진 기준 또는 자신이 정한 기준으로 분류하여 개수를 세어 보고, 기준에 따른 결과를 말할 수 있다.

[교과서 내용 이해]

분류하기를 배우기 전에 여러 가지 모양을 같은 모양끼리 분류했던 경험을 떠올려 학습을 준비하도록 한다.

목적에 맞게 자료를 수집하였을 때, 이것이 문제 해결 자료로서 활용되기 위해서는 수집한 자료를 분류하고 정리할 수 있어야 한다. 자료를 조직, 분석하기 위해서 분류하기는 그 첫 번째 단계이다. 분류하기는 학생들이 실생활에서 친근하게 느낄 수 있는 소재에서 왜 분류를 해야 하는지에 대한 인식을 갖는데서 출발하다. 2015 개정 수학과 교육과정에서는 2학년 1학기 5단원 '분류하기'에서 어지럽게 흩어져 있는 신발장과 옷장 속 모습에서 각각을 분류하여 정리하는 과정에서 왜 분류가 필요한지를 인식하도록 한다(**[그림 6.1]**).

[그림 6.1] 분류하기의 필요성 인식(2-1, pp.120-121)

[교과서 내용 이해]

분류할 때 기준을 어떻게 정해야 하는지 말해 보는 과정을 통해 자신의 생각을 다른 사람에게 표현하는 의사소통 능력을 기를 수 있다.

이와 같이 저학년에서의 분류는 교실 및 실생활 주변에서 쉽게 접할 수 있는 사물을 대상으로 정해진 기준에 따르는 것이 좋으며, 이 때 분류의 기준이 되는 특징은 분명하고 간단한 것이어야 한다. 예를 들면 과일을 분류할 때, 종류에 따라, 색깔에 따라, 크기에 따라, 모양에 따라 나누어 보도록 한다. 특히 이 과정에서 분명하지 않은 기준으로 분류할 때 분류하기에 어려움이 있음을 이해할 수 있도록 지도한다(**[그림 6.2]**).

이와 같이 한 가지 기준에 따라 분류하는 활동은 통계의 첫 단계로서,

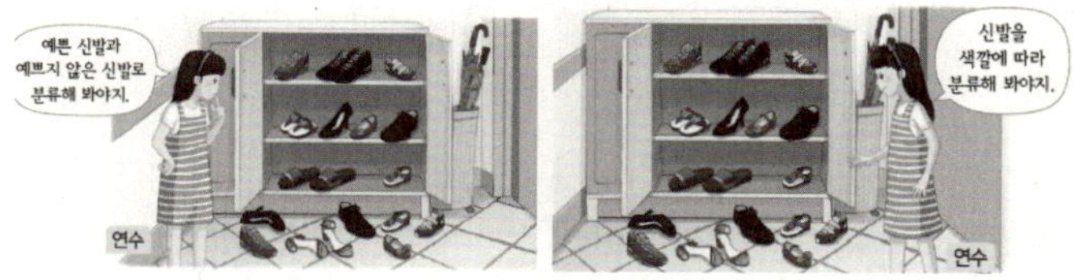

[그림 6.2] 분명하지 않은 기준과 분명한 기준으로 분류하기(2-1, pp.122-123)

이후 자료를 수집 및 정리, 해석하는 활동으로 발전되어 간다. 또 학생 스스로 기준을 정하여 분류할 수 있게 하는데, 이때에는 분류 대상이나 분류 기준이 학생들의 수준에 적합한지 교사 및 학생 간 상호 의사소통을 거치면서 판단할 수 있도록 한다. 분류를 한 다음에는 분류한 것들의 각각에 대응하여 개수를 세어보는 활동이 필요하다([그림 6-3]). 또 기준에 따라 분류한 결과를 말해 보게 한다.

이러한 활동은 표를 만들기 위한 기초 활동인데, 이처럼 주어진 자료를 기준에 따라 분류하고 세어서 표로 정리하는 이유는 다음과 같다.

- 통계 자료의 특징을 일목요연하게 알 수 있도록 한다.
- 수리적인 자료 분석을 간편하게 할 수 있도록 한다.
- 보다 많은 정보를 시각적으로 보다 빨리 파악할 수 있도록 한다.

이전 교육과정에서는 심화과정에서 상황을 두 가지 기준에 따라 분류하는 활동도 있었으나 2015 개정 수학과 교육과정에서는 이와 같이 두 가지 기준에 따라 분류하는 활동을 초등수학에서는 다루지 않는다. 이는

[교과서 내용 이해]

분류하여 세어 보는 과정에서 정보처리 능력을 기를 수 있으며, 또 분류하여 세어 보면 어떤 점이 좋은지 말해보게 한다.

• 정해진 기준에 따라 분류하고 그 수를 세어 보세요.

분류기준	모양

모양			
세면서 표시하기			
장난감의 수(개)	5		

[그림 6.3] 분류하여 세어 보기(2-1, p.133)

[교과서 내용 이해]
자신만의 방법으로 팔찌를 다양하게 만들어 보는 활동을 통해 창의적 사고력을 기를 수 있다.
또 수학적 활동을 통해 타인을 배려하고 존중하며 협력적 태도를 기를 수 있다.

두 가지 기준에 따라 분류하는 활동은 한 가지 기준으로 분류하는 것과는 질적인 차이가 있기 때문이다.

활동 자료 1

다음 동물 카드를 보면서 동물을 분류하여 세어 보세요.

활동 자료 2

구슬로 팔찌를 만들려고 합니다. 기준을 정하여 구슬을 분류하고, 분류한 구슬로 팔찌를 만들고 어떤 방법으로 팔찌를 만들었는지 말해 보세요.

(가) 교수·학습 방법 및 유의 사항

- 분류하기에서는 학생들이 실생활에서 친근하게 느낄 수 있는 소재를 활용한다.
- 기준을 정하여 분류할 때 학생들이 정한 다양한 기준을 존중하되, 분명하지 않은 기준일 경우에는 분류하는 것이 어려움을 인식하게 한다.

(나) 평가 방법 및 유의사항

- 분류하기를 평가할 때 학생들의 수준에 비해 어려운 분류 대상이나 분류 기준을 사용하지 않는다.

(2) 표 만들기

1-2학년군 ② 분류하기
[2수05-02] 분류한 자료를 표로 나타내고, 표로 나타내면 편리한 점을 말할 수 있다.

통계 자료를 목적에 따라 분류하고 취급하기 쉽게 정리하여 기호나 숫자 등으로 항목에 따라 나타낸 것이 표이다. 곧, 표는 자료를 수집하고 분류한 다음 정리하는 단계에서 통계적 사실을 표현하는 방법 중 하나이다.

2015 개정 수학과 교육과정에서는 2학년 2학기 5단원 '표와 그래프'에서 실생활과 관련한 소재를 이용하여 구체적인 자료의 크기를 조사하여 표로 나타내는 방법과 자료의 다양한 표현 방법을 다룬다. 그 순서는 자료를 보고 표로 나타내어 본 다음 직접 자료를 조사하여 표로 나타내어 볼 수 있도록 한다. 이 과정에서 표로 나타내었을 때 편리한 점을 학생들이 인식할 수 있도록 지도한다.

표가 갖추어야 할 조건은 표 작성의 목적에 따른 제목, 자료를 수집할 때 사용한 측정 단위 등이다. 표의 행과 열의 개수는 표의 사용 목적에 맞게 분류하며, 계급의 크기와 개수를 적절하게 조정한다. 그러나 저학년에서 표를 만들 때는 이 모든 과정을 아동에게 부과하는 것은 무리이므로, 미리 교사가 양식을 만들어 주고 사용하게 한다.

[교과서 내용 이해]
주어진 자료를 목적에 맞게 분류하고 정리하여 표로 나타내는 과정을 통해 정보 처리 능력을 기를 수 있다. 또 표로 나타내는 과정에서 모든 자료를 빠짐없이 정리하였는지를 확인하면서 자신의 활동을 반성하는 능력을 기를 수 있다.

- 학생들이 좋아하는 운동을 표로 나타내어 봅시다.

준기네 반 학생들이 좋아하는 운동별 학생 수

운동	태권도	달리기	줄넘기	축구	수영	합계
학생 수(명)						

- 표로 나타내면 편리한 점을 말해 봅시다.

[그림 6.4] 표로 나타내고 편리한 점 말하기(2-2, p.105)

5. 리듬을 보고 표로 나타내어 보세요. 창의·융합 정보 처리

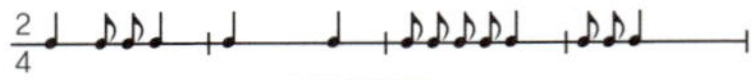

음표수

음표	𝅗𝅥	♩	♪	합계
음표 수(개)	𝍸 𝍸	𝍸 𝍸	𝍸 𝍸	
		4	8	14

3. 주사위 2개를 동시에 10번 굴려서 나온 눈의 차의 횟수를 표로 나타내어 보시오. 창의·융합 정보 처리

나온 눈의 차의 횟수

눈의 차	0	1	2	3	4	5	합계
횟수(번)	𝍸𝍸	𝍸𝍸	𝍸𝍸	𝍸𝍸	𝍸𝍸	𝍸𝍸	
							10

[그림 6.5] 다양한 상황에서 계수기를 이용하여 표로 나타내기
[2-2 지도서, p.259(위), p.261(아래)]

조사 목적에 따라 수집된 자료를 분류한 뒤에는 분류 항목 별로 도수(度數)를 정리하는 경우가 있다. 이 때 분류된 자료를 세는 과정에서 중복되거나 누락되는 일이 없게 유의해야 한다. 이를 위해서는 자료를 하나씩

[교과서 내용 이해]

가위바위보를 한 결과를 기록하여 표로 나타내는 것이 유용함을 인식하도록 한다. 또 놀이의 규칙을 지키며 친구들과 협력하여 놀이에 참여할 수 있도록 지도한다.

활동 자료 3

가위바위보 놀이를 하면서 표로 나타내어 보는 활동을 해 봅시다. 짝과 함께 가위바위보를 20번 하여 더 많이 이긴 사람이 이깁니다. 아래 2개의 표를 비교하여 자료를 표로 나타낼 때의 장점에 대해 말해 보세요.

- 가위바위보를 하고 이기면 ○표, 지면 ×표, 비기면 △표 하세요.

순서	1	2	3	4	5	6	7	8	9	10
결과										
순서	11	12	13	14	15	16	17	18	19	20
결과										

- 자료를 보고 표로 나타내오 보세요.

나의 가위바위보 결과

결과	이김	짐	비김	합계
횟수				

빗금을 쳐가며 항목 별로 계수기(tally)로 표시를 하면 좋다.

표를 지도할 때는 표를 만드는 방법, 표로 정리하는 필요성을 이해하도록 해야 하며, 표를 통해서 수량 관계를 고찰하거나 항목 사이의 비교 및 전체적인 경향을 파악할 수 있도록 하는 것이 중요하다. 이 과정에서 자료를 보고 알 수 있는 것과 표를 보고 알 수 있는 것을 비교하여 표로 나타내었을 때의 장점을 말해보도록 지도한다. 또 자료를 조사하여 표로 나타낼 때에는 내용에 맞는 적절한 조사 방법을 선택하여 자료를 수집하는 과정을 함께 지도함으로써 자료를 표로 나타나는 과정 속에서 정보 처리 능력을 기를 수 있도록 한다.

(가) 교수·학습 방법 및 유의 사항

- 표를 만들 때 자료가 중복되거나 빠지지 않도록 세어보는 방법을 함께 지도한다.
- 표로 나타내기는 생활 주변에 있는 자료들을 활용하되, 그 기준이 분명하고 간단한 것을 다룬다.

(3) 그래프 그리기

1-2학년군 ③ 그래프 그리기

[2수05-03] 분류한 자료를 ○, ×, / 등을 이용하여 그래프로 나타내고, 그래프로 나타내면 편리한 점을 말할 수 있다.

자료의 특징이나 수량 사이의 관계를 정확하게 알아보는 데에는 표가 편리하지만, 직관적으로 알아보기 쉬운 것은 그래프이다. 그래프는 어떤 집단의 통계 자료의 특징이나 수량 사이의 관계를 직관적으로 알아보기 쉽도록 그림으로 나타낸 것으로, 자료를 시각적으로 제시하는 다이어그램의 한 형태이다.

2015 개정 수학과 교육과정에서는 2학년 2학기 5단원 '표와 그래프'에서 처음으로 그래프라는 용어가 등장하는데 이때 실생활과 관련된 다양한 그래프의 모습을 통해 그래프를 이해하도록 한다. 초등학교 수학에서 그래프를 도입하는 방법은 구체물로 나타내는 방법에서 시작하여 기호화하는

방식으로 발전한다. 초등학교에서 처음 그래프를 도입할 때는 그림이나 붙임 딱지로 도수를 나타내기도 하고, 그림 대신 ○ 또는 ×를 이용하여 도수를 나타내기도 한다.

[교과서 내용 이해]

자료와 표를 비교하여 그래프로 나타내었을 때의 편리한 점을 찾게 하고, 그래프의 형태를 보고 그래프로 나타낸 방법을 유추하는 과정에서 수학적 추론 능력을 기를 수 있다.

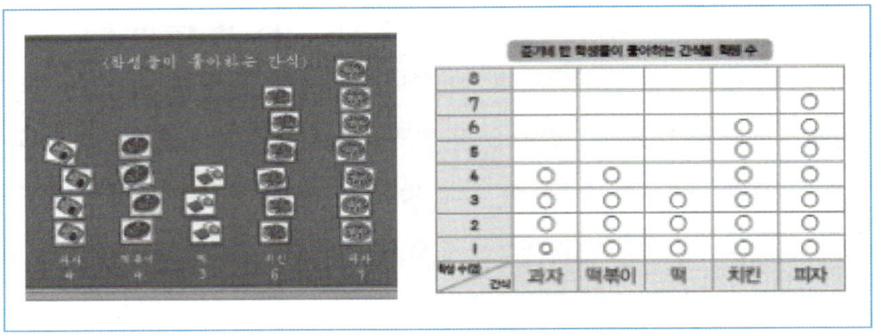

[그림 6.6] 그래프로 나타내는 방법(2-2, pp.112-113)

[교과서 내용 이해]

기호화되지 않은 이러한 대안적인 방법을 사용할 때에는 교사가 수업 활동의 목적에 맞게 이용할 수 있어야 한다.

초등학교 수학에서 그래프를 그리는 과정은 수집한 자료를 분류하고 정리하는 단계에서 그래프가 가진 특징을 파악할 수 있도록 지도해야 한다. 이 과정에서 그래프를 빠르고 쉽게 그릴 수 있는 대안적인 방법에 대해서도 함께 생각해볼 수 있는데, 이를테면 큐브를 연결하거나 클립을 연결한 형태, 또는 붙임쪽지를 이용하거나 칠판자석을 이용하여 시각적인 그래프 형태를 구현할 수도 있다.

표와 그래프로 나타내는 활동은 이것을 해석하는 활동으로 이어질 수 있어야 하며 이 과정에서 문제 상황에 적합한 문제 해결 전략과 함께 문제 해결 능력을 기를 수 있도록 한다. 이를테면 다음과 같은 질문을 할 수 있어야 한다. 이러한 질문을 통해 그래프로 나타낸 자료의 특성을 파악할

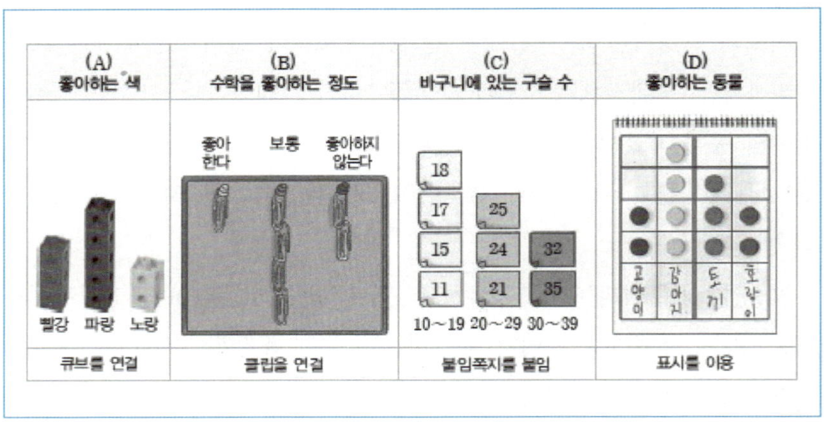

[그림 6.7] 그래프를 나타내는 대안적인 방법(2-2 지도서, p.255)

수 있게 된다.

- 그래프에서 알 수 있는 사실은 무엇인가?
- 조사에 참여한 학생은 모두 몇 명인가?
- 그래프로 나타낼 때 기준은 분명하게 구분되는가?

한편 초등학교 수학에서 그래프는 표와 함께 자료를 정리하는 단계에서 다루어지는데, 학생들은 3~4학년군에서 그림그래프, 막대그래프, 꺾은선 그래프를 학습하고, 5~6학년군에서 띠그래프와 원그래프를 단계적으로 학습하게 된다.

활동 자료 4

다음은 진희네 반 학생들이 좋아하는 반려동물을 표와 그래프로 나타낸 것이다. 표를 보고 알 수 있는 내용과 그래프를 보고 알 수 있는 내용을 말해 보세요.

진희네 반 학생들이 좋아하는 반려동물별 학생 수

반려동물	강아지	사슴벌레	고양이	햄스터	합계
학생 수(명)	10	7	3	7	27

진희네 반 학생들이 좋아하는 반려동물별 학생 수

10	×			
9	×			
8	×			
7	×	×		×
6	×	×		×
5	×	×		×
4	×	×		×
3	×	×	×	×
2	×	×	×	×
1	×	×	×	×
학생 수(명) / 반려동물	강아지	사슴벌레	고양이	햄스터

[교과서 내용 이해]
자료를 표나 그래프로 나타낸 후 통계적 사실을 알아내는 것과 함께 표나 그래프의 내용을 바탕으로 해석하거나 무엇인가를 추측해 가는 활동이 학생들에게 필요하다.

(가) 교수·학습 방법 및 유의 사항

- 그래프로 나타내기는 생활 주변에 있는 자료들을 활용하되, 그 기준이 분명하고 간단한 것을 다룬다.
- 자료와 가능성 영역의 문제 상황에 적합한 문제 해결 전략을 지도하여 문제 해결 능력을 기르게 한다.

(4) 자료의 정리

3-4학년군 ① 자료의 정리

[4수05-01] 실생활 자료를 수집하여 간단한 그림그래프나 막대그래프로 나타낼 수 있다.

[4수05-02] 연속적인 변량에 대한 자료를 수집하여 꺾은선그래프로 나타낼 수 있다.

[4수05-03] 여러 가지 자료를 수집, 분류, 정리하여 자료의 특성에 맞는 그래프로 나타내고, 그래프를 해석할 수 있다.

5-6학년군 ② 자료의 정리

[6수05-02] 실생활 자료를 그림그래프로 나타내고, 이를 활용할 수 있다.

[6수05-03] 주어진 자료를 띠그래프와 원그래프로 나타낼 수 있다.

[6수05-04] 자료를 수집, 분류, 정리하여 목적에 맞는 그래프로 나타내고, 그래프를 해석할 수 있다.

2015 개정 수학과 교육과정에서 자료 정리 및 해석을 위해 다루어지는 그래프를 학년군별, 단원별로 구분하여 개략적으로 살펴보면 다음과 같다.

학년군별 그래프 관련 지도 내용 요약

1-2학년군에서 자료를 수집하고 분류하는 활동을 하면서 표와 ○, ×, / 등을 이용한 그래프 등에서 자료를 정리하는 방법을 학습했다면, 3-4학년군에서는 3학년 2학기 6단원 '자료의 정리'에서 자료를 표로 나타내어 보게 하고 표와 그림그래프를 같이 제시하여 조사한 자료를 직관적으로 쉽게 알아볼 수 있는 방법을 해각하게 한다. 또 그림그래프를 직접 그려 보는 활동과 그림그래프를 해석해 보면서 자료의 정리에 필요한 그래프의 필요성을 인식하게 한다.

4학년 1학기 5단원 '막대그래프'에서는 실생활에서 찾을 수 있는 자료를 막대그래프로 나타내어 보고 여러 가지 통계적 사실을 찾고, 또 다양한 자료를 직접 수집, 정리하여 막대그래프를 그릴 수 있도록 한다. 이 과정에서 막대그래프의 특징을 이해한다.

4학년 2학기 5단원 '꺾은선그래프'에서는 자료의 변화는 모습을 효율적으로 나타내기 위한 꺾은선그래프의 특징을 찾고, 꺾은선그래프로 나타낸 자료를 해석하는 능력을 기른다. 또 꺾은선그래프를 그리는 방법을 배움으로써 자신이 조사한 자료를 그래프로 정리하여 표현하는 동시에 그래프에 나타난 자료의 특징을 이해할 수 있도록 한다.

5-6학년군에서는 6학년 2학기 6단원 '자료와 그래프'에서는 그림그래프

로, 비율그래프인 띠그래프와 원그래프를 학습한다. 이때의 그림그래프는 변 수를 평면적으로 배열한 형태로 제시된다. 띠그래프와 원그래프는 전체에 대한 각 부분의 비율을 각각 띠 모양과 원 모양으로 나타낸 그래프인데, 이러한 비율 그래프를 그리기 위해서는 먼저 표에서 각 항목의 백분율을 구할 수 있어야 한다. 비율그래프는 비율을 통해 각 항목에 대한 상대적인 크기를 직관적으로 파악할 수 있다.

1) 그림그래프

그림그래프는 보는 사람의 흥미와 식별의 편이를 위해 그림이나 도상(icon) 등으로 수량을 나타낸 그래프이다. 곧, 그림그래프는 '알고자 하는 수(조사한 수)를 그림으로 나타낸 그래프'이다. 그림그래프는 동기 유발의 차원에서 학생들이 그래프에 친근하게 접근하는 역할을 수행한다는 측면에서 볼 때 효과적인 그래프이다.

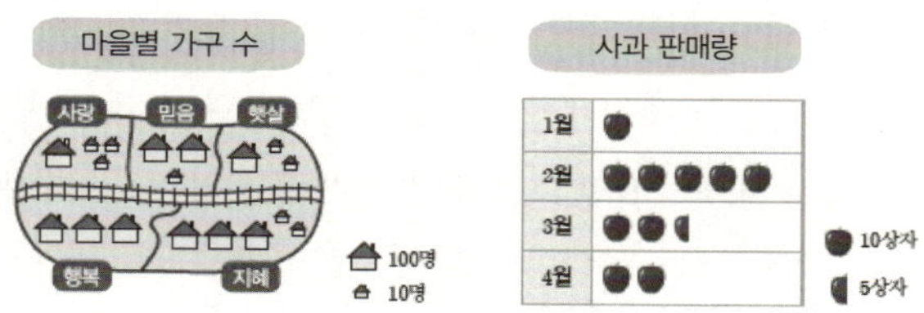

100과 10이 단위인 그림그래프　　100과 5가 단위인 그림그래프

[그림 6.8] 다양한 그림그래프(3-2 지도서, p.293)

그림그래프에서는 그림의 길이, 넓이, 개수 등이 수량에 비례하도록 나타낼 수 있지만, 초등학교에서는 그리기 쉬운 도안을 주로 이용하도록 한다. 또 그림그래프는 자료에서 수치의 단위를 무엇으로 하는가에 따라 다양한 형태로 표현 가능하다. 2015 개정 수학과 교육과정에서는 3학년 2학기 '자료의 정리'에서 자료를 수집하여 표로 나타내고 그런 다음 그림그래프에 대해 알아본다. 또 그림그래프를 그리는 방법과 표를 보고 그림그래프로 나타내도록 한다. 이때 단위를 달리 하여 동일 자료를 다른 그림그래프로 그릴 수 있음을 확인하게 한다(**[그림 6.9]**).

그림그래프를 지도할 때 유의해야 할 사항은 다음과 같다.

• 조사한 자료 수가 계산에 부담을 주지 않을 정도로 너무 많지 않게

한다.

- 주어진 자료의 특징에 알맞은 그림을 선택하여 자료를 직관적으로 이해할 수 있도록 한다.
- 그림 하나가 얼마를 나타내는지를 분명히 하도록 하고, 정해진 단위에 따라 그림으로 나타내도록 한다.

[교과서 내용 이해]

주어진 자료를 보고 새로운 그림과 단위로 그림그래프를 나타내고, 이 두 그림그래프의 좋은 점을 비교할 수 있다.

학예회 종목별 참가 학생수

종목	학생수
합창	○○○○∘∘∘∘∘∘∘
합주	○∘∘∘∘∘∘∘∘∘
연극	○○∘∘∘∘∘∘
무용	○○○∘∘∘∘∘∘∘∘

○ 10명 ∘ 1명

학예회 종목별 참가 학생수

종목	학생수
합창	○○○○△∘∘
합주	○△∘∘∘∘
연극	○○△∘
무용	○○○△∘∘∘

○ 10명 △ 5명 ∘ 1명

[그림 6.9] 단위를 다르게 해서 나타낸 그림그래프(3-2, 지도서 p.307)

한편 그림그래프는 6학년 2학기에서도 다루고 있는데, 3학년 2학기에서 배우는 그림그래프는 막대그래프의 초기 개념으로서 독립 변수가 선형으로 나열될 때 사용된다. 그러나 6학년 2학기에서 배우는 그림그래프는 독

[교과서 내용 이해]

그림그래프로 제시되어 있는 내용을 해석해 보고 이것을 표로 나타내어 보는 활동을 경험해 봄으로써 사고의 유연성을 기를 수 있다.

활동 자료 5

표를 보고 그림그래프로 나타낸 것이다.

① 그림그래프에서 잘못된 부분을 찾아보세요.
② 단위를 달리 하여 다른 그림그래프를 그려 보세요.

일 년 동안 가장 기억에 남는 학교 행사

학교 행사	운동회	현장 체험 학습	독서 골든벨	학예회	합계
학생 수(명)	47	36	18	29	130

학교 행사	학생 수
운동회	○○○○∘∘∘∘∘∘∘
현장 체험 학습	○○○∘∘∘∘∘∘
독서 골든벨	∘○○○○○○○○

○ 10명 ∘ 1명

립 변수를 선형으로 나열하기 보다는 평면적으로 배열하여 나타내게 되는데, 이를테면 **[그림 6.8]**의 왼쪽처럼 마을별 가구 수를 평면적 지도에 나타낼 경우 그림그래프를 통해 자료의 분포와 변화를 쉽고 빠르게 이해할 수 있게 된다.

2) 막대그래프

막대그래프는 수량을 막대의 길이로 나타내는 그래프로서, 각 항목의 양의 대소 관계를 직관적으로 비교하기 위한 것이다. 곧, 막대그래프는 '조사한 자료를 막대 모양으로 나타낸 그래프'로, 각 부분의 상대적인 크기를 비교할 수 있다. 막대그래프는 자료가 이산량일 때 가장 많이 사용되며 종종 자료의 범주를 빠르게 시각적으로 비교하기 위하여 사용된다.

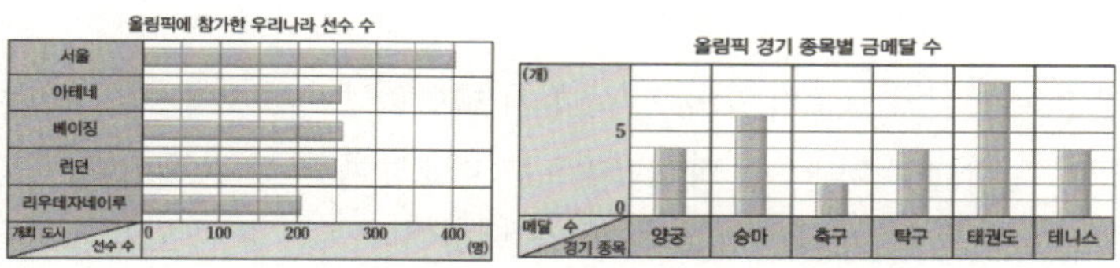

[그림 6.10] 막대그래프(4-1, p.109, p.110)

> **[교과서 내용 이해]**
> 생활이나 다른 교과에서 막대그래프를 찾아보고 제목, 가로와 세로의 범주를 살펴보는 기회를 가져 수학적 지식을 활용하고 실천하는 기회를 갖는다.

> **[참고]** 히스토그램은 각 범주가 수 비율에 따라 연속적으로 같은 구간을 가진 막대그래프의 한 유형이다. 여기서 각 막대의 높이나 길이는 특정 구간으로 분류되는 자료 요소의 수가 결정하게 된다.

2015 개정 수학과 교육과정에서는 4학년 1학기 '막대그래프'에서는 막대그래프를 알아보고 그 특성과 기본 요소를 찾은 다음 막대그래프를 그려보게 한다. 그런 다음 자료를 조사하고 표와 막대그래프로 정리하게 하거나 이야기를 읽고 막대그래프를 그릴 수 있도록 지도한다.

막대그래프를 그리는 순서는 다음과 같다.

① 가로와 세로 중에서 어느 쪽에 조사한 수량을 나타낼 것인지를 정한다. 조사하는 자료의 대상이나 내용의 특징에 따라 막대의 모양을 세로로 나타낼 것인지 가로로 나타낼 것인지를 결정하는 데, 보통은 세로로 나타낸다.

② 눈금 한 칸의 크기를 정한다. 눈금 한 칸의 크기를 정할 때에는 그릴 수 있는 전체 자리의 크기, 항목 사이의 수량의 차이 등을 고려한다.

③ 조사한 수량 중에서 가장 큰 수를 나타낼 수 있도록 눈금의 수를 정한다. 눈금 한 칸의 크기가 크면 눈금의 수가 적어진다.

④ 조사한 수량에 맞도록 막대를 그린다. 막대를 그릴 때, 막대의 폭은 약간 굵은 선으로 나타내게 하고, 막대 사이는 비워 두게 한다. 곧, 막대그래프에서 양의 크기는 막대의 폭이 아니라 그 길이로 나타낸다는 사실을 알게 한다.

⑤ 막대그래프에 알맞은 제목을 붙인다. 제목은 막대그래프가 무엇을 조사하여 나타낸 것인지를 알도록 하며 가능하면 간단하게 나타낸다.

[교과서 내용 이해]
주어진 조건에 맞게 이야기를 상상하여 막대그래프를 스스로 완성하게 하는 과정은 창의·융합적 사고력을 기를 수 있다.
또 막대그래프의 정보를 활용하여 이야기를 쓰게 함으로써 정보 처리 능력과 수학적 의사소통 능력을 기를 수 있다.

활동 자료 6

다음은 수일이네 모둠의 50 m 달리기 기록과 줄넘기 기록을 각각 막대그래프로 나타낸 것이다. 두 막대그래프를 비교하여 알 수 있는 사실을 말해보고, 이 중 한 개의 막대그래프를 선택하여 이야기를 써 보세요.

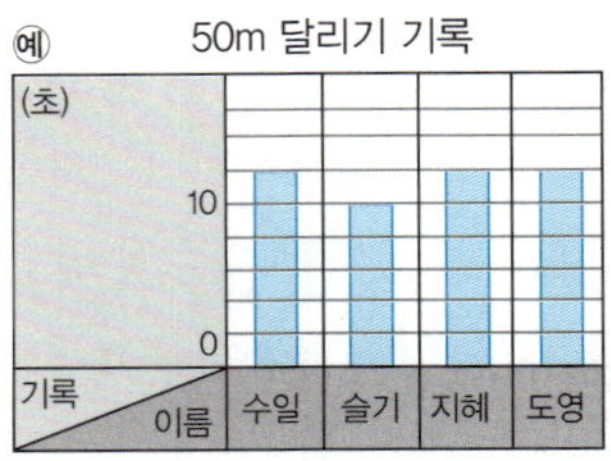

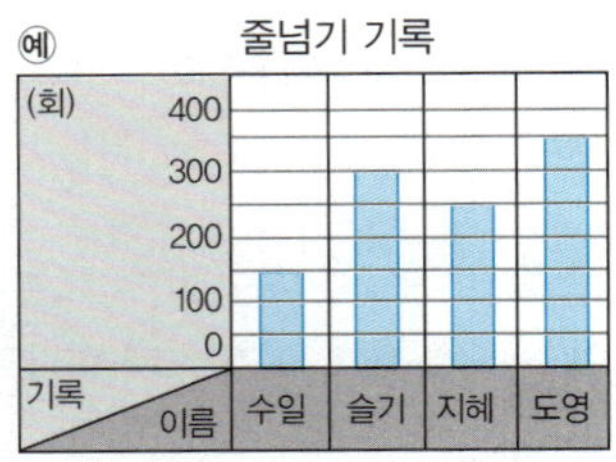

3) 꺾은선그래프

꺾은선그래프는 시간적 계열에 착안하여 변화하는 사실을 나타내고자 할 때 사용하는 그래프이다. 곧, 꺾은선그래프는 '수량을 점으로 표시하고, 그 점들을 선분으로 이어 그린 그래프'이다. 이것은 자료가 연속적인 척도로 묶이고 셀 수 없다는 것을 의미한다. 따라서 꺾은선그래프의 가로 눈금에는 경과하는 시간(시각), 월별, 연도별 등 연속적 자료가 주로 표시된다.

[참고] 꺾은선그래프는 이산량과 연속량 모두를 나타낼 수 있으나, 시간에 따른 경향성을 보여 주는 자료는 이산량보다는 주로 연속량이기 때문에, 연속량을 연속적인 수 척도를 이용하여 나타낼 때는 꺾은선그래프를 주로 사용한다.

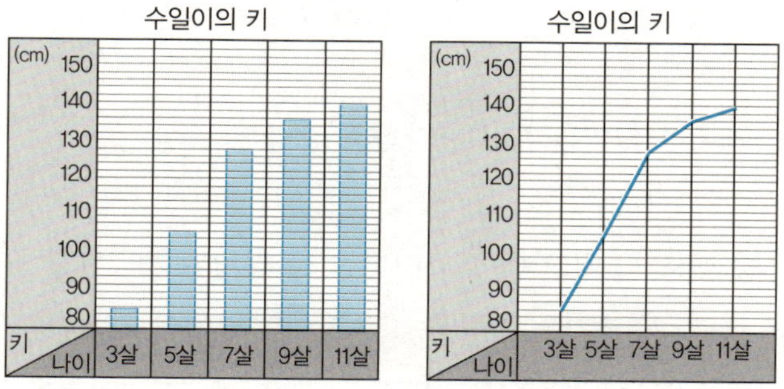

[그림 6.11] 꺾은선그래프(4-2, p.101)

[교과서 내용 이해]

자료를 막대그래프와 꺾은선그래프로 나타내고, 두 그래프를 비교하는 과정에서 접근 관점을 알아보고, 다양하게 생각한 것을 공유하면서 수학적 의사소통 능력을 기를 수 있다.

꺾은선그래프를 보고 알 수 있는 사실은 가로의 눈금, 세로의 눈금이 나타내는 것, 최댓값, 최솟값, 상승, 하락, 변화가 심한 것과 변화가 없는 것 등이며, 점과 점 사이에 연속량 자료가 존재하기 때문에 조사하지 않은 자료인 중간의 수 값도 점들을 연결한 선분을 활용하여 점들 사이의 값을 해석할 수 있다. 꺾은선그래프를 해석하기 위해서는 주어진 꺾은선그래프의 가로축과 세로축의 이름을 확인해야 한다. 특히 시간에 따라 자료가 증가하는지, 감소하는지, 증감이 반복하는지 등 자료가 표현하는 일정한 형태를 파악할 수 있어야 한다. 또한 막대그래프는 막대의 길이를 조사하는 데 비해서, 꺾은선그래프는 선분의 기울기를 조사하므로 꺾은선그래프의 항목의 폭을 반드시 같은 간격으로 잡아야 함을 유의하도록 한다. 꺾은선그래프에서는 변화의 모습을 보다 뚜렷이 나타내고, 필요 없는 부분을 생략하기 위하여 물결선을 이용하기도 한다. 다만 꺾은선의 기울기를

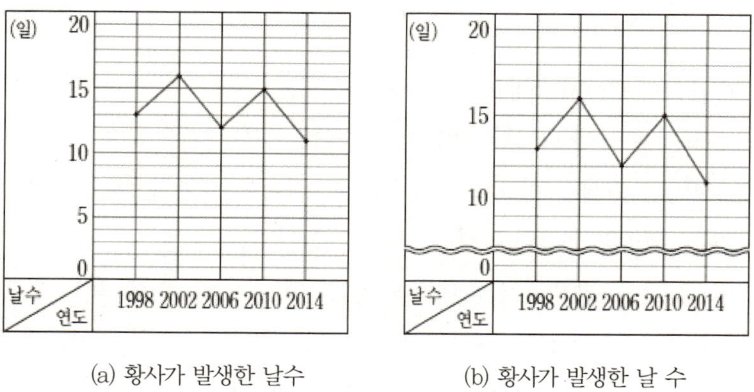

[그림 6.12] 물결선이 있는 꺾은선그래프(4-2, p.103)

[교과서 내용 이해]

꺾은선그래프를 서로 비교하여 물결선의 필요성을 알게 하여 활용할 수 있도록 한다.

사실대로 나타낼 수 없는 상황에서는 물결선을 사용할 수 없다.

꺾은선그래프를 그리는 순서는 다음과 같다.

① 가로와 세로 중 어느 쪽에 조사한 수를 나타낼 것인가를 정한다.
② 눈금 한 칸의 크기를 정하고, 조사한 수 중에서 가장 큰 수를 나타낼 수 있도록 눈금의 수를 정한다.
③ 가로 눈금과 세로 눈금이 만나는 자리에 점을 찍는다.
④ 점들을 선분으로 찍는다.
⑤ 꺾은선그래프에 알맞은 제목을 붙인다.

[교과서 내용 이해]

지역과 관련된 이야기를 살펴보며 조사 방법과 조사한 내용을 통해 해석하는 것에 관심과 호기심을 가질 수 있도록 한다.

활동 자료 7

우리 지역의 연도별 인구수와 우리 지역의 초등학생 수를 꺾은선그래프로 나타낸 것이다. 두 그래프를 비교하여 알 수 있는 사실을 말해 보세요.

우리 지역의 인구

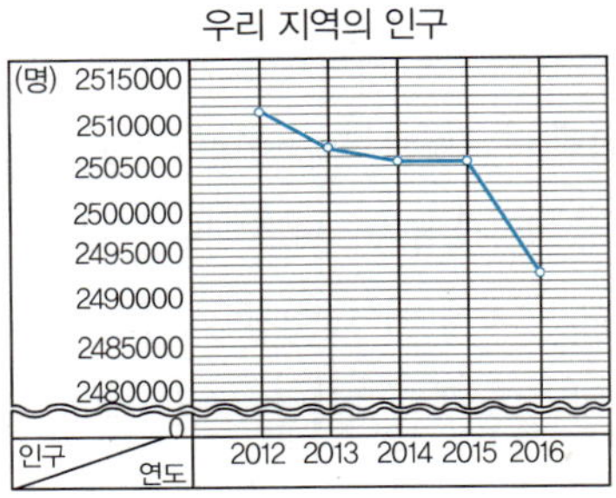

우리 지역의 초등학생 수

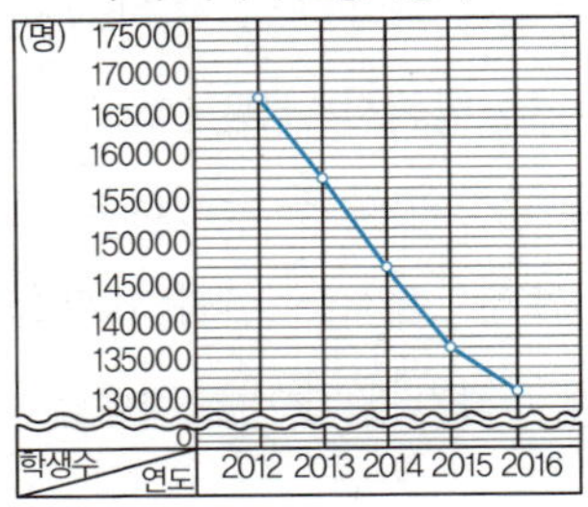

4) 비율그래프: 띠그래프, 원그래프

그래프에는 표에 나타난 절대적인 수치를 이용하는 것도 있지만 전체와 부분 사이의 관계를 비율로 나타내고 이 비율을 직관적으로 알아보도록 하는 띠그래프와 원그래프 같은 비율그래프가 있다.

띠그래프는 전체의 양을 직사각형 모양 띠의 가로 길이로 나타내고, 각 부분의 양을 그 비율에 의해서 구분한 그래프이다. 세로의 길이를 일정하게 할 때, 각 부분의 넓이는 가로의 길이에 비례하므로, 가로의 길이를 비교하여 전체와 부분, 부분과 부분간의 구성 비율을 쉽게 파악할 수 있다.

숲의 기능

이름	기능	이름	기능	이름	기능	이름	기능
민희	가뭄·홍수 예방	경민	산사태 예방	준호	산소 공급	철화	산사태 예방
명수	산소 공급	상철	목재 생산	나린	가뭄·홍수 예방	보경	산소 공급
인람	산사태 예방	성훈	산소 공급	지수	목재 생산	재현	산사태 예방
수현	가뭄·홍수 예방	지영	목재 생산	건철	산소 공급	윤호	가뭄·홍수 예방
수정	산소 공급	경아	동식물 보호	승재	산사태 예방	미진	휴양 및 치유

기능	산소공급	산사태 예방	가뭄·홍수 예방	목재 생산	기타	합계
학생 수						

기능	산소공급	산사태 예방	가뭄·홍수 예방	목재 생산	기타	합계
백분율(%)	30					

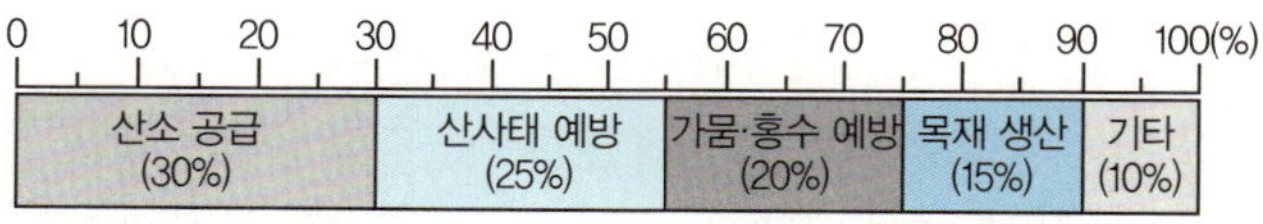

[그림 6.13] 띠그래프 알아보기(6-2(2009), pp.104-105)

> [교과서 내용 이해]
> 표와 띠그래프를 비교하여 띠그래프의 장점에 대해 이야기할 있도록 한다.

곧, 띠그래프는 그리기 쉽고 길이 감각을 이용하여 자료의 크기를 비교하기 쉽다.

띠그래프를 읽을 때 가로로 눈금이 주어졌거나 각 항목 별로 백분율이 제시된 경우는 쉽게 비율을 구할 수 있지만, 그렇지 않은 경우는 실제로 띠의 길이를 재어 보고 전체의 길이와 부분의 길이를 비교하여 비율을 구해야 한다.

띠그래프를 그릴 때는 먼저 조사표에 나타난 각 수량의 백분율을 구하고 다음 순서에 따라 띠그래프를 그린다. 이 때 띠 전체의 길이를 얼마로 하면 좋을 것인가를 결정하도록 한다. 띠의 길이가 주어지지 않을 경우, 가로의 길이는 100등분한다는 것을 전제로 하기 때문에 10 cm나 20 cm로 하는 것이 편리하다. 또 조사표에서 각 항목별 배열순서가 의미 있는 경우에는 그 순서에 따라 그래프를 그리고, 의미가 없는 경우에는 보통 비율이 높은 순서대로 왼쪽에서 오른쪽으로 배열하며 '기타' 항목은 맨 나중에 나타내도록 한다. 띠그래프를 그릴 때는 대개 옆 부분과 잘 구분되는 색을 칠하거나 빗금을 치고, 각 부분의 한계가 명확히 구분되도록 한다.

① 주어진 자료의 전체의 크기에 대해 각 항목들이 차지하는 백분율을 구한다.
② 각 항목의 백분율의 합계가 100%가 되는지 확인한다.
③ 각 항목들이 차지하는 백분율만큼 띠를 나눈다.
④ 나눈 띠 위에 각 항목의 명칭을 쓰고 백분율의 크기를 쓴다.
⑤ 띠그래프의 제목을 쓴다.

원그래프는 중심각의 크기를 이용하여 전체에 대한 각 부분의 비율을 원 모양으로 나타낸 것으로 전체와 부분, 부분과 부분 사이의 비율을 한 눈에 알아보기 쉽다. 그러나 원그래프는 중심각의 크기를 100등분해야 하므로 띠그래프에 비해 그리기가 어렵다. 초등학교 수학에서는 눈금이 주어진 원을 사용한다.

[교과서 내용 이해]

신문, 인터넷 등에서 원그래프로 나타낸 자료를 찾아보고, 원그래프에서 알 수 있는 것에 대해 이야기해보도록 한다.

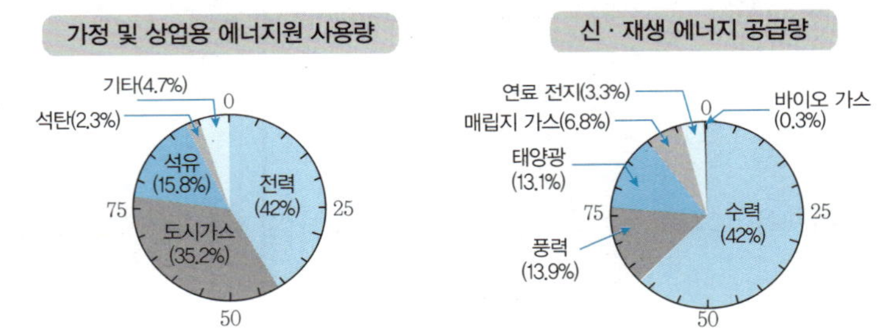

[그림 6.14] 원그래프(6-2(2009), pp.114-115)

원그래프는 다음과 같은 절차에 따라 그린다.

① 주어진 자료의 전체의 크기에 대해 각 항목들이 차지하는 백분율을 구한다.
② 각 항목의 백분율의 합계가 100%가 되는지 확인한다.
③ 각 항목들이 차지하는 백분율만큼 원을 나눈다. 이 때 초등학교에서는 부채꼴과 중심각을 다루지 않기 때문에 눈금이 주어진 원을 사용하도록 한다.
④ 나눈 원 위에 각 항목의 명칭을 쓰고, 백분율의 크기를 쓴다.
⑤ 원그래프의 제목을 쓴다.

활동 자료 8

오른쪽 띠그래프와 원그래프는 에콰도르 야수니 국립공원 개발에 대한 의견을 나타낸 것이다.

① 조사한 사람은 몇 명인지 알 수 있는가?

② 가장 많은 사람이 선택한 항목은 어느 것인지 알 수 있는가?

③ 조사한 결과를 백분율로 나타내는 이유는 무엇인지 설명해 보세요.

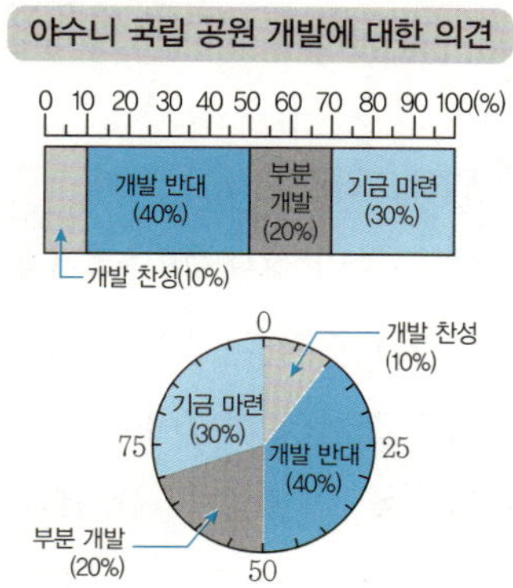

5) 그래프의 특징

‘자료와 가능성’ 영역에서 그래프의 특징을 알고 목적에 따라 알맞은 그래프로 나타내거나 적절히 이용하는 것은 중요하다. 이에 3-4학년군 성취기준([4수05-03]여러 가지 자료를 수집, 분류, 정리하여 자료의 특성에 맞는 그래프로 나타내고, 그래프를 해석할 수 있다.), 5-6학년군 성취기준([6수05-04]자료를 수집, 분류, 정리하여 목적에 맞는 그래프로 나타내고, 그래프를 해석할 수 있다.)에서는 자료의 특성에 맞는, 그리고 목적에 맞는 그래프를 나타내고 해석하는 능력을 강조하고 있다.

초등수학에서 다루는 각각의 그래프는 각각의 특징을 갖고 있으며 어떤 점을 적절히 나타내고자 하느냐에 따라 달리 선택될 수 있다. 이를테면 꺾은선그래프는 전체의 경향이나 변화의 상황을 알아보기에 편리하지만 두 개의 양을 비교하거나 그 비율을 알아보기에는 적당하지 않다. 따라서 자료를 정리하고 해석하는 과정에서 그래프의 장단점을 정확하게 알고 그래프를 이용할 수 있어야 한다.

다음은 그림그래프, 막대그래프, 꺾은선그래프, 띠그래프, 원그래프의 특징을 요약 및 정리한 것이다.

① 그림그래프

- 수의 크기를 실물 모양의 그림 크기로 나타내므로 의미가 쉽게 파악된다.

- 시각적인 게시 효과가 크다.
- 구체적인 형태 위에 수량을 나타낼 수 있으므로 위치나 지역 파악 등 생동감 있는 자료로 활용될 수 있다.

② 막대그래프

- 각 부분의 상대적인 크기를 쉽게 비교할 수 있다.
- 수치의 크기를 정확하게 나타낼 수 있다.
- 자료 전체의 개관이 가능하다.
- 주로 속성 통계를 나타내는데 사용한다.
- 연속적인 변화를 알기에는 불편하다.
- 전체와 각 부분의 비율을 파악하는 것이 쉽지 않다.

③ 꺾은선그래프

- 시간에 따른 연속적인 변화를 한눈에 파악하기 쉽다.
- 꺾은선의 상승, 하강의 완급(緩急)에 의하여 증감의 상황을 파악하기 쉽다.
- 꺾은선의 기울기를 이용하여 사이에 놓인 자료의 값을 구할 수 있다.
- 주로 변량 통계를 나타내는데 사용한다.
- 부분 상호의 비교가 가능하다.
- 꺾은선의 변화에 따라 이후 변화의 경향을 예상할 수 있다.

④ 띠그래프

- 부분과 전체, 부분과 부분의 비율을 알기 쉽다.
- 길이로 비율을 나타내므로 비율을 파악하기 쉽다.
- 수치가 적은 항목은 나타내기 어렵다.
- 부분의 차를 보는 데는 쉽지 않다.

⑤ 원그래프

- 전반적인 관계를 알기 쉽다.
- 부분과 전체, 부분과 부분 상호간의 비율을 한눈에 알 수 있다.
- 좁은 공간에 띠그래프보다 많은 항목을 넣을 수 있고, 작은 비율도 비교적 쉽게 넣을 수 있다.

- 초등학생의 경우 그래프를 그릴 때 눈금을 미리 표시한 원을 그려줘야 한다.
- 실제량의 크기나 변화의 상황을 나타내기에는 적당하지 않다.

활동 자료 9

(1) 오른쪽 막대그래프는 아침을 먹는지 조사한 결과를 나타낸 것이다.
이 자료를 표로 나타내고 띠그래프로 나타내어 보세요.

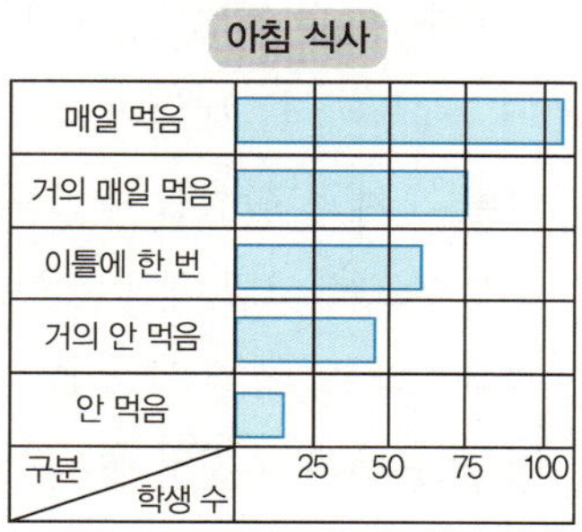

(2) 아래는 민우 형이 하루 24시간을 어떻게 지내는지 그림으로 나타낸 것이다. 민우 형의 하루 생활시간을 원그래프로 나타내어 보세요.

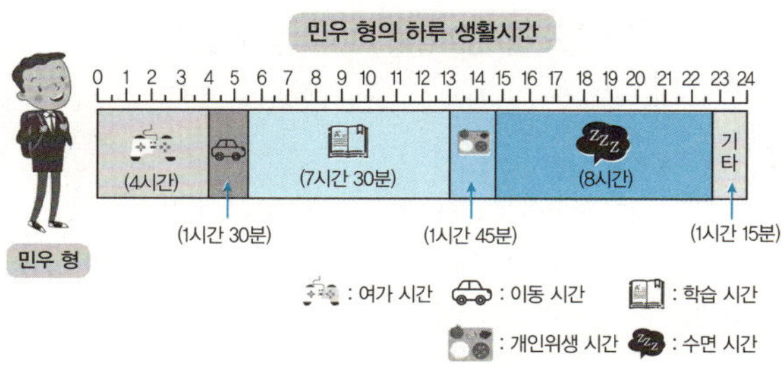

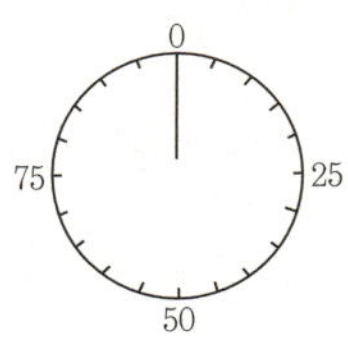

(가) 교수·학습 방법 및 유의사항

- 그래프로 나타내면 자료의 특성을 알아보는 데 편리함을 설명하게 한다.
- 꺾은선그래프를 그릴 때 변화의 경향이 잘 드러날 수 있도록 눈금의 크기를 적절히 선택하게 한다.
- 간단한 그림그래프, 막대그래프, 꺾은선그래프의 특성을 비교하여 자료의 특성에 맞는 그래프로 나타내게 한다.
- 자료와 가능성 영역의 문제 상황에 적합한 문제 해결 전략을 지도하고, 문제 해결 과정을 설명하게 하여 문제 해결 능력을 기르게 한다.

(나) 평가 방법 및 유의 사항(3–4학년군)

- 꺾은선그래프에서는 변화의 경향을 파악하는지에 중점을 두어 평가한다.

(다) 교수·학습 방법 및 유의사항(5–6학년군)

- 띠그래프와 원그래프를 지도할 때 신문, 인터넷 등에 있는 표나 그래프를 소재로 활용할 수 있게 한다.
- 원그래프를 그릴 때에는 눈금이 표시된 원을 사용하게 한다.
- 막대그래프, 꺾은선그래프, 그림그래프, 띠그래프, 원그래프의 특성을 비교하여 목적이 맞는 그래프로 나타내게 한다.
- 자료와 가능성 영역의 문제 상황에서 문제 해결 전략 비교하기, 주어진 문제에서 필요 없는 정보나 부족한 정보 찾기, 조건을 바꾸어 새로운 문제 만들기, 문제 해결 과정의 타당성 검토하기 등을 통하여 문제 해결 능력을 기르게 한다.

(5) 평균

5–6학년군 ① 평균

[6수05–01] 평균의 의미를 알고, 주어진 자료의 평균을 구할 수 있으며, 이를 활용할 수 있다.

[교과서 내용 이해]

평균의 필요성에 대해 이야기해보도록 하면서, 자료를 대표하는 값의 이름에 대해 함께 생각해보도록 한다.

통계 집단의 변량 전체를 대표하여 그 자료 전체의 특징을 하나의 수로 나타내고자 할 때 그 값을 그 통계 집단의 대푯값이라고 한다. 대푯값을 구하는 이유는 어느 자료 전체를 하나의 수로 대표할 수 있다면, 그 자료를 이해하고 분석하는데 도움이 되기 때문이다. 대푯값에는 평균(mean), 중앙값(median), 최빈값(mode) 등이 있으며 가장 많이 사용되는 것이 평균이다. 평균은 변량의 값의 총합을 변량의 개수로 나눈 값으로, 집단의 특성을 하나의 수로 나타낸 것이다. 초등학교에서는 평균을 구하는 알고리즘에 초점을 맞추지 말고 비형식적이고 직관적인 개념을 토대로 평균의 의미에 대해 탐구할 수 있도록 한다. 또 복잡한 자료의 평균을 구할 때 계산기를 사용하게 할 수 있도록 한다.

자료의 대표값

각 자료의 값을 모두 더하여 자료의 수로 나눈 값을 그 자료를 대표하는 값으로 정하면 편리합니다. 이 값을 평균이라고 합니다.

(평균) = (자료 값의 합)÷(자료의 수)

[그림 6.15] 평균의 정의(5-2(2009), p.177)

예를 들어, 제한 무게가 500 kg인 엘리베이터에 5학년 학생들이 몇 명 탈 수 있는지를 알아보도록 했을 때, 학생들은 5학년 학생들의 몸무게를 추측하여 엘리베이터에 탈 수 있는 학생 수를 구할 수 있을 것이다. 이 때 학생들은 몸무게를 추측하기 위해 '대략', '보통', '대충', '약', '중간 정도' 등의 말을 사용하여 설명할 수 있을 것이다. 이렇게 평균을 배우기 전에 학생들이 평균에 대해 갖고 있는 비형식적인 지식을 문제해결에서 사용하도록 한다.

평균을 시각적으로 쉽게 이해하기 위해서, **[그림 6.16]**과 같이 길이를 종이테이프로 나타내어 모두 이어 붙인 다음 같은 길이가 되도록 접어본다든지, 단체 줄넘기 기록이 1회 12번, 2회 16번, 3회 12번, 4회 12번인 경우 이를 연결큐브로 나타내어 막대의 길이를 모두 같게 해 보는 것 등의 활동을 할 수 있다.

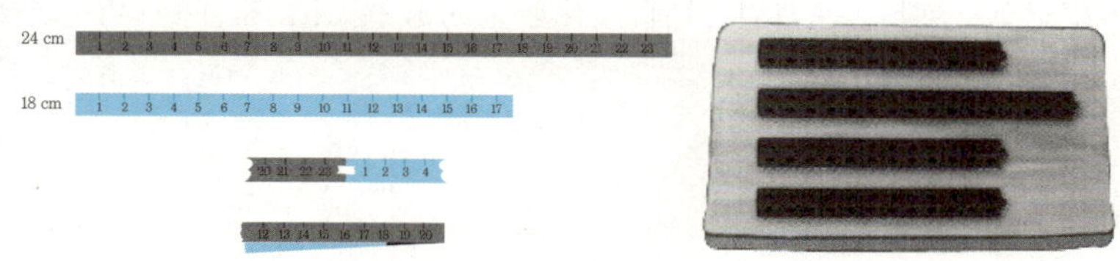

[그림 6.16] 시각적인 자료로 평균 구하기(5-2(2009), pp.179-180)

[교육과정과 관련성]

평균을 구하는 방법뿐만 아니라 그 의미를 직관적으로 파악하게 한다.

(가) 교수·학습 방법 및 유의사항

- 평균을 구하는 방법뿐만 아니라 그 의미를 직관적으로 파악하게 한다.
- 복잡한 자료의 평균이나 백분율을 구할 때 계산기를 사용하게 할 수 있다.

활동 자료 10

색 타일 또는 색 자석이나 바둑돌 등 구체물을 이용하여 고르게 한 다음 아래쪽과 같이 평균의 의미를 알아볼 수 있는 활동을 생각해보세요.

일주일 동안 우리 학년의 결석한 학생 수를 나타낸 그림이 있습니다.
요일별로 색 타일의 높이가 같게 만들어 보시오.

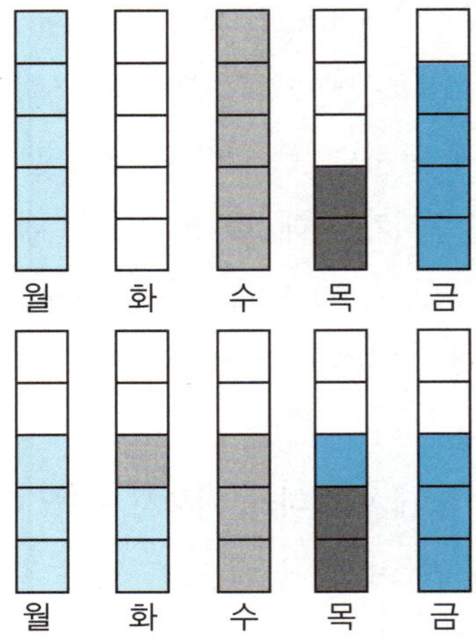

(나) 평가 방법 및 유의사항

- 평균을 구하는 것뿐만 아니라 평균이 사용된 상황에서 그 의미를 파악하는지 평가한다.

(6) 가능성

5-6학년군 ③ 가능성

[6수05-05] 실생활에서 가능성과 관련된 상황을 '불가능하다', '~아닐 것 같다', '반반이다', '~일 것 같다', '확실하다' 등으로 나타낼 수 있다.

[6수05-06] 가능성을 수나 말로 나타낸 예를 찾아보고, 가능성을 비교할 수 있다.

[6수05-07] 사건이 일어날 가능성을 수로 표현할 수 있다.

우리의 일상생활을 살펴보면 확률 개념이 숨어있는 경우가 많이 있다. 초등학교 학생들에게 확률이 가까이 있음을 보다 잘 인식시키는 한 가지 방법은 신문이나 인터넷 등을 보고 들으면서 확률과 관련되어 있는 것들의 목록을 작성해보도록 하는 것이다. 이를 제대로 이해하고 이를 바탕으로 합리적인 판단을 내리기 위해서는 확률 개념에 대한 올바른 이해를 필요로 한다.

2009 개정 교육과정 및 2015 개정 교육과정에서는 확률이란 용어를 대신에 사건이 일어날 '가능성'이란 용어만 사용하고, 생활 속의 예를 통하여 직관적으로 사건이 일어날 가능성에 대하여 수와 말로 나타내보도록 하고 있다. 예를 들어, '내일 해가 서쪽에서 뜰 가능성은 전혀 없다', '내가

$0, \frac{1}{4}, \frac{1}{2}, \frac{3}{4}, 1$
(2009 개정 교육과정)
↓
$0, \frac{1}{2}, 1$
(2015 개정 교육과정)

	사건	그렇지 않다.	조금 그렇다.	그렇다.
가	내일 학교에 올 것입니다.			
나	일주일 안에 비가 올 것입니다.			
다	주사위를 던졌을 때 7의 눈이 나올 것입니다.			

	사건	불가능하다.	반반이다.	확실하다.
가	367명이 있다면 이 중 서로 생일이 같은 사람이 있을 것입니다.			
나	동전을 던지면 그림 면이 나올 것입니다.			
다	계산기로 1+1을 누르면 1이 나올 것입니다.			

[그림 6.17] 일어날 사건의 가능성(5-2(2009), p.185)

활동 자료 11

색종이를 이용한 가능성 패턴 만들기 활동입니다. 색종이와 주사위를 준비해서 제시된 순서에 따라 색종이 패턴을 만들면서 가능성에 대해 함께 생각해 보세요.

1. 색종이의 왼쪽 위 귀퉁이를 40° 접습니다.

2. 주사위를 먼저 색종이의 색을 결정합니다.

3. 주사위를 던져 회전 방향을 결정합니다.

4. 주사위를 던져 색종이의 회전 각도를 결정합니다.

좋아하는 야구팀이 이길 가능성은 반반이다.' '동전을 위로 던지면 반드시 아래로 떨어진다.' 등과 같이 실생활과 관련된 표현에 대해 각각 그 가능성이 0, $\frac{1}{2}$, 1이다와 같이 수로 표현해보게 하고, '불가능하다', '반반이다', '확실하다' 등과 같은 말로도 표현하게 한다.

초등학교에서의 확률 학습은 확률의 수치적 표현보다 어떤 상황이나 게임에서 사건이 일어날 가능성에 초점을 맞추고 이것을 수와 말로 표현하고 비교할 수 있도록 하는데 초점을 맞춘다. 특히 이 과정에서 확률이 공정한지 공정하지 않은지 직관적으로 확률 개념을 형성하도록 하여 중·고등학교에서 배울 확률의 기초를 이루게 하는 것이 중요하다.

(가) 교수·학습 방법 및 유의사항

- 가능성을 수로 표현할 때 0, $\frac{1}{2}$, 1 등 직관적으로 파악되는 경우를 다룬다.

|연|구|문|제|

1. 기술통계학과 추측통계학을 구별하여 설명하시오.

2. 피아제(Piaget)의 관점에 근거하여 아동의 확률 개념 발달에 대해 설명하시오.

3. 속성통계와 변량통계를 구분하여 그 예와 함께 설명하시오.

4. 다음 각각의 자료에서 중앙값, 최빈값, 평균을 구하시오.

   (1) 1, 2, 3, 3, 4, 6, 9　　(2) 0, 1, 2, 3, 4, 4, 5, 5

5. 다음 표는 어떤 식물의 자람을 일주일 동안 조사하여 나타낸 것이다. 이 표를 이용하여 식물의 자람을 뚜렷하게 알아볼 수 있는 그래프를 그려 보시오.

요일	월	화	수	목	금	토	일
키(cm)	19.1	19.4	19.6	19.7	19.9	20.2	20.6

6. 다음 표는 어느 학생의 하루 활동 시간을 정리한 것이다. 이 표를 이용하여 전체 시간 중에 각 활동 시간이 차지하는 비율을 알아보기 쉽게 그래프를 그려 보시오.

활동	수면	학교생활	운동	공부	기타	합계
시간	8	7	2	3	4	24

7. 초등학교 수학에서 지도되는 그래프를 지도 순서대로 말하고, 각 그래프의 특징을 비교하시오.

8. 통계의 과정을 말하고, 각 과정을 초등수학 교과서에 근거하여 설명하시오.

9. 오늘 신문 또는 인터넷에 나온 표와 그래프를 수집하고, 표와 그래프를 해석하세요. 그리고 각각의 표와 그래프는 전달하려는 목적에 비추어 적절하게 표현되었는지 비판적으로 검토하시오.

10. 확률에는 여러 가지 패러독스가 있는데, 다음은 Simpson의 패러독스이다. 실제로 이것이 가능한지 간단한 예를 들어 설명하시오.

> 1973년 버클리에 있는 캘리포니아 대학에 지원한 학생의 성별에 따른 입학률을 조사하였다. 여학생의 입학률은 35%였고, 남학생의 입학률은 44%였다. 이러한 차이가 어떤 원인에서 비롯된 것인가를 조사하려고, 각 학과를 살펴보니 대부분의 학과에서는 남녀의 입학률이 비슷하였고, 몇 개의 학과에서는 오히려 여학생의 입학률이 남학생의 입학률보다 높은 것으로 밝혀졌다. 여학생이 남학생보다 낮은 입학률을 보인 학과가 없었는데도 전체적으로는 남학생보다 낮은 입학률을 보인 것이다.

Chapter

07

규칙성

수학을 규칙의 과학(science of pattern)으로 규정하는 것처럼, 규칙성은 현대수학의 주요 특징이자, 수학의 핵심이다. 따라서 학교 수학교육은 학생들이 주변의 현상에서 규칙을 찾고 탐구하는 과정에서 수학적 사실을 추측하고 일반화할 수 있는 능력을 기르도록 도와주어야 한다. 학생들은 규칙 탐구를 통해 주변 세계를 수학적으로 탐구할 수 있으며, 실세계 상황을 모델링한 수학을 이해하고 문제를 해결할 수 있어야 한다. 특히 초등학교에서 탐구한 규칙성은 이후에 중등학교에서 다루는 방정식과 부등식, 함수와 같은 영역을 배우는 데에도 바탕이 된다.

또한 비와 비율, 백분율은 광고, 스포츠, 뉴스, 일기예보, 속도, 밀도, 농도 등을 다루는 상황에서 많은 종류의 정보를 서로 비교하는데 이용되고 있다. 이러한 상황에서는 실제의 수 자체에 관심을 두기보다는, 수들 사이의 관계를 다루게 된다. 특히 관계적인 양의 비교는 일상생활에서 두 수를 비교하는 상황에서 많이 활용되며, 관계적인 양에 대해 생각할 수 있는 능력은 대수나 기하 영역을 공부할 때뿐만이 아니라 형식적인 사고에도 매우 중요하다.

이 장의 탐구문제

1. 다음 모양은 정육각형과 마름모를 이용하여 규칙적으로 배열을 만든 것이다. 각 배열의 모양을 보고 물음에 답하시오.

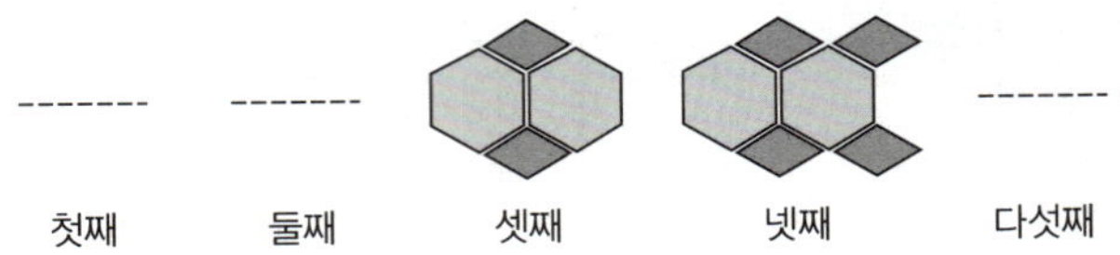

① 첫째, 둘째, 다섯째 배열에 있는 그림을 그리시오.

② 짝수 번째와 홀수 번째에 있는 정육각형과 마름모의 개수를 어떻게 구할 수 있는지 이야기해 보시오.

2. 다음 세 문장을 비교하여 설명해 보시오.

① 경이는 민이보다 키가 크다.

② 경이는 민이보다 키가 10 cm 더 크다.

③ 경이 용돈은 민이 용돈의 2배이다.

3. 비의 개념을 포함하는 다음 두 문장을 읽고, 같은 점과 다른 점이 각각 무엇인지 토론해 보시오.

① 각 모둠에는 남학생 2명마다 여학생이 3명씩 있다.

② 경주용 자동차가 2분에 6 km를 달릴 수 있다.

☞ 위의 탐구문제를 해결해 보시오. 그리고 생활 속에서 문제 2, 3의 예시와 같이 비의 개념이 이용되는 여러 가지 사례를 들어 어떻게 이용되고 있는지 토론해 보시오.

이 장에서 다루는 주요 개념: 규칙성, 비, 비율, 백분율, 대응, 비례식, 비례배분

1 이론적 배경

(1) 규칙성 탐구

패턴(pattern)
규칙성

패턴은 수학의 기초이기 때문에 패턴 탐구에 초점을 둔 활동은 어릴 때부터 시작되어야 하고, 모든 학년에서 계속되어야 한다. 패턴은 건물의 조형물이나 벽지, 타일 등과 같이 우리 주변의 사물과 일상생활 속에 스며들어 있으며, 수학의 여러 영역까지 깊게 관련되어 있다.

수학의 발달 과정을 보면, 인류는 자연 속에 내재된 패턴을 발견하고, 그것을 설명하고, 그 패턴 속에 숨어 있는 질서와 규칙을 밝혀내려는 노력을 계속해 왔음을 알 수 있다. 예를 들어 눈송이는 그 모양이 6겹 대칭의 형태를 띠고 있으며, 나뭇잎도 일정한 규칙을 가지고 있다. 사람들은 주변의 많은 패턴을 인식하고 정리하는 사고 활동을 통해 패턴을 생성해 내고 이를 이용함으로써 자연 현상을 알아내고, 미래를 예측할 수 있었다. 이것은 수학이 이론적으로 정의된 체계 안에서 패턴을 발견함으로써 재구성된 추상화된 모형이라는 것과 현상의 문제를 해결하기 위해서 패턴의 원리와 특성을 탐구하는 것이 중요하다는 것을 의미한다.

패턴은 물리적 상황과 기하학적 상황뿐만이 아니라, 수에서와 같이 여러 영역에서 발견된다. 최근에는 부분을 이루는 요소들이 전체와 닮은 형태를 하고 있는 프랙탈 기하가 등장하여 우주 은하에 대한 궁금증이나 불규칙해 보이는 현상 속에 내재된 규칙을 찾는 수학으로 발전해 가고 있다. 이런 이유로 많은 수학자들(Devlin, 1994; Schoenfeld, 1994; Steen, 1988)은 수학을 '패턴의 과학'이라고도 한다. 따라서 학교 수학에서도 패턴 탐구를 강조하고 있는데, 이것은 패턴 탐구가 수학에서 중요한 주제이기 때문이며 패턴이 우리의 삶과 무관하지 않기 때문이다.

초등학교 수학에서 패턴이라는 것은 수, 무늬, 도형 등을 일정한 규칙으로 늘어놓은 배열을 뜻하며, 초등학교 학생들에게 패턴이라는 용어가 낯설어 규칙 또는 규칙성이라는 용어로 대신하기로 한다(강지형 외 5, 2008). 이에 학교 수학에서 규칙성을 강조하는 이유를 몇 가지 생각할 수 있다.

첫째, 규칙성이 우리의 삶과 무관하지 않다는데 있다. 규칙성이라는 용어는 일상생활에서 다양하게 사용되고 있으며, 일정한 규칙으로 배열된 수, 도형, 무늬, 현상, 행동 등 어디에서나 찾을 수 있다. 학교 수학에서 규칙성은 수학이 생활에 활용되는 구체적인 예를 통하여 수학의 가치와 유용성을 인식할 수 있는 주제이다. 주변 현상에서 일정한 규칙을 찾고 이를 수학적으로 표현하는 기회를 제공하게 되면 학생들은 자신이 살고 있는 주위 환경에서 수학이 어떻게 활용되고 있는가를 이해할 수 있다.

둘째, 규칙 찾기는 문제해결 전략의 하나로, 초등학교 수학 문제해결에서 자주 이용되는 전략 중 하나이다. 특히 일상의 문제를 해결하기 위하여 일정한 규칙을 찾는 것은 유용한 문제해결 전략이다. 또 규칙을 찾는 활동은 학생들이 미래를 예상하고 추측하는 데 중요하며, 수학적으로는 함수를 이해하는 기초가 된다. 아래 활동 자료는 계산기를 활용하여 곱셈을 수행함으로써 계산 결과에 나타나는 규칙을 찾아 문제를 해결할 수 있다.

교육과정과 관련성

[4수04-02] 규칙적인 계산식의 배열에서 계산 결과의 규칙을 찾고, 계산 결과를 추측할 수 있다.

활동 자료 1: 규칙을 찾아봅시다.

1. 다음 문제를 해결하고, 이 활동을 통해 알게 된 점에 대해 말하시오.
   (1) 계산기를 이용하여 다음 곱셈의 답을 구하시오.
   $34\times34=$ $334\times334=$ $3334\times3334=$
   (2) 답의 규칙과 곱셈에 관하여 알게 된 점을 쓰시오.
   (3) 계산기를 이용하지 않고, 앞에서 발견한 규칙을 이용하여, 다음 곱셈의 답을 쓰시오.
   $33334\times33334=$
   (4) 아래 곱셈의 답을 쓰시오.
   $333334\times333334=$
   (5) 위의 (3)과 (4)의 답을 어떻게 구했는지 쓰시오.

셋째, 규칙성과 관련지어 수, 도형, 측정 등을 학습하게 되면 영역들을 서로 관련지을 수 있게 되어 수학을 통합적으로 이해하는 데 도움이 된다. 규칙성의 탐구는 다양한 표현들 사이를 관련지어 연결해주고, 수학의 내용들 사이의 관계를 연결해 주며, 다른 교과에서 수학을 이용할 수 있고, 일상에서 수학을 사용할 수 있도록 연결해 준다.

넷째 규칙성 탐구는 모든 학년의 수학 교육 전반에 걸쳐 강조되어야 할

활동 자료 2: 규칙을 찾아봅시다.

1. 다음 그림과 같이 바둑돌을 배열할 때 9번째 모양에 있는 바둑돌의 수를 여러 가지 방법으로 구해 보시오.

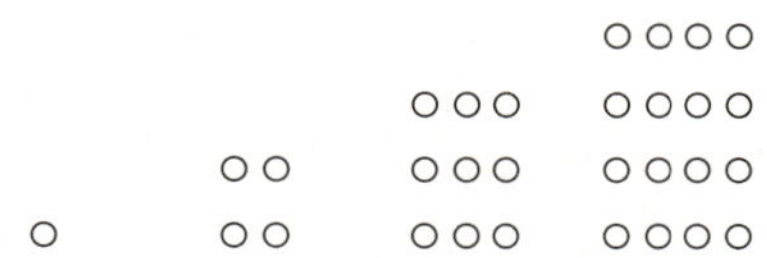

1	4	9	16	______
1×1	2×2	3×3	4×4	?

교육과정과 관련성

[4수04-01] 다양한 변화 규칙을 찾아 설명하고, 그 규칙을 수나 식으로 나타낼 수 있다.

의사소통 능력을 신장시킨다. 학생들은 규칙을 말로 설명하고, 그들이 파악한 규칙을 쓰고, 또 규칙에 관한 자신의 생각을 서로서로 나누게 된다. 규칙성 탐구는 일상 언어와 수학 언어를 의미 있게 연결해줌으로써 의사소통으로서의 수학을 강화할 수 있다. 아래 활동 자료에서 학생들은 규칙적인 배열에서 빈 칸에 들어갈 과일의 종류를 결정하고, 그 이유를 자신의 생각대로 친구들에게 이야기할 수 있을 것이다.

활동 자료 3: 규칙을 찾아봅시다.

1. 다음 그림에는 어떤 규칙이 있는지 알아봅시다.

(1) 위 그림에 있는 규칙은 무엇입니까?
(2) 빈 칸에는 어떤 과일이 들어가야 한다고 생각합니까? 왜 그렇게 생각합니까?

교육과정과 관련성

[2수04-01] 물체, 무늬, 수 등의 배열에서 규칙을 찾아 여러 가지 방법으로 나타낼 수 있다.
[2수04-02]자신이 정한 규칙에 따라 물체, 무늬, 수 등을 배열할 수 있다.

다섯째, 규칙성은 수학적 사고력과 창의적 사고를 향상시킨다. 학생들은 몇몇의 사례를 모아 그들 사이의 공통인 규칙이나 성질을 찾아내어 일반화하는 귀납 추론을 할 수 있다. 또 학생들은 주어진 집합에 대한 고찰로부터 일정한 규칙성을 발견하여 주어진 집합을 포함한 보다 광범위한 집합에 대한 고찰로 확장하여 일반적인 법칙을 이끌어내는 연역 추론을 할 수 있다. 그리고 규칙성 탐구는 유창성, 융통성, 독창성 등의 창의적 사고력을 기르는데 효과적이다.

학교 수학에서 탐구하는 규칙성은 속성과 생성 방식에 따라 나눌 수 있다. 그렇지만 대부분의 규칙성은 여러 가지 속성이나 생성 방식을 함께 지니고 있는 복합적인 형태를 띠고 있다. 따라서 규칙성의 어떤 속성을 인식하느냐에 따라 하나의 규칙성을 여러 가지로 해석할 수 있다(강지형 외 5, 2008). 일반적으로 학교 수학에서 다루는 규칙성에는 다음과 같은 것이 있다.

① 속성에 따른 규칙성 유형

ⓐ 관계적인 속성을 지닌 규칙성: 2, 4, 6, 8, …이나 , …과 같이 각 항들 사이의 관계를 나타내는 수나 도형의 규칙성이다.

ⓑ 도형 속성을 지닌 규칙성: □, ○, ○, □, □, ○, ○, ○, □, □, □, …과 같이 도형의 성질이나 모양을 기초로 하는 규칙성이다.

ⓒ 물리적 속성을 지닌 규칙성: □, □, ■, ■, ■, □, □, ■, ■, ■, □, □, …과 같이 색, 크기, 방향 등을 기초로 한 규칙성이다.

② 생성 방식에 따른 유형

ⓐ 반복적인 규칙성: 1, 2, 1, 2, 1, 2, …과 같이 기본단위나 규칙이 변화 없이 그대로 유지되면서 반복되는 규칙성이다.

ⓑ 증가적인 규칙성: 1, 1, 2, 1, 2, 3,…과 같이 기본단위나 규칙이 증가 또는 변형되면서 나타나는 규칙성이다.

ⓒ 대칭적인 규칙성: ◁, ▷, ◁, ▷, … 또는 1, −1, 2, −2, 3, −3, …과 같이 기본단위가 대칭되면서 나타나는 규칙성이다.

ⓓ 회전하는 규칙성: ↑, →, ↓, ←, ↑, →, …과 같이 기본단위가 회전하면서 나타나는 규칙성이다.

ⓔ 카오스(chaos) 규칙성: 자연에서 흔히 볼 수 있는 비정규적인 규칙성으로 유체의 난류현상, 구름모양, 번개모양, 주가의 등락 등이 있다. 이런 카오스적인 현상을 나타내는 기하학적 규칙성을 프랙탈(fractal)이라고 하는데, 칸토르 집합, 시어핀스키(Sierpinski)삼각형 등이 있다.

[그림 7.1] 시어핀스키삼각형

③ **여러 가지 규칙성**

ⓐ 수배열표에 있는 규칙성: 수배열표는 수의 관계를 탐구하기 위한 좋은 자료이다. 수배열표에서 찾을 수 있는 탐구 과제는 다음과 같다.

- 가로(세로)줄로 구성된 수의 규칙성은 무엇인가?
- 대각선으로 구성된 수의 규칙성은 무엇인가?
- 정사각형 안의 4개의 수들의 규칙성은 무엇인가?

ⓑ 수의 규칙성: 수로만 이루어진 많은 규칙성을 관찰할 수 있다. 수로 이루어진 규칙성은 규칙성을 찾고 확장하여 수열을 탐구하는데 바탕이 될 수 있다.

ⓒ 피보나치 규칙성: 1, 1, 2, 3, 5, 8, 13, …과 같은 수의 배열에 나타난 규칙성을 피보나치 수열이라고 한다. 이러한 연속된 수들은 이탈리아 수학자 레오나르도 피보나치의 이름을 딴 것이다. 이 수열은 다양한 생명체에도 나타나는데, 예를 들면 파인애플이나 해바라기 씨에서 반대 방향으로 가는 나선형 집합을 세어 보면 피보나치 수열에서 인접한 수가 된다. 피보나치 수열에서 흥미로운 사실은 수열에서 인접한 두 수의 비율이 황금비에 가까워진다는 것이다.

(2) 비와 비율, 백분율

우리는 생활 속에서 양적인 사고를 할 때 관계적인 것을 자주 다룬다. 예를 들어 '–의 반', '–의 몇 배'와 같은 개념을 많이 사용한다. 양적인 사고가 관계적이라는 것은 수 자체가 중요한 것이 아니라, 그러한 수들 사이의 관계가 중요하다는 것이다. 예를 들어 다음 문장을 살펴보자.

교육과정과 관련성

[6수04-02] 두 양의 크기를 비교하는 상황을 통해 비의 개념을 이해하고, 그 관계를 비로 나타낼 수 있다.

- 올해 나의 수입이 10% 증가하였다.
- 어제보다 오늘 2배 일을 더 하였다.
- 이경민 선수의 자유투 성공률은 75%이다.

이러한 예시들은 비와 비율의 개념과 관련되어 있다. 학생들은 학교에서 비와 비율을 배우기 전이라도 물건의 가격 비교, 요리 재료의 비율, 물건의 할인율, 야구선수의 타율, 비올 가능성 등의 경험을 통해 비와 비율에 대한 비형식적 지식을 가지고 있다(교육부, 2015b).

비와 비율은 a가 b의 몇 배인지를 알아보는 수들 사이의 상대적인 관계를 알아보는 것으로, 일반적으로 두 양 a, b를 비교하는 방법에는 다음 세 가지 방법이 있다.

① $a>b$, $a=b$, $a<b$인지를 알아본다.
② a가 b 보다 얼마나 크거나 작은지를 알아본다.
③ a가 b의 몇 배인지를 알아본다.

①은 두 양의 대소를 비교하는 것이고, ②는 절대적인 비교(뺄셈) 방법이며, ③은 상대적인 비교(나눗셈) 방법을 의미한다.

비, 기준량, 비교하는 양

두 양 a, b를 비교하는 방법 중 a가 b의 몇 배인지를 알아보는 경우는 양의 상대적인 크기를 비교하는 것으로 비(ratio)를 고려한다. 즉 같은 종류의 두 양 a, b에 대하여 'a와 b의 비는 a의 크기를 b의 크기에 비추어 생각하는 것으로, a를 비교하는 양, b를 기준량이라고 하고, 수학적으로 $a:b$로 나타낸다. 따라서 비는 두 양의 상대적인 크기를 비교할 때 이용되기 때문에 두 양의 크기를 비교하는 장면을 생각해야 한다. 예를 들면 한 학생이 2자루의 연필을 1000원에 샀다면 2자루 연필에 대한 1000원의 비가 된다.

비율

비율은 비를 하나의 수치로 나타낼 때 쓰는 개념으로, 비교하는 양을 기준량으로 나눈 몫을 의미한다. 즉 두 양 a, b에 대하여 'a와 b의 비율'은 수학적으로 $a \div b$ 또는 $\frac{a}{b}$로 나타내며, 분수나 소수로 나타낼 수 있다.

백분율, 퍼센트(%)

생활에서는 필요에 의하여 특별한 비율을 많이 생각한다. 그 가운데서 초등학교에서 다루는 비율은 백분율이 있다. 일상생활에서 자주 접하는 비율이 백분율인데, 100을 기준량으로 할 때의 비율을 백분율이라고 하며, 기호 %를 사용하여 나타낸다. 예를 들어 비율 $\frac{85}{100}$를 85%로 나타낸다. 학생들은 백분율에 대한 오개념을 가지기 쉬운데 다음의 예를 보자.

7월보다 8월 행사에 참여 인원이 10% 증가했다. 그런데 9월에 10%가 감소하였다. 그렇다면 7월과 9월의 참가자 수는 같다.

이런 오개념을 줄이기 위하여 백분율에 대한 이해를 명확히 할 필요가 있다. 이를 위해 백분율이 100개 중의 일부를 의미한다는 것을 이해하는 것이 필요하며, 백분율에 대한 영상적 표현을 가지는 것이 백분율 이해에 도움을 준다.

두 백분율을 뺄셈으로 비교할 때에는 %p라는 기호를 사용하고, '퍼센트포인트'라고 읽는다. 예를 들어 '작년 50%에서 올해 60%로 증가했을 경우에 '10%p' 증가하였다라고 말할 수 있는 것이다. 퍼센트(%)와 퍼센트포인트(%p)는 분명하게 구별되는 용어로, 몇 % 증가했다는 것은 기존의

퍼센트(%)
퍼센트포인트(%p)

활동 자료 4: 모델을 이용하여 백분율을 알아봅시다.

1. 정사각형을 10×10등분하면 전체는 100%이고, 한 부분은 1%를 나타냅니다. 이 모델을 이용하여 다음 문제를 해결해 봅시다.

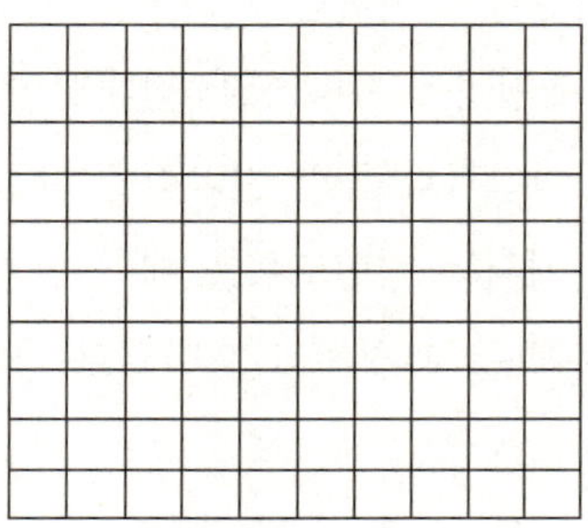

(1) 150의 20%는 얼마입니까?
(2) 150의 몇 %가 60입니까?
(3) 얼마의 6%가 24가 됩니까?
(4) 이번 달 용돈이 60만원인데, 이것은 지난 달 용돈의 120%에 해당됩니다. 지난 달의 용돈은 얼마입니까?

교육과정과 관련성

[6수04-03] 비율을 이해하고, 비율을 분수, 소수, 백분율로 나타낼 수 있다.

수량을 기준으로 증가한 수량을 백분율로 표시한 것이고, 몇 %p 증가했다는 것은 기존에 제시된 %가 수치상으로 얼마나 증가했는가를 표시한 것이다(교육부, 2015b).

(3) 도형의 이동과 무늬꾸미기

도형의 변환

초등학교 수학에서 다루는 도형의 이동은 하나의 도형을 다른 도형으로 옮기는 '도형의 변환'을 의미한다. 점의 집합으로 도형을 본다면 점집합 A로부터 B로의 대응관계로 도형의 변환을 생각할 수 있다. 다시 말해서, 도형의 변환이란 도형 A를 일정한 규칙에 의해 도형 B로 옮기는 것을 말한다.

도형의 변환에는 어떤 성질이 변하지 않는가에 따라 합동변환, 닮음변환, 아핀변환, 사영변환, 위상변환이 있는데, 초등학교에서는 합동변환(isometry)에 대해서만 다룬다. 합동변환은 도형의 모양과 크기가 변하지 않고 위치나 방향이 변하는 변환을 말하며 평행이동, 회전이동, 대칭이동이 있다. 초등학교에서는 평행이동에 해당되는 밀기(slide), 대칭이동에 해당되는 뒤집기(flip), 회전이동에 해당되는 돌리기(turn)라는 용어로 도형의 변환을 다루고 있다.

밀기(slide)
뒤집기(flip)
돌리기(turn)

초등학교에서 도형의 변환 내용은 수학적으로 정확한 평면도형의 변환을 다루는 것이 아니라, 이동 전·후의 모양을 관찰하고 성질을 탐구하는 직관적인 평면도형의 변환을 이해하는데 초점을 둔다. 특히 밀기, 뒤집기, 돌리기 활동은 도형의 평행이동, 선대칭과 점대칭 이동, 회전이동을 이해하는데 기초가 되며, 공간감각과 공간 지각력을 향상시키는 데 도움이 된다. 따라서 도형의 이동에서는 평면도형을 여러 방향으로 밀거나, 뒤집거나, 돌렸을 때 모양의 변화를 관찰하고 그림으로 나타내도록 한다. 또 간

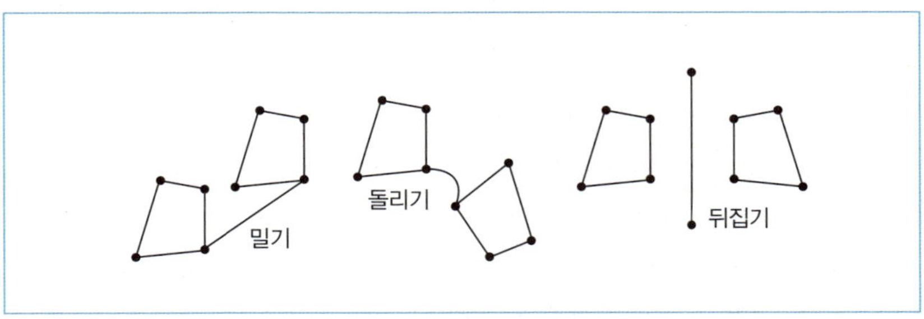

[그림 7.2] 밀기, 돌리기, 뒤집기

단한 도형이나 무늬를 이용하여 어떤 과정을 거쳐서 도형이 변환되었는지 살펴보게 한다. 이러한 활동을 통해 학생들은 이동에 대한 기본적인 개념과 밀기, 뒤집기, 돌리기의 결과가 원래의 도형과 합동이라는 것을 직관적으로 이해하게 된다.

다음은 평면도형을 뒤집고 돌린 모양과 돌리고 뒤집은 모양을 비교해 보는 학습 내용이다.

활동 자료 5: 교과서 속의 이동에 대해 알아봅시다.

1. 도형을 뒤집고 돌린 모양과 돌리고 뒤집은 모양을 비교해 봅시다.

(1) 도형을 오른쪽으로 뒤집은 뒤 시계 방향으로 90°만큼 돌린 모양을 그려 보세요.

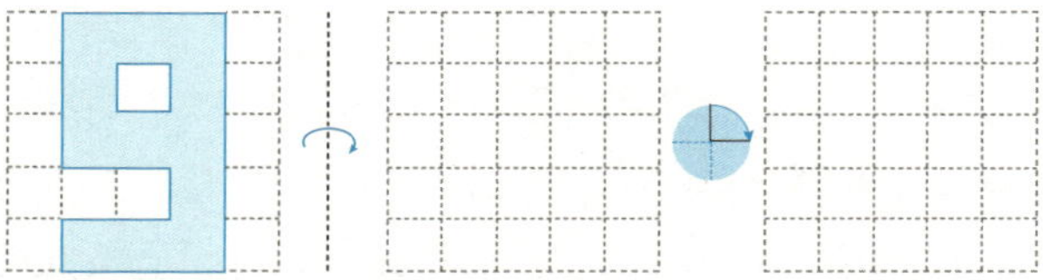

(2) 도형을 시계 방향으로 90°만큼 돌린 뒤 오른쪽으로 뒤집은 모양을 그려 보세요.

(3) 두 모양을 비교하여 말해 보세요.

교과서 내용 이해

도형을 뒤집고 돌리는 활동을 통해 이동된 두 도형의 차이를 비교하여 말하게 한다.

초등학교 수학에서 밀기, 뒤집기, 돌리기와 같은 평면도형의 이동은 무늬를 꾸미는 활동으로도 활용이 된다. 우리 주변에는 바닥의 타일, 벽지, 장식물 등과 같이 많은 부분이 아름다운 무늬로 꾸며져 있다. 교과서에서는 기본 도형을 이용하여 어떻게 무늬를 꾸밀 수 있는지 탐색하고 직접 무늬를 꾸며보는 활동을 한다. 이를 위해 먼저 기본도형을 이해하고, 밀기, 뒤집기, 돌기기 등을 이용하여 기본 도형이 어떻게 배열이 되었는지 알아보도록 한다. 또한 주어진 기본 도형을 이용하여 자기 자신의 규칙을 정해

교과서 내용 이해

기본 무늬와 돌리기를 이용하여 무늬 꾸미기 활동을 한다.

활동 자료 6: 교과서 속의 무늬꾸미기를 해 봅시다.

 모양으로 돌리기를 이용하여 규칙적인 무늬를 만들어 보세요.

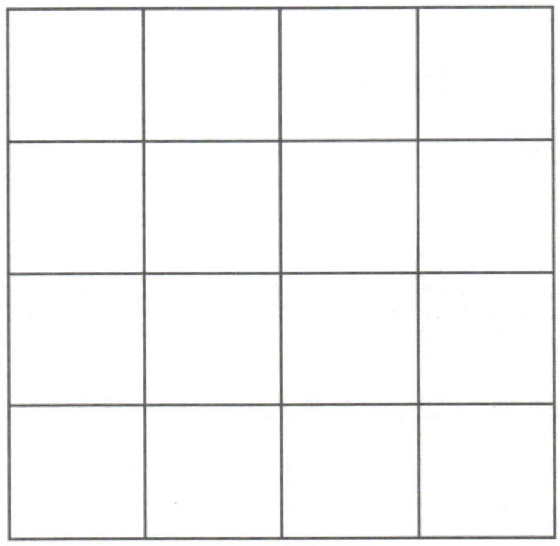

무늬를 꾸며보는 활동을 하게 할 수 있다.

무늬꾸미기와 같이 어떤 틈이나 포개짐 없이 평면이나 공간을 덮는 것을 테셀레이션이라고 한다. 테셀레이션은 라틴어 'tessella'에서 유래되었는데, 고대 로마 때 모자이크에 사용되었던 작은 정사각형 모양의 돌이나 타일을 의미한다. 테셀레이션은 생활 속에서 다양하게 활용되는데, 이를 이용하여 학생들은 무늬를 보고, 스스로 규칙을 정하여 다양한 무늬를 꾸며 볼 수 있도록 한다. 테셀레이션은 미술 작품에도 이용되는데, 네델란드

[그림 7.3] Escher와 테셀레이션(천국과 지옥, 1960)

화가인 Escher(1898−1972)는 무어인들의 모자이크에 영감을 받아 단순한 기하학적 무늬에서 수학적 변환을 이용하여 창조적인 형태(새, 물고기, 사람)의 테셀레이션 작품 세계를 구축하였다(이대현과 최승현, 2006).

2 지도의 실제

규칙성은 생활 주변에 존재하는 다양한 현상을 탐구하는 데 중요하며, 실생활의 복잡한 문제를 해결하는 데 유용하다. 그리고 다양한 규칙 찾기 활동을 통해 추론 능력을 기를 수 있으며, 함수 개념의 기초도 된다.

교육과정의 1−2학년군과 3−4학년군에서는 규칙찾기와 규칙을 수나 식으로 나타내기를 다루고 있다. 이를 위해 물체, 무늬, 수 등의 배열에서 규칙을 찾아 여러 가지 방법으로 나타내고, 자신이 정한 규칙에 따라 물체, 무늬, 수 등을 배열하도록 한다. 또 다양한 변화 규칙을 찾아 설명하고, 그 규칙을 수나 식으로 나타내며, 규칙적인 계산식의 배열에서 계산 결과의 규칙을 찾고, 계산 결과를 추측할 수 있도록 한다.

5−6학년군에서는 실생활의 복잡한 문제를 해결하는 데 유용한 두 양 사이의 대응 관계를 다룬다. 또한 비례적 사고를 개발하는 데 도움이 되는 비와 비율을 다룬다. 규칙성 탐구와 비와 비율에 관련하여 2015개정 수학과 교육과정에서는 [표 7−1]과 같은 내용을 제시하고 있다(교육부, 2015a).

[표 7−1]

핵심개념	일반화된 지식	학년(군)별 내용 요소			기능
		1−2학년	3−4학년	5−6학년	
규칙성과 대응	규칙성은 생활 주변의 여러 현상을 탐구하는 데 중요하며 함수 개념의 기초가 된다.	규칙 찾기	규칙을 수나 식으로 나타내기	• 규칙과 대응 • 비와 비율 • 비례식과 비례배분	배열하기 표현하기 추측하기 규칙찾기 규칙정하기 설명하기 이해하기 확인하기 문제 해결하기

(1) 규칙 찾기

1-2학년군: 규칙 찾기
[2수04-01] 물체, 무늬, 수 등의 배열에서 규칙을 찾아 여러 가지 방법으로 나타낼 수 있다.
[2수04-02] 자신이 정한 규칙에 따라 물체, 무늬, 수 등을 배열할 수 있다.
3-4학년군: 규칙 찾기
[4수04-01] 다양한 변화 규칙을 찾아 설명하고, 그 규칙을 수나 식으로 나타낼 수 있다.
[4수04-02] 규칙적인 계산식의 배열에서 계산 결과의 규칙을 찾고, 계산 결과를 추측할 수 있다.

수학은 무질서해 보이는 여러 상황이나 자료에서 규칙을 발견하고 이를 형식화하여 문제를 해결하는 학문이다. 따라서 학교수학에서도 규칙 찾기 활동을 통해 학생들이 일상의 문제에 내재된 규칙을 찾아 수리적으로, 논리적으로 해결하는 힘을 기르게 된다.

규칙찾기

규칙 찾기는 학생들이 쉽게 접할 수 있는 상품 포장지, 벽지, 보도블록의 무늬, 장판 무늬 등에서 반복되는 규칙이나 발전해 가는 규칙을 찾아 보게 한다. 그리고 그 규칙에 따라 배열할 수 있게 하며, 수의 배열의 규칙에 따라 수를 배열할 수 있게 한다. 수업시간에 활용할 수 있는 다양한 규칙 찾기 소재로는 **[표 7-2]**와 같이 여러 가지 것을 들 수 있으며, 반복적 규칙, 증가하는 규칙 등을 활용할 수 있다.

[표 7-2] 여러 가지 규칙 찾기 소재의 예

① 신체 활동을 이용한 반복적 규칙	손뼉 치기, 발 구르기, 손뼉 치기, 발 구르기, 손뼉 치기, 발 구르기, … 손뼉 치기, 손뼉 치기, 발 구르기, 손뼉 치기, 손뼉 치기, 발 구르기, …
② 그림을 이용한 반복적 규칙	□, ○, □, ○, □, ○, □, ○, … □, ○, ○, □, ○, ○, □, ○, ○, …
③ 수를 이용한 반복적 규칙	1, 3, 1, 3, 1, 3, … 1, 3, 5, 1, 3, 5, 1, 3, 5, …
④ 신체 활동을 이용한 증가하는 규칙	손뼉 치기, 발 구르기, 손뼉 치기, 발 구르기, 발 구르기, 손뼉 치기, 발 구르기, 발 구르기, 발 구르기, …
⑤ 그림을 이용한 증가하는 규칙	□, ○, □, □, ○, □, □, □, ○, …
⑥ 수를 이용한 증가하는 규칙	1, 3, 5, 7, 9, 11, …

여러 가지 규칙 탐구 자료 중에서 아래 활동에서는 신체 활동을 이용하여 몸으로 규칙을 표현해 보고, 규칙에 따라 몸으로 표현해 보는 활동을 하도록 하고 있다.

활동 자료 7: 몸으로 규칙을 표현해 봅시다.

▣ 규칙에 따라 몸으로 표현해 봅시다.

친구와 함께 다른 규칙을 만들어 몸으로 표현해 보세요.

교과서 내용 이해

규칙에 따라 몸으로 표현해 보고, 친구들과 규칙을 만들어 표현하는 활동을 한다.

또한 가로 10칸, 세로 10칸인 100까지의 수 배열표나 곱셈표에서 수의 규칙을 찾아 말해 보도록 한다. 다양한 형태의 수의 배열이나 수 배열표에서 규칙을 찾고, 그 규칙에 따라 수를 배열할 수 있게 하며, 수 배열표에서 가로, 세로, 대각선 방향 등 여러 가지 방향으로 만들어진 규칙을 찾아내게 하고, 그 규칙에 따라 수를 배열할 수 있게 한다.

활동 자료 8: 몸으로 규칙을 표현해 봅시다.

▣ 수 배열표를 완성하고 수의 규칙을 찾아보시오.

- 302부터 세로로 까지 읽어 보시오. 어떤 규칙이 있습니까?
- 319부터 9씩 커지는 수를 찾아 선으로 이어 보시오.
- 원하는 과일을 고르고 그 과일까지 여러 가지 방법으로 읽어 보시오. 어떤 규칙이 있습니까?

300	301	302	303	304	305	306	307	308	309
310	311				315			318	319
320	321	322	323	324		326	327	328	329
330			333		335	336	337		339
340	341	342		344	345				349
350	351	352	353	354	355	356	357	358	359
360			363		365	366	367		
370		372			375				379
380	381				385			388	389
390	391		393	394	395	396	397	398	399

교과서 내용 이해

교사나 학생이 만든 수 배열표를 보고, 그 속에 숨어 있는 규칙을 찾는 활동을 한다.

교육과정과 관련성

[2수04-01] 물체, 무늬, 수 등의 배열에서 규칙을 찾아 여러 가지 방법으로 나타낼 수 있다.

규칙 찾기를 위해 규칙적으로 늘어놓은 바둑돌과 같이 구체물이나 그림으로 주어진 배열을 보고 그 개수를 수로 단순화하여 그 규칙을 설명할 수 있게 한다. 그리고 간단한 덧셈, 뺄셈, 곱셈이 적용되는 규칙에서 규칙 찾기 놀이를 통하여 규칙을 추측하고 말이나 글로 나타낼 수 있게 한다. 학생들은 규칙적인 계산식의 배열에서 계산 결과의 규칙을 찾고, 계산 결과를 추측할 수 있다. 그리고 규칙 알아맞히기 놀이를 통하여 상대방이 정한 규칙을 추측하고 확인할 수 있다.

교육과정과 관련성

[4수04-02] 규칙적인 계산식의 배열에서 계산 결과의 규칙을 찾고, 계산 결과를 추측할 수 있다.

활동 자료 9: 수 배열표를 완성하고 수의 규칙을 찾아 봅시다.

$1\times9+2=1$
$12\times9+3=111$
$123\times9+4=1111$
$1234\times9+5=11111$
____

(가) 교수·학습 방법 및 유의 사항

- 물체나 무늬의 배열에서는 크기, 색깔, 위치, 방향 등에 대한 단순한 규칙을 다루고, 그 규칙을 말, 수, 그림, 기호, 구체물, 행동 등의 다양한 방법으로 표현하게 한다.
- 물체나 무늬의 배열에서 다음에 올 것이나 중간에 빠진 것을 추측하여 말하게 한다.
- 수의 배열뿐만 아니라 수 배열표, 덧셈표, 곱셈표를 활용하여 수의 규칙을 찾고, 자신이 정한 규칙에 따라 색칠하거나 ○, / 등으로 나타내게 한다.
- 자신의 규칙을 창의적으로 만들어보고, 다른 사람의 배열에서 규칙을 찾아보거나 규칙에 대해 서로 말하게 한다.
- 규칙적인 계산식의 배열에서 계산 결과의 규칙을 찾는 활동을 할 때 계산기를 사용하게 할 수 있다.
- 규칙성 영역의 문제 상황에 적합한 문제 해결 전략을 지도하여 문제 해결 능력을 기르게 한다.

(나) 평가 방법 및 유의 사항

- 규칙 찾기를 평가할 때 학생이 자신의 규칙이나 다른 학생의 규칙에 대해 의사소통하는 과정을 평가한다.
- 규칙을 식으로 나타낼 때 혼합 계산식, 일반항을 나타낸 식 등을 이용해야 하는 복잡한 문제는 다루지 않는다.
- 규칙적인 계산식의 배열에 대한 평가에서는 계산 결과의 규칙을 추측하고 확인하는 데 중점을 둔다.

(2) 규칙과 대응의 지도

① 규칙과 대응

[6수04-01] 한 양이 변할 때 다른 양이 그에 종속하여 변하는 대응 관계를 나타낸 표에서 규칙을 찾아 설명하고, □, △ 등을 사용하여 식으로 나타낼 수 있다.

대응

대응이란 어떤 관계에 의하여 두 집합의 원소를 짝지어 주는 것으로, 하나의 값이 정해지면 그 값에 따라 다른 값이 정해지는 두 값으로 이루어진 짝을 의미한다. 대응의 지도에서는 두 양의 대응관계를 나타낸 표를 보고, 한 양이 다른 양과 어떤 관계로 변하고 있는지 그 규칙을 찾아내도록 하고, 찾아낸 규칙을 이용하여 두 양의 대응 관계를 식으로 나타낼 수 있게 한다. 이 때 두 양의 관계는 복잡하지 않고, 한 양이 변할 때 다른 양이 그에 종속하여 변하는 관계를 통하여 지도하도록 한다. 구체적으로 대응은 다음과 같은 과정으로 지도한다.

첫째, 주어진 대응표에서 대응 규칙을 찾는다. 아래 표와 같이 대응된 수를 제시하고 시행착오를 통해서 대응 규칙을 찾게 한다. 규칙 찾기에 제시되는 보기는 계산이 복잡한 경우를 가급적 피하여 암산으로 쉽게 할 수 있는 것을 택하는 것이 바람직하다.

둘째, 주어진 규칙에 의한 대응 수를 찾는다. '2를 더한다.' '2만큼 큰 수' 등의 규칙이 주어지고 '5에 대응되는 수' 또는 '6에 대응되는 수' 등을 알아보게 한다. 이런 활동은 규칙의 의미를 분명하게 이해하는 데에 도움이 된다.

마지막으로 대응 규칙을 식으로 나타내게 한다. 대응 규칙을 분명히

교과서 내용 이해

그림에 나타난 음료수 컵의 수와 빨대의 수사이의 대응관계를 찾는 활동을 한다.

교육과정과 관련성

[6수04-01] 한 양이 변할 때 다른 양이 그에 종속하여 변하는 대응 관계를 나타낸 표에서 규칙을 찾아 설명하고, □, △ 등을 사용하여 식으로 나타낼 수 있다.

활동 자료 10: 다음 식에 있는 규칙을 찾고, 나머지 식을 완성해 해 봅시다.

▣ 음료수 컵의 수와 빨대의 수 사이에는 어떤 대응 관계가 있는지 알아보시오.

• 음료수 컵의 수와 빨대의 수 사이의 대응 관계를 표를 만들어 알아보시오.

음료수 컵의 수	1	2	3			
빨대의 수						

• 음료수 컵의 수와 빨대의 수 사이의 대응 관계를 써 보시오.

• 자신이 찾은 두 수 사이의 대응 관계를 짝에게 이야기해 보시오.

의식하게 되면 이것을 '□에 대응되는 수는 □+2'와 같이 수학적 문장으로 나타내게 한다.

한편 규칙과 대응에 대하여 교육과정에 제시된 교수·학습 방법 및 유의 사항은 다음과 같다.

• 두 양의 대응 관계는 덧셈식, 뺄셈식, 곱셈식, 나눗셈식 중 하나로 표현되는 간단한 경우만 다룬다.
• 규칙성 영역의 문제 상황에서 문제 해결 전략 비교하기, 주어진 문제에서 필요 없는 정보나 부족한 정보 찾기, 조건을 바꾸어 새로운 문제 만들기, 문제 해결 과정의 타당성 검토하기 등을 통하여 문제 해결 능력을 기르게 한다.

(3) 비와 비율의 지도

② 비와 비율

[6수04-02] 두 양의 크기를 비교하는 상황을 통해 비의 개념을 이해하고, 그 관계를 비로 나타낼 수 있다.

[6수04-03] 비율을 이해하고, 비율을 분수, 소수, 백분율로 나타낼 수 있다.

비, 비율

비는 두 양의 비교이며, 덧셈적인 비교가 아니라 곱셈적인 비교를 의미한다. 비를 생각할 수 있는 능력은 형식적인 사고를 하는데 중요한 요소 중의 하나이다. 따라서 비에 대한 개념 형성에 실패하게 되면 대수, 기하는 물론 과학의 일부분을 포함하여 양적인 사고와 이해를 필요로 하는 학습에 어려움을 가질 수 있다. 그러므로 학교 수학에서 비와 비율의 지도는 공식이나 기호를 기계적으로 조작하기보다는 의미를 이해하도록 해야 한다.

두 양의 상대적인 크기를 비교할 때는 부분과 전체, 부분과 부분 등 다양한 경우를 비교할 수 있게 한다. 두 양을 비교할 때 한쪽의 양을 기준으로 다른 쪽의 양이 몇 배가 되는지를 나타내는 방법으로 비를 도입하고, 비에서 기준량과 비교하는 양을 이해하게 한다. 두 양을 비교하여 비로 나타낸 것을 보고, 이를 비율로 나타내는 방법을 알고 그 의미를 이해하게 한다.

교육과정과 관련성

[6수04-02] 두 양의 크기를 비교하는 상황을 통해 비의 개념을 이해하고, 그 관계를 비로 나타낼 수 있다

활동 자료 11: 어느 쪽이 더 많은가?

1. 다음 도형들이 모여 있는 두 모음에서 원 모양이 더 많은 쪽은 어느 곳인가? 또 전체 모양 중에서 원이 차지하는 양이 많은 곳은 어느 곳인가?

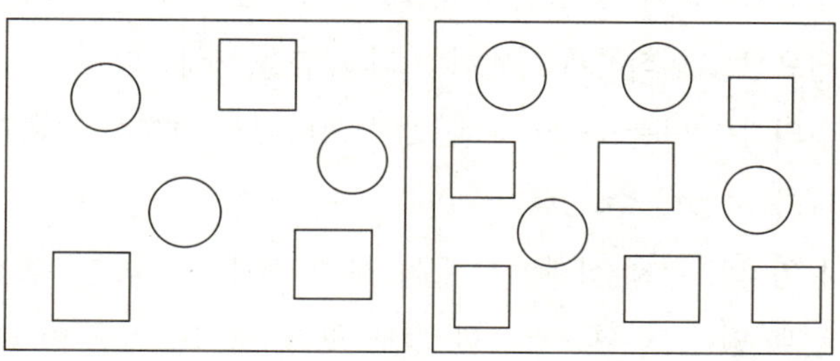

특히 생활에서 많이 활용하는 비율로 백분율을 알게 하고, 이를 이용하여 생활 속의 문제를 해결하게 한다. 또한 분수, 백분율 등으로 나타낸 비율을 보고, 이들 간의 관계를 알게 한 후, 주어진 비율을 보고 다른 방법으로 비율을 표현할 수 있게 한다. 백분율의 지도에서는 백분율에 대한 이해를 바탕으로 비율과 기준량으로 비교하는 양을 구하는 경우, 비율과 비교하는 양으로 기준량을 구하는 경우 등도 다루도록 한다. 아래 그림은 비율과 비교하는 양으로 기준량을 구하는 생활 속 문제의 예이다.

교과서 내용 이해

비율과 비교하는 양을 이용하여 기준량을 찾는 활동을 한다.

교육과정과 관련성

[6수04-03] 비율을 이해하고, 비율을 분수, 소수, 백분율로 나타낼 수 있다.

활동 자료 12: 처음 사진의 가로의 길이를 구해봅시다.

각 변의 길이를 120% 확대한 사진의 가로가 18 cm이면 처음 사진의 가로는 얼마인지 알아보시오.

- 처음 사진의 가로를 구하는 식을 세워 보시오.
- 처음 사진의 가로는 몇 cm입니까?

한편 비와 비율에 대하여 교육과정에 제시된 교수·학습 방법 및 유의사항은 다음과 같다.

- 두 양을 비교할 때 한 양을 기준으로 다른 양이 몇 배가 되는지를 나타낼 필요성을 인식하게 하면서 비의 개념을 도입한다.
- 비율의 의미를 다룰 때 타 교과 및 실생활에서 비율이 적용되는 간단한 사례를 사용할 수 있다.
- 규칙성 영역의 문제 상황에서 문제 해결 전략 비교하기, 주어진 문제에서 필요 없는 정보나 부족한 정보 찾기, 조건을 바꾸어 새로운 문제 만들기, 문제 해결 과정의 타당성 검토하기 등을 통하여 문제 해

결 능력을 기르게 한다.

마지막으로 비와 비율에 대한 평가 방법 및 유의 사항은 다음과 같다.

- 비율을 평가할 때 속력, 인구밀도, 축척, 농도 등을 구하는 문제는 다루지 않는다.

(4) 비례식과 비례배분의 지도

② 비례식과 비례배분
[6수04-04] 비례식을 알고, 그 성질을 이해하며, 이를 활용하여 간단한 비례식을 풀 수 있다.
[6수04-05] 비례배분을 알고, 주어진 양을 비례배분 할 수 있다.

비례식

비례식(proportion)은 비율이 같은 경우에 도입하는 개념이다. 예를 들어 2:3과 4:6은 그 비율이 같으므로 2:3=4:6으로 나타낼 수 있다. 비례식 2:3=4:6에서 2, 3, 4, 6을 항이라고 하고, 기호 :의 앞에 있는 2와 4를 전항, 뒤에 있는 3과 6을 후항이라고 한다. 그리고 비례식에서 바깥에 있는 두 항 2와 6을 외항, 안쪽에 있는 두 항 3과 4를 내항이라고 한다. 비례식의 지도에서는 비례식의 뜻을 이해하고 실생활에서 비례 관계가 있는 문제를 비례식을 활용하여 해결할 수 있게 한다. 이 때 활용되는 비례식은 비의 전항과 후항 사이의 관계에서 미지항을 쉽게 알 수 있는 간단한 경우만 다루도록 한다.

항, 전항, 후항, 내항, 외항

비의 상등관계를 이용하여 주어진 비를 가장 간단히 정수비로 고치는 것을 '비를 간단히 한다.'라고 한다. 가로 18 cm, 세로 12 cm인 직사각형에서 가로와 세로의 길이의 비는 18 : 12인데 이를 간단히 하면 $(18\div6):(12\div6)=3:2$가 된다. 이를 위한 비와 비례식에 성립하는 성질은 다음과 같다.

① 비례식의 전항과 후항에 0이 아닌 같은 수를 곱하여도 그 비의 값은 변하지 않는다.

즉, $a:b=(a\times k):(b\times k),\ k\neq0$

② 비의 전항과 후항을 0이 아닌 같은 수로 나누어도 그 비의 값은 변하지 않는다.

즉, $a : b = (a \div k) : (b \div k),\ k \neq 0$

③ 비례식의 외항끼리의 곱과 내항끼리의 곱은 같다. 즉, $a : b = c : d \Leftrightarrow a \times d = b \times c$이다.

비례배분

한편, 일상생활에서는 사과 6개를 두 사람이 각각 2:1로 나누는 것과 같이 한 수를 두 수의 비로 배분하는 경우가 많이 있다. 이와 같이 전체를 주어진 비로 배분하는 것을 비례배분이라고 한다. 비례배분의 지도에서는 실생활의 예로 비례배분 상황을 이해하게 하고, 상황에 맞게 비례배분하는 방법을 이해하게 한 후, 주어진 양을 비례배분할 수 있게 한다. 일반적

교과서 내용 이해

일상에서 비에 따라 배분하는 활동을 한다.

교육과정과 관련성

[6수04-05] 비례배분을 알고, 주어진 양을 비례배분 할 수 있다.

활동 자료 14: 비례배분을 해봅시다.

비에 따라 배분하는 방법을 알아보시오.

- 지수와 효정이가 조개를 2:3으로 나누어 가지면 각자 가지게 되는 조개는 전체의 몇 분의 몇이 되는지 식을 세워 알아보시오.

지수

$$\frac{2}{2+3} = \frac{\square}{\square}$$

효정

$$\frac{\square}{\square + \square} = \frac{\square}{\square}$$

- 2:3을 전항과 후항의 합을 분모로 하는 분수의 비로 나타내어 보시오.

- 지수와 효정이가 조개 30개를 2:3으로 나누어 가지면 각자 가지게 되는 조개의 수는 얼마인지 식을 세워 알아보시오.

$$30 \times \frac{\square}{\square} = \square$$

$$30 \times \frac{\square}{\square} = \square$$

으로 어떤 양 A를 비 $k : l : m : n$으로 비례배분하는 방법은 다음과 같다.

1부분 $A \times \frac{k}{k+l+m+n}$　　2부분 $A \times \frac{l}{k+l+m+n}$

3부분 $A \times \frac{m}{k+l+m+n}$　　4부분 $A \times \frac{n}{k+l+m+n}$

또, 초등학교 수학에서 활용할 수는 없지만, 각 부분을 각각 kx, lx, mx, nx로 나타내고 1차 방정식 $kx+lx+mx+nx$에서 x를 구한 다음 각 부분의 양을 구하는 방법도 있다.

한편 비례식과 비례배분에 대하여 교육과정에 제시된 교수·학습 방법 및 유의 사항은 다음과 같다.

- 규칙성 영역의 문제 상황에서 문제 해결 전략 비교하기, 주어진 문제에서 필요 없는 정보나 부족한 정보 찾기, 조건을 바꾸어 새로운 문제 만들기, 문제 해결 과정의 타당성 검토하기 등을 통하여 문제 해결 능력을 기르게 한다.

[참고문헌]

강치형, 김수환, 라병소, 박성택, 이의원, 정은실(2008). 초등수학교육. 경기 파주: 동명사.

교육부(2015a). 수학과 교육과정. 교육부 고시 제 2015-74호[별책 8].

교육부(2015b). 수학6-1 교사용지도서. 서울: (주)천재교육.

이대현, 최승현(2011). 문제해결을 통한 수학적 경험-개정판. 서울: 경문사.

|연|구|문|제|

1. 초등학교 수학에서 규칙성 지도의 중요성을 예를 들어 설명하시오.

2. 다음 그림에 나타난 규칙을 찾고, 그 규칙에 따라 나머지 부분을 완성하시오.

$$(1\times9)+1\times2=11$$
$$(12\times18)+2\times3=222$$
$$(123\times27)+3\times4=3333$$
$$(1234\times36)+4\times5=\underline{\qquad\qquad\qquad}$$
$$(12345\times45)+5\times6=\underline{\qquad\qquad\qquad}$$
$$(123456\times54)+6\times7=\underline{\qquad\qquad\qquad}$$
$$(1234567\times63)+7\times8=\underline{\qquad\qquad\qquad}$$
$$(12345678\times72)+8\times9=\underline{\qquad\qquad\qquad}$$
$$(123456789\times81)+9\times10=\underline{\qquad\qquad\qquad}$$

3. 다음에 주어진 표를 이용하여 초등학교에서 대응을 지도할 때 중점을 두어야 할 내용에 대하여 논하시오.

1	2	3	4	5	6	…
3	6	9	12	15	18	…

4. 다음 진술이 참인지, 거짓인지 정하고, 그 이유를 말하시오.
'농구 경기에서 전반전에는 4번의 자유투 중 1번을 성공하였고, 후반전에는 7번 중 3번을 성공하였다. 따라서 전체 경기 동안 던진 자유투는 4+7=11(번), 성공한 자유투는 1+3=4(번)이고 자유투 성공률이 전반전은 $\frac{1}{4}$이고 후반전은 $\frac{3}{7}$이므로 $\frac{1}{4}+\frac{3}{7}=\frac{4}{11}$가 성립한다.'

5. 초등학교 수학에서 밀기, 뒤집기, 돌리기 지도의 주요 내용과 관점에 대해 설명하시오. 그리고 밀기, 뒤집기, 돌리기를 하였을 때, 변하는 것과 변하지 않는 것을 구분하여 쓰시오.

6. 일상생활에서 사용하는 비율을 조사하고, 그와 관련된 문제를 만들어 보시오,

7. 다음 문제를 이용하여 비례배분하는 방법을 활동적, 영상적, 상징적 표현 단계로 나누어 설명하려고 합니다. 각 단계의 구체적인 방법을 쓰시오.
[문제] 아버지는 연필 10자루를 사가지고 오셨습니다. 오빠와 동생이 3:2로 비례배분하면 오빠와 동생은 각각 몇 자루씩 가지게 되는지 알아봅시다.

8. 5만원으로 휘발유 25ℓ를 주유할 수 있다면 12만원으로 휘발유를 얼마를 주유할 수 있는가?라는 문제를 이용하여 비례식을 나타내는 도식을 그리고, 두 가지 방법으로 비례식을 세워 보시오.

9. 다음은 비례식을 지도하는 수업의 일부이다. 물음에 답하시오(2013년 임용고사)

1차시	교사: 빵 2개를 만들려면 달걀이 3개 필요합니다. 민지: ㉠ 빵 2개를 만들기 위해 필요한 달걀의 수는 빵의 수보다 하나 더 많아요. 그래서 빵 4개를 만들려면 5개가 필요해요. 영수: 저는 그렇게 생각하지 않아요. ㉡ 빵 2개를 만드는 데 달걀이 3개 필요하니까, 다시 빵 2개를 더 만들려면 달걀이 3개 더 필요해요. 그래서 빵 4개를 만들려면 달걀 6개가 필요해요. (이하 생략)

4차시	교사: 빵 2개를 만드는 데 달걀이 5개 필요합니다. 빵을 10개를 만들려면 달걀이 몇 개 필요한지 ㉢ 비의 성질을 이용하여 구해 보세요. (중략) 교사: 비례식으로 만들어 보고 내항의 곱과 외항의 곱을 비교해 보세요. 민지: 비례식은 2:5=10:25이고, 내항의 곱은 5×10=50, 외항의 곱도 2×25=50입니다. 교사: ㉣ 비례식에서는 내항의 곱과 외항의 곱이 같아요. 그러면 빵을 10개 만들 때 달걀이 몇 개 필요한지 비의 성질을 이용하지 않고도 구할 수 있겠습니까? (이하 생략)

1) 1차시 수업에서 두 수를 비교하는 민지의 방법(㉠)과 영수의 방법(㉡)의 차이점을 설명하시오.
2) 4차시 수업에서의 ㉢을 진술하고, ㉣은 무엇을 진술한 것인지 쓰시오.

10. 다음은 '규칙성' 영역에서 문제해결 능력을 신장시키기 위한 수업의 일부이다. 물음에 답하시오(2017년 임용고사).

교사: 다음은 어떤 규칙에 따라 ○를 넣어 1부터 119까지의 수를 차례로 나타낸 것입니다.

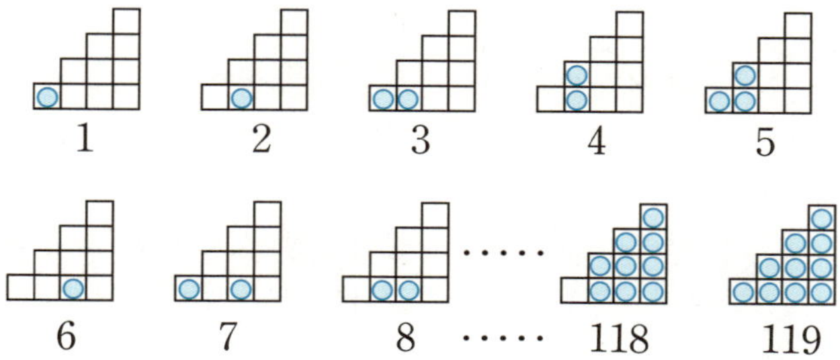

교사: 어떤 규칙인지 모둠끼리 찾아보세요.

지윤: 1, 2, 3을 보면 첫재 세로줄의 ○는 1이고, 둘째 세로줄의 는 2이고, 3은 1+2로 나타낸 것을 알 수 있어.

준서: 4는 2를 나타내는 ○가 둘째 세로줄의 아래 칸과 위 칸에 다 있으니까 2+2로 생각한 거야.

민수: 5는 3+2로 생각하면 같은 칸에 ○를 2개 넣어야 하니까 안 되고, 4+1로 생각해야 해.

준서: 6은 첫째 세로줄과 둘째 세로줄이 5에서 다 차니까 셋째 세로줄의 맨 아래 칸에 ○를 넣은 거야.

지윤: 그러면 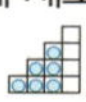 의 다음은  이다.

민수: 그리고 4처럼 생각하면 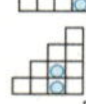 은 120야.

준서: 선생님, 질문있어요. 12를 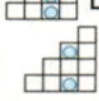 이라고 해도 돼요?

교사: 안됩니다. 세로줄은 ○를 맨 아래 칸부터 차례로 넣습니다.

준서: 알겠습니다. 그러면 저희가 규칙을 다 찾은 것 같아요.

교사: 서로 협력하며 규칙을 잘 찾았네요. 규칙에 따르면 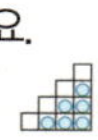 이 나타내는 수는 무엇일까요?

지윤: (㉠)입니다.

교사: 맞았어요. 여러분 모두 참 잘했어요. 이번 시간에 알게 된 것을 수학 일기에 써보세요.

---

1) ㉠에 들어갈 알맞은 수를 쓰시오.

2) 다음은 민수의 수학일기이다. ⓐ–ⓔ 중에서 틀린 것을 2가지 찾고, 그 기호와 이유를 각각 쓰시오.

오늘 수학 시간에 규칙 찾기를 했다. 처음에는 어려웠지만 친구들과 함께 찾다 보니 재미있었다. 오늘 찾은 규칙에 따라 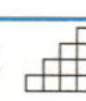 에 ○를 넣어 수를 나타내면서 몇 가지를 더 발견할 수 있었다. 맞는지 친구들과 확인해 봐야겠다.

ⓐ ○가 1개만 있는 수는 모두 10개이다.

ⓑ ○가 2개만 있는 수 중에서 가장 큰 수는 48이다.

ⓒ ○가 3개만 있는 수 중에는 18이 있다.

ⓓ ○가 4개만 있는 수 중에서 가장 작은 수는 16이다.

ⓔ ○가 첫째 세로줄에 있는 수는 모두 60개이다.

색인(Index)

ㄱ

ㄴ

ㄷ

ㅁ

ㅂ

ㅅ

ㅇ

ㅈ

ㅊ

ㅋ

ㅌ

ㅍ

ㅎ

A

E

S